Arthur Drews

Das Ich als Grundproblem der Metaphysik

Arthur Drews

Das Ich als Grundproblem der Metaphysik

ISBN/EAN: 9783743670075

Hergestellt in Europa, USA, Kanada, Australien, Japan

Cover: Foto ©Thomas Meinert / pixelio.de

Weitere Bücher finden Sie auf **www.hansebooks.com**

Das Ich

als

Grundproblem der Metaphysik.

Eine Einführung in die spekulative Philosophie

von

Arthur Drews, Dr. phil.,
Privatdozent der Philosophie an der technischen Hochschule
in Karlsruhe.

Freiburg i. B.
Leipzig und Tübingen
Verlag von J. C. B. Mohr (Paul Siebeck)
1897.

Vorwort.

Dass der Kern einer jeden Weltanschauung durch nichts so sehr wie durch die Stellung zum Ichproblem bedingt ist, wird keinem Widerspruch begegnen. Ein Versuch, die wesentlichsten Prinzipien der Metaphysik aus dieser Wurzel abzuleiten, ihre Verästelungen bis in die äussersten Enden zu verfolgen und die Beziehungen jener Prinzipien zum Ich nachzuweisen, wird daher kaum etwas Auffälliges haben. Indem ich mich in dem vorliegenden Werke bemüht habe, das gesamte Gebiet der Spekulation aus diesem einen Gesichtspunkt zu beleuchten, und die Grundfragen aller Metaphysik dabei wenigstens im Allgemeinen erörtert habe, so mag sich dasselbe wohl mit Recht als eine Einführung in die spekulative Philosophie bezeichnen.

Seit Descartes sein Cogito ergo sum gesprochen, kann keine Behandlung des Ichproblems umhin, in irgend einer Weise an ihn anzuknüpfen. Hängt doch die Lösung des fraglichen Problems letzten Endes nur von der Stellung ab, die man zu jenem Satze einnimmt. Ich gestehe nun frei, dass ich mich niemals von der Wahrheit desselben habe überzeugen können. Ich vermag nicht einzusehen, wie bei dem vorstellungsartigen Charakter unserer Wahrnehmungen der Gegenstand der inneren Wahrnehmung hiervon eine Ausnahme machen und unmittelbar von uns erkannt werden sollte, und ich wundere mich um so mehr über eine solche Behauptung im Munde derjenigen, die von der Höhe ihres „Kritizismus" herab nur mit mitleidigem Spotte von der „intellektuellen Anschauung" sprechen und die „Identität des Ideellen und Realen" für ein phantastisches Hirngespinnst der Metaphysiker halten. Thatsächlich ist denn auch die Wahrheit des Cogito ergo sum bisher fast immer nur von den Gegnern der Metaphysik bestritten worden, wohingegen die Metaphysiker, wie weit auch im übrigen ihre Gedanken auseinander gegangen sind, ihre Abhängigkeit von jenem Prinzip nicht haben verleugnen können. Das gilt nicht bloss von den unmittelbaren Nachfolgern des Descartes, die sich selbst dabei auf ihn berufen haben, wie Spinoza und Leibniz, sondern es gilt auch von denjenigen Metaphysikern, die sich ihres Zusammenhanges mit dem Kartesianismus nicht bewusst gewesen sind, ja, einen solchen wohl gar ausdrücklich bestritten haben, wie Fichte, Schelling, Hegel, Schopenhauer, Wundt und Bahnsen.

Diese Abhängigkeit der modernen Spekulation vom kartesianischen Grunddogma bei den Hauptträgern derselben nachzuweisen und damit die Bedeutung des Cogito ergo sum für die neuere Philosophie ins rechte Licht zu setzen, dafür dürfte die Zeit gerade jetzt gekommen sein. Die Aufgabe der Metaphysik besteht nach meiner Ansicht darin, das Wesen des realen Seins im Unterschied vom ideellen, d. h. von unseren Vorstellungen, zu bestimmen. Wenn sich nun herausstellen sollte, dass jeder Versuch, diese Bestimmung von der unmittelbar erkannten Realität des eigenen Ich aus zu treffen, durch eine Art von immanenter Dialektik zur gänzlichen Leugnung des Realen hinführt, so wäre damit der schlagende Beweis geliefert, dass jene Voraussetzung selbst unhaltbar sein muss und dass wir auch im eigenen Ich nicht mehr als eine blosse Vorstellung des realen Seins besitzen. Nun zeigt sich aber ferner, dass auch die Gegner der Metaphysik, die zugleich die Wahrheit des Cogito ergo sum bestreiten, mögen sie sich nun Empiristen, Sensualisten, subjektive und transcendentale Idealisten oder Positivisten nennen, trotzdem die Berechtigung für ihre Weltanschauung im Grunde nur aus jenem Satze schöpfen. Damit erweitert sich die Kritik des letzteren zu einer Kritik der gesamten modernen Philosophie, vor welcher die verschiedenen Standpunkte derselben nur als ebenso viele Möglichkeiten erscheinen, das Cogito ergo sum auszudeuten.

Vielleicht ist hierin der tiefste Grund zu suchen, wodurch die allgemeine Entmutigung auf philosophischem Gebiete und der Niedergang der Spekulation in der zweiten Hälfte unseres Jahrhunderts bedingt sind. Die im Cogito ergo sum implizite enthaltenen Möglichkeiten sind expliziert, und jede von ihnen ist in einem besonderen Standpunkte durchgearbeitet, aber dem Realen ist man damit nicht näher gekommen, und das Gefühl ist allgemein, dass die Philosophie, die vom Centrum des Cogito ergo sum aus dem Realen zustrebt, sich nur im Kreise des ideellen Seins herumbewegt, ohne irgendwo über die Peripherie desselben hinauszukommen. Der erkenntnistheoretische Idealismus und Skeptizismus mit ihrem Verbot, jene Grenze zu überschreiten, und ihrem Unglauben an die Leistungsfähigkeit des menschlichen Verstandes sind nur der wissenschaftlich formulierte Ausdruck für die Unzulänglichkeit des erwähnten Ausgangspunktes. Aber wer heisst uns denn, uns in jenen Kreis überhaupt erst hineinzustellen, wenn wir innerhalb desselben nicht bleiben können und eine Durchbrechung seiner Grenzen nicht möglich ist? Descartes zog sich auf das Centrum des Bewusstseins zurück, weil er glaubte, in ihm die gesuchte Realität gefunden zu haben. Wir müssen das Reale von vornherein ausserhalb des Bewusstseins suchen, nachdem die Entwickelung bewiesen hat, dass sich im Bewusstsein kein Reales findet. Bisher haben die Philosophen geglaubt, dem Sein das Prädikat der Bewusstheit zuerteilen zu müssen, weil sie in Uebereinstimmung mit Descartes im Selbstbewusstsein das Reale unmittelbar erkannt zu haben glaubten. Wenn aber alles Sein, sofern es Inhalt des Bewusstseins ist, eben deshalb nur Bewusst-Sein oder ideelles Sein ist, so folgt, dass das wirkliche reale Sein nur ein ausserbewusstes, unbewusstes sein kann.

Diese selbstverständliche Konsequenz ist bisher noch so gut wie garnicht beachtet worden. Denn in der Gegnerschaft gegen das sogenannte Unbewusste stimmen alle verschiedenen Richtungen der zeitgenössischen Philosophie zusammen. Zumal die Psychologen haben sich bisher am abfälligsten über den Begriff des unbewusst-Seelischen ausgesprochen. Gilt doch bei ihnen gegenwärtig fast allgemein die Ansicht, dass wir unser eigenes Inneres unmittelbar, so, wie es ist, erkennen, wohingegen wir die äusseren Gegenstände mittelbar, nur als Erscheinungen erkennen. Dies führt dahin, die Psychologie als eine bloss empirische aufzufassen, und umgekehrt zwingt die Aufstellung einer rein empirischen Psychologie zur Annahme der Unmittelbarkeit der Selbstwahrnehmung. So kommen diese Psychologen dazu, den ganzen Inhalt unseres Seelenlebens aus blossen Bewusstseinselementen abzuleiten und die Hypothese des unbewusst-Seelischen in das Reich metaphysischer Phantastereien zu verweisen. Dass ihre eigenen sich korrelativ bedingenden Voraussetzungen nur die verschiedenen Seiten sind, wie das Cogito ergo sum sich darstellt, und sie folglich selbst ohne nähere Kritik einer im Grunde metaphysischen Annahme huldigen, dessen sind sie sich so wenig bewusst, dass die meisten empirischen Psychologen ihre Gegnerschaft gegen die Metaphysik als etwas sich von selbst Verstehendes betrachten oder doch jedenfalls ihre metaphysische Weltanschauung für unabhängig von ihrer psychologischen Grundansicht halten[1]. Bedächten diese Psychologen nur, dass der Streit, ob es ein unbewusst-Psychisches giebt, ganz wesentlich durch das kartesianische Grunddogma bedingt ist und folglich nur auf metaphysischem Boden ausgefochten werden kann, dann würden sie gewiss auch etwas zurückhaltender sein, sich selbst als kompetente Richter in dieser Frage aufzuwerfen, dann würden sie doch vielleicht Bedenken tragen, das Unbewusste deshalb zu verwerfen, weil es innerhalb des empirischen Gebietes der Psychologie nicht vorkommt. Jetzt sehen wir Psychologen auf die Unmittelbarkeit der Selbstwahrnehmung schwören, die trotzdem zugleich Metaphysiker sind, und Metaphysiker sich gegen die Anerkennung des unbewusst-Psychischen sträuben, die in der Psychologie von der Unmittelbarkeit der Selbstwahrnehmung nichts wissen wollen.

Ein Ende dieser Verwirrung ist nur dadurch möglich, dass man die Grenzen der unmittelbaren Selbstwahrnehmung überschreitet und ein unbewusst-Psychisches im absoluten Sinne (nicht bloss als ein Unter- oder relativ Bewusstes) annimmt. Nur so ist zugleich eine Reihe der wichtigsten Probleme lösbar, womit sich die Psychologie bisher vergeblich abgemüht hat. Fragen, wie die nach der Einteilung der „Seelenvermögen", die mit der anderen verwandt ist, welche psychischen Elemente als primäre und welche als sekundäre anzunehmen seien, lassen sich auf dem bisherigen Boden der Psychologie überhaupt nicht beantworten. Oder kann es wohl etwas Auffälligeres geben als den Umstand, dass trotz der behaupteten „Unmittelbarkeit" ihrer Selbstwahrnehmung die Psychologen sich noch immer nicht darüber geeinigt haben, ob die Vorstellung oder das Gefühl oder ob der

---

[1] So zählt Wundt in einem Aufsatze „Ueber die Definition der Psychologie" (Phil. Studien Bd. XII) unter den besonderen Vorzügen seiner Auffassung der letzteren, als Wissenschaft der unmittelbaren Erfahrung, auch den Umstand auf, dass sie gar keine metaphysische Voraussetzung mache und darum an sich mit jeder metaphysischen Anschauung vereinbar sei (a. a. O. 22). Als ob seine eigene Metaphysik, wie ich an seiner Stelle zeigen werde, nicht ganz offenbar durch jene psychologische Grundanschauung bedingt und seine Annahme der realen Natur der Bewusstseinsinhalte nicht selbst schon Metaphysik im höchsten Sinne wäre! Angesichts jener angeführten Behauptung nimmt es sich seltsam aus, wenn Wundt gegen den „völlig unwissenschaftlichen, höchstens für die Konstruktionen einer mystischen Metaphysik brauchbaren Begriff des Unbewussten" polemisiert (ebd. 34f.). Oder zeigt es nicht, dass seine Auffassung der Psychologie metaphysischen Theorien gegenüber keineswegs so duldsam ist, wie Wundt dies annimmt?

Wille die Wurzel und das Grundelement unserer Seele bildet? Wie kommt es, dass die Einen allen Inhalt des Psychischen auf blosse Willenselemente zurückzuführen streben, wohingegen die Andern mit der gleichen Zuversicht die reale Existenz des Willens überhaupt bestreiten? Wie soll man es sich erklären, dass die Intellektualisten im Allgemeinen die Substantialität des psychischen Seins behaupten und hiervon eine „unmittelbare" Erkenntnis zu besitzen glauben, während die Voluntaristen auf Grund derselben Unmittelbarkeit über das „starre Klötzchen" der Seelensubstanz ihren Spott ausgiessen und den „aktuellen" Seelenbegriff für die einzige wissenschaftlich haltbare Auffassung unserer Psyche ausgeben? Man pflegt den spekulativen Philosophen vorzuwerfen, dass sie immanente psychologische Begriffe zu transcendenten metaphysischen Potenzen emporschrauben. Ich glaube, die Metaphysiker können den heutigen Psychologen darauf mit Recht erwidern, dass sie selbst metaphysische Potenzen zu psychologischen Begriffen stempeln. Denn diejenigen Vorstellungen und Willensakte, die nach ihrer Ansicht das Grundgerüst des seelischen Daseins bilden sollen, sind absolut unbewusste seelische Faktoren und folglich auch kein Gegenstand einer unmittelbaren Selbstwahrnehmung. Diejenigen jedoch, die sich unmittelbar in unserem Bewusstsein finden, sind bloss die subjektiven Repräsentanten oder ideellen Abspiegelungen der realen seelischen Faktoren und folglich nicht der Kern und das Grundgerüst unserer psychischen Gebilde. Solange man dies nicht anerkennt, werden alle Bemühungen der Psychologen fruchtlos sein, die Vorstellung aus dem Willen oder den Willen aus der Vorstellung oder beide aus Gefühlen, Empfindungen u. s. w. abzuleiten — man kann es aber solange nicht anerkennen, als die Frage nicht erledigt ist, ob wir wirklich in der Selbstwahrnehmung die Gegenstände, wie sie an sich sind, erkennen.

Unsere Psychologen operieren heute mit der Unmittelbarkeit der Selbstwahrnehmung, als ob darüber gar kein Zweifel bestehen könnte, ohne zu bedenken, dass sie mit dieser Behauptung einer intellektuellen Anschauung des psychischen Seins eigentlich gar keine psychologische, sondern eine metaphysische Behauptung aussprechen. Es zeigt sich hier, wie unmöglich es ist, auf irgend einem Gebiete der Philosophie ohne metaphysische Voraussetzungen auszukommen. Sogar die Psychologie, die scheinbar so selbständig ist, weist trotzdem schon in Hinsicht ihrer Methode auf eine Annahme zurück, die als solche eigentlich aus den Grenzen ihres eigenen Gebiets hinausfällt. Denn ob sie rein empirisch in dem Sinne sein muss, dass sie ohne alle transcendenten Hypothesen auskommt, wie die sogenannte Assoziationspsychologie, oder ob sie in gewissen Fällen auf solche Hypothesen zurückgreifen darf, nämlich dann, wenn die unmittelbar erkannten Inhalte unserer Selbstwahrnehmung zur Erklärung der psychischen Erscheinungen nicht zureichen, das ist ohne bestimmte Stellungnahme zum metaphysischen Cogito ergo sum nicht zu entscheiden. Die heutige Psychologie hält an der ersten Annahme, wie an etwas Selbstverständlichem, fest, weil der allgemeine Niedergang der Metaphysik und das Misstrauen gegen diese sie selbst erst in die Höhe gebracht hat. Aber muss denn dieser Zustand von Dauer sein, und könnte nicht gerade das erneute Interesse an der Metaphysik sich feindlich gegen die heutige kartesianische Grundvoraussetzung der Psychologen kehren? —

Ich habe früher in meiner Schrift über Kant versucht, die Beziehungen der Naturwissenschaft zur Metaphysik klarzustellen und in der Untersuchung des Begriffes der Materie die Grundlinien einer modernen Naturphilosophie zu ziehen[1]. In dem vorliegenden Werke ging mein Streben dahin, die allgemeinsten Grundzüge einer **Philosophie der Psychologie** oder metaphysischen Unterlage dieser Wissenschaft zu liefern. Der Gedanke, der mich dabei leitete, war der, dass die weit verbreitete Abneigung gegen die spekulative Philosophie nicht so sehr im Wesen der Sache selbst begründet, als vielmehr durch gewisse Zeitströmungen und Verhältnisse bedingt ist und daher unmöglich von langer Dauer sein kann. Es scheint mir nicht wertlos, die empirischen Wissenschaften von Zeit zu Zeit auf ihren Zusammenhang mit dem allgemeinen Centrum alles Wissens hinzuweisen, zumal wenn sich dieselben, wie die moderne Psychologie, ganz und gar auf ihre eigenen Füsse stellen wollen und ihre Prinzipien, um die Erscheinungen zu erklären, ausschliesslich im Bereiche der Erfahrung suchen. Die Psychologie hat erst vor noch nicht langer Zeit sich selbständig gemacht und ist daher auch weit entfernt, die Notwendigkeit eines solchen Hinweises einzusehen. Ihre Vertreter werden unter diesen Umständen ein Unternehmen, wie das vorliegende, mit Misstrauen ansehen und darin vielleicht nur einen reaktionären Versuch erblicken, die kaum errungene Freiheit wieder in Frage zu stellen. Erst muss das Gebiet der inneren Erfahrung noch viel gründlicher durchforscht und die Probe noch viel häufiger gemacht sein, wie weit mit bloss empirischen Erklärungen zu gelangen ist, bevor die Psychologen selbst ein Bedürfnis empfinden werden, den zerrissenen Faden mit der Metaphysik wieder anzu-

---

[1] Kants Naturphilosophie als Grundlage seines Systems (1894).

knüpfen. Allein das darf doch nicht daran verhindern, die Beziehungen zwischen beiden anzuerkennen und darzulegen, wenn solche thatsächlich vorhanden sind. Wie die Naturwissenschaft schon jetzt von ihren stolzen Ansprüchen einer Welterklärung mehr und mehr zurückkommt und der Wunsch nach Vertiefung derselben zur Naturphilosophie heute bereits von ihren Vertretern selbst erhoben wird, so wird auch für die Psychologie die Stunde kommen, wo sie ihren Blick wieder nach der alten Mutter Metaphysik hinrichtet, und die Einsicht in die Unzulänglichkeit der rein empirischen Erklärungsweise sie wieder Anschluss bei der Spekulation wird suchen lassen. Ihr dann ein blindes Umhertappen zu ersparen und ihr den Weg zu einer geeigneten Metaphysik offen zu halten, das scheint mir ein des Philosophen nicht unwürdiges Unternehmen.

Denn darüber braucht man sich keiner Täuschung hinzugeben: die bisherige Metaphysik, die Metaphysik, wie sie auf dem Boden des Cogito ergo sum erwachsen ist, hat der heutigen Psychologie keine geeignete Grundlage darzubieten. Gewisse Thatsachen des Seelenlebens, die das Interesse der Psychologen besonders auf sich gezogen haben, wie die Vorgänge des Traums und der Hypnose, die Teilung der Persönlichkeit, überhaupt alle diejenigen Erscheinungen, die man als Schwankungen des Ich bezeichnen kann, und die auf eine quantitative Beschaffenheit der Seele schliessen lassen, sind mit dem bisherigen qualitativen Seelenbegriffe nicht vereinbar, wodurch uns die ursprüngliche substantielle Einheit der Seele durch unser Ich verbürgt sein soll. Die Psychologie hat daher versucht, von der Seelensubstanz überhaupt gänzlich zu abstrahieren, den gesamten Inhalt des psychischen Seins aus den einfachsten seelischen Elementen, den Gefühlen, Empfindungen u. s. w., zu erbauen und dabei auch das Ich als Produkt eines rein quantitativen Prozesses aufzufassen. Allein so wenig die quantitative Weltbetrachtung der Naturwissenschaft zur Erklärung der verwickelten Erscheinungen, vor allem des geistigen Lebens ausreicht, so wenig ist es bisher auch der Psychologie gelungen, die höheren seelischen Gebilde aus blosser Assoziation und Summation der niederen Gebilde abzuleiten. Wie der Materialismus sich genötigt sieht, seine stofflichen Atome mit immer höheren Kräften und Qualitäten auszustatten, um den Thatsachen der Erfahrung gerecht zu werden, so muss auch die positivistische Assoziationspsychologie zu immer geheimnisvolleren Beziehungen zwischen den ursprünglichen Bewusstseinselementen ihre Zuflucht nehmen, um nur überhaupt über die einfachsten seelischen Erscheinungen hinauszukommen, ohne dass sie doch bisher imstande gewesen wäre, die zerstörte Einheit des Ich aus der Vielheit seiner Elemente wieder aufzubauen. Mehr und mehr drängt sich den Psychologen die Ueberzeugung auf, dass die höheren seelischen Gebilde nicht blosse Summationsphänomene sein oder aus blossen bewusstseinsimmanenten Assoziationsvorgängen hervorgehen können, sondern die Annahme einer psychischen Synthese fordern. Wenn aber diese nach Beseitigung des alten Seelenbegriffs nicht die Thätigkeit eines substantiell gedachten Bewusstseins sein kann, wenn vielmehr die ursprünglichsten Bewusstseinselemente selbst den Stoff der aufbauenden Thätigkeit bilden sollen, woraus das Gesamtbewusstsein erst hervorgeht, was bleibt übrig, als die Synthesis als vorbewusste und unbewusste aufzufassen?

So drängt gerade die Psychologie, deren Vertreter sich bisher am heftigsten gegen die Anerkennung der unbewussten Geistesthätigkeit gesträubt haben, am meisten auf diese Annahme hin und dürfte sie sich gerade hier von besonderer Fruchtbarkeit erweisen. Der Grund dieser Abneigung liegt, wie gesagt, nur im Cogito ergo sum, unter dessen Bann heute noch alle diejenigen Philosophen stehen, die dem Bewusstsein irgendwelche reale und prinzipielle Bedeutung zuschreiben. —

Man hat in unserer Zeit das Heil der Philosophie im Kritizismus gesucht und gemeint, indem man auf Kant zurückging, den Ausgangspunkt gefunden zu haben, um die Philosophie aus der Sackgasse, worin sie sich verrannt hat, wieder hinauszuführen. Ich glaube, die Resultate, zu denen man gelangt ist, sprechen nicht dafür, dass man sich damit auf dem richtigen Wege befindet. Ich bin weit entfernt, das Gute zu verkennen, was das erneuerte Studium Kants für die Philosophie gehabt hat. Es hat zunächst unser historisches Verständnis des Kritizismus in einer Weise gefördert, wie es ohne die Hoffnung, in Kant zugleich die Grundlage für eine moderne Weltanschauung zu finden, wohl schwerlich im gleichen Masse der Fall gewesen wäre. Es hat die Flamme des philosophischen Denkens lebendig erhalten zu einer Zeit, wo sie unter dem Ansturm der empirischen Wissenschaften gänzlich zu verlöschen drohte, und dem Materialismus im transcendentalen Idealismus ein Gegengewicht geboten, als derselbe bereits anfing, die feinsten Blüten unserer geistigen Kultur zu bedrohen. Es hat endlich der Philosophie die Veranlassung gegeben, dasjenige nachzuholen, was die Spekulation unmittelbar nach Kant versäumt hatte, nämlich die Klarstellung und Durcharbeitung der erkenntnistheoretischen Probleme. Nur was man von ihm ursprünglich erwartet hatte, die Förderung einer wahrhaft modernen Weltanschauung, das hat uns der Kritizismus nicht gebracht; im Gegenteil hat das Missverständnis, als ob Kant die Unmöglichkeit der Metaphysik bewiesen habe, die Bemühungen um eine solche lange hintangehalten und den spekulativen Trieb unterbunden zu einer Zeit, die dessen gerade am wenigsten entbehren konnte[1].

Dies Ergebnis ist nur selbstverständlich, wenn man bedenkt, dass auch Kant nur ein Glied in der Kette jener Entwickelung bildet, die aus dem Cogito ergo sum hervorgegangen ist und sich gegenwärtig erschöpft und ausgelebt hat. Man pflegt zwar gewöhnlich diese Entwickelung mit Kant abzuschliessen und von ihm eine neue Epoche in der Philosophie zu datieren; und zweifellos laufen ja auch die beiden Gabelungen aus der Wurzel des Cogito ergo sum, der Rationalismus und Empirismus, in ihm zusammen. Nur überschätzt man die Bedeutung Kants gewaltig, wenn man meint, dass sie in ihm zur Versöhnung gekommen seien und dass überhaupt mit der kantischen Philosophie ein neuer Grund für das philosophische Denken gelegt sei, der für unsere Zeit noch irgendwelche positive Bedeutung habe. In dem Vorworte meiner Schrift über „Kants Naturphilosophie als Grundlage seines Systems" habe ich gesagt, dass, wenn man, um eine positive philosophische Grundlage zu gewinnen, an Kant anknüpfen wolle, man von Kant, dem Erkenntnistheoretiker, abstrahieren und auf Kant, den Naturphilosophen und Metaphysiker, zurückgreifen müsse. Hier behaupte ich, dass, wenn man schon eine neue philosophische Weltanschauung durch Anknüpfung an die Vergangenheit gewinnen will, dass man dann überhaupt nicht auf **Kant,** sondern auf die ursprüngliche Quelle auch des kantischen Gedankensystems, nämlich auf **Descartes** zurückgehen muss. Dies hat Anton Günther zuerst eingesehen und seine Schule seitdem mit Recht gegenüber den verschiedenen Richtungen der modernen Philosophie vertreten. Laufen doch im Cogito ergo sum alle Fäden zusammen, woran diese Philosophie bisher gesponnen hat — nur dass seit Hegels und Schopenhauers Tod ein wirklicher Fortschritt in der Philosophie nicht mehr erreicht ist, von denjenigen wenigstens nicht erreicht ist, die bewusster oder unbewusster Weise sich auf Descartes bezogen haben. Jeder Versuch, auf der Grundlage des Cogito ergo sum eine neue Weltanschauung zu errichten, ist daher schon im Prinzip verfehlt und führt nur dazu, die Menge von philosophischen Systemen und Gesichtspunkten zu vermehren, die

---

[1] Vgl. meinen Aufsatz: „Zur modernen Kantbewegung" in den Preussischen Jahrbüchern. Bd. LXXXVI, Hft. 1.

Philosophie in die Breite auszudehnen, aber nicht, sie auf eine höhere Stufe empor zu heben. Ein wirklicher Fortschritt beruht nur auf dem völligen Bruch mit dem Cogito ergo sum, in der Einsicht, dass die Entwickelung aus dem letzteren an den Punkt gelangt ist, wo sie notwendig in ihr Gegenteil umschlagen muss, und dass das Ergebnis dieses dialektischen Prozesses kein anderes als — das Unbewusste ist.

Karlsruhe im Juni 1897.

Arthur Drews.

Inhalts-Verzeichnis.

Seite

Einleitung.
Die Aufgabe der Metaphysik und ihr Ausgangspunkt 1

Erster Teil.
Das Problem des Ich in der neueren Philosophie . 14

A. Das Ich als metaphysisches Prinzip.

I. Das Ich als Bewusstseinsform.

1. Der Dualismus: Descartes und der Occasionalismus 16
2. Der Spiritualismus:
    a) Der phänomenalistische Spiritualismus: Berkeley 28
    b) Der monadologische Spiritualismus: Leibniz 31
    c) Der transcendentale (subjektive) Idealismus: Kant 39
    d) Der Solipsismus 46
3. Der reine Bewusstseinsidealismus 47

II. Das Ich als Bewusstseinsinhalt.

1. Das Ich als absolute Substanz: Spinoza 51
2. Das Ich als absolute Thätigkeit: Fichte 61
3. Das Ich als absolute Vernunft: a) Schelling 72
   b) Hegel 83
4. Das Ich als Wille: a) Das Ich als absoluter Wille: Schopenhauer . . 95
   b) Das Ich als individueller Wille: α) Wundt . . 110
   β) Bahnsen . 118

B. Das Ich als empirisches Prinzip.

1. Der Empirismus Lockes und Humes 123
2. Der Sensualismus und Materialismus 128
Ergebnis 130

Zweiter Teil.
Die Metaphysik des Ich.

A. Die Erkenntnis des Ich.

I. Das Ich als Bewusstseinsform 134

II. Das Ich als Bewusstseinsinhalt.

1. Das Ich als innere Wahrnehmung 156
2. Das Ich als Empfindung 166
3. Das Ich als Wille 181
4. Ergebnis 188

B. Das Sein des Ich.
I. Die Voraussetzungen des Ich.
1. Das reale Sein 193
2. Das ideelle Sein 207

II. Das empirische Ich.
1. Die Ichheit und Persönlichkeit 224
2. Die psychologische Entwickelung des Ich 232
3. Die Schwankungen des Ich 238

III. Das metaphysische Ich.
1. Das Ich und die Materie 259
2. Das substantielle Wesen des Ich 266
3. Die absolute Persönlichkeit 279
4. Die Dauer des Ich 299
5. Die Freiheit und Verantwortlichkeit des Ich 309

Einleitung.

Die Aufgabe der Metaphysik und ihr Ausgangspunkt.

Wenn man die Philosophie mit Aristoteles als die „Wissenschaft von den Prinzipien" ansieht, eine Bezeichnung, die in unserer Zeit bekanntlich von Ueberweg wiederum zur Geltung gebracht ist, so erscheint die Metaphysik als die Wissenschaft von den letzten und allgemeinsten Prinzipien, die allen übrigen Bedingungen der Wirklichkeit zu Grunde liegen. Dabei pflegt vorausgesetzt zu werden, dass diese Prinzipien zu einer Sphäre hinter dem unmittelbar erkannten Sein hinführten, und die Metaphysik, die ihren Namen ursprünglich nur von ihrer äusserlichen Stellung in der Sammlung der aristotelischen Schriften herschreibt, wird dadurch zur Wissenschaft von dem „μετὰ τὰ φυσικά", dem Jenseits der Erscheinungswelt, zur Wissenschaft von ihrem substanziellen Wesen.

Diese Bestimmung hat nur Ein Missliches. Das naive Bewusstsein weiss von einem solchen Unterschiede zwischen dem gegebenen und einem hinter ihm liegenden Sein, der Erscheinungswelt und ihrem Wesen nichts. Es vermag daher die Notwendigkeit einer Wissenschaft nicht einzusehen, deren Möglichkeit auf dieser Trennung beruhen soll. Das naive Bewusstsein setzt voraus, die Ursachen der Erscheinungen, wie sie ihm unmittelbar entgegentreten, müssten auch innerhalb derselben Sphäre liegen; es ist geneigt, nur diejenige Erklärung für eine solche anzusehen, die eine Erscheinung auf wahrnehmbare Momente gründet. Die moderne naturwissenschaftliche Bildung hat viel dazu beigetragen, diese Auffassung zu befestigen. Wenn der Naturforscher zur Erklärung eines chemischen Vorganges die Faktoren desselben in ihre Elemente zerlegt, die letzteren in ihre Moleküle auflöst und diese auf Atome zurückführt, so nimmt er zwar selbst die Atome nicht wahr, allein er zweifelt auch nicht, dass, wenn ihm nur die geeigneten Instrumente zu Gebote ständen, ihm diese auch die Möglichkeit verschaffen würden, jene letzten Bestandteile aller Erscheinungen unmittelbar als solche anzuschauen. Dazu kommt, dass selbst manche Philosophen von einem Sein hinter dem wahrgenommenen Sein nichts wissen wollen und dem naiven Bewusstsein darin beistimmen, dass eine Erklärung die Grenzen der Erscheinungswelt nicht überschreiten dürfe. Diese alle werden von ihrem Standpunkt aus mit Recht in jener obigen Bestimmung der Metaphysik eine petitio principii erblicken, sofern sie sich auf eine Voraussetzung gründet, deren Richtigkeit sie keineswegs ohne weiteres anzuerkennen vermögen. Sie werden sagen, sie verständen nicht, was das sei, ein Sein, das auf keine Weise je erscheinen könne, und hätten keine Veranlassung, einem solchen nachzuspüren, da schon der Begriff desselben ihnen einen reinen Nonsens zu enthalten scheine.

Es ist klar, dass eine Bestimmung, der eine solche Schwierigkeit anhaftet, den Zwecken der Wissenschaft nicht genügen kann. Offenbar hat auch gerade sie die Metaphysik vielfach in Misskredit gebracht und dazu beigetragen, das Misstrauen gegen sie wachzurufen. Dass all unser Wissen bloss in der Erscheinung wurzelt, diese Thatsache scheint so selbstverständlich, wie der Schluss, dass es folglich ein leeres Unterfangen sein muss, mit jenem Instrument das Jenseits der Erscheinung zu erforschen. Die Metaphysik hat daher in der Bestimmung ihrer Aufgabe alle Anspielungen auf ein Sein hinter dem gegebenen zu unterlassen, wofern sie auf allgemeine Anerkennung Anspruch macht. Es ist schon Metaphysik, das Sein in ein erscheinendes und wesenhaftes auseinanderzureissen, und jene Wissenschaft hat wahrlich alle Ursache, sich vor zweifelhaften Ansprüchen und Bestimmungen zu hüten.

Man kann nun darüber streiten, ob es ein Sein hinter dem, wie es sich uns in der Erfahrung darstellt, giebt und welches daher Gegenstand einer besonderen Wissenschaft sein kann, aber man kann nicht darüber streiten, ob es überhaupt etwas giebt. Dass ich existiere, der ich diesen Satz ausspreche, dass der Tisch Realität besitzt, woran ich schreibe, das kann nur einer mit Grund beanstanden, wofern er mit den Worten Realität und Existenz schon einen Sinn verbindet, der in ihnen unmittelbar nicht enthalten ist. Es lässt sich auch nicht leugnen, dass der bloss gedachte Tisch ein anderer ist als der wahrgenommene, oder genauer, dass ich den Tisch, als reinen Inhalt meiner Vorstellungsthätigkeit, von demjenigen unterscheide, dem ich das Prädikat der Wirklichkeit beilege. In beiden Fällen ist der Tisch ein Gegebenes, der Inhalt, den ich mit diesem Begriff verbinde, kann sich zum Verwechseln ähnlich sehen — man denke nur an die Erfahrungen des Traumes und der Halluzination! — und doch wird auch der extremste subjektive Idealist, der ein Sein nur als Inhalt des Bewusstseins, nur als Bewusst-Sein gelten lässt, im ersteren Falle nur von einem Vorstellungs- oder ideellen Sein, im letzteren dagegen von einem realen Sein des Tisches reden. Der subjektive Idealist mag sich noch so sehr darauf versteifen, alles Sein seinem Wesen nach als ideelles, und zwar als ein subjektiv-ideelles Sein, d. h. als ein Sein in der Form des Bewusst-Seins, anzusehen: er wird sich doch gegen die Anerkennung jenes Unterschiedes innerhalb der Sphäre des ideellen Seins nicht sträuben, und er wird, ebensowenig wie jeder Andere, wenn er Hunger empfindet, mit dem eingebildeten Genusse einer bloss vorgestellten Speise sich begnügen können. Auch er erkennt sonach an, dass, trotz ihrer inhaltlichen Ununterschiedenheit, die reale Speise ein Mehr gegenüber der bloss vorgestellten oder ideellen Speise enthält, ein Mehr, welches der ersteren einen solchen Wert und eine solche Bedeutung für seine eigene Existenz verleiht, dass es durch keine, auch nicht durch die inhaltvollste Bereicherung jenes Gegenstandes innerhalb der Sphäre des Ideellen ersetzt werden kann. Es ist also einfach eine Thatsache der Erfahrung, dass sich uns das Sein als ein doppelartiges, als ideelles und als reales darstellt. Wer das bezweifelt, der rüttelt an der Erfahrung selbst, der macht andere Erfahrungen als wir übrigen Menschen, und wir dürfen nicht hoffen, mit ihm jemals eine Uebereinstimmung zu erzielen.

Worin besteht nun jenes Mehr des realen Seins, oder wodurch unterscheidet sich das reale Sein vom ideellen?

Die Wissenschaft im Allgemeinen kümmert sich um diese Frage nicht. Sie handelt nur von dem einzelnen Seienden, d. h. von den existierenden Gegenständen und ihren Gesetzen, ohne jedoch die Art ihrer Existenz als solche zu untersuchen. Die Erkenntnistheorie hat zwar mit dem Gegensatze des ideellen und realen Seins zu thun, aber doch nur, sofern es sich um die Frage handelt, in welchem Verhältnis das reale Sein zum erkennenden Bewusstsein steht. Sie legt zwar das grösste Gewicht darauf, ob es eine Art des Seins auch ausserhalb des Bewusstseins giebt; allein sie hat gar kein Interesse daran, ob, wenn es ein solches giebt, dies selbst ein ideelles oder ein reales Sein ist. Es muss also Gegenstand einer besonderen Wissenschaft sein, den Unterschied des ideellen und realen Seins und das Wesen dieser letzteren zu untersuchen. Es muss eine Wissenschaft geben, die nicht so sehr auf den Inhalt als vielmehr auf die Art oder Gattung des Seienden, auf das Sein als solches und seine eigentümliche Beschaffenheit ausgeht, mit anderen Worten: eine Wissenschaft vom Sein, und diese ist es, die wir mit dem Namen der Metaphysik bezeichnen.

Wird die Aufgabe der Metaphysik in dieser Form gestellt, so kann sich auch derjenige ihr nicht entziehen, der die obige Unterscheidung zwischen erscheinendem und wesenhaftem Sein nicht anerkennt, weil ihm alles Sein eben nur in der Erscheinung aufgeht. Denn irgendwie muss doch auch er das Reale vom Ideellen unterscheiden, um die Erfahrung verständlich zu machen, und auch wenn er in ihrer Beantwortung die Sphäre des Bewusstseins nicht überschreitet, so kann er doch die Frage selbst nicht als eine falsch gestellte zurückweisen. Jene Fragestellung beseitigt aber auch zugleich das alte Missverständnis, als sei es möglich, den ganzen Inhalt der Metaphysik auf rein logischem Wege von irgend einem allgemeinen Begriff abzuleiten. Denn dass sich aus dem Begriff des Seins, der, als der abgezogenste, zugleich auch der allerleerste ist, ohne weiteres gar nichts ableiten lässt, das dürfte auch dem subtilsten Dialektiker unmittelbar einleuchten. Die Metaphysik aber hat es garnicht mit dem Begriff des Seins, sondern nur mit dem wirklichen Sein zu thun. Sie muss also, wie jede andere Wissenschaft, mit dem Gegebenen beginnen. **Gegeben aber ist uns alles Sein zunächst und unmittelbar nur als Bewusst-Sein.**

Dieser Satz besagt, dass alles Sein erst selbst die Form des Bewusstseins angenommen haben muss, bevor es als Inhalt in ihm enthalten sein kann. Um sich das klar zu machen, beachte man den Unterschied des Baumes in der Wirklichkeit und des Baumes im Fernrohr. Ich kann den wirklichen Baum nicht durch das Fernrohr wahrnehmen, ohne dass ein Bild von ihm hinter der Linse steht; was ich aber dann wahrnehme, ist nicht der Baum in der Wirklichkeit, sondern eben nur sein Bild, der Baum, sowie er im Fernrohr enthalten und die ihm von diesem erteilte Form empfangen hat. Dabei handelt es sich garnicht darum, ob dem Inhalt im Bewusstsein ein Gegenstand ausserhalb des Bewusstseins („Ding an sich") korrespondiert, sowie der Baum im Fernrohr das unkörperliche Abbild des Baumes in der Wirklichkeit ist. Es kommt bloss darauf an, dass das Bewusstsein allem Inhalt seine eigene Form gleichsam überzieht: diese Form aber ist diejenige des Objektseins für ein Subjekt — folglich, da Subjekt und Objekt Korrelate sind, die sich wechselseitig bedingen, das Subjekt aber das vorstellende Bewusstsein ist, so ist auch das Objekt nur die Vorstellung dieses Subjekts, Sein als Vorstellung oder ideelles Sein.

"Die Welt", sagt daher Schopenhauer vom unmittelbaren Inhalt des Bewusstseins, "die Welt ist meine Vorstellung: — dies ist eine Wahrheit, welche in Beziehung auf jedes lebende und erkennende Wesen gilt, wiewohl der Mensch allein sie in das reflektierte und abstrakte Bewusstsein bringen kann: und thut er dies wirklich, so ist die philosophische Besinnung bei ihm eingetreten. Es wird ihm dann deutlich und gewiss, dass er keine Sonne kennt und keine Erde, sondern immer nur ein Auge, das eine Sonne sieht, eine Hand, die eine Erde fühlt; dass die Welt, welche ihn umgiebt, nur als Vorstellung da ist, d. h. durchweg nur in Beziehung auf ein Anderes, das Vorstellende, welches er selbst ist[1]." Auch für Schopenhauer ist das Zerfallen in Subjekt und Objekt die charakteristische Form für den Inhalt des Bewusstseins. Aber er schliesst nicht, dass derselbe Vorstellung sei, weil er Objekt eines Subjekts sei, sondern umgekehrt ist ihm jenes Zerfallen "diejenige Form, unter welcher allein irgend eine Vorstellung, welcher Art sie auch sei, abstrakt oder intuitiv, rein oder empirisch, nur überhaupt möglich und denkbar ist[2]." Damit schiesst er indessen offenbar über das Ziel hinaus. Denn es ist zwar ganz gewiss, dass das Objekt eines Subjekts die Vorstellung dieses Subjekts, aber es ist nicht ebenso gewiss, dass die Vorstellung immer Objekt eines Subjekts sein muss.

Wenn das Sein uns unmittelbar nur als ideelles vorliegt, so erleidet dadurch unsere obige Bestimmung der Metaphysik eine nähere Einschränkung. Metaphysik, sagten wir, ist Wissenschaft vom Sein. Nun ist es aber von dem ideellen Sein, dem Sein unserer Vorstellungen leicht, zu zeigen, dass es jeder weiteren Erklärung spottet. Erklären heisst klar machen, und dies geschieht dadurch, dass wir das zu Erklärende auf eine andere uns bekannte Vorstellung beziehen. Die Logik nennt klar eine Vorstellung dann, wenn sie von anderen ihres Gleichen unterschieden ist. Wovon aber soll ich das Sein meiner Vorstellungen unterscheiden? Alles Sein, worauf ich es beziehen könnte, fällt, als Vorstellung, selbst in das Vorstellungssein und führt mich also über den Kreis des Ideellen nicht hinaus. Ich kann wohl Vorstellungen von einander unterscheiden, allein ich habe nichts, wovon ich das Vorstellen selbst unterscheiden könnte, ohne jenes eben dadurch vorzustellen. Mein Wissen besteht in Vorstellungen, setzt also das Vorstellen schon voraus. Ich müsste über

---

[1] Schopenhauer: Die Welt als Wille und Vorstellung I, 3.
[2] Ebenda.

meinen eigenen Kopf springen können, wenn ich hinter das Vorstellen gehen, mir es gegenüberstellen und doch zugleich es vorstellen, in ihm bleiben sollte. Gesetzt auch, ich wüsste, was das reale Sein ist, so könnte ich wohl das ideelle Sein darauf beziehen und angeben, was das letztere nicht ist, wofern nämlich ein wesentlicher Unterschied zwischen ihnen bestehen sollte; allein ich könnte nicht sagen, was es ist, weil es mir dazu einfach an jeglichen Begriffen mangelt. Was also das Vorstellungssein oder das ideelle Sein ist, das lässt sich nicht erklären. Man muss es in sich erzeugen, muss vorstellen, um es zu erfahren, sowie man die Empfindung eines bestimmten Tones oder einer Farbe haben muss, um ihre Beschaffenheit kennen zu lernen[1].

Hiernach ist Metaphysik, als Wissenschaft vom Sein, genauer bloss Wissenschaft vom realen Sein, und dies ist sie selbst dann, wenn der erkenntnis-theoretische Standpunkt ein solches ausserhalb des Bewusstseins nicht gelten lässt. Denn auch der subjektive Idealist und Positivist kann sich, wie gesagt, der Frage nach dem Wesen der Realität nicht entziehen. Die Auflösung des gesamten realen Seins ins ideelle ist selbst schon garnichts Anderes als Metaphysik, und wenn die subjektiven Idealisten dies bestreiten, so liegt dies nur an ihrer einseitigen Auffassung, die sie vom Wesen jener Wissenschaft haben. Sie denken nämlich dabei an eine Wissenschaft vom „Ding an sich" und leugnen ihre Möglichkeit, weil sie die Existenz von „Dingen an sich" nicht anerkennen. Darin haben sie insofern ganz recht, weil die Annahme von solchen ganz ebenso eine petitio principii in sich einschliesst, wie die oben abgewiesene Zerlegung der Wirklichkeit in ein erscheinendes und wesenhaftes Sein. Bestimmt man dagegen ganz allgemein die Metaphysik als die Wissenschaft vom realen Sein, dann fallen damit zugleich auch die Bedenken hinweg, welche ihre Gegner gegen die Möglichkeit derselben anzuführen pflegen. Denn auch das ideelle Sein kann unter Umständen die Stelle des realen übernehmen, ja, es liegt sogar hierin allein die Berechtigung für eine subjektiv-idealistische Erkenntnistheorie, auch heute noch die alte kantische Bezeichnung Metaphysik beizubehalten, obwohl eine solche gerade auf die Bestreitung der Möglichkeit einer Metaphysik hinausläuft, und obwohl die Voraussetzung, worauf Kant jene Bestreitung gründet, heute wohl selbst von den ergebensten Anhängern Kants nicht mehr geteilt wird[2].

---

[1] Vgl. Baumann: Philosophie als Orientierung über die Welt (1872) S. 90—96.

[2] Vgl. mein Werk: Kants Naturphilosophie als Grundlage seines Systems (1894); insbes. S. 246.

Das reale Sein also ist das eigentlich erklärungsbedürftige Sein, das ideelle Sein erklärt sich selbst, indem wir vorstellen. Dem naiven Menschen freilich erscheint es anders. Er meint, es gäbe garnichts Bekannteres als das reale Sein, und wenn man ihn fragen wollte, was es denn eigentlich heisse, etwas sei real, so schlägt er mit der Hand auf den Tisch und sagt, das sei Realität. Schopenhauer behauptet zwar: „Keine Wahrheit ist gewisser, von allen anderen unabhängiger und eines Beweises weniger bedürftig als diese, dass alles, was für die Erkenntnis da ist, also diese ganze Welt, nur Objekt in Beziehung auf das Subjekt ist, Anschauung des Anschauenden, mit Einem Wort Vorstellung[1]." Wer sich jedoch einmal der Mühe unterzogen hat, einen Menschen, der noch ganz in den Banden der naiven Anschauungsweise befangen war, von der bloss ideellen Natur des wahrgenommenen Seins zu überzeugen, der weiss, wie unendlich schwer es ist, einem solchen auch nur den springenden Punkt der Sache klar zu machen. Und in wessen Bewusstsein jene Einsicht zum ersten Male aufgeblitzt ist, dem wird es für immer unvergesslich bleiben, welche Revolution in seiner ganzen bisherigen Weltanschauung hervorgebracht wurde, als ihm, was er für die allerbekannteste Realität gehalten hatte, sich plötzlich in ein blosses Vorstellungssein verwandelte, und wie er nun überall auf Rätsel stiess, wo er bis dahin nur Selbstverständliches gefunden hatte. Mit Recht hebt daher auch Baumann hervor, wie die Beweise für die ideelle Natur des Seins, so zwingend sie auch sein mögen, doch für die meisten Menschen nicht einleuchtend sind: „sie erfüllen den Geist nicht mit Licht, sie haben eher die Eigenschaft, ihn dunkel und trübe über sich selbst zu machen. Der Mensch, wenn er zuerst diese Beweise hört und sich ihnen nicht entziehen kann, meint alle Herrlichkeit der Welt sei damit zerstört. Alles ist Vorstellung, das ist ihm so viel wie: alles ist blass und öde; er ist gewohnt, Vorstellung in Gegensatz zur Wirklichkeit, Denken in Gegensatz zum Leben, Theorie in Gegensatz zur Praxis zu stellen. Das ist nur Vorstellung, ist ihm soviel wie: das ist ein leerer Gedanke, eine müssige Einbildung. Aber Realität, das ist, was alle Sinne belebt, alle Lebenskräfte schwellt. Wirklichkeit ist der Zauberklang, der Millionen zu sich lockt, die Gott danken, dass sie nicht von des Gedankens Blässe angekränkelt sind. Denken, was ist das gegen Leben? Denken ist soviel wie Brüten in sich selbst, Leben aber, das heisst die ganze Welt in sich aufnehmen, alle Seiten unseres Daseins hingeben an sie und sich erfüllen lassen von ihr[2]."

---

[1] Schopenhauer a. a. O.   [2] Baumann a. a. O. S. 82.

In der That ist hiermit der Unterschied des ideellen und realen Seins treffend geschildert, wie er sich im Bewusstsein des naiven Menschen darstellt. Der Mensch muss erst aus seinem ganzen bisherigen Anschauungskreis herausgerissen und auf einen völlig neuen Boden gestellt werden, er muss erst, was er bis dahin für wahr gehalten hat, als nichtig durchschaut haben, bevor er für eine höhere Erkenntnis die nötige Reife erlangt hat. Streben nach Wahrheit ist Streben nach realem Sein. Man muss die Realität erst verloren haben, ehe man das Bedürfnis empfinden kann, ihr nachzuforschen. Wem niemals die Welt um ihn her sich in schwankenden Schein aufgelöst hat, wo er eine Wirklichkeit zu fassen glaubte, wer an sich selbst niemals den Hunger nach der Realität gespürt hat, der wird nicht begreifen, wie man sich um sie bemühen kann, der wird nur ein mitleidiges Lächeln haben für alle, die dort eine umständliche Untersuchung glauben anstellen zu müssen, wo ihm selbst alles klipp und klar erscheint. Das ist auch die Bedeutung des kartesianischen Zweifels, womit die neuere Philosophie begonnen hat. Es ist leicht gesagt, für die Philosophie gäbe es nichts Selbstverständliches. Damit sich aber Jemand der Untersuchung dessen hingiebt, was Anderen als selbstverständlich erscheint, dazu muss er erst den inneren Drang in sich verspüren, und dieser kann nicht leichter in ihm entzündet werden als durch die Einsicht in die ideelle Natur des unmittelbar erkannten Seins. **Alle Realität ist bloss vorgestellte Realität, ist Vorstellung von Realität und somit Nichtrealität.** Erst wer die vernichtende Wucht dieses Gedankens an sich empfunden und die Notwendigkeit begreift, über diesen widerspruchsvollen Zirkel hinauszukommen, erst der kann wirklich von einem „metaphysischen Bedürfnis" reden; ein solcher hat damit aber auch bereits die Grenze überschritten, innerhalb deren er sich als naiver Mensch bewegte. Aus diesem Grunde ist der Satz, dass die Welt nur Vorstellung ist, die Eingangspforte zur Metaphysik, und wie Plato für seinen Unterricht die Bedingung aufstellte: „μηδεὶς ἀγεωμέτρητος εἰσίτω", so wird Niemand die Halle der Metaphysik betreten können, ohne vorher den Sinn jenes Satzes begriffen zu haben.

Wenn uns nun das Sein nur als Vorstellung gegeben ist, woran liegt es, dass uns dieser Gedanke so schwer in den Kopf geht, und wie kommt es, dass, selbst wenn wir uns von seiner Wahrheit überzeugt haben, wir trotzdem nicht aufhören, von einer Wirklichkeit zu reden, die mehr ist als blosses Vorstellungssein? Woher mit Einem Worte der Gedanke des realen Seins?

Die Antwort liegt nahe. Mag nämlich immerhin das Sein uns

unmittelbar nur als ideelles gegeben sein, so ist es doch an ein Etwas gebunden, dessen andersartige Beschaffenheit keinen Zweifel duldet. Die Welt, als Objekt des vorstellenden Subjekts, ist Vorstellung dieses Subjekts; aber dies Subjekt, das die Vorstellung hat, kann selbst nicht wieder blosse Vorstellung sein. Die Welt, als Vorstellung, ist getragen vom vorstellenden Subjekt; dies letztere jedoch, dieser Träger der vorgestellten Welt, muss jenseits alles Vorstellungsmässigen in einem Realen wurzeln, weil er andernfalls selbst bloss ein Getragenes und nicht der Träger wäre. Gesetzt, das Objekt oder die Welt umher verschwände, indem sie aufhörte vorgestellt zu werden, es bliebe noch das Subjekt mit der Möglichkeit des Vorstellens übrig. Gesetzt, das Bewusstsein dieses Subjektes hörte auf, zu existieren, so fiele mit der Möglichkeit des Vorstellens auch die ganze Welt zusammen, und es bliebe weder ein Subjekt noch ein Objekt übrig. Das Subjekt also ist die gesuchte Realität, woran das ideelle Sein haftet. Die Welt ist meine Vorstellung: Das Ich, ich selbst bin der reale Träger alles Daseins.

Dieser Schluss hängt mit dem Satze, dass die Welt unmittelbar bloss Vorstellung ist, so nahe zusammen, dass ihn Jeder zieht, der nur überhaupt die ideelle Natur des Bewusstseinsinhalts behauptet. So wenig an dieser gezweifelt werden kann, so gewiss, scheint es, muss auch die Realität des Bewusstseinsträgers zugestanden werden. Das Ich erscheint nun gleichsam als ein fester Punkt, vor welchem die einzelnen Vorstellungen, die den Gesamtinhalt der Welt als Vorstellung bilden, nur wie flüchtige Wellen vorüberziehen. Mögen sie kommen und verschwinden, das Ich bleibt, und der Schatten seiner Realität fällt nun auch auf jene Welt der vergänglichen Vorstellungen und macht, dass auch sie mit dem Gepräge der Realität behaftet scheinen. In Wahrheit, so scheint es also, ist zwar nur das Ich wirklich real, aber diese Realität des Ich wird instinktiv auch auf die Welt seiner Vorstellungen übertragen und bedingt dadurch jenen naiven Glauben an das reale Sein, der innerhalb einer reinen Vorstellungswelt sonst unerklärlich wäre.

Wenn der Mensch, dem die Auflösung seiner Welt in blosse Vorstellungen bisher so unerträglich schien, an diesen Punkt der Reflexion gelangt ist, so fängt jene Einsicht an, ihre Schrecken für ihn zu verlieren. Denn nun ist die Realität doch kein blosser Schein, nun giebt es doch ein Sein, das sich von dem ideellen unterscheidet, und was ihm vor allem zur Beruhigung gereicht, dieses Sein ist sogar sein eigenes, ist er selbst, er, der sich schon vom allgemeinen Strudel unaufhaltsam einander ablösender Vorstellungen mit fortgerissen sah. Möglich bleibt es freilich immerhin, dass diese ganze Ueberlegung hinfällig ist und dass auch der Glaube an die Realität des Ich zu den illusorischen Bestandteilen unseres Erkenntnisinhaltes gehört. Unsere Vorstellungen bedürfen vielleicht gar keines Trägers, woran sie angeknüpft sind, sie schweben, wie Seifenblasen, gleichsam im Nichts und erzeugen auch das Ich nur als eine Vorstellung unter anderen. Allein diese Annahme erscheint auf unserm jetzigen Standpunkte so absurd, dass wir sie vorläufig ganz bei Seite lassen können. Thatsache ist, dass wer die ideelle Natur des gegebenen Seins durchschaut hat, zunächst sich dafür um so heftiger an die Realität des eigenen Ich anklammert, und daher kann die Untersuchung des realen Seins nur mit der Untersuchung dieses Ich beginnen. Die Welt ausserhalb des Ich mag unerforschlich sein; sie bleibt ja für das Ich doch immer nur ein Fremdes, Mittelbares. Das Ich als solches kann dem Ich nicht verschlossen sein, denn es ist selbst das zu lösende Geheimnis und der Hüter dieses Geheimnisses zugleich.

Wenn irgendwo, so scheinen demnach hier die Bedingungen der Erkenntnis günstig, so günstig, dass man glauben möchte, das Ich und damit das Wesen der Realität müsste hiernach vor unseren Blicken offen liegen und überhaupt gar kein Problem mehr sein. Und doch ist die Metaphysik die schwerste aller Wissenschaften — wird sie doch sogar von Vielen für unmöglich gehalten! — und bildet innerhalb der Metaphysik gerade das Ich eine der dunkelsten Partien. Der Grund liegt offenbar in folgendem. Gesetzt nämlich, die Realität des Ich ist nicht überhaupt nur ein trügerischer Schein, so ist doch das Ich kein bloss reales Sein. Denn indem ich mich auf mich selbst besinne, oder indem ich mein Ich zum Gegenstande der Reflexion erhebe, mache ich das Subjekt selbst zum Objekt und werfe es damit in den Strom der Vorstellungen wieder hinein, aus dem ich es eben gerettet zu haben glaubte. Allein das Ich ist auch kein bloss ideelles Sein. Denn nur insofern es selbst nicht Vorstellung ist, kann das Ich, wie gesagt, Träger der Vorstellungswelt sein. Das Ich ist somit ideelles und reales Sein zugleich: das Erstere, sofern es jederzeit Objekt sein kann, das Letztere, sofern es doch auch als Objekt nicht aufhört, zugleich und in Einem auch Subjekt zu sein. Das Ich, hat man daher gesagt, ist die Identität von Subjekt und Objekt, oder es ist der Punkt, wo Objekt und Subjekt, Ideelles und Reales in Eins zusammenfallen. Indessen hat man damit die Schwierigkeit nur bestimmt, aber nicht gehoben. Denn wie etwas Vorstellung sein und doch zugleich über die Sphäre des Vorstellungsmässigen hinausreichen, Träger und Getragenes in Einem sein kann, ist so wenig unmittelbar einzusehen, dass es vielmehr das dunkelste aller Probleme darstellt.

Daher hat denn auch Schopenhauer jene Identität im Ich den „Weltknoten" genannt und seine Lösung überhaupt für unmöglich gehalten[1]. Wäre sie dies wirklich, so würde uns die Welt des Realen verschlossen bleiben, d. h. es gäbe keine Metaphysik. Vorläufig haben wir jedoch keinen Grund, schon an der Schwelle zu verzagen; hat doch auch Schopenhauer selbst sich einen Eingang in jenes Gebiet zu bahnen gewusst, der mitten durch das Thor des Ich hindurchführt. Soviel ist gewiss: Wer jenen Widerspruch im Ich gelöst hat, der hat damit zugleich das Problem des Ich überhaupt erschlossen, und wer in die Tiefe des Ich mit der Fackel der Erkenntnis geleuchtet hat, der weiss damit zugleich auch um das Wesen des Realen, wer aber das Geheimnis der Realität ergründet hat, der hat die höchste Aufgabe der Philosophie gelöst, der ist damit bis zu jenem Punkte vorgedrungen, in welchem alle übrigen Probleme des menschlichen Denkens zusammenlaufen. So ist das Ich das Grundproblem der Metaphysik; die Aufdeckung der Möglichkeit jener Identität von Subjekt und Objekt aber ist der Schlüssel, womit wir das Allerheiligste der Welt uns öffnen müssen.

Wenn das Ich als Identität von Subjekt und Objekt, von ideellem und realem Sein bezeichnet wird, so soll damit selbstverständlich noch keine metaphysische Wahrheit ausgesprochen werden. Jene Identität soll hier noch nichts weiter als Ausdruck für eine Thatsache der Erfahrung sein. Denn dass es wirklich so scheint, als ob wir im Ich mehr als ein bloss ideelles Sein besässen, das kann auch auf antimetaphysischem Standpunkte nicht bezweifelt werden. Wir wissen nicht, ob die Welt ausserhalb des Ich, die uns unmittelbar nur als ideelles Sein gegeben ist, nicht ebenso, wie das Ich, in einem realen Grunde wurzelt. Wir erfahren nur, dass, wenn wir den Standpunkt des naiven Bewusstseins überschritten und die ideelle Natur des vorher für real gehaltenen Seins erkannt haben, der Gedanke des realen Seins nicht zuerst wieder draussen an der Peripherie der äusserlichen Welt, sondern drinnen im Centrum des eigenen Ich emportaucht. Wir wissen nicht, ob dieser Gedanke mehr ist als ein blosser Gedanke, ob die Realität, die sich im Ich ankündigt, nicht auch nur eine bloss vorgestellte ist. Aber das wissen wir ganz genau, dass sie mehr zu sein scheint, dass wir im Ichgedanken die

---

[1] Schopenhauer: Ueber die 4-fache Wurzel des Satzes vom zureichenden Grunde, S. 143.

Realität nicht bloss zu denken, sondern sie zu besitzen, uns ihrer unmittelbar inne zu werden glauben. Auch die äusseren Gegenstände glauben wir unmittelbar in ihrer Realität wahrzunehmen, und doch lehrt die erkenntnistheoretische Besinnung, dass alles, was wir von ihnen wahrnehmen, nicht die Gegenstände selbst, sondern nur unsere subjektiven Wahrnehmungen von ihnen sind. Beim Ich dagegen findet ein solcher äusserer Wahrnehmungsakt nicht statt, wobei das Wahrgenommene dem Ich als ein Fremdes gegenübersteht, sondern Wahrnehmendes und Wahrgenommenes scheinen hier identisch: ich selbst, das wahrnehmende Subjekt, bin zugleich das Objekt, und daher scheint die Realität hier noch viel unmittelbarer, als wie sie es in der äusseren Wahrnehmung ist.

Was soll man nun von diesem Scheine halten? Ist er ein blosser Schein, oder liegt ihm eine Realität zu Grunde? Ergreife ich, indem ich mich in mich versenke, ein Sein, das mehr ist, als blosses Vorstellungssein? Ist das Ich bloss ideelles oder zugleich reales Sein? Das ist die Frage, auf deren Entscheidung zunächst alles ankommt, und die ganze Metaphysik ist nichts Anderes als die nähere Ausführung dieses einen Gedankens.

Es liegt nun im Wesen des menschlichen Geistes, zunächst die Erfahrung der Realität im Ich unmittelbar als ein metaphysisches Faktum anzusehen. Wie der naive Mensch kein Bedenken trägt, den Gegenständen der Aussenwelt ohne Weiteres das Prädikat der Realität beizulegen, so hat auch das philosophische Denken, sobald es seine Aufmerksamkeit auf das Ich, als den Träger der Innenwelt, gerichtet hat, damit begonnen, dieses letztere für ein reales Wesen zu halten. Schon frühzeitig hat sich die Philosophie von jenem instinktiven Glauben an die Wahrheit der äusseren Erfahrung frei gemacht. Mehr und mehr ist sie im Fortgange ihrer Entwickelung dahin gelangt, das eigentliche Wesen der Dinge immer weiter hinter den ursprünglichen Inhalt der Erfahrung zurückzuverlegen, um schliesslich auf dem entgegengesetzten Standpunkt anzukommen, dass sie der Erfahrung alle metaphysische Wahrheit abgesprochen hat, gerade deshalb, weil sie Erfahrung ist. Allein was die innere Erfahrung anbetrifft, so steht sie fast allgemein noch auf dem Standpunkte des naiven Menschen, indem sie ihr ein unerschütterliches Vertrauen entgegenbringt. Diese Thatsache kann uns nicht wundern, wenn wir daran denken, wie viel inniger der Glaube an die unmittelbare Realität des Ich mit unserm ganzen sonstigen Bewusstseinsinhalt verschmolzen ist als der Glaube an die Realität der äusseren Dinge. Zumal unser Gefühl ist mit seinem Urteil schnell zur Hand und besteht darauf, dass ihm aller Boden unter den Füssen sinke, wenn „das Unbegreifliche" hier nicht „Ereignis", unser Ich nicht ein reales Wesen sei. Die Wissenschaft aber sollte sich hüten, bei der Entscheidung so wichtiger Fragen den ungeprüften Ansprüchen des Gefühls ohne weiteres Gehör zu geben.

Was hat denn die Philosophie dazu veranlasst, den Glauben an die Wahrheit der äusseren Erfahrung zu verwerfen? Doch offenbar nur der Umstand, dass sie die Unmöglichkeit erkannte, mit dieser Voraussetzung die Wirklichkeit verständlich zu machen. Thales meinte, aus dem Wasser, wie die sinnliche Anschauung es ihm darbot, den ganzen Reichtum der Erscheinungswelt erklären zu können, und die jonische Naturphilosophie ist nichts Anderes als der Versuch, die Welt aus einem unmittelbaren Erfahrungsprinzip zu konstruieren. Aber gerade weil dieser Versuch missglückte, weil alle Bemühungen scheiterten, die Wirklichkeit aus dem rohen Stoff der sinnlichen Anschauung aufzubauen, gerade deshalb sah sich das Denken genötigt, den Standpunkt der Erfahrung zu verlassen, und stieg Plato zu jenem reinen Aether der Abstraktion empor, wo die sinnliche Anschauung der Erfahrung vor dem Glanz der übersinnlichen Ideenwelt verblasste. Wie, wenn sich herausstellen sollte, dass auch der Glaube an die Realität des Ich bisher nicht gehalten hat, was man sich von ihm versprochen? Dass er das Denken in unlösbare Widersprüche verstrickt? Dass jeder Versuch, mittelst seiner in das Weltgeheimnis einzudringen, das Problem in eine undurchdringliche Finsternis gehüllt hat? Von allen Bestandteilen einer Weltanschauung hat man diesen bisher für den bestbegründeten gehalten. Allein das enthebt uns nicht der Mühe, ihn einer Prüfung zu unterziehen, um so weniger, wenn die Realität des Ich, wie es nach unserer Auffassung der Fall ist, das eigentliche Kernproblem der metaphysischen Untersuchung bildet.

In der That scheint dies Problem nicht passender angefasst werden zu können, als indem wir uns zunächst die verschiedenen Weisen vor Augen führen, wie sich die Metaphysik unter der Voraussetzung der Realität des Ich bisher gestaltet hat. Wir dürfen hoffen, auf diese Weise nicht bloss eine tiefere Einsicht in die Tragweite und Bedeutung des Ichproblems zu erlangen, sondern ausserdem auch noch diejenigen Wege kennen zu lernen, worauf die Natur des Ich nicht zu ergründen ist. Diese Einsicht ist vielleicht bloss negativ. Indess wo das Problem so schwierig und der Eingang in seine Tiefe so verwachsen ist, da muss man schon froh sein, wenn es einem gelingt, sich wenigstens erst einmal freie Bahn zu jenem Eingang zu verschaffen.

Erster Teil.

Das Problem des Ich in der neueren Philosophie.

Das Problem des Ich ist in der Geschichte der Philosophie ein verhältnismässig junges. Die antike Philosophie kennt es noch nicht. Ein Volk, wie die Griechen, bei welchem die naive Ueberzeugung von der Einheit des Geistigen und Natürlichen sich in seinem ganzen Denken, in allen seinen Gewohnheiten und Handlungsweisen ausspricht, vermag auch in seiner Philosophie den Gedanken des subjektiven, ideellen Seins noch nicht im Gegensatze zum realen Sein zu fassen, am wenigsten aber ist es schon imstande, den Begriff der geistigen Subjektivität zu demjenigen des Ich, als seinem Kern und Centrum, zuzuspitzen und dieses als eine besondere Realität der objektiven Natur gegenüberzustellen. Zwar hat Plato mit seiner Ideenlehre den Bruch mit dem griechischen Geist insofern vollzogen, als er das geistige Sein vom natürlichen abgesondert und, was mehr ist, seinen Wert vor diesem letzteren erkannt hat. Indessen haben doch auch die Ideen Platos mehr ein objektives Naturdasein, als dass sich in ihnen der wahre Gegensatz zwischen beiden schon klar herausgebildet hätte. Darum konnte Plato in seinem „Phaedon" es unternehmen, die Unsterblichkeit der Seele zu beweisen, ohne dabei die Frage aufzuwerfen, ob und inwieweit zugleich auch ein Bewusstsein der Fortdauer erhalten bliebe. Er kannte eben, wie Volkelt hieraus mit Recht geschlossen hat, die eigentliche Bedeutung des Bewusstseins noch garnicht, das Bewusstsein war ihm selbst noch kein Objekt des Bewusstseins[1]. Aus demselben Grunde aber hat auch Aristoteles, obschon ihm das Wissen um das Wissen nicht fremd war und er den richtigen Begriff des Selbstbewusstseins in seiner bekannten Darstellung der Vernunft gestreift hat[2], sich dennoch auf

---

[1] Volkelt: Das Unbewusste und der Pessimismus (1878), S. 11.
[2] Aristoteles: Metaphysik XII. Kap. 7 u. 9.

eine nähere Erörterung desselben nicht eingelassen. Allen diesen Philosophen erschien es noch als selbstverständlich, dass Begriff und Gegenstand einander entsprächen, sie machten sich noch keine Gedanken darüber, wie der Inhalt in unser Bewusstsein hineinkommt, d. h. sie gingen über das erkenntnistheoretische Problem mit einer Sorglosigkeit hinweg, die wir heute kaum noch recht verstehen können.

Ueber diese Betrachtungsweise ist auch der Neuplatonismus im Wesentlichen nicht hinausgekommen, obwohl gerade Plotin mit seiner Auffassung des Selbstbewusstseins als einer Reflexion, wodurch das Subjekt von dem mit ihm identischen Objekt zu sich selbst zurückkehrt, vor allem aber durch seine tiefsinnigen Untersuchungen über das Wesen des Geistes auch in dieser Hinsicht den Höhepunkt der antiken Philosophie erklommen und die neueren Spekulationen über das Ich in einer Weise vorbereitet hat, die in dem späteren Begriffe der intellektuellen Anschauung wiederklingt. Wie hier, so ist es auch bei jenem der Nus, die göttliche Vernunft oder das Denken des Denkens, das im Selbstbewusstsein in das endliche Subjekt hineinscheint, und der Akt des Selbstbewusstseins ist demgemäss ein Sicherheben zum Nus, wodurch er in seiner Reinheit und Wesenheit erkannt wird. Indessen erklärte doch erst Augustin das Ich für den eigentlichen Kern des geistigen Seins und nahm er den Beginn der modernen Philosophie voraus, indem er das eigene subjektive Sein als das erste und unmittelbar Gewisse hinstellte. „Nicht aus dich selbst hinaus, sondern in dich gehe, im Innern des Menschen selber wohnt die Wahrheit!" Die Seele kennt nichts besser als sich selbst; sie kann an den äusseren Objekten zweifeln, aber sie kann nicht daran zweifeln, dass sie zweifelt. Damit war nun in der That die antike Philosophie in ihr Gegenteil aufgehoben und der Schwerpunkt vom Äusseren in das Innere, vom Objektiven in das Subjektive verlegt, womit die Behandlung des Ichproblems erst angebahnt war. Wenn es trotzdem noch so lange gedauert hat, ehe jener Gedanke der Unmittelbarkeit des Ich für die Philosophie wahrhaft fruchtbar gemacht werden konnte, so liegt das an dem eigenthümlichen Charakter der mittelalterlichen Spekulation, die viel zu sehr auf das Jenseits und die praktischen Beziehungen des Individuums zur Oekonomie des Weltalls gerichtet war, um Zeit und Aufmerksamkeit für eine nüchterne Untersuchung der eigenen psychologischen Beschaffenheit zu haben.

Die antike Philosophie war, wie das ganze antike Denken überhaupt, ihrem Wesen nach auf äussere, sinnliche Anschauung gegründet und konnte daher das Ich nicht zum Problem erheben, weil dieses in der äusseren Anschauung nicht vorkommt. Die mittelalterliche Philosophie musste es ebenso auf der Seite liegen lassen, weil sie ganz und gar auf Offenbarung gegründet war, die Offenbarung aber das Ich als selbstverständliche Voraussetzung betrachtet. Daher konnte erst die neuere Philosophie, welche der sinnlichen Anschauung der Antike und der Offenbarung des Mittelalters die Alleinherrschaft der Vernunft entgegenstellte, die wahre Bedeutung des Ich für die Lösung des Weltproblems begreifen und musste sie ihre Untersuchung mit dem Ich beginnen, gerade weil es bis dahin für etwas Selbstverständliches gegolten hatte.

A. Das Ich als metaphysisches Prinzip.
I. Das Ich als Bewusstseinsform.
1. Der Dualismus.
Descartes und der Occasionalismus.

Es ist die grosse That des Descartes, wodurch er sich mit Recht den Titel des Begründers der neueren Philosophie verdient hat, dass er diesen Zusammenhang des Ich mit der Vernunft erkannt und mit der Behauptung der unmittelbaren Realität des Selbstbewusstseins den Schwerpunkt der philosophischen Untersuchung von der Aussen- in die Innenwelt verlegt hat.

Bekanntlich hat Descartes damit begonnen, das reale Sein, das die Antike sich durch die sinnliche Anschauung, das Mittelalter durch die Offenbarung hatte verbürgen lassen, überhaupt für zweifelhaft zu halten. Denn dass es Wahrheiten giebt, unumstössliche Wahrheiten, und dass sie auch als solche von uns erkannt werden können, das ist die Voraussetzung alles Denkens, ohne welche es müssig wäre, die Operation des Denkens anzustellen, und die auch durch jede mathematische oder rein logische Erkenntnis, z. B. durch den Satz der Identität bewiesen wird. Auch das kann nicht der Sinn jenes Zweifels sein, die Realität als solche in Frage zu stellen. Irgendwelche Realität muss ja den Dingen natürlich zukommen, sonst gäbe es ja auch nicht einmal ein Bewusstsein von ihnen. Die Frage kann also nur sein, was für eine Art von Realität dies ist, ob sie eine bloss ideelle, oder eine reale, oder ob sie vielleicht eine Mischung aus beiden ist.

Ich nehme Gegenstände ausser mir wahr — sie sind farbig, ich höre Töne, fühle weich und hart. An alledem ist nicht zu zweifeln; es würde ganz ebenso sein, auch wenn ich träumte. Aber dass mir überhaupt im Traum eine Welt erscheint, die sich inhaltlich von derjenigen im wachen Zustande nicht unterscheidet, dass ich Gegenstände ausser mir wahrnehme, auch dann, wenn sie, wie im Traume, bloss in mir, blosse Bilder meines träumenden Bewusstseins sind, das eben macht mich stutzig und legt mir die Frage nahe, ob denn auch wirklich irgendwelchen Gegenständen ein Sein ausserhalb meines Bewusstseins zukommt. Ich habe kein Mittel, um den Traum vom Wachen zu unterscheiden; wer beweist mir, dass ich nicht am Ende immer träume, dass der instinktiv gesetzte Unterschied zwischen Traum und Wachen nicht vielleicht bloss auf einen Unterschied zweier verschiedenen Phasen innerhalb desselben Traums hinausläuft? Ich nehme für gewöhnlich an, der geträumte Gegenstand sei nur in meiner Vorstellung wirklich, seine Existenz erschöpfe sich in dem von mir Geträumtsein. Allein wenn Traum und Wachen sich inhaltlich nicht unterscheiden, wie kann ich wissen, ob nicht alle Realität überhaupt bloss eine solche ideelle Realität ist, woher nehme ich das Recht, den im wachen Zustande wahrgenommenen Gegenständen ein anderes Sein als ein solches in der Sphäre des Bewusstseins zuzuschreiben?

Wir wissen sonach nicht, ob es etwas giebt, was ausserhalb unserer Vorstellungen ein reales Sein besitzt. Insbesondere ist das Sein der Aussenwelt in alle Ewigkeit nicht mit Sicherheit zu bestimmen. Denn ich weiss von ihr nur durch die Vermittelung meiner Sinne. All unser Wissen hinsichtlich der Realität der Dinge ist zweifelhaft. Nur am Zweifel selbst kann nicht gezweifelt werden. Nun heisst aber Zweifeln nichts Anderes als Denken, und dieses setzt wiederum ein Ich voraus, das die Thätigkeit des Denkens ausübt. Folglich muss ich, um zu zweifeln, existieren, und zwar als ein denkendes Ich existieren. Es ist möglich, dass es keine Gegenstände ausser mir giebt, dass jener ganzen sinnlich wahrgenommenen Welt keine Wirklichkeit ausser in meinem Denken zukommt: ich kann nicht bestreiten, dass wenigstens dies Denken ist, dass ich bin, der ich die Funktion des Denkens ausübe. Es ist möglich, dass ein allmächtiger Betrüger mir nur den Schein des Realen vorgaukelt: er könnte mich doch nicht täuschen, wenn ich nicht existierte, und er könnte nicht bewirken, dass ich nicht real bin, solange ich denke, dass ich bin. Es ist möglich, dass ich keine Augen habe, um zu sehen, sondern mir dies nur denke; aber es ist unmöglich, dass, wenn ich zu sehen denke, ich nicht selbst ein denkendes Reales bin.

Ich denke, also bin ich: Cogito ergo sum. An diesem Felsen prallen alle Zweifel ab und versichern mir nur um so gewisser, dass es ausser dem ideellen auch noch ein reales Sein giebt, ein

Sein, das selbst nicht wieder Vorstellung oder abhängig von irgendwelcher Vorstellung, sondern wovon alle Vorstellung abhängig ist. Ich denke, also bin ich: das ist kein Schluss, als ob ich mir das Sein nur zuschriebe, weil ich denke. Vielmehr ist der Satz unmittelbar gewiss, eine selbstevidente Wahrheit, wie die mathematischen Axiome, die ich nicht aussprechen kann, ohne sie eo ipso zu bejahen. Wenn ich also sage: „Ich denke", so sage ich damit zugleich: „Ich bin." Das ist nur ein verschiedener Ausdruck für dieselbe Sache. Statt deshalb zu sagen: „Cogito ergo sum, ich denke, also bin ich", kann ich ebenso gut sagen: „Sum cogitans, ich bin denkend." Aber ich kann nicht mit der gleichen Sicherheit behaupten: „Ich atme oder ich gehe spazieren, also bin ich." Denn das sind beides körperliche Zustände, deren Erkenntnis mir nur durch die Sinne vermittelt ist. Ich könnte mir ja bloss einbilden, dass ich mich von der Stelle bewege, wie z. B. im Traume. Mein Spazierengehen ist also möglicher Weise bloss ideeller Art; mein Zweifel über die Art des Seins wird dadurch nicht gehoben. Wohl aber kann ich sagen: „Ich glaube oder ich bilde mir ein, spazieren zu gehen, also bin ich." Denn das ist eine geistige Thätigkeit, die durch sich selbst bezeugt wird.

Im Denken meiner selbst besitze ich ein reales Sein oder werde ich eines solchen unmittelbar inne. Descartes kennt keinen Zustand, keine Thätigkeit, keine Funktion, die nicht die Thätigkeit eines thätigen Subjekts und damit eines Seienden, Realen ist. Alle meine übrigen Thätigkeiten aber können auch bloss gedachte sein; das Denken allein kann von mir nicht abgetrennt werden. Daher ist auch das Ich, als Subjekt des Denkens, ein reales Sein, weil die Thätigkeit des Denkens als solche nicht wiederum gedacht ist. Während überall sonst der Unterschied zwischen meinem Denken und dem Seienden bestehen bleibt, mein Denken also gleichsam nur die Oberfläche des Seienden beleuchtet, ohne eine nähere Verbindung mit ihm einzugehen, so kommt es beim Ich gleichsam hinter das Sein und löst es mit Haut und Haaren in die Form des Wissens auf. In dem „Ich denke" spiesse ich so zu sagen den Schmetterling des Seins, der sich überall sonst hinter meinen Gedanken verbirgt, wie auf einer Nadel auf und lasse seine Flügel in der Sonne des Denkens funkeln.

Das Denken also erschöpft das Sein des Ich, denn dieses ist unmittelbar im Denken. Folglich kann es im Ich auch keine Elemente geben, die sich der Auflösung in das Denken widersetzten, oder mit andern Worten: alle besonderen Aeusserungsweisen und Funktionen des Ich sind ihrer eigentlichen Natur nach Denken. Nicht nur das Vorstellen und Erkennen, sondern ebenso auch das Empfinden, Fühlen und Wollen müssen unter der Kategorie des Denkens begriffen werden. Das ist kein Resultat der Selbstbeobachtung, sondern es folgt einfach aus der Bestimmung des Ich als Denkens.

Nun bin ich mir im Ichgedanken der Realität meiner selbst bewusst, mein Denken ist also ein bewusstes Denken. Daraus ergiebt sich, dass auch alle jene Thätigkeiten des Ich an der Form des Bewusstseins Teil haben müssen. Es giebt keine psychische Funktion in uns, die als solche nicht eine bewusste wäre. Wenn ich z. B. will, so weiss ich zugleich auch, dass ich will.

Sind aber alle besonderen Funktionen des Ich nur ebenso viele bewusste Aeusserungsweisen des Denkens oder modi cogitandi, was ist alsdann das Denken selbst? Die Modi sind nicht ohne das Denken, wohl aber ist das Denken ohne sie. Die Modi werden nur durch das Denken erkannt und begriffen, das Denken aber wird durch sich selbst begriffen. Es ist dem Ich nicht wesentlich, Empfinden, Fühlen, Wollen zu sein, wohl aber ist es ihm wesentlich, Denken zu sein. Das (bewusste) Denken also ist die Eigenschaft, ohne welche das Ich nicht gedacht werden kann, und die sein Wesen oder seine eigentümliche Natur ausmacht, wodurch es sich von anderem Realen unterscheidet. Diese seine Grundeigenschaft nennt Descartes das Attribut des Ich im Gegensatze zu den Modis oder Accidenzen.

Indessen ist doch auch das Denken eben nur Eigenschaft, nur Prädikat des Ich und setzt daher das letztere als Subjekt voraus, dessen Eigenschaft es ist, oder woran es, als an seinem realen Substrate, haftet. Wie die Modi nicht sind ohne das Attribut des Denkens, so ist auch das Denken nicht ohne dies Substrat. Folglich bedarf es, als Voraussetzung des wesenhaften Denkens, keines Anderen weiter, um zu existieren. Es ist ein von keinem mehr abhängiges, ein unbedingtes, ursprüngliches und selbständiges Reales, und wird in dieser Hinsicht von Descartes auch als Substanz bezeichnet. Substantia est „res, quae ita existit, ut nulla alia re indigeat ad existendum". Wie das Denken das Attribut des Ich, so ist folglich das Ich das bewusste Denken, so wie es als Substanz gedacht ist. Als solches aber ist es das Bewusstsein.

Der substantielle Träger der psychischen Funktionen heisst Seele oder Geist. Folglich ist das Ich die Seele oder der Geist, und was von jenem gilt, das findet zugleich auch auf die Seele und den Geist Anwendung. Besteht also das Wesen des Ich im Denken, so auch dasjenige der Seele; und ist das Ich Bewusstsein, so hat auch die Seele nicht bloss Bewusstsein, sondern ist sie selbst Bewusstsein. Als denkendes Bewusstsein aber, das alles Sein bestimmt, ist die Seele die Vernunft. Indem also Descartes das Ich zum Prinzip der Wirklichkeit erhebt, so setzt er damit zugleich die Vernunft (ratio) auf den Thron des philosophischen Denkens und wird damit zum Begründer jener Geistesrichtung, die unter dem Namen des Rationalismus die ganze geistige Entwicklung der Folgezeit bestimmt hat.

Das Wesen des Rationalismus besteht bekanntlich darin, das blosse Nachdenken über die Natur der Prinzipien an die Stelle der Beobachtung und des Versuchs, die „reine Vernunft" oder das Wissen a priori an die Stelle der Erfahrung und ihrer aposteriorischen Erkenntniss zu setzen. Denn die Erfahrung ist, wie wir gesehen haben, nicht imstande, unsere Zweifel hinsichtlich der Wirklichkeit zu beseitigen, und nur das reine Denken führt uns zu gewissen Resultaten. Ist aber erst einmal im Ichgedanken die Ueberzeugung einer Wirklichkeit gewonnen, dann braucht man sich nur darüber klar zu werden, worauf sich jene Ueberzeugung gründet, um alsbald von diesem festen Punkte aus zugleich auch alle übrige Realität zu bestimmen. Dies Kriterium der Gewissheit findet Descartes nun darin, dass jenes unser Wissen von der Realität des Ich eine „klare und deutliche Erkenntnis" darstellt. Alles demnach, was ich ebenso klar und deutlich, wie meine eigene Existenz, erkenne, das ist auch eben deshalb ein reales Sein, und seine Erkenntnis ist apodiktisch gewiss, weil sie ebenso rein aus dem Wesen der Vernunft geschöpft ist.

Zwar erfasse ich unmittelbar nur mich selbst und erkenne ich nur mein eigenes substantielles Ich in intuitiver Weise; allein damit ist doch nicht gesagt, dass es ausser mir keine Dinge geben könne. Vielmehr drängt sich mir mit derselben Klarheit und Deutlichkeit, womit ich mich erkenne, auch die Annahme von ausser mir vorhandenen Ichen, von Seelen oder Geistern auf, und erkenne ich auch die Körper als reale Wesen, die unabhängig von mir selber existieren und den geraden Gegensatz zu jenen Seelen bilden. Der Körper hat eine fest umschriebene Gestalt, nimmt eine bestimmte Lage ein und kann sich bewegen. Das Ich kann nur denken, fühlen, wollen, vorstellen u. s. w., und eine Gestalt kann man ihm nicht zuerkennen. Gestalt, Bewegung, Lage setzen den Raum voraus und sind äusserliche Momente. Die Zustände und Thätigkeiten des Ich sind ganz unabhängig vom Raum und haben nur statt in einer rein innerlichen Welt. Diese letzteren finden ihre gemeinschaftliche Form im Denken.

Jene ersteren finden sie dagegen in der Ausdehnung. Denken und Ausdehnung aber haben untereinander nur das gemeinsam, dass beide bloss als Eigenschaften (Attribute) an Substanzen haften können. Wenn nun das Attribut der Ausdehnung begriffen werden kann ohne Rücksicht auf das Denken, dieses letztere aber ebenso ohne Rücksicht auf die Ausdehnung, so folgt, dass auch die Substanz des Körpers und die Substanz des Denkens oder das Ich sich gegenseitig ausschliessen und dass somit eine Gemeinschaft zwischen ihnen nicht bestehen kann. Damit ist der extreme Dualismus begründet. Der Körper kann deutlich erkannt werden ohne das Attribut des Geistes, der Geist ganz ebenso ohne das Attribut des Körpers: folglich sind sie auch beide von einander unabhängig. Der Geist ist unausgedehnt, der Körper ohne Denken. Geist und Körper sind einander entgegengesetzte Realitäten, Substanzen, die so beschaffen sind, dass jede von ihnen das ist, was eben deshalb die andere nicht ist. Auf der einen Seite steht die Welt der substantiellen Iche, der Seelen oder Geister, auf der anderen die Körperwelt — das alles aber als Resultat einer klaren und deutlichen Erkenntnis.

Diese reinliche Scheidung zwischen Körper und Geist hat ihre Früchte vor allem auf naturphilosophischem Gebiet getragen. Sie hat einen Begriff der Materie erzeugt, der jede Vermischung mit psychischen Faktoren ausschliesst und ihr Wesen überall nur als Ausdehnung gelten lässt. Dass die Materie nicht denken könne, wird zu einem Fundamentalsatze dieses Systems, der lange auch in der Philosophie der Folgezeit noch nachgewirkt hat. Jede Kraft wird aus der Natur verbannt, jeder Gedanke an eine Zweckverknüpfung beim Zusammenwirken der materiellen Elemente ausgeschlossen. Die Materie wird so zu sagen auf ihre eigenen Füsse gestellt, um zu zeigen, was sie für sich allein als Erklärungsprinzip zu leisten vermöge. Aus der mythologisch-phantastischen Naturanschauung jener Zeit mit ihrer unklaren Vermischung von geistigen und körperlichen Elementen entwickelt sich eine rein mechanische Theorie der äusseren Erscheinungen, welche die Mathematik in ihren Dienst nimmt und den Anspruch erhebt, an Evidenz und Sicherheit ihrer Resultate es mit den geometrischen Lehrsätzen aufnehmen zu können. Der Begriff der Natur, den das Mittelalter nicht gekannt, und womit bis dahin die sogenannte Naturphilosophie der Renaissance, ein Paracelsus, Cardanus, Telesius, Campanella u. s. w. vergeblich gerungen hatte, empfängt zum ersten Male seine philosophische Bestimmung, die eine eigentliche, d. h. methodische, Naturwissenschaft ermöglicht.

Viel weniger günstig als auf naturphilosophischem Gebiete sind die Folgen, die sich für die Geistesphilosophie aus den prinzipiellen Bestimmungen des Descartes ergeben. Schon darin liegt eine Schwierigkeit, wie bei der Identifikation des Ich mit der Vernunft die unvernünftigen Handlungen des ersteren, die Irrtümer u. s. w. sich erklären lassen. Vor allem aber führt die obige Scheidung zwischen Geist und Körper hier zu Konsequenzen, die für das ganze System als solches verhängnisvoll werden. Denn während die Materie von jeder Vermischung mit psychischen Elementen sich freihalten lässt, so ist dagegen der Geist nicht ohne die Körperwelt zu denken, schon deshalb nicht, weil ein grosser Teil seines Inhalts, wie die sinnlichen Empfindungen, eine offenbare Hindeutung auf das materielle Sein enthält. Es besteht also thatsächlich eine Beziehung zwischen Geist und Körper, ja, die Seele ist nicht bloss im Körper gegenwärtig, wie der Steuermann in seinem Schiffe, sondern sie ist mit ihrem organischen Leibe so eng verbunden, dass beide eine untrennbare Einheit bilden. Wie reimt sich dies mit ihrer substantiellen Natur zusammen, infolge wovon sie sich gegenseitig ausschliessen sollen? Die Vernunft muss ihre Unfähigkeit eingestehen, hierüber Auskunft geben zu können. Jene Einheit ist auch garnicht aus der Vernunft erschlossen, sondern sie ist einfach eine Thatsache der Erfahrung. Allein sie muss doch wenigstens klar und deutlich eingesehen werden können, wenn anders die Vernunft ihre Alleinherrschaft behaupten soll.

Descartes sucht sich dadurch zu helfen, dass er das Gebiet des seelischen Lebens möglichst einschränkt und alles, was etwa für eine Folge des Zusammenwirkens von Geist und Körper gehalten werden könnte, als einen rein äusserlichen Vorgang deutet. Darum leitet er die natürlichen Verrichtungen des Körpers aus dem blossen Mechanismus der sich bewegenden materiellen Elemente desselben her und spricht er den Tieren die seelische Innerlichkeit ab, indem er sie für blosse „wandelnde Maschinen" ausgiebt. Die Berechtigung zu dieser letzteren Behauptung schöpft er offenbar nur aus seiner Identifikation von Seele und Ich, denn klarer und deutlicher scheint nichts, als dass den Tieren der Ichgedanke nicht zukommen kann. Ist aber die Tierwelt eine gefühl- und seelenlose Welt, dann ist auch das Vorurteil gegen das Tierexperiment beseitigt, und jene Annahme giebt damit die Möglichkeit an die Hand, die mechanistische Auffassung auch auf dem Gebiete der Organismen durchzuführen. So absurd und empörend uns daher auch heute die kartesianische Auffassung der Tierwelt scheinen mag, sie hat doch für ihre Zeit eine grosse Bedeutung gehabt, indem sie den Prinzipien der modernen

Naturwissenschaft den Zugang in die Anatomie und Physiologie gebahnt hat. Es ist kein Zufall, dass gerade diese beiden Wissenschaften unter dem Einflusse des Kartesianismus einen besonderen Aufschwung genommen haben und dass eine Anzahl bedeutender Aerzte aus der Schule des Descartes hervorgegangen ist.

Indessen wie sehr auch durch die erwähnte Annahme das Gebiet der Wechselwirkung von Geist und Körper eingeschränkt sein mag, es bleiben doch immer noch genug Thatsachen übrig, die sich ohne eine solche Wechselwirkung nicht erklären lassen. Das gilt insbesondere von den willkürlichen oder automatischen Handlungen. Diese müssen aus der Seele stammen, oder man sieht nicht, welchen Zweck die Annahme einer solchen überhaupt haben soll. Das gilt aber ebenso auch von den Vorstellungen, welche die Seele nachweislich aus dem Körper empfängt. Dass mein Wille meinen Arm bewegt und dass ich Schmerz empfinde, wenn Jemand mir eine Wunde zufügt, ist nur zu erklären, wenn wenigstens an einem Punkte meines Körpers die reine Mechanik dieses letzteren durch ein entgegengesetztes Prinzip bestimmt wird. Daraus entspringt dann die berüchtigte Frage nach dem Sitz der Seele und das andere nicht minder bedeutsame Problem des Seelenorgans, d. h. der Art und Weise, wie Seele und Körper ihre wechselseitigen Einwirkungen auf einander vermitteln.

Descartes ist keineswegs der Erste gewesen, der die Frage nach dem Sitz der Seele aufgeworfen hat. Schon die alten Juden hatten diesen in das Blut verlegt und darum den Genuss des letzteren verboten. Andere hatten dagegen das Herz, die Eingeweide, die Leber oder Brust für das Centrum der psychischen Funktionen angesehen, und auch die Annahme des Pythagoras, dass die Seele in näherer Beziehung zum Gehirne stehe, scheint keineswegs eine allgemeine Zustimmung gefunden zu haben. Konnte doch noch Plato eine denkende, empfindende und begehrende Seele unterscheiden und diese verschiedenen Bestimmungen auf das Haupt, die Brust und den Unterleib verteilen. Wohl aber hat Descartes die Frage dadurch in eine neue Bahn gelenkt, dass seine Identifizierung der Seele mit dem Ich die Annahme getrennter Seelenteile ein für alle Mal beseitigt und die Seele auf das Centrum des Gehirns beschränkt hat, weil hier allein von einem Ich die Rede sein kann. Allein auch so schien sie noch mit dem Prädikate der Räumlichkeit behaftet, woran sie ihrem Wesen nach keinen Anteil haben durfte. Darum schränkte Descartes den eigentlichen Sitz der Seele auf einen einzigen bestimmten Punkt des Gehirns, die Zirbeldrüse, ein, weil diese, als das einzige unpaarige Organ an jener Stelle, in der That zugleich der Mittelpunkt des gesamten Körpers zu sein schien.

Seitdem ist die Frage nach dem Sitz der Seele nicht zur Ruhe gekommen. Sogar auf die Anatomie hat sie hinübergewirkt und die Forscher lange Zeit hindurch veranlasst, einen solchen Punkt in der Struktur des menschlichen Körpers ausfindig zu machen, worin die Empfindungsnerven zusammenlaufen, und von welchem zugleich die verschiedenen Bewegungsnerven ihren Ausgang nehmen. Denn dass die Zirbeldrüse den Anspruch nicht erfüllt, in diesem Sinne Mittelpunkt des Gehirns zu sein, das konnte sich der Forschung nicht lange entziehen. Ein Haller verlegte daher den Sitz der Seele in die Varolsbrücke, Boerhave in das verlängerte Mark, noch Andere verlegten ihn in die Vierhügel oder erklärten, wie Sömmering, die Hirnhöhlen mit dem darin enthaltenen Wasser für das Centrum der psychischen Funktionen, ja Herbart brachte es sogar, um die Unversehrtheit der psychischen Aeusserungen bei körperlichen Verletzungen zu erklären, fertig, den Sitz der Seele innerhalb gewisser Grenzen im Gehirne für verschiebbar auszugeben. Soviel ist jedenfalls sicher, dass die Annahme eines anatomischen Mittelpunktes des Nervensystems mit der Erfahrung nicht vereinbar ist. Je weiter die Anatomie in die Struktur des Körpers eindringt, desto mehr überzeugt sie sich, dass von einem Zusammenlaufen der Nerven in einen einzigen Punkt nicht die Rede sein kann, und so leuchtet schon aus diesem Grunde die Wahrheit des Ausspruches von Ennemoser ein, dass die ganzen Bemühungen um die Entdeckung des Seelensitzes nur ein interessantes Kapitel in der Geschichte der menschlichen Narrheiten bilden.

Gesetzt jedoch, die Seele habe wirklich ihren Sitz irgendwo im Gehirne, hebt nicht diese Lokalisation, so klein man sich jenen Punkt auch denken möge, den Begriff einer absolut unräumlichen Substanz ebenso auf, als wenn man sich die Seele etwa im ganzen Körper verteilt vorstellen wollte? Oder wie lässt sich eine solche räumliche Fixierung damit vereinigen, dass die Seele ihrem Wesen nach ausser aller Beziehung zum Raume stehen soll? Und ferner: wie soll man sich die Wechselwirkung zwischen Seele und Körper denken? Descartes nimmt als vermittelnde Organe die sogenannten „Lebens- oder Nervengeister" (spiritus animales sive corporales) an, bewegliche Blutteilchen von äusserster Kleinheit, die beständig unter dem Einflusse der Herzwärme dem Gehirn zuströmen, durch die Bewegung der Zirbeldrüse von Seiten der Seele nach solchen Richtungen in die motorischen Nerven zurückgelenkt werden, dass sie daselbst die gewünschten Bewegungsprozesse auslösen und ebenso auch die Seele veranlassen, auf ihre von den Sinnesorganen herkommenden Bewegungsarten mit besonderen Vorstellungen u. s. w. zu reagieren. Der Wert dieser Hypothese liegt offenbar darin, dass sie auch das Verhältnis der Seele zu ihren Thätigkeiten unter dem Gesichtspunkte des Mechanismus zu begreifen sucht. Allein wer sieht nicht, dass die Bewegung, welche die Seele der Zirbeldrüse erteilt, so unbedeutend sie auch an sich sein mag, dennoch aus dem Rahmen einer streng mechanischen Auffassungsweise herausfällt? Wer sieht nicht, dass die berühmten Lebensgeister nur in anderer Form den alten Naturalismus, d. h. die Vermischung von psychischen und körperlichen Prinzipien, wieder einführen, dessen prinzipielle Ueberwindung durch die reinliche Scheidung zwischen Körper und Geist wir oben gerade als ein besonderes Verdienst des Descartes erkannten? Denn mag man sich die Lebensgeister so fein und ätherisch denken, wie man will, sie bleiben doch körperliche, räumlich ausgedehnte Substanzen und können folglich zur unräumlichen Seele nicht in Beziehung treten. Descartes aber bildet sich ein, wenn er die Körper nur möglichst verdünnte und verflüchtigte, so würden sie damit zugleich auch der Seele verwandter, er setzt also Unerkennbarkeit für unsere Sinne gleich Immaterialität, ein offenbares Taschenspielerkunststück, das die Unmöglichkeit der Lösung nur verschleiert, nicht beseitigt.

Betrachtet man Körper und Geister als verschiedene und einander entgegengesetzte Substanzen, wie Descartes bei seiner Grundannahme der Substantialität des Ich es thun muss, so kann die Vermittelung zwischen beiden Reichen nicht innerhalb, sondern nur ausserhalb derselben gefunden werden. Dass die Seele an den Leib gebunden ist, das ist nicht in der Natur der beiden Substanzen begründet, sondern es liegt über alle Natur hinaus, ist ein von Gott gewolltes Faktum. Man muss dies Faktum anerkennen, aber man kann es nicht aus reiner Vernunft begreifen. So gelangen wir zur Annahme des unendlichen Wesens Gottes, das wir ebenfalls als Substanz bestimmen müssen. Descartes hat das Dasein Gottes bekanntlich unabhängig von der Rücksicht auf die übrigen Substanzen aus der Idee des Unendlichen in uns zu beweisen versucht. Er hat ausserdem zur Stütze dieses seines eigenen Beweises auch das alte ontologische Argument des Anselmus wiederum hervorgezogen und aus dem blossen Begriff des absolut realen Wesens auch die Existenz desselben in der gleichen Weise gefolgert, wie er die Realität des Ich durch das „Ich denke" begründet hatte. Dabei hat er nur vergessen, dass er die reale Existenz des eigenen Ich ja garnicht erschlossen, sondern sie unmittelbar in der Erfahrung vorgefunden hat.

Hiernach giebt es nun also drei Formen der Realität, drei Arten von Substanzen, die sich alle mit der gleichen Sicherheit erkennen lassen: die Ichsubstanz oder denkende Substanz, als Inbegriff der Seelen oder Geister, die ausgedehnte Substanz, als Inbegriff der Körper, und diesen beiden neben einander existierenden Substanzen übergeordnet die göttliche Substanz. Jene bilden zusammen die Welt, das geschaffene oder das endliche Sein, diese dagegen ist das schöpferische, unendliche Sein, welchem jene beiden ihre Existenz verdanken. Hält man an dem strengen Sinne des Substanzbegriffes fest, wonach er das unbedingte, absolut selbständige Sein bedeutet, so giebt es in Wahrheit nur Eine Substanz, die unendliche schöpferische göttliche Substanz. Die beiden endlichen Substanzen sind zwar selbständig gegen einander, sofern eine jede von ihnen auch ohne die ihr entgegengesetzte gedacht werden und existieren kann; allein sie sind beide gleich abhängig von Gott und werden nur von ihm in ihrer Existenz erhalten. —

Man brauchte diesem Gedanken des Unterschiedes zwischen den endlichen, relativen Substanzen und der absoluten Substanz bloss nachzugehen, um in ihm alsbald die Lösung für die Schwierigkeit zu suchen, wie eine Wechselwirkung zwischen Leib und Seele stattfinden kann. Descartes hat selbst schon hierauf hingewiesen. Arnold Geulincx fügt dem Argumente aus der Wesensverschiedenheit der beiden Substanzen ganz richtig das weitere hinzu, dass eine unmittelbare Wechselwirkung auch deshalb unmöglich sei, weil wir von ihrem Zustandekommen kein Bewusstsein haben. Sind Seele, Ich, Bewusstsein identische Begriffe, dann muss ich auch wissen, wie die Seele es anfängt, eine Bewegung meines Leibes hervorzubringen, denn alle Thätigkeiten meines Ich müssen dann unmittelbar, vom Lichte des Bewusstseins durchleuchtet vor mir liegen. Wo nicht, so kann die Thätigkeit auch nicht von mir ausgehen. Dann kann ich nur annehmen, dass Gott dies alles thut, und ich kann meinen Willen, den Arm zu heben, nur mehr als die Veranlassung oder Gelegenheit (occasio) betrachten, wobei mein Arm von Gott gehoben wird. Und ebenso muss ich mir dann auch die Entstehung meiner Vorstellungen erklären. Nicht die Körper wirken auf meine Seele ein, sondern die Körper wirken, und bei Gelegenheit dieser Wirkung ruft Gott in meiner Seele eine dieser Wirkung entsprechende Vorstellung hervor.

Dass nun hiermit der Occasionalismus die Schwierigkeit wirklich gehoben und nicht vielmehr die Unlösbarkeit desselben auf dem Boden des Kartesianismus eingeräumt hat, darüber braucht man sich keinen Illusionen hinzugeben. Der Eingriff des ausserweltlichen Gottes in die Welt der Geister und Körper bleibt nach wie vor ein Wunder, vor welchem der Verstand um so mehr Ursache hat, einfach still zu stehen, als dieses Wunder sich fortwährend und ohne Unterlass ereignet. Dabei fügt das Zurückgreifen auf Gott zu der bestehenden Schwierigkeit auch noch die hinzu, dass nun ganz in derselben Weise die Vermittelung zwischen Gott und Welt zum Rätsel wird. Denn wie, muss man fragen, kann die göttliche Substanz, die, als geistige Substanz, dem Ich verwandt sein muss, auf die von ihr verschiedenen Körper wirken? Es ist ein Grundsatz des Descartes, dass in der Wirkung nicht mehr enthalten sein könne, als in der Ursache. Wenn Gott nun selbst nicht ausgedehnt ist, wie konnte er die ausgedehnten Substanzen schaffen? —

Der Dualismus mit seiner Annahme zweier verschiedenartigen und entgegengesetzten Substanzen scheitert an der Unmöglichkeit, die erfahrungsmässig gegebene Wechselwirkung zwischen Geist und Körper verständlich zu machen. Ein Ausweg kann nur in einer Vereinfachung der Prinzipien durch Beseitigung des einen oder Zurückführung des einen auf das andere gefunden werden. Darum sehen wir die ganze Philosophie der Folgezeit sich in der Richtung auf den Monismus hin bewegen. Wo nun aber die Realität des Ich den Ausgangspunkt der philosophischen Bewegung bildet, da kann darüber kein Zweifel sein, ob der Geist oder der Körper dem anderen zu weichen habe. Der Geist gilt für unmittelbar durch das Attribut des Denkens verbürgt. Das kann man jedoch vom Körper nicht behaupten. Die Annahme einer Körperwelt beruht nach Descartes auf der Klarheit und Deutlichkeit unserer Begriffe, die wir von ihr haben. Allein vermag uns dies Kriterium die Selbständigkeit und Unabhängigkeit jener Welt von unserem Bewusstsein zu verbürgen? Klar und deutlich würde sie ja auch von uns erkannt werden, wenn sie bloss als Vorstellung im Bewusstsein existierte. Dann hätte sie jedoch nur ein ideelles Sein; das reale aber ist es, dessen ich mich zu vergewissern wünsche. Jenes Kriterium kann also zwar von Nutzen sein, wo es sich bloss um den Inhalt eines Seienden und seinen Unterschied von anderen Objekten handelt; allein über die besondere Art des Seins, ob ich es mit einem realen oder ideellen Sein zu thun habe, darüber vermag es garnichts festzustellen. Ich kann auch nicht sagen, es müsste deshalb eine Körperwelt ausserhalb meines Bewusstseins existieren, weil Gott sonst an mir zum Betrüger würde. Die Körper könnten auch blosse Vorstellungen sein, ohne dass ich darum Gott der Unwahrhaftigkeit zu zeihen brauchte. Denn jenem mir von Gott verliehenen Kriterium der Wahrheit widerspricht es garnicht, dass die Körper nur ein ideelles Sein besitzen.

So liegt denn die Uebereilung klar zu Tage, wenn Descartes aus der Deutlichkeit ihrer Erkenntnis sofort auf die substantielle Natur der Körper geschlossen und diese als eine zweite Welt von Realitäten den Ichsubstanzen an die Seite gestellt hat. Erkenne ich nur die Realität des Ich mit absoluter Gewissheit, so berechtigt mich nichts, ausser der Welt von Geistern auch noch eine Welt von Körpern anzunehmen. Damit ist an die Stelle des Dualismus von Geist und Körper der reine Spiritualismus gesetzt, der nun selbst wiederum eine verschiedene Form annehmen kann, je nachdem ob man den Körper für eine blosse Vorstellung ansieht, oder ob man die Vorstellung des Körpers in uns zu einem realen Korrelate ausser uns in Beziehung setzt.

2. Der Spiritualismus.
a) Der phänomenalistische Spiritualismus Berkeleys.

Die erstgenannte Form des Spiritualismus hat Berkeley vertreten. Mit äusserster Entschiedenheit hat er die Annahme bekämpft, dass es Körper ausserhalb der Geister geben könne. Jeder Körper hat bestimmte sinnliche Eigenschaften, wodurch er einen Gegenstand unserer äusseren Wahrnehmung bildet. Allein schon Descartes wusste, dass die Sinnesqualitäten, wie Farbe, Ton, Geruch, Geschmack, Härte oder Weichheit u. s. w. nicht objektive Realitäten an den Gegenständen, sondern bloss subjektive Empfindungszustände in unserem Bewusstsein sind, die wir nur instinktiv auf die Gegenstände übertragen. Locke hatte die sinnlichen Qualitäten als sekundäre von den sogenannten primären Qualitäten unterschieden und hierunter diejenigen Beschaffenheiten verstanden, welche den Gegenständen an sich selbst zukommen. Als solche hatte er die Ausdehnung, Figur, Zahl, Bewegung, die Ruhe und Undurchdringlichkeit bezeichnet. Allein, wie Berkeley zeigt, sind auch diese teils nur Empfindungen, wie die Undurchdringlichkeit, als das Gefühl des Widerstandes, teils sind sie, wie die Ausdehnung, Bewegung, Grösse u. s. w., nur Verhältnisse, worin wir uns die sekundären Qualitäten denken, und welche daher auch bloss in unserer Vorstellung existieren. So bleibt denn als einzige Realität, die sich nicht in Vorstellungsinhalt auflöst, die sogenannte körperliche Substanz, als Träger aller derjenigen Eigenschaften übrig, deren ideelle Beschaffenheit wir nicht bezweifeln können. Wie aber subjektive Vorstellungen, die nur in unserem Bewusstsein sind, eines realen Trägers bedürfen sollten, der ausserhalb des Bewusstseins ist, davon werden uns die „Materialisten" nie überzeugen können.

Die Annahme einer realen Körperwelt kann weder durch die Sinne, noch durch die Vernunft bewiesen werden. Durch die Sinne nicht — denn diese lassen uns immer nur unsere eigenen Empfindungen erkennen, aber nicht, ob ihnen ein reales Sein zu Grunde liegt. Durch die Vernunft nicht — denn der Schluss von unseren Vorstellungen auf reale Gegenstände ist unzulänglich, weil wir ganz die gleichen Vorstellungen auch im Traum, in Fieberzuständen u. s. w. haben können, ohne dass ihnen eine Wirklichkeit entspricht. Nicht einmal das kann eingeräumt werden, dass unsere subjektive Vorstellungswelt sich leichter durch die Annahme von Körpern erklären liesse. Denn wir wissen nicht, wie der Körper auf den Geist einwirkt, um irgend eine Vorstellung in ihm hervorzurufen, wir müssen sogar geradezu eingestehen, dass eine solche Wirkung unmöglich ist, wenn Geist und Körper entgegengesetzte Substanzen bilden. Gäbe es also selbst Körper ausser uns, wir könnten doch von ihnen kein Bewusstsein haben. Gäbe es keine, so würden doch die gleichen Gründe, wie jetzt, für ihr reales Dasein sprechen. Denn immer könnten unsere Vorstellungen einer Körperwelt nur unabhängig von dieser selbst zustande kommen. Was aber ist ein Gegenstand, der existiert, ohne wahrgenommen zu werden, eine Empfindung oder Vorstellung, die das Abbild von etwas ist, was selbst nicht Empfindung, noch Vorstellung ist? — ein Widerspruch, ein reiner Nonsens, der uns zu der Annahme nötigt, dass die Körper überhaupt nur Vorstellungen sind oder vielmehr eine Verknüpfung von sinnlichen Empfindungen und abstrakten Vorstellungen, die bloss in unserem Bewusstsein eine Einheit bilden.

Die Existenz der Körper besteht in ihrem Vorgestelltwerden, ihr Sein ist lediglich ihr Bewusst-Sein. Nun sind alle unsere Vorstellungen als solche passiv und ohne innere Möglichkeit der Veränderung und des Wechsels. Die Ausdehnung, Figur, Bewegung u. s. w. können folglich nicht Ursachen anderer Vorstellungen in uns sein. Die Ursache der Vorstellungen kann nicht selbst wiederum Vorstellung, sondern nur Substanz, und zwar, wenn es eine körperliche Substanz nicht geben kann, nur eine unkörperliche oder geistige Substanz sein. Der Geist oder die Seele unterscheidet sich von den Körpern dadurch, dass er nicht passiv, wie diese, sondern thätig ist, und dass seine Existenz nicht im Vorgestelltwerden, sondern vielmehr in der Thätigkeit des Vorstellens besteht. Wird daher der Körper von uns vorgestellt, wie er an sich ist, sofern er ja eben nur Vorstellung ist, so kann hingegen der Geist von uns nicht vorgestellt werden, weil dieser, als ein Thätiges, nicht irgend einer Vorstellung ähnlich sein und folglich auch durch eine solche nicht repräsentiert werden kann. Vom Geiste können wir höchstens einen „Begriff" (notion) besitzen. Ist aber der Geist nicht Vorstellung, nicht ideelles Sein, so kann er nur ein Reales sein und dieses nur durch innere Anschauung (inward feeling), d. h. durch einen Akt unmittelbarer Selbstwahrnehmung begriffen werden. Im Ich, in diesem „Begriff" meiner selbst erkenne ich den realen Träger oder Produzenten meiner Vorstellungen als solchen; alles Andere aber, was ich sonst erkenne, ist abhängig vom Ich und blosse „Vorstellung" desselben.

So ist also der Standpunkt des Berkeley ein phänomenalistischer Spiritualismus, indem er die Körper als bloss subjektive Erscheinungen betrachtet. Es giebt nach ihm nur Ein reales Sein, das Sein der individuellen Geister, das identisch ist mit dem Bewusstsein, sofern es als substantieller Träger der Vorstellungswelt gedacht wird. Das körperliche Sein dagegen ist ein ideelles oder ist Bewusst-Sein, sofern darunter diese besondere Art des Seins verstanden wird. Im ersten Falle bezieht sich das Wort Bewusstsein auf die blosse Form desselben, und steht das Bewusstsein, als Substanz, im Gegensatz zu seinen Accidenzen. Im zweiten Falle bezieht es sich auf den Inhalt des Bewusstseins und steht es, als ideelles Sein, im Gegensatze zum realen. Es giebt sonach auf diesem Standpunkte, genau genommen, nur Ein Sein, nämlich das Bewusstsein; reales und ideelles Sein aber unterscheiden sich von einander nur wie Form und Inhalt des Bewusstseins. Demnach ist also der Spiritualismus seinem Wesen nach Bewusstseinsrealismus, und jede Annahme eines Seins, das nicht entweder Form oder Inhalt des Bewusstseins ist, ein Bruch mit der spiritualistischen Grundvoraussetzung.

Bei dieser Stellungnahme nun, wie sie Berkeley eigenthümlich ist, verwandelt sich die Frage nach der Wechselwirkung zwischen Geist und Körper, woran der Kartesianismus gescheitert war, in die andere, auf welche Art die Vorstellungen in uns zustande kommen.

Unsere Vorstellungen sind teils sinnliche Empfindungen (Wahrnehmungen), teils sind sie Phantasievorstellungen. Diese letzteren sind zufällig, in jedem Einzelnen verschieden und werden von uns selbst erzeugt. Jene ersteren dagegen spiegeln im Bewusstsein aller Geister eine und dieselbe Welt von durchgängiger Gesetzmässigkeit, müssen folglich der individuellen Willkür entzogen und können nur von Gott in uns hervorgebracht sein. Ihre Gesammtheit bildet die

Natur, ihre Regelmässigkeit und Ordnung, wie sie im Bewusstsein auftreten, erzeugen den Begriff der Naturgesetze. Alle vermeintliche Wirkung zwischen Natur und Geist ist also in Wahrheit nur eine unmittelbare Wirkung Gottes auf uns. Wenn ich den Arm aufhebe, so ist meine eigene Handlung dabei nur mein Wille, ihn zu heben. Dass ich und Andere zugleich das Wahrnehmungsbild der Bewegung meines Armes haben, das kommt nur daher, weil Gott es auf Grund und bei Gelegenheit meines Willens in mir und ebenso auch in allen übrigen Geistern hervorruft.

Diese Lösung des Problems ist nun freilich von derjenigen des Occasionalismus kaum verschieden. Das Wunder eines fortwährenden Eingreifens Gottes in die Welt der endlichen Realitäten besteht auch hier in derselben Weise fort. Nur darin liegt ein Fortschritt, dass nach Berkeley Gott, als Geist, es nur mit Geistern, aber nicht auch mit Körpern zu thun hat, die seinem Wesen widersprechen. Gott achtet nicht, wie beim Occasionalismus, darauf, wie die Körper wirken, um alsdann eine jener Wirkung entsprechende Vorstellung in mir hervorzubringen, sondern er affizirt mich unmittelbar, indem er in mir die Vorstellung eines körperlichen Vorganges erzeugt.

Indessen wie verträgt sich diese Annahme damit, dass der Geist im Gegensatze zu den passiven Vorstellungen ein durchaus aktives Wesen sein soll? Auf dieser Aktivität soll die Realität und die Substantialität des Geistes beruhen. Allein wenn der letztere Einwirkungen empfängt und insofern passiv sein muss, so nähert er sich damit der Natur des Körpers, so ist er am Ende gar selbst bloss ein ideelles Wesen. Kein Zweifel: die Annahme eines göttlichen Eingriffs in die endliche Welt hebt die spiritualistische Theorie der substantiellen Geister ganz ebenso aus den Angeln, wie den Dualismus von Geist und Körper. Der Occasionalismus verträgt sich mit keiner Philosophie, die an der Substantialität der endlichen Realen festhält. Diese letztere schliesst jeden äusseren Eingriff aus, sowohl von Seiten einer Körperwelt, als auch von Seiten der übrigen Geister, als endlich auch von Seiten Gottes, und lässt als Erklärung der gemeinschaftlichen Vorstellungswelt nur die Annahme einer ursprünglichen Harmonie der Geister übrig.

b) Der monadologische Spiritualismus: Leibniz.

Es ist Leibnizens Verdienst, diese Konsequenz zuerst gezogen und daraus eine neue Form des Spiritualismus hergeleitet zu haben.

Wie Descartes, so geht auch er davon aus, dass wir im Ichgedanken oder Selbstbewusstsein unmittelbar ein reales Sein ergreifen.

Das Reale ist aus diesem Grunde auch bei ihm ein **individuelles**; und wie dessen restloses Aufgehen in unsere Gedankenwelt uns nötigt, sein Wesen in die **Thätigkeit des Denkens** zu verlegen, so müssen wir es wegen seiner Selbständigkeit und Unabhängigkeit auch als **Substanz** bestimmen, indem wir ihm eine für sich abgeschlossene Existenz zuschreiben. Die Substanz besitzt also nach Leibniz nicht bloss die Fähigkeit, thätig zu sein oder zu handeln, sondern **ihr Sein ist durchaus nur ihre Thätigkeit.** Was nicht thätig ist, das ist auch nicht, ist wenigstens nicht im Sinne eines Realen. Daher lässt sich die Substanz auch als **thätige Kraft**, als vis activa definieren, die nicht von aussen in Bewegung gesetzt wird, sondern sich selbst bewegt, sobald ihr kein Hindernis entgegensteht. Aus solchen im Denken thätigen und in der Thätigkeit existierenden Substanzen, besteht das reale Sein. Die Frage ist demnach nicht, ob es noch eine andersartige Realität, wie die Körper, neben den Ichsubstanzen oder Geistern giebt, sondern es fragt sich, ob es noch andere im Denken thätige Substanzen auch ausserhalb der Ichsubstanzen giebt.

Diese Frage ist mit der anderen identisch, ob es ein Denken giebt, welches als solches nicht ein Denken des Ich (Bewusstseins) ist, oder mit andern Worten: ob es ausser dem bewussten Denken auch noch ein unbewusstes Denken giebt.

Descartes hatte die Frage, wie wir gesehen haben, verneint, weil Ich, Bewusstsein und Denken für ihn identische Begriffe waren. Allein schon Locke hatte von dieser Voraussetzung aus die Annahme von angeborenen Ideen bestritten, die eine so wichtige Rolle im System des Descartes gespielt hatten, und er hatte daraus den ferneren Schluss gezogen, dass der Geist nicht immer denken könnte. Denn wenn es nachweislich Zustände giebt, wie den Schlaf, wo die Kontinuität des Bewusstseins unterbrochen ist, und von denen man doch nicht behaupten kann, dass in ihnen der Geist selbst aufgehört habe, zu existieren, wie kann man alsdann das Wesen des Geistes in das Denken setzen? Nun kann aber Descartes ganz Recht haben, dass der Geist immer denkt, und es kann ganz wohl angeborene Ideen geben, auch wenn wir uns ihrer nicht immer bewusst sind: man muss nur nicht Denken und Bewusstsein verwechseln. Im Gegensatze zu Lockes Auffassung des Geistes als blosser „tabula rasa", behauptet daher Leibniz, wir seien vielmehr selbst uns angeboren, d. h. es gäbe in uns einen Schatz von unbewussten logischen Ideen, die gleichsam in der Tiefe der Seele lebendig sind und dadurch den Zusammenhang unserer Gedankenwelt vermitteln. Sonach sind es also nicht so sehr psychologische Gründe, die Leibniz auf die Entdeckung der unbewussten Vorstellung geführt haben, als vielmehr bedient er sich dieses Begriffs, um damit die metaphysische Grundannahme seines Systems, die Gleichsetzung des Realen mit dem Denken, zu unterstützen.

Giebt es nun unbewusste Vorstellungen, so ist also die Grenze des Denkens nicht zugleich auch die Grenze des Bewusstseins, und wenn das Denken notwendig einen substantiellen Träger voraussetzt, so giebt es folglich denkende Substanzen auch ausserhalb der Geister oder Ichsubstanzen. Descartes hatte sonach ganz Recht, Substanzen ausserhalb der Iche anzunehmen; sein Unrecht bestand nur darin, ihre Verschiedenheit vom Ich als Gegensatz zum Geiste überhaupt zu deuten. Und ebenso hatte Berkeley Recht, eine solche vom Geistigen wesentlich verschiedene Realität zu leugnen; er hätte nur nicht alles nichtichliche Sein für nichts als blosse Vorstellung des Ich halten sollen. Alle Realität beruht auf der Thätigkeit des Denkens; allein nicht alles Denken ist bewusstes Denken. Alles reale Sein reicht so weit, wie das Gebiet der individuellen denkenden Substanzen; allein das letztere reicht weiter als das Gebiet der Ichsubstanzen. Hatte Descartes den Tieren das Denken abgesprochen, so hatte er insofern Recht, als ihnen allerdings ein bewusstes Denken, ein Ich nicht zukommt. Allein dies kann nicht heissen, dass die Tiere überhaupt nicht denken und dass ihnen jede Art von seelischer Innerlichkeit abgeht. Wenn die Gleichsetzung des Denkens und Bewusstseins eingesehen und damit ein Denken auch ausserhalb der Iche anerkannt ist, dann enthüllt sich auch das bisher für körperlich gehaltene Sein als ein **abgestuftes Reich von denkenden Substanzen**, und an die Stelle toter ausgedehnter Körper ohne andere als bloss räumliche Unterschiede tritt eine Welt von seelischen Wesen oder **Monaden**, die auf der untersten Stufe, als Atomseelen, nicht weniger real sind als auf der höchsten Stufe als Geister.

Bedenkt man, wie Leibniz die individuelle Natur seiner Realen doch nur aus ihrem Umschlossensein von der Form des Bewusstseins abgeleitet hat, so scheint es ein Widerspruch zu sein, auch die Träger der unbewussten Vorstellungen als solche für individuell zu halten. Wenn etwas, so deutet dieser Widerspruch darauf hin, dass Leibniz den Unterschied der unbewussten von den bewussten Vorstellungen im Grunde wohl nur als einen quantitativen aufgefasst hat und dass die „petites perceptions", worauf auch seine dafür gegebenen Beispiele zielen, bei ihm in der Regel nur einen niederen Grad des Bewusstseins bedeuteten. Damit soll indessen nicht geleugnet werden, dass bei ihm nicht zeitweilig jener Begriff auch die Bedeutung annimmt, als handle es sich um einen qualitativen Unterschied des Unbewussten vom Bewussten und bezeichne derselbe das blosse ideelle Enthaltensein der Vielheit in der Einheit. Jedenfalls steht diese Verwendung des Begriffs der unbewussten Vorstellung nicht im Einklang mit der Grundvoraussetzung des leibnizschen Systems und braucht daher hier nicht weiter erörtert zu werden.

Das aber müssen wir als Resultat feststellen, dass Leibniz mit seinem monadologischen Spiritualismus den Dualismus des Descartes ganz ebenso überwunden hat, wie den phänomenalistischen Spiritualismus des Berkeley. Jener Standpunkt kennt kein zwiefaches reales Sein, ein körperliches und ein seelisches, sondern alle Realität ist nach ihm eine seelische. Er kennt aber auch kein bloss bewusst-seelisches, ichliches Sein, sondern ausser den bewussten Seelen oder Geistern (Ichen) nimmt er auch noch eine Welt von andern denkenden Substanzen an. Geister und Körper sind hiernach weder reale Gegensätze, noch Gegensätze von verschiedener Art des Seins, sondern nichts als verschiedene reale Abstufungen, die einer und derselben Monadenwelt angehören.

Nach Descartes und Berkeley hatte der Körper, als dem aktiven Geist entgegengesetzt, ein passives Sein, nur dass er nach jenem zugleich ein Reales war und ausserhalb des Geistes existierte, wohingegen er nach diesem ein Ideelles war und seine Vorstellung dem aktiven Geiste von Gott eingepflanzt wurde. Wenn nun der Gegensatz von Geist und Körper aufgehoben und auch der Körper für ein Aggregat von seelischen Substanzen oder Monaden erklärt ist, so kann auch jener Gegensatz von Aktivität und Passivität nicht mehr ein absoluter sein, sondern die Passivität des Körpers kann nur darin beruhen, dass die Aktivität der Körpermonade eine geringere als diejenige der Geistmonade ist. Nicht der Körper also ist passiv, sondern die Thätigkeit, welche die Natur der Körpermonade bedingt, ist eine irgendwie eingeschränkte, und die niederen Stufen der Monaden unterscheiden sich nur dadurch von den höheren, dass in ihnen das Verhältnis der Aktivität zur Passivität als solches ein verschiedenes ist.

Nun heisst aktiv sein für die Monade nichts Anderes als vorstellen. Die Grade der Aktivität sind folglich Grade des Vorstellens, d. h. Unterschiede der Klarheit und Deutlichkeit, die den Vorstellungen zukommt. Zugleich aber sind sie auch Grade der Realität, weil real sein nichts Anderes heissen soll als thätig sein. Unter allen bekannten Vorstellungen ist aber diejenige des Ich die klarste und deutlichste, denn nur in ihr fällt das Sein unmittelbar mit dem Denken zusammen und wird daher völlig und erschöpfend von uns erkannt. Insoweit wir demnach unser Ich oder unsere eigenen seelischen Zustände vorstellen, insoweit sind wir reine Thätigkeit und zugleich realste Realität. Allein schon der Inhalt unseres Bewusstseins reicht weiter als das Selbstbewusstsein und umschliesst ausser den Vorstellungen, die wir von uns selbst besitzen, auch diejenige einer Aussenwelt. Diese letztere Vorstellung ist sonach weder klar, noch deutlich und kann daher auch nicht auf reiner Thätigkeit, sondern nur auf einer Hemmung dieser Thätigkeit, d. h. auf Leiden, beruhen. In der gleichen Weise können wir nun schliessen, dass auch in allen übrigen Monaden ein Leiden neben der Thätigkeit, eine unklare oder verworrene Vorstellung neben der klaren und deutlichen besteht, und solche verworrenen Vorstellungen sind es, die sich in unserem Bewusstsein in der Gestalt der Materie widerspiegeln. So wird denn das Leiden der Monade von Leibniz geradezu als die materia prima, die Vorstellung der Materie dagegen oder die Erscheinung der körperlichen Masse als die materia secunda bezeichnet. Die materia prima ist die Ursache, dass wir neben der klaren und deutlichen Vorstellung von uns selbst auch die unklare und verworrene Vorstellung der materia secunda haben; diese letztere aber ist die Wirkung, die aus der Verworrenheit unserer Vorstellungen hervorgeht. Beide Arten von Materien aber haben ihren Ursprung in den Monaden selbst und weisen somit nicht auf ein Reales, dessen Wesen sich nicht völlig in demjenigen der Monadenwelt erschöpfte.

Je weiter sich die Vorstellungen einer Monade von der Vorstellung des Ich entfernen, je unklarer und verworrener sie erscheinen, je mehr also in der Monade die Passivität ihres Vorstellens die Aktivität desselben überwiegt, desto grösser ist in ihr auch das Uebergewicht der materiellen Faktoren über die geistigen, desto niedriger ist der Grad ihres Bewusstseins und ihrer Realität, desto tiefer steht die Monade in der Stufenreihe der realen Wesen. Die reine Körpermonade oder Atomseele müssen wir uns folglich als eine solche denken, wo die Aktivität einen möglichst geringen Grad besitzt und die Tiefe ihres Bewusstseins dem reinen Unbewusstsein gleichkommt. Gott dagegen besitzt nur klare und deutliche Vorstellungen und mithin gar kein Bewusstsein eines von ihm verschiedenen materiellen Seins. Er ist das absolute Bewusstsein, das reine Ich, die absolut thätige Monade, actus purus ohne alle Potentialität und sonach zugleich das allerrealste Wesen. Zu ihm, als der reinsten Aktivität, steigt von der reinsten Passivität der Körpermonade die ganze übrige Monadenwelt in kontinuierlicher Stufenfolge empor. Die Unterschiede zwischen den einzelnen Stufen der Monaden aber sind so mannigfaltig, wie die Unterschiede in dem Klarheitsgrade ihrer Vorstellungen.

Weil jede Monade ein selbständiges, substantielles Wesen ist, so ist sie auch lediglich mit sich selbst beschäftigt. Sie hat keine Fenster, durch die etwas von aussen in sie hineinkommen, oder wodurch sie nach aussen etwas abgeben könnte. Es besteht keine Wirkung der verschiedenen Monaden auf einander, kein sogenannter influxus physicus, sondern alles, was in der Monade vorgeht, das hat sie spontan aus ihrer eigenen Natur heraus geschaffen. Besitzt daher auch nur eine einzige Monade eine Vorstellung des Universums, so müssen alle eine solche besitzen, weil sonst die gegenseitige Uebereinstimmung ihrer Vorstellungen nicht erklärlich wäre. Alle Monaden tragen der Potenz nach die Vorstellung des ganzen Universums in sich, sie stellen dasselbe nur, eine jede von ihrem besonderen Standpunkt aus, verschieden mit verschiedenen Graden der Klarheit vor. Und zwar stellen sie die übrigen Monaden um so klarer vor, in je engerer Beziehung sie zu ihnen stehen, also z. B. den eigenen Leib klarer als die Leiber fremder Geister. Jede Monade also ist ein lebendiger Spiegel des Universums. Wer daher den Vorstellungsinhalt einer einzigen von ihnen vollständig zu erkennen vermöchte, der würde in ihr das ganze All erkennen. Sie selbst jedoch erkennt nur, was sie klar und deutlich vorstellt. Versteht man unter Perception die Vorstellung überhaupt, unter Apperception die Vorstellung, sofern sie ins unmittelbare Bewusstsein aufgenommen ist, so kann man demnach sagen, dass alle Monaden die gleichen Perceptionen haben und dass sie sich nur dadurch unterscheiden, wieviel sie von jenen auch appercipieren und welchen Grad von Klarheit hierbei ihre Vorstellungen besitzen. Die Entwickelung der Monaden besteht sonach darin, dass immer mehr Vorstellungen aus dem Zustande der blossen Perception in denjenigen der Apperception versetzt oder aus dem Unbewusstsein und der Verworrenheit ans Licht des Bewusstseins gezogen und zur Klarheit gebracht werden. Dies alles jedoch bleibt ein ideeller Vorgang rein innerhalb der einzelnen Monaden.

Wie soll man sich nun unter diesen Voraussetzungen das Verhältnis von Seele und Leib vorstellen?

Wenn bei der substantiellen Beschaffenheit der Monaden weder eine Wechselwirkung dieser letzteren unter einander, noch eine Einwirkung Gottes auf sie stattfinden kann, dann müssen sie von Anfang an so eingerichtet sein, dass jedem Vorgang in der einen ein entsprechender Vorgang in den anderen zur Seite geht. Obwohl also jede einzelne Monade nur den immanenten Gesetzen ihrer eigenen Vorstellungsthätigkeit gehorcht, so herrscht doch im Ganzen eine so genaue Uebereinstimmung unter ihnen, als ob eine gegenseitige Beeinflussung zwischen ihnen stattfände. Dies ist die Hypothese der vorherbestimmten oder prästabilierten Harmonie, die Leibniz an dem bekannten Beispiel von zwei völlig gleichgehenden Uhren erläutert hat. Wenn ich hiernach den Willen habe, meinen Arm zu heben, genauer, wenn ich die Vorstellung dieses Willens habe, so findet gleichzeitig der gewollte Vorgang auf Seiten der Körpermonaden, die meinen Arm bilden, statt. Und wenn die Monaden meines Leibes eine Störung erleiden, so erhalte ich zugleich die entsprechende Empfindung eines Schmerzes. Da nun aber alle Vorgänge nur Vorstellungen der Monaden sind, von einer Störung und Bewegung der Monaden, streng genommen, also nicht die Rede sein kann, so kann ich folglich auch sagen, dass die Körpermonaden meines Armes, resp. Leibes, in demselben Augenblick die Vorstellung einer Bewegung, resp. einer Störung, haben, wo ich die Vorstellung habe, meinen Arm bewegen zu wollen, oder wo ich die Empfindung eines äusseren Eingriffs in den normalen Zustand meines Leibes habe.

Vor den occasionalistischen Theorien des Geulincx und Berkeleys, die auch die alltäglichsten Vorgänge zu reinen Wundern machten, hat diese Annahme offenbar den Vorzug der grösseren Einfachheit voraus. Die substantielle Natur der Monaden wird durch Ausschliessung aller äusseren Einwirkungen von Leibniz doch wenigstens im Weltprozesse gewahrt; und wenn man es ein Wunder nennen will, dass die Vorstellungen der Monaden einander stets entsprechen, obwohl zwischen ihnen keine reale Beziehung herrscht, so hat es doch nur einmal, vor Beginn des Weltprozesses stattgefunden, als Gott bei Erschaffung der Monaden das Uhrwerk der prästabilierten Harmonie zuerst aufgezogen hat. Auch das ist ein Fortschritt Leibnizens gegenüber Berkeley, dass dieser, um die Wechselwirkung zwischen Seele und Körper zu erklären, den letzteren, wie im Grunde überhaupt alles nichtichliche Sein, für ein bloss ideelles Sein innerhalb der Iche hatte erklären müssen, während jener in seiner monadologischen Auffassung des realen Seins die Möglichkeit erwiesen hat, auch die Realität des nichtichlichen Seins als solche festzuhalten, ohne darum in den Dualismus zurückzufallen. —

Alle Realität soll nach Leibniz auf der Thätigkeit des Vorstellens beruhen. Nun giebt es aber, entsprechend dem Klarheitsgrade der Vorstellungen, zugleich auch Grade der Thätigkeit. Da entsteht die Frage, ob den Vorstellungen, die aus der Passivität, d. h. aus der Hemmung jener Thätigkeit, entsprungen sind, dieselbe Realität zukommt, wie dem eigenen unmittelbaren Subjekt. Diese Frage hat

Leibniz selbst verneint, indem nach ihm die Abstufungen in der Monadenreihe zugleich Abstufungen in dem Grade ihrer Bewusstheit und Realität bedeuten und Gott, die höchste, absolut bewusste Monade, den höchsten Grad von Realität besitzen soll. Steht die Sache aber so, dann erscheint auch jener ganze Fortschritt, den Leibniz über Berkeley hinaus gemacht hat, illusorisch. Denn er kann alsdann die Realität des ausserichlichen Seins wohl postulieren; allein insbesondere die Körperwelt, deren Monaden den geringsten Grad der Vorstellungsthätigkeit besitzen sollen, kann folglich nur als ideelles Sein, als blosse Vorstellung innerhalb der Iche angesehen werden, und es giebt nur eine Geisterwelt, die sich bloss noch durch ihre prästabilierte Harmonie von derjenigen des Berkeley unterscheidet.

Wenn der Vorstellungsinhalt des gesamten Lebens schon von Anfang an in den Tiefen meines Geistes schlummert und sonach meine ganze Thätigkeit nur ein ununterbrochenes ins Bewusstsein Heben oder Explizieren des implicite in mir von jeher Enthaltenen ist, so besteht offenbar keine Nötigung, meine Vorstellungen eines nichtichlichen Seins für mehr als blosse Vorstellungen anzusehen. Ich kann sogar unter dem Begriffe des nichtichlichen Seins auch die Realität von andern Ichen fassen und die ganze Aussenwelt überhaupt für ideell erklären, da mir ausser meinem Ich kein reales Sein gegeben und die Annahme eines solchen zur Erklärung meiner Vorstellungswelt nichts beiträgt. Die Realität der Aussenwelt kann auch nicht dadurch verbürgt werden, dass mir Gott von Fall zu Fall die Vorstellung einer solchen einpflanzt. Denn alsdann komme ich wiederum über das Vorstellungssein nicht hinaus und kann nicht wissen, ob meinen Vorstellungen auch wirklich ein reales Sein entspricht. Streng genommen, kann also auch Berkeley die Annahme einer Mehrheit von Geistern nicht begründen, und wenn er nur die Körper ausserhalb der Geister leugnet, weil ihre Annahme überflüssig sei, so gilt ganz das Gleiche auch von den Geistern ausser mir, denn auch die Vorstellung von ihnen muss ich von Gott unmittelbar empfangen, ihr Vorgestelltwerden ist also unabhängig von ihrem Wirklichsein.

Die Realität der Aussenwelt kann nur dadurch verbürgt werden, dass sie direkt zu mir in Beziehung tritt und dass meine Vorstellungen von ihr als solche schon den Hinweis auf ihre Realität enthalten. Meine Vorstellungen von ihr müssen Wirkungen der realen Aussenwelt sein. Ich kann also von dieser keine Vorstellungen haben, ohne solche Wirkungen zu empfangen, d. h. ich weiss vom realen Sein nur durch Erfahrung, und nichts ist real, als was die

Erfahrung mir bestätigt. Das eigene reale Ich zwar erkenne ich als solches unmittelbar; bei allem anderen Realen aber muss ich warten, bis die Erfahrung an mich herankommt. Es giebt folglich bloss ein aposteriorisches, kein apriorisches Wissen vom Realen. Es giebt keine reale Erkenntnis aus reiner Vernunft und sonach auch keine apodiktisch gewisse Erkenntnis. Es ist eine vergebliche Hoffnung, auf rein logischem Wege, also etwa mittelst des Prinzips der Klarheit und Deutlichkeit unserer Vorstellungen, zur Gewissheit über die Seinsart ihres Inhaltes zu gelangen. Ist aber dies der Fall, dann stürzt das ganze Fundament, worauf Descartes die Philosophie errichtet hat, zusammen, denn dieser ging ja gerade darauf aus, die Möglichkeit einer apodiktischen Erkenntnis des realen Seins oder einer realen Erkenntnis von apodiktischer Gewissheit zu begründen.

c) Der transcendentale (subjektive) Idealismus: Kant.

Zwei Triebfedern haben den Charakter der kantischen Philosophie bestimmt: auf der einen Seite der Wunsch, die Realität der Aussenwelt gegenüber dem Phänomenalismus festzustellen, auf der anderen Seite das Bestreben, die Annahme des influxus physicus, wodurch allein jene Realität verbürgt wird, mit dem apriorischen und apodiktischen Charakter der philosophischen Erkenntnis zu vereinen. Der erstere war in Kant infolge seiner Eigenschaft als Naturforscher hervorgerufen, weil die Naturwissenschaft eine reale Bedeutung des Begriffs Natur voraussetzt, und fand seinen Ausdruck in den empiristischen Bestandteilen der kantischen Philosophie. Das andere entsprang aus seiner Eigenschaft als Metaphysiker, weil nach der Ansicht jener Zeit nur eine apodiktisch gewisse Erkenntnis den Namen einer philosophischen verdiente, und gelangte in den rationalistischen Bestandteilen seiner Philosophie zum Ausdruck. Beide Triebfedern zusammen veranlassten ihn, die berühmte Fragestellung seiner Vernunftkritik dahin zu formuliren: „Wie sind synthetische Urteile a priori möglich?" Denn diese Frage läuft einfach auf die verständlichere hinaus, wie es eine apodiktische Erkenntnis vom realen Sein, d. h. eine metaphysische Erkenntnis, geben kann, wenn dieses Sein uns nicht unmittelbar, sondern nur aus seinen Wirkungen bekannt ist.

Der influxus physicus zwingt dazu, mit dem Begriffe der Passivität des Geistes Ernst zu machen und die letztere nicht mehr, wie es Leibniz gethan hatte, als einen geringeren Grad von Aktivität, sondern als ein wirkliches Leiden der Monade aufzufassen, worin sie durch eine Affektion von aussen versetzt wird. In diesem Falle ist das Produkt der Passivität, die Gesamtheit der sinnlichen Empfindungen oder die Materie, wie Leibniz sie bezeichnet hatte, auch nicht mehr eine blosse „verworrene Vorstellung", die folglich aus dem Innern der Monade abgeleitet werden könnte, sondern das Material der sinnlichen Empfindungen ist ein ihr von aussen Gegebenes und Aufgedrängtes, an dessen Entstehung sie sich selbst nicht beteiligt weiss und wovon sie daher auch nur eine aposteriorische Erkenntnis haben kann. Gleichzeitig ist aber auch die Aktivität der Monade nicht mehr eine freie in dem Sinne, dass sie imstande wäre, aus sich selbst heraus ohne Rücksicht auf die sinnlichen Empfindungen Erkenntnis des Realen zu erzeugen, sondern sie ist, als die Thätigkeit derselben Monade, worin auch jene Passivität gesetzt ist, an die letztere gebunden und auf sie angewiesen. Mit andern Worten: die reine Denkthätigkeit des „Verstandes", obschon sie als solche ihrem Inhalte nach a priori zu erkennen ist, kann sich dennoch nur auf die sinnlichen Empfindungen beziehen, wofern es eine Erkenntnis des Realen geben soll.

Es giebt also nicht, wie Leibniz angenommen hatte, eine doppelte Erkenntnis des realen Seins, eine sinnliche und eine Verstandeserkenntnis, wovon sich die eine aus der Passivität, die andere aus der Aktivität des Geistes herschreibt, sondern eine jede reale Erkenntnis ist aktiv und passiv zugleich und beruht auf dem unmittelbaren Ineinandergreifen spontaner und reflektierter Thätigkeiten. Verstand und Sinnlichkeit unterscheiden sich auch nicht bloss quantitativ durch den verschiedenen Grad ihrer Thätigkeiten von einander, sondern beide sind spezifisch verschieden, weil Aktivität und Passivität einander entgegengesetzt sind. Der Verstand mit seiner Thätigkeit des reinen, d. h. empfindungslosen, Denkens ist des Vermögen der Begriffe, sofern die reinen Verstandesbegriffe oder Kategorien den Inhalt jenes Denkens bilden. Die Sinnlichkeit mit ihrer passiven Empfänglichkeit für Einwirkungen von aussen ist das Vermögen der Empfindungen, die an und für sich noch gar keinen begrifflichen Charakter haben. Jener Gegensatz zwischen den beiden Vermögen kommt aber auch darin zum Ausdruck, dass, ebenso wie dem aktiven Verstande die passive Sinnlichkeit entgegensteht, so innerhalb der Sinnlichkeit die Passivität der reinen Empfindungen durch die Aktivität der reinen Anschauungsformen von Raum und Zeit paralysiert wird. Das an sich chaotische Material der sinnlichen Empfindungen, wie es unmittelbar dem Geiste von aussen gegeben wird, muss erst in jene beiden Formen eingeordnet und damit zu Anschauungen umgewandelt werden, bevor es zur weiteren Verarbeitung der Thätigkeit des Verstandes überliefert werden kann. Diese Verarbeitung aber besteht darin, dass, ebenso wie die Sinnlichkeit die Empfindungen in die Formen der Anschauung einordnet, so auch der Verstand seine reinen Begriffe auf die Anschauungen als solche in Anwendung bringt. Anschauungen ohne Begriffe sind blind. Begriffe ohne Anschauungen sind leer. Erst Anschauungen und Begriffe zusammen ergeben eine wirkliche Erkenntnis, sie stellen, als Produkt eines komplizierten Ineinanderwirkens von Spontaneität und Reflexion, jene geordnete Welt von Dingen vor uns hin, die wir in ihrer Unmittelbarkeit gewöhnlich als Erfahrung bezeichnen.

So übt also der Geist in seiner Spontaneität eine formierende Thätigkeit auf die Mannigfaltigkeit der sinnlichen Empfindungen aus, indem er sie in Raum, Zeit und Kategorien einordnet. Alle diese Formen liegen a priori in ihm bereit, wie die Gesamtheit ihrer Vorstellungen nach Leibniz in der Monade schlummern sollte, und treten erst bei Gelegenheit der Erfahrung in Wirksamkeit, d. h. wenn der Geist von aussen affiziert wird. Indem sie aber alsdann den sinnlichen Empfindungen die Form als ein Moment hinzufügen, was in jenen unmittelbar nicht enthalten ist und was eben nur aus dem Geiste selbst hervorgeht, so setzen sie damit unsere gesamte Vorstellungswelt zur blossen Erscheinungswelt herab und machen, dass wir es in aller unserer Erkenntnis nie mit dem realen Sein als solchen, sondern immer nur mit unsern subjektiven Vorstellungen desselben zu thun haben.

Versteht man unter dem realen Sein das transcendente Jenseits des Bewusstseins oder die Aussenwelt im Sinne einer Welt von „Dingen an sich", wie sie unmittelbar die sinnlichen Empfindungen in uns hervorruft, so giebt es offenbar von dieser keine apodiktische Erkenntnis, weil es von ihr überhaupt keine Erkenntnis giebt. Es giebt folglich auch keine Metaphysik, als apodiktische Wissenschaft vom Ding an sich. Apodiktisch gewiss ist, wie wir gesehen haben, nur diejenige Erkenntnis, bei welcher das Bewusstsein und sein Gegenstand zusammenfallen. Was also die Dinge an sich betrifft, so ist sogar ihre Realität nicht einmal sicher, denn diese befindet sich jenseits des Bewusstseins oder ist eine transcendente Realität; meine Erkenntnis jedoch ist eine bloss immanente und reicht über die Sphäre des Bewusstseins nicht hinaus. Wohl aber kann ich an der immanenten Realität der wahrgenommenen Erscheinungswelt, an der sogenannten „empirischen Realität" der letzteren nicht zweifeln, weil diese ja nur die Realität meines eigenen Bewusstseins darstellt. Allein auch von dieser giebt es keine apodiktische Erkenntnis, sofern was an ihr Empfindung ist, uns, wie wir gezeigt haben, ja nur von aussen gegeben und folglich auch nicht a priori erkennbar ist. Nun sahen wir aber gleichzeitig, dass die ganze Fülle des Formalen der Erscheinung, die Anschauungsformen, Begriffe und die aus ihnen gebildeten Grundsätze vor aller Erfahrung in unserem Geiste liegen. Demnach müssen sie auch a priori von uns erkannt werden können. Insofern also die objektiven Gesetze der Erscheinungswelt nichts Anderes als die subjektiven Bedingungen des Daseins jener Welt in unserem Bewusstsein und durch die Spontaneität des eigenen Geistes in den passiven Empfindungsstoff gleichsam hineingewebt sind, insofern muss es eine apodiktische Erkenntnis der empirischen Realität im dargelegten Sinne geben, insofern giebt es folglich auch eine Metaphysik, und zwar als apodiktische Wissenschaft der apriorischen Bedingungen des immanent Realen.

Das ist der Standpunkt des transcendentalen Idealismus, so genannt, weil er den Begriff der Realität, soweit sie erkennbar sein soll, auf den ideellen Inhalt des Bewusstseins einschränkt, und weil ihm die objektiven Gesetze dieser Realität mit den apriorischen Bedingungen der letzteren im Bewusstsein zusammenfallen. Obschon also diese Gesetze an sich bloss immanent sind, so werden sie trotzdem so angesehen, als ob sie eine transcendente Bedeutung hätten, oder sie werden auf ein transcendentes Sein bezogen, und dies ist es, was in dem Worte „transcendental" ausgedrückt ist. Es ist klar, dass wir auch hierin nur eine besondere Form des Spiritualismus, und zwar eine solche vor uns haben, die eine nähere Verwandtschaft mit der monadologischen Gestalt desselben aufweist. Der kantische Idealismus ist wesentlich nichts Anderes als eine Umbildung der leibnizschen Monadologie, wie diese sich unter der Voraussetzung gestalten musste, dass der Begriff der Passivität nicht im rationalistischen Sinne einer verminderten Aktivität, sondern im empiristischen Sinne eines wirklichen Leidens gedeutet wurde. Daher beruht denn auch im Kritizismus, ganz ebenso wie bei den vorangegangenen Philosophen, die apodiktische Gewissheit des realen Seins letzten Endes bloss auf der ungeprüften und daher dogmatischen Voraussetzung der unmittelbaren Realität des eigenen Bewusstseins: ich erkenne die Gesetze der Erscheinungswelt (des immanent realen Seins) als solche a priori und darum mit apodiktischer Gewissheit, weil diese auf der reinen Aktivität des Ich beruhen, die letztere mir aber unmittelbar bekannt ist. Mein Bewusstsein von den apriorischen Funktionen meines Geistes ist selbst ein apriorisches Bewusstsein, d. h. es fällt mit jenen apriorischen Funktionen zusammen, weil der reale Grund oder das metaphysische Subjekt jener Funktionen nichts Anderes als mein Ichbewusstsein ist.

In der „transcendentalen Deduktion der reinen Verstandesbegriffe", jenem Abschnitte der Vernunftkritik, der, wie kein anderer, wegen seiner Dunkelheit berüchtigt ist, sucht Kant daher den Nachweis zu liefern, dass zur Möglichkeit einer realen Erkenntnis nicht bloss das Mannigfaltige des sinnlichen Empfindungsstoffes, auch nicht bloss die Einordung dieses Mannigfaltigen in die Formen der Anschauung und die Verknüpfung der Anschauungen durch die Kategorien gehört. Eine solche Verknüpfung oder Synthesis ist vielmehr garnicht möglich ohne reale Einheit, die aller Synthesis vorhergeht und die, als Substrat der apriorischen Funktionen unseres Geistes, sich gleichzeitig als das Subjekt der verknüpfenden Thätigkeit erweist. Diese letzte und höchste Bedingung des ganzen Erkenntnisprozesses ist aber nichts Anderes als die Einheit des Bewusstseins, das „Ich denke, das alle meine Vorstellungen muss begleiten können", wofern sie zu meinem Bewusstsein gehören sollen. „Nur dadurch, dass ich ein Mannigfaltiges gegebener Vorstellungen in einem Bewusstsein verbinden kann, ist es möglich, dass ich mir die Identität des Bewusstseins in diesen Vorstellungen selbst vorstelle[1]." Mit andern Worten: mein Bewusstsein jener Einheit ist unmittelbar die Einheit selbst, wodurch in meinem Bewusstsein die Vorstellungen verbunden werden. „Das ursprüngliche und notwendige Bewusstsein der Identität seiner selbst ist also zugleich ein Bewusstsein einer ebenso notwendigen Einheit der Synthesis aller Erscheinungen nach Begriffen[2]." „Ich bin mir des identischen Selbst bewusst in Ansehung des Mannigfaltigen der mir in einer Anschauung gegebenen Vorstellungen, weil sie insgesamt meine Vorstellungen sind, die eine ausmachen. Das ist aber soviel, als dass ich mir einer ursprünglichen Synthesis derselben a priori bewusst bin, welche die ursprüngliche synthetische Einheit der Apperception heisst, unter der alle mir gegebenen Vorstellungen stehen, aber unter die sie auch durch eine Synthesis gebracht werden müssen[3]."

So läuft denn die ganze „transcendentale Deduktion der reinen Verstandesbegriffe" auf nichts Anderes hinaus, als was wir schon früher hervorgehoben haben, dass nämlich die Thätigkeit des Denkens

---

[1] Kants Werke, hrsg. v. Hartenstein. III. S. 116.
[2] Ebenda S. 572.
[3] Ebenda S. 117.

ein reales Substrat voraussetzt und dass ich im Ich, d. h. im eigenen Bewusstsein, das reale Substrat als solches unmittelbar erfasse. Ein derartiges Zusammenfallen von Denken und Sein im Ich hatte auch schon dem Rationalismus des Descartes zu Grunde gelegen. Aber während Descartes diesen wahren Grund, der ihm seine apriorischen Konstruktionen ermöglicht hatte, verkannt und statt dessen die Klarheit und Deutlichkeit der Vorstellungen zum Kriterium der Erkenntnis erhoben hatte, so ist es Kants Verdienst, auf das richtige Prinzip zurückgegriffen, die Identität des Seins und des Bewusstseins als das wahre Fundament einer apriorischen Erkenntnisweise aufgestellt und damit den Rationalismus neu begründet zu haben.

Kant weiss nun zwar recht gut, dass jenes apriorische Bewusstsein, durch dessen apriorische Thätigkeit im Verein mit dem a posteriori gegebenen Empfindungsstoffe die Erfahrung erst zustande kommt, er weiss recht gut, dass jenes Bewusstsein nicht mit dem unmittelbaren empirischen Bewusstsein verwechselt werden darf, weil dieses ja selbst mit zur Erfahrung gehört. Die synthetische Einheit der Apperception ist nicht die subjektive Einheit des Bewusstseins, welche die empirisch gegebenen Inhalte meines Vorstellungslebens oder die psychologischen Bestandteile der Erfahrungswelt verbindet. Sie ist vielmehr eine objektive Einheit des Bewusstseins, keine empirische, mit Empfindungsstoff durchwebte, sondern eine reine oder transcendentale Apperception, indem sie ja selbst erst den Grund alles Empirischen enthält. Das Ich, worin ich diesen Grund meiner gesamten Vorstellungswelt erkenne, ist daher auch nicht das empirische Ich, worauf ich bloss die psychologischen Inhalte der Erfahrung beziehe, sondern es ist das reine oder transcendentale Ich, worauf die gesamte Erfahrung überhaupt bezogen werden muss. Trotzdem glaubt Kant, vom Empirischen aus unmittelbar zu diesem Grunde alles Empirischen hinabsteigen zu können, und betont er, dass die blosse Vorstellung Ich in Beziehung auf alle anderen (deren kollektive Einheit sie möglich macht), das transcendentale Bewusstsein sei[1]. Fassen wir hiernach die Ansicht Kants noch einmal kurz zusammen, so können wir also sagen: a priori und daher mit apodiktischer Gewissheit wird ein Sein nur erkannt, sofern seine Erkenntnis eine unmittelbare (nicht durch Zwischenglieder vermittelte) ist; unmittelbar aber erkenne ich nur mein eigenes Bewusstsein. Nun sind mir aber, was den Inhalt dieses Bewusstseins anbe-

---

[1] Ebenda S. 577f. Vgl. hierzu mein Werk „Kants Naturphilosophie als Grundlage seines Systems", S. 227—238, 477—483.

trifft, die Empfindungen von aussen gegeben, können folglich auch nicht unmittelbar erkannt werden. Die Formen jedoch, in welche diese Empfindungen eingeordnet werden müssen, damit eine wirkliche Erkenntnis zustande kommt, die erkenne ich unmittelbar, weil sie zu den angestammten Momenten meines Bewusstseins selbst gehören. Synthetische Urteile a priori sind also möglich, weil jene a priori erkannten Formen sich auf den Inhalt der Empfindungen beziehen, die einem Urteile seinen synthetischen Charakter verleihen.

Die Aktivität des Geistes, welche die Vorstellungen hervorbringt, ist nichts Anderes als die Aktivität des Bewusstseins. Mag daher das Wesen des Geistes (das transcendentale Ich) immerhin tiefer reichen als das empirische Bewusstsein, wie es durch die Einschränkung jener Aktivität durch das Ding an sich bedingt ist: es ist doch unmöglich, über die Grenzen des Bewusstseins selbst hinauszukommen. Wenn der Geist in der Erkenntnis des realen Seins auf das Zusammenwirken von Aktivität und Passivität, Verstand und Sinnlichkeit angewiesen ist, so mag die Vernunft, die reine Aktivität für sich allein, wie sie abgesehen von ihrem Verhältnis zur Sinnlichkeit ist, immerhin von transcendenten Dingen reden: ihre „Ideen" beziehen sich nicht auf ein wirkliches Sein, eine Realität im transcendenten Sinne, sondern ebenfalls nur auf ein Bewusst-Sein, nur dass es nicht das ideelle Sein des bloss empirischen Bewusstseins, sondern dasjenige des transcendentalen Bewusstseins ist. Verstand und Sinnlichkeit beziehen sich nur auf das relative oder endliche Sein der Erfahrungswelt, weil beide nur in gegenseitiger Beschränkung funktionieren. Die Vernunft dagegen in ihrer Freiheit von der Sinnlichkeit bezieht sich eben deshalb auf das absolute Sein der übersinnlichen, transcendenten Welt; sie vermag indessen keine wirkliche Erkenntnis dieses Seins zu liefern, weil sie selbst auch nur die Thätigkeit eines Bewusstseins ist. Die Vernunft geht ins Unendliche hinaus, weil ihre Thätigkeit nicht von aussen eingeschränkt ist. Allein eben darum haben ihre Ideen auch keine konstitutive, sondern bloss eine regulative Bedeutung, d. h. sie drücken zwar den Inhalt eines Seienden aus, ohne dessen Realität als solche verbürgen zu können. —

Nun gehört auch die Kategorie der Kausalität zu den apriorischen Funktionen unseres Geistes. Wenn aber alle apriorischen Intellektualfunktionen bloss Funktionen des Bewusstseins sind und folglich über die Sphäre des Bewusstseins nicht hinausreichen und wenn auch die Kausalität nur dazu dienen soll, den rohen Empfindungsstoff zu ordnen, wie kann mir diese Materie von aussen gegeben, wie kann sie die Wirkung der transcendenten Aussenwelt auf mein Bewusstsein und dadurch für mich Beweis ihrer realen Existenz sein?

Kant ist davon ausgegangen, die Passivität des Geistes als ein wirkliches Leiden, als Affektion von aussen anzusehen; und er endet mit dem Eingeständnis, dass es eine solche Affektion überhaupt nicht geben könne, weil die Kausalität nur innerhalb des Bewusstseins Geltung hat. Kant sucht ursprünglich die eigentliche Realität in der Sphäre jenseits des Bewusstseins und glaubt sich ihrer dadurch vergewissern zu können, dass er, was Inhalt des Bewusstseins ist, als Wirkung oder ideelles Abbild des Realen ansieht; und er sieht sich zu der Behauptung fortgedrängt, dass die wahre nur die immanente Realität sein könne. Kant musste den Schwerpunkt des realen Seins aus der Transcendenz in die Sphäre des Bewusstseins verlegen, weil es nur unter dieser Voraussetzung von ihm eine apriorische, auf der reinen Thätigkeit des Bewusstseins beruhende Erkenntnis geben konnte. Allein eben damit verblasst die reale Welt der Monaden zur Schattenwelt von unerkennbaren und zweifelhaften Dingen an sich und tritt an die Stelle eines wirklich realen Seins das ideelle Sein blosser subjektiver Vorstellungen.

So zeigt sich die Unmöglichkeit, auf dem spiritualistischen Standpunkte, den Kant einnimmt, die Realität der Aussenwelt mit dem Nachweis der Möglichkeit ihrer apodiktischen Erkenntnis zu vereinen. Der kantische transcendentale Idealismus enthüllt sich in erkenntnistheoretischer Beziehung am Ende als ein blosser **subjektiver Idealismus**, der überhaupt keine Realität ausser derjenigen der bewussten Subjekte anerkennt und alle unsere Erkenntnis auf Erscheinungen, d. h. auf die unmittelbaren Inhalte unseres Bewusstseins, einschränkt. Damit sind wir aber im Hinblick auf das Problem der Realität nicht über den Standpunkt des Berkeley und Leibniz hinausgekommen, und wenn schon diese, wie wir oben sahen, die Annahme von realen Existenzen ausserhalb des Ich nicht begründen konnten, so ist Kant hierzu erst recht nicht imstande. Denn die Gleichsetzung des realen mit dem ideellen Sein der Erfahrung führt notwendig dazu, eine reale Aussenwelt, als Welt von Dingen an sich, zu leugnen.

d) Der Solipsismus.

In der That ist der Solipsismus die nächste Konsequenz des kantischen Idealismus, sobald man von dessen Prinzipien aus weiter schliesst. Giebt es Dinge an sich, so ist es falsch, zu sagen, dass die Kategorien der Realität, der Substantialität und Kausalität bloss subjektive Geltung haben. Dann giebt es aber auch keine apriorische

Erkenntnis des Realen. Giebt es eine solche und gelten mithin die Kategorien bloss für die Erfahrung, dann giebt es auch keine Dinge an sich, und das Subjekt der Kategorien ist das einzige reale Wesen. Wenn alles Sein ein bloss vorgestelltes des vorstellenden Bewusstseins ist, dann ist dies Bewusstsein die alleinige Realität, ich selbst bin der Schöpfer dieser Welt und lasse sie sich um das Centrum meines Ich bewegen.

Die offenkundige Absurdität dieses Standpunktes hat verhindert, dass derselbe in der theoretischen Spekulation einen ernsthaften Vertreter gefunden hat. Nur in der praktischen Philosophie und im gemeinen Leben pflegt der Solipsismus eine gewisse, wenn auch meist nur pathologische und sporadische Bedeutung zu behaupten, indem sich Stirner („Der Einzige und sein Eigentum") und in gewissem Sinne auch der moderne Anarchismus auf seine Prinzipien berufen können. Das hindert indessen nicht die Anerkennung, dass die Behauptung der alleinigen Realität des Ich einen notwendigen Durchgangspunkt der hier entwickelten Gedankenreihe bildet und dass der Spiritualismus alle Ursache hat, sich vorzusehen, um nicht schliesslich mit dem Fahrzeuge seiner Spekulation auf die Sandbank der solipsistischen Weltanschauung aufzulaufen.

8. Der reine Bewusstseinsidealismus.

Wenn der Umfang des Realen soweit eingeschränkt ist, dass nur noch das eigene Ich als Realität anerkannt wird, so liegt die Frage nahe, mit welchem Rechte überhaupt von einem realen Sein gesprochen wird, und ob nicht am Ende auch die Sonderstellung des Ich in Hinsicht auf das Problem der Realität sich als ein Schein herausstellt.

Real sollte nach Kant nur diejenige Erkenntnis sein, worin das Moment der Empfindung enthalten ist. Nun ist aber gerade in der Erkenntnis des transcendentalen Ich durchaus nichts Empfindungsmässiges enthalten. Von den aktiven und spontanen Funktionen unseres Geistes hiess es, sie lieferten bloss die leere Form, von den passiven, sie lieferten bloss den inhaltlichen Stoff zu einer realen Erkenntnis. Die Erkenntnis des transcendentalen Ich beruht nur auf der Aktivität und Spontaneität des Geistes, und doch sollen in ihr Form und Inhalt zusammenfallen, indem sie nur so als reale gelten kann. Apriorisch sollten nur die aktiven Funktionen unseres Geistes sein, sie sollten eben deshalb aber auch bloss formale Geltung haben. Vom transcendentalen Ich giebt es eine apriorische Erkenntnis, aber diese soll als solche zugleich realer Natur sein. Die apriorische Erkenntnis sollte bloss logisch sein. Das transcendentale Ich ist nicht nur nicht bloss logisch, sondern es ist zugleich der Grund des Logischen und des Realen. Bei jeder realen Erkenntnis sollten Sinnlichkeit und Verstand zusammenwirken. Bei der Erkenntnis des transcendentalen Ich dagegen ist weder die Sinnlichkeit, noch der Verstand, als Vermögen der Kategorien, beteiligt, denn der apriorische Grund unseres Geist liegt jenseits jener beiden Vermögen, die vielmehr erst von ihm getragen werden; und trotzdem soll hier von Erkenntnis gesprochen werden? Alle Realität, die wir erkennen, soll bloss empirisch, d. h. nur eine solche der Vorstellungen in unserem Bewusstsein, sein. Nur in diesem einen Falle sollen wir eine transcendente Realität erkennen, ja, solle eine apriorische Erkenntnis jener empirischen Realität überhaupt nur möglich sein, sofern wir die transcendente Realität des transcendentalen Ich erkennen.

Man braucht sich diese Widersprüche nur klar zu machen, um die Annahme der Realität des Ich selbst auf dem kantischen Standpunkt abzuweisen. Soweit das Ich von uns erkannt wird, insoweit ist es mit Empfindungsstoff durchsetzt, unterscheidet es sich demnach in nichts von allen übrigen Inhalten unseres Bewusstseins und ist ein bloss empirisches Ich. Insoweit es dagegen ein mehr als empirisches Ich, der reale Grund unseres Bewusstseinsinhalts ist, insoweit ist es ein transcendentes Ich und können wir es ebenso wenig, wie die transcendente Aussenwelt der Dinge an sich, erkennen. Wenn wir die Annahme einer transcendenten Welt verwerfen mussten, weil die Realität überall nur eine immanente sein kann, dann müssen wir ganz ebenso auch das transcendente Ich verwerfen und ist das vermeintliche „transcendentale" Ich, so genannt, weil wir von ihm eine apriorische Erkenntnis haben sollen, nicht weniger eine Illusion unserer dialektischen Vernunft, als alle unsere übrigen Vorstellungen übersinnlicher Realitäten.

Mit anderen Worten: es giebt gar kein reales Sein, das nicht mit dem empirischen Inhalte unseres Bewusstseins unmittelbar zusammenfiele. Alles Sein ist wesentlich Bewusst-Sein, dies Wort nicht in dem früher erwähnten doppelten Sinne genommen, wonach es ausser dem Inhalt auch die Form des Bewusstseins bedeutet, sondern so, dass es bloss auf den Bewusstseinsinhalt ankommt. Hatten wir dort den Spiritualismus als Bewusstseinsrealismus bezeichnet, sofern er Inhalt und Form des Bewusstseins als Ideelles und Reales unterscheidet, so haben wir es hier mit einem Bewusstseinsidealismus zu thun, der jene Unterscheidung höchstens noch im erkenntnistheoretischen, aber nicht mehr im metaphysischen Sinne gelten lässt. Der reine Bewusstseinsidealismus ist der **Bruch mit dem Spiritualismus**, indem sich auch die letzte noch übrig gebliebene Realität des Ich nach ihrer gänzlichen Vereinsamung im Solipsismus in den Ocean des ideellen Seins hinabstürzt.

Auf diesem Standpunkte also giebt es kein Bewusstsein, das nicht unmittelbar in und an seinen Vorstellungen existierte. Es giebt keinen gemeinsamen Träger dieser Vorstellungen, keine substantielle Monas, wovon sie zur Einheit zusammengehalten würden, kein Ich, das beherrschend durch sie hindurchgriffe und sie nach seinen Zwecken lenkte. Das Ich ist nur eine Vorstellung unter anderen, ein Glied in jener Perlenschnur oder Kette von Vorstellungen, die nichts mit einander gemein haben, als dass sie bewusster Art sind. Es ist ein blosser Schein, dass es ein vom ideellen Sein verschiedenes Reales giebt. Es giebt in Wahrheit nur ein Sein, das ideelle, und das von uns so genannte ideelle und reale Sein sind blosse Momente innerhalb des Ideellen. Das Verhältnis ist genau so, wie im Traume, wo die Subjekte der Traumhandlungen nicht weniger bloss ideell sind, als die Vorstellungen, die sie haben, und wonach sich ihre Handlungen gestalten. Der Unterschied ist nur, dass, während die Vorstellungswelt des Traumes den Bewusstseinsinhalt eines realen Träumers ausmacht, die Traumwelt des Bewusstseinsidealismus sich gleichsam selber träumt und unter ihren übrigen Traumgestalten gleichzeitig auch immer die Fiktion eines vermeintlichen Träumers mitträumt.

Dass diese Ansicht auf metaphysischem Standpunkte bisher nicht durchgeführt ist, begreift sich ebenso leicht, wie beim Solipsismus, aber nicht, weil sie absurd ist, wie der letztere, sondern weil sie mit ihrer Leugnung des realen Seins die Negation aller Metaphysik überhaupt bedeutet. Es begreift sich aber auch, dass der reine Bewusstseinsidealismus gerade aus diesem Grunde von den Gegnern der Metaphysik vielfach vertreten wird und Eingang bei denjenigen Erkenntnistheoretikern gefunden hat, die Anspruch darauf erheben, für die echten Schüler **Kants** zu gelten (Schuppe, v. Schubert-Soldern, v. Leclair, Albrecht Krause).

Trotzdem stellt auch der reine Bewusstseinsidealismus solange noch nicht die letzte Konsequenz des transcendentalen Idealismus dar, als noch in irgend welchem Sinne die Zeitlichkeit der Traumfunktion anerkannt wird. Der Gipfel der kritischen Besonnenheit ist erst dann erstiegen, wenn man damit Ernst macht, auch die Zeit mit Kant für eine blosse Form der Anschauung anzusehen und wenn man diese Form ganz ebenso im Inhalt des Bewusstseins untergehen lässt, wie diejenige des Bewusstseins selbst und seiner Eigenschaften.

„Nun existiert der Traum nicht einmal mehr als Akt des Träumens, nun besteht der Traum ohne Träumer nicht mehr wirklich, nun träumt er bloss noch sein eigenes Dasein, nun wird es zum Traum, dass ein Traum sich fortspinne. Der Schein scheint nicht mehr in Wahrheit, er scheint bloss noch zu scheinen. Die absolute Realität, mit welcher das Gegebensein des Scheins als solchen uns imponieren wollte, ist zerstreut; wir begreifen, dass es eine letzte, unzerstörbare Illusion ist, an diese absolute Realität des Scheines zu glauben; wir sehen ein, es sei illusorisch, zu meinen, der Schein scheine, da er doch nur zu scheinen scheint, wir entdecken endlich den Begriff des absoluten Scheins, welcher nicht einmal eine Wirklichkeit seiner Funktion des Scheinens zulässt [1]."

Damit hebt die Ansicht von der Realität des Ich, als der Form unseres Bewusstseins, sich selber auf, und grinst uns am Ende aus dem verdampfenden Nebel des realen Seins der Wahnsinn des absoluten Illusionismus entgegen, wie er etwa der Weltanschauung des Buddhismus zu Grunde liegt. Wenn wir oben sagten, dass der Ausgangspunkt des Dualismus zwischen Geist und Körper der Gedankenentwickelung notwendig die Richtung zum Monismus weise, so ist von der hier festgehaltenen Voraussetzung aus dieser Standpunkt im Solipsismus erklommen. Denn das Ich oder die Form des Bewusstseins ist selbst die absolute Monas, die, als alleinige Substanz, den realen Träger aller übrigen Existenzen bildet. Indessen die Substanz des Ich ist gleichsam nicht imstande, allein diese Fülle des ausserichlichen Seins zu tragen. Der Widerspruch zwischen der endlichen Form und der Unendlichkeit ihres Inhalts sprengt sie auseinander und setzt an die Stelle des realen Ich das Scheinich in der Traumwelt blosser Vorstellungen. Das Ich, einmal als Substanz und Realität gesetzt, zieht sonach eine der ausserichlichen Existenzen nach der anderen in sich hinein, bis es schliesslich von dieser Vollheit platzt und das gesamte reale Sein in eine Vielheit bloss ideeller Atome auseinandersplittert. Damit ist zugleich eine neue Form des Monismus erreicht, der reine Bewusstseinsidealismus, als die absolute Einheit von Form und Inhalt des Bewusstseins. Aber dieser Monismus hat höchstens einen Sinn, solange man ihn bloss vom erkenntnistheoretischen Gesichtspunkt aus betrachtet. Metaphysisch dagegen ist er die reductio ad absurdum der ganzen bisherigen Voraussetzung, dass die Form unseres Bewusstseins als solche real ist. Denn

---

[1] E. v. Hartmann: Kritische Grundlegung des transcendentalen Realismus. 3. Aufl. S. 47. Vgl. dessen Schrift „Das Grundproblem der Erkenntnistheorie" S. 57 ff.

seine ideellen Realitäten müssen doch selbst substantiellen Wesens sein. Wie aber bei dem gänzlichen Mangel einer durchgreifenden Beziehung unter ihnen auch nur der Schein einer einheitlichen realen Welt sollte entstehen können, das ist auf diesem Standpunkt niemals einzusehen.

So bleibt nur übrig, jene Voraussetzung selbst fallen zu lassen, und das Problem des Ich von einem neuen Gesichtspunkte aus anzufassen.

II. Das Ich als Bewusstseinsinhalt.
1. Das Ich als absolute Substanz: Spinoza.

Descartes und der Spiritualismus hatten das Ich als die substantielle Bewusstseinsform bestimmt in dem Sinne, dass im realen Ichgedanken unmittelbar auch die Bestimmung der Substanz enthalten sei. Sie hatten daher, weil sie mit dem Ich zusammenfiel, die Substanz für eine ichliche oder individuelle gehalten und alle weiteren Folgerungen aus dieser Annahme einer individuellen, ihrer selbst unmittelbar bewussten Substanz gezogen.

Nun ist allerdings die Substanz mit dem Ichgedanken unmittelbar gegeben, weil die Thätigkeit des Denkens nicht ohne einen realen Träger sein kann. Allein sie ist eben deshalb nicht die Form des Bewusstseins selbst, sondern da sie das Prius des Denkens ist, das Wesen, zu welchem sich dieses nur als Accidenz verhält, so ist sie die Voraussetzung der Bewusstseinsform und nur als solche zugleich ein Inhalt unseres Bewusstseins. Daraus folgt, dass die Substanz nicht, wie Descartes behauptet, bloss im Ichgedanken begriffen und in ihm erst als reales Sein enthalten sein kann, sondern die Substanz ist in sich selbst enthalten und kann nur durch sich selbst begriffen werden.

„Substantia id est, quod in se est et per se concipitur." Mit dieser Definition, wie Spinoza sie aufstellt, ist die Selbständigkeit des Substanzbegriffs gegenüber unserem Ich begründet. Das Ich und die Substanz sind nicht identische Begriffe, als ob die Substanz unmittelbar schon Ich wäre, sondern die Substanz ist als solche ein selbständiges und unabhängiges Wesen, das Ich dagegen nur, sofern es durch die Substanz verursacht und von ihr getragen ist. Nicht im Begriff des Denkens, auch nicht in dem des Ich, sondern erst in demjenigen der Substanz ist die letzte Tiefe erreicht, die sich dem zergliedernden Denken im Cogito ergo sum aufthut, und darum ist erst sie das Wesen, das keine Ursache mehr hinter sich hat, die Causa sui, die keines Anderen bedarf, um selbst gedacht zu werden, wovon auch das Ich vielmehr abhängig ist und welche eben deshalb im Gegensatz zu diesem ein **freies und absolutes Wesen** sein muss. Nicht die Substanz also wird durch das Ich begriffen, sondern das Ich wird durch die Substanz begriffen. Sie würde aber keine absolute und **freie** Bedingung sein, wenn es ausser ihr noch irgend etwas anderes Reales gäbe. Daher ist sie nicht bloss die Bedingung des Ich, sondern **alles** Seins, die absolute Bedingung schlechthin oder das **Unbedingte**. Descartes hatte die Substanz durch das Ich bestimmt und folgerichtig so viele Substanzen angenommen, als er Iche vorfand. Spinoza bestimmt umgekehrt das Ich durch die Substanz und gelangt auf diesem Wege zum Begriffe einer **einzigen absoluten Substanz**, um in ihr den Ausgangspunkt für eine neue Entwicklungsreihe des spekulativen Gedankens zu finden.

Die Substanz ist, als das Unbedingte, zugleich die absolute Ursache und das absolute Sein. Daraus folgt, dass die Wirkungen, die von ihr gesetzt werden, nicht aus der Substanz herausfallen und eine selbständige Existenz besitzen können, sondern dass sie in ihrem absoluten Grunde verharren und an diesem ihren gemeinschaftlichen Träger haben müssen. Jene Ursache bleibt mithin selbst in ihren Wirkungen enthalten, ist **causa immanens**, nicht transiens, und eben in diesem Enthaltensein in der absoluten Substanz besteht die Unselbständigkeit und Abhängigkeit der endlichen Dinge. Das Verhältnis ist, wie dasjenige des Dreiecks zu seinen Winkeln. Die Winkel sind nicht ausserhalb des Dreiecks und von ihm verschieden, sondern sie sind nur die Bestimmungen, die den Begriff des Dreiecks konstituieren. Wie aus der Natur des Dreiecks folgt, dass die Summe seiner Winkel gleich 2 R ist, in derselben Weise folgen auch die wirklichen Dinge aus der Natur der absoluten Substanz und müssen sie aus ihr sich ableiten lassen.

Daraus folgt zugleich, dass es in der Kette der Begebenheiten keine Freiheit und keinen Zufall geben kann. Nur wenn es für sich abgesonderte Substanzen, als selbständige Centra des Geschehens, gäbe, könnten freie und notwendige Handlungen von einander unterschieden werden, aber nicht, wenn jene bloss die Wirkungen des absoluten substantiellen Wesens sind. Im ersteren Falle brauchen die einzelnen Substanzen in ihrem Handeln keine Rücksicht auf die übrigen zu nehmen. Im letzteren würde die Unterbrechung der Gleichartigkeit des Geschehens an irgend einem Punkte den ganzen Zusammenhang des Geschehens selbst verwirren. Es giebt folglich nur Eine Art des Geschehens, wie es nur Eine Substanz giebt, und dies kann nur ein **notwendiges** Geschehen sein.

Dies notwendige Geschehen aber kann nicht zeitlich sein. Wie die Wirkung in der Ursache, so ist auch das Spätere unmittelbar im Früheren enthalten; das Nacheinander kann folglich keine Wahrheit sein, die Zeit keine Realität im eigentlichen Sinne haben. Alles Geschehen kann somit nur ein **Folgen** im logischen Sinne, alles Verursachen nichts Anderes als ein **Bedingen** sein, oder mit andern Worten: **die logische Verknüpfung der Begriffe und die reale Verknüpfung der Dinge sind völlig Eines und Dasselbe, die realen Naturgesetze sind zugleich logische Denkgesetze,** causari und sequi sind Wechselbegriffe. Das thatsächliche Verhältnis der Substanz zu ihren Wirkungen ist sonach dasjenige des Begriffs zu den in ihm enthaltenen Momenten. So scheint es möglich, bei der Erkenntnis des realen Seins die mathematische Methode in Definitionen, Axiomen, Propositionen, Demonstrationen u. s. w. anzuwenden; denn diese besteht ja letzten Endes darin, auf logischem Wege zu explizieren, was der Raumbegriff implicite in sich enthält.

Damit ist nun in Wahrheit das Fundament gelegt, um darauf eine Wissenschaft aus reiner Vernunft, ein System von Begriffen zu errichten, das zugleich eine adäquate Darstellung des Systems der Dinge sein kann. Wenn früher Descartes als der Vater der rationalistischen Philosophie bezeichnet wurde, so war dessen Rationalismus doch nur ein naiver im Vergleich mit jener metaphysischen Substruktion gewesen, worauf Spinoza seine rationale Erkenntnis des Realen gründet. Denn wenn Descartes aus der unzweifelhaften Realität des Ich die Möglichkeit einer apodiktischen Erkenntnis auch des übrigen realen Seins gefolgert hatte, welches Recht hatte er gehabt, über die Sphäre des eigenen Ich hinauszugehen, da doch das ausserichliche reale Sein selbständig neben dem Ich und unabhängig von ihm bestehen sollte? Das Kriterium der klaren und deutlichen Erkenntnis hatte, wie wir saben, jene Kluft nicht überbrücken können, denn es konnte nicht entscheiden, ob unseren Vorstellungen von einer Aussenwelt auch wirklich ein reales Sein entspräche. Ganz anders dagegen, wenn die im Ich ergriffene Substanz nicht eine bloss individuelle, sondern die absolute Substanz ist, wenn sie folglich sich zu den ausserichlichen Existenzen ganz ebenso, wie zu meinem Ich verhält, oder mit andern Worten: wenn Denken und Sein in der absoluten Substanz identisch sind. Denn alsdann erkenne ich ja durch mein Denken unmittelbar auch das Sein aller übrigen Existenzen, und jedem Begriff, der nur widerspruchslos und richtig gebildet ist, muss folglich auch ein Gegenstand entsprechen.

Als die absolute Ursache heisst die absolute Substanz die **natura naturans** oder die wirkende Natur. Die Gesamtheit ihrer Wirkungen dagegen bildet die gewirkte Natur oder die natura naturata. Descartes hatte die Substanzen näher durch ihr Attribut bestimmt und jene als denkende und ausgedehnte von einander unterschieden. Spinoza muss bei seiner Annahme einer einzigen Substanz Denken und Ausdehnung als deren gemeinschaftliche Attribute fassen. Diesem Wesen der Substanz mit ihren beiden Attributen oder der natura naturans gegenüber ist die unselbständige Welt der Wirkungen nur Erscheinung. Die natura naturata hat kein substantielles Sein. Ihre Inhalte, die Einzeldinge, sind blosse Zustände, Einschränkungen, Bestimmungen des absoluten Wesens; sie verhalten sich zu ihm nur, wie das Besondere zum Allgemeinen, sind nicht in sich, sondern nur in jenem Allgemeinen, d. h. sie sind Modi der absoluten Substanz und haben bloss eine Existenz als Affectionen jener Attribute.

Wenn nun Denken und Ausdehnung die gemeinschaftlichen Attribute des substantiellen Wesens bilden, das letztere sich also in ihnen beiden immer zugleich bethätigt, dann müssen auch die endlichen Affektionen jener Attribute gleichzeitig sowohl denkend, wie ausgedehnt sein. Jeder Vorstellung, als einem Modus des Denkens, muss ein Modus der Ausdehnung korrespondieren, jedem Körper oder Modus der Ausdehnung eine Vorstellung. Da nun aber beide, als Modi, keine Selbständigkeit besitzen und folglich auch nur durch Vermittlung der absoluten Substanz eine Wirkung ausüben können, alles Wirken dieser letzteren jedoch, wie wir gesehen haben, ein einheitliches und unzeitliches Bedingen ist, so findet auch gar kein Kausalverhältnis zwischen ihnen statt: jeder Modus des Denkens hat vielmehr seinen erzeugenden Grund nur wieder in einem Modus des Denkens, jeder Modus der Ausdehnung wird von seines Gleichen verursacht, ja es giebt in Wahrheit gar keine doppelte Kausalverknüpfung, sondern diese ist nur eine einzige, die sich bloss infolge der Doppeltheit der Attribute in zwei parallel nebeneinander herlaufende Reihen auseinanderlegt.

Unzweifelhaft ist hiermit die Schwierigkeit der Vereinigung von Geist und Körper gehoben und damit ein für alle Mal der Weg gewiesen, um über den Dualismus hinauszukommen. Jene Schwierigkeit, woran wir die spiritualistischen Systeme scheitern sahen, existiert für den Monismus des Spinoza gar nicht, weil Geister und Körper ihm nicht für selbständige Realitäten gelten. Allein dafür erhebt sich nun eine andere Frage, die auf jenen früheren Standpunkten nicht aufgeworfen werden konnte. Dort war die Realität des Ich die letzte nicht weiter ableitbare Voraussetzung gewesen, jene Standpunkte hatten also von vorneherein mit dem Individuellen angefangen. Spinoza jedoch betrachtet das Ich nur als eine vorläufige Realität, gleichsam als die Leiter, um darauf in die Tiefe der absoluten Substanz hinabzusteigen. Wie kann man nun aus diesem dunklen Grunde zur Oberfläche der Erscheinungswelt zurückgelangen, wie soll man aus dem absoluten Sein die Existenz des eigenen relativen Ich erklären?

Jede Vorstellung, so sahen wir, hat ihren entsprechenden Gegenstand in einem Körper, eine einfache mithin in einem einfachen, eine aus mehren anderen Vorstellungen zusammengesetzte Vorstellung in einem zusammengesetzten Körper. Eine solche zusammengesetzte Vorstellung ist die Seele. Es giebt also keinen zusammengesetzten Körper, der nicht beseelt wäre, und es giebt keine Seele, die nicht mit einem derartigen Körper verbunden wäre. Das heisst bei der Identität ihres substantiellen Trägers nichts Anderes, als dass die Seele die Vorstellung ihres Leibes, der Leib das jener Vorstellung korrespondierende Wirkliche ist, oder anders ausgedrückt: Leib und Seele sind dasselbe Wesen, nur entweder unter dem Attribute der Ausdehnung oder aber unter demjenigen des Denkens betrachtet.

Je mehr zusammengesetzt und je verschiedenartiger affizierbar infolgedessen der Körper ist, um so vorzüglicher ist auch die ihm korrespondierende Seele, die alle diese Affectionen in sich wiederspiegelt. Der am meisten zusammengesetzte Körper aber, den wir kennen, ist der menschliche, und daher ist auch seine Seele die zur Erkenntnis am meisten geeignete; in dieser ihrer Vorzüglichkeit heisst sie Geist. Der menschliche Geist (mens humana) ist die Vorstellung des menschlichen Körpers (idea corporis), d. h. die Erkenntnis aller in ihm stattfindenden Affektionen (idea affectionum corporis). Nun ist aber alles Denken nach Spinoza ein bewusstes. Die Vorstellung, als Modification des Denkens, ist mithin nicht bloss ein Erkennendes, sondern zugleich ein Erkanntes, nicht ein stummes, ungehörtes Abbild auf einer Tafel, sondern ein Licht, dass sich selbst und zugleich die Finsternis erleuchtet. Folglich ist auch der menschliche Geist, als die Vorstellung des menschlichen Körpers, die Vorstellung der Vorstellung dieses Körpers (idea ideae corporis), und da nun die letztere, wie gesagt, nichts Anderes ist, wie der menschliche Geist, so ist er die Vorstellung des menschlichen Geistes (idea mentis), d. h. Selbstbewusstsein oder Ich.

So ist denn der Geist ein Aggregat, eine Summe von Vorstellungen (complexus idearum), die sich sämtlich auf den menschlichen Körper beziehen. Nun ist uns aber der Körper nur als eine einheitliche Totalität gegeben und wird nur als ein Ganzes von uns vorgestellt. Jede einzelne Vorstellung dagegen spiegelt nur eine besondere Affektion der Ausdehnung, nur einen Teil des Körpers. Da fragt es sich: wie kann aus der Vielheit von Einzelspiegelungen die Gesamtspiegelung des Körpers sich zusammensetzen?

Der Einheit des menschlichen Leibes auf der objektiven Seite entspricht auf der subjektiven das einheitliche Ich. Spinoza sucht das Selbstbewusstsein daraus abzuleiten, dass jede Vorstellung, ausserdem dass sie den ihr entsprechenden Körper spiegelt, auch noch sich selbst im Spiegel sieht. Indessen was berechtigt ihn dazu, das Wissen von Etwas zugleich auch als ein Wissen dieses Wissens aufzufassen? Offenbar nur seine Abhängigkeit von Descartes, wonach Denken und Bewusstsein identisch sein sollen. Wenn aber das Denken sich in sich reflektiert, dann ist ja eben damit der behauptete Parallelismus zwischen den Modis des Denkens und der Ausdehnung beseitigt. Denn hiernach sollen die beiden verschiedenartigen Reihen ihre Ergänzung nur eine in der anderen finden: die Vorstellung soll ihren Gegenstand nur am Körper haben, der Körper nur Gegenstand für die Vorstellung sein. Wenn die Vorstellung ausser dem Körper auch noch sich selbst zum Gegenstande hat, so ist ja auf Seiten der Denkmodifikationen ein Plus vorhanden, für das sich in der entsprechenden Körperreihe kein Analogon findet.

Die Möglichkeit einer solchen Reflexion aber selbst zugegeben, so erhalten wir zwar eine Vielheit von einzelnen Selbstbewusstseinen, aber immer noch kein einheitliches Ich. Denn ebenso, wie es nach unserer obigen Auseinandersetzung an einem Spiegel fehlt, um die körperlichen Einzelaffektionen als Affektionen eines und desselben Körpers darzustellen, ebenso fehlt es auch an einem gemeinschaftlichen Träger oder Subjekt, um die vielen besonderen Selbstbewusstseine zur Einheit eines und des nämlichen Ich zusammenzufassen. Die absolute Substanz kann dies Subjekt nicht sein. Denn wiewohl das Bewusstsein der Vorstellungen von sich im Grunde nur das Bewusstsein ist, das die absolute Substanz von jenen Vorstellungen hat, wiewohl sie also sämtlich in dieser Bezogenheit auf die Substanz den gemeinschaftlichen Hintergrund besitzen, um nicht auseinanderzufallen, so wird zwar dadurch ein mosaikartiges Nebeneinander der einzelnen Vorstellungen, aber keineswegs jene centrale Beziehung derselben auf das Ich verbürgt, die gerade das Wesentliche des Selbstbewusstseins ausmacht. Das Ich ist ja nicht eine Vorstellung neben anderen, sondern hinter andern, oder vielmehr es thront gleichsam als Herrscher über ihnen, es wechselt auch nicht und verändert sich nicht mit den körperlichen Affektionen, sondern es bleibt in allem Wechsel mit sich selbst identisch. Während sonach alle übrigen Vorstellungen ihren objektiven Gegenstand am Körper haben, so fehlt es dem Ich an einem solchen Gegenstande, denn der Körper ist in beständiger Veränderung begriffen, und seine Affektionen sind nicht auf einen gemeinschaftlichen Mittelpunkt bezogen. Die absolute Substanz aber steht zum Ich in keinem anderen Verhältnis, wie zu allen übrigen Vorstellungen, und daher vermag sie die Ausnahmenatur des Ich nicht zu erklären.

Das Verhältnis der Substanz zu ihren Modifikationen ist dasjenige der **unmittelbaren Identität**, denn die Wirkungen sind von der absoluten Ursache nicht verschieden, oder Wesen und Wirken sind im Absoluten Eines und Dasselbe. Spinoza hatte diese Annahme darauf gegründet, dass das Ich ebenso die Wirkung der Substanz, wie ein reales Wesen darstellt, das letztere infolge des Cogito ergo sum, das erstere weil die Substanz ihrem Begriff nach eine absolute, das Ich aber nur ein Relatives ist. Wenn sonach das Ich unmittelbar ein Absolutes ist, wie kann es sich von den übrigen Modifikationen unterscheiden, die sich alle in der gleichen Lage befinden, wie ist überhaupt der Unterschied im Gebiete des Modalen, die Relation und die Vielheit der endlichen Existenzen möglich?

Da die Vielheit und Besonderheit der endlichen Erscheinung eine Thatsache der Erfahrung, die Identität von Wesen und Erscheinung hingegen und die absolute Einheit jenes Wesens ein notwendiges Ergebnis des reinen Denkens ist, so kann dieser Widerstreit zwischen unserer Vernunft und der Erfahrung nur zu Ungunsten der letzteren entschieden werden. Der Inhalt der Erfahrung ist kein reales Sein, d. h. es muss an der unvollkommenen Einrichtung unseres Erkenntnisvermögens liegen, wenn Vielheit und Besonderheit mit dem Scheine der Realität auftreten. Es stimmt dies damit überein, dass die Zeit nach Spinoza und folglich auch Veränderung und Werden keine reale Bedeutung haben sollen. Damit ist die Erscheinungswelt für einen blossen Schein, für eine reine Täuschung unserer Einbildung (imaginatio) erklärt, deren Gebilde, wie ein Nebel, vor dem wahrhaft Wirklichen lagern. Unser Wissen von den sinnlichen Gegenständen ist gar kein Wissen, sondern nur eine verworrene Erkenntnisweise, indem wir ein Ideelles für ein Reales halten.

Dann können folglich auch die sogenannten Gattungsbegriffe (notiones universales) nicht Ausdruck einer Wirklichkeit sein, denn diese sind bloss von den sinnlichen Gegenständen abgezogen. Dass die Annahme einer Freiheit und von Zweckursachen im System des Spinoza keine Berechtigung hat, wurde oben schon hervorgehoben. Diese Begriffe stammen alle nur aus der Imagination und bilden den Hauptinhalt jener sogenannten inadäquaten Erkenntnis, die wir nur durch unser Denken überwinden können.

Im Gegensatze zur Imagination ist der Intellekt oder die Vernunft das Vermögen der adäquaten Erkenntnis. Den Gegenstand ihrer Operationen machen die Gemeinschaftsbegriffe (notiones communes), die Vorstellungen der beiden Attribute (Denken und Ausdehnung) und ihres absoluten substantiellen Trägers aus. Solange indessen jene Begriffe bloss vorausgesetzt werden und von ihnen aus auf die Beschaffenheit des Seins geschlossen wird, solange stehen wir noch nicht im Mittelpunkte der Erkenntnis und besteht noch ein Unterschied zwischen dem wirklichen Sein und unseren subjektiven Vorstellungen von demselben. Dieser Unterschied hört auf, wenn wir jene Gemeinschaftsbegriffe selbst ins Auge fassen. Denn da sie die Voraussetzung alles rationalen Erkennens bilden, so können sie nicht wiederum aus anderen Begriffen abgeleitet, sondern können sie uns nur unmittelbar gegeben, nur ursprüngliche Vorstellungen unseres Geistes sein, die einzig durch sich selbst begriffen werden. Die Erkenntnis der Substanz und ihrer Attribute ist also im Gegensatze zur begrifflichen rationalen eine anschauliche, im Gegensatze zur sinnlichen imaginativen eine intellektuelle Erkenntnis, sie ist mithin eine intellektuelle Anschauung, worin Sein und Bewusstsein unmittelbar zusammenfallen.

Je adäquater unsere Vorstellungen sind, desto vollkommener ist die Thätigkeit des Denkens. Am vollkommensten ist sie folglich in der intellektuellen Anschauung, denn hier sind die Vorstellungen mit ihrem Gegenstande selbst identisch. Das vollkommenste Denken ist somit zugleich die höchste Realität, oder Vollkommenheit, Realität und Thätigkeit sind Wechselbegriffe, weil das adäquateste Vorstellen sich nicht mehr vom Realen unterscheidet. Die Einschränkungen der Thätigkeit, die Leiden oder Affekte haben demnach ihren Grund bloss in den verworrenen und inadäquaten Vorstellungen. Werden diese berichtigt, so wird damit zugleich die Freiheit von der Knechtschaft der Affekte gewonnen, oder mit anderen Worten: das Aufsteigen zu höheren Stufen der Sittlichkeit ist nichts Anderes als ein Fortschreiten auf dem Wege der Erkenntnis. Und da nun das Fortschreiten auf diesem Wege in der Annäherung unserer Vorstellungen an das Sein besteht, jeder Schritt mithin zugleich einen Zuwachs an Realität bedeutet, ein solcher aber innerlich von uns als Freude oder Lust empfunden wird, so folgt, dass ebenso, wie auf der objektiven Seite Vollkommenheit und Realität, so auf der subjektiven Seite auch Weisheit, Tugend und Seligkeit identisch sein müssen:

„Die Seligkeit ist nicht der Lohn der Tugend, sondern die Tugend selbst."

Je mehr wir unsere Vorstellungen dem Sein annähern, desto inniger wächst unsere Ueberzeugung von der Nichtigkeit des Endlichen, desto mehr lernen wir alle irdischen Gegenstände auf den Mittelpunkt der absoluten Substanz oder Gottes beziehen. Je vollständiger es also gelingt, durch die Nebel der Sinnlichkeit hindurch zum übersinnlichen absoluten Wesen vorzudringen und dies als die Wahrheit der endlichen Erscheinungswelt zu begreifen, um so grösser wird auch unsere Freude, die wir bei unseren Vorstellungen empfinden. Nun ist Freude, sofern sie mit der Vorstellung ihrer Ursache verbunden ist, Liebe. Der Gipfel der Erkenntnis also, wo Gott unmittelbar von Angesicht zu Angesicht geschaut wird, die intellektuelle Anschauung, als die höchste Seligkeit, ist zugleich auch die höchste Liebe Gottes. In dieser intellektuellen Liebe zu Gott giebt der Mensch seine eigene Persönlichkeit und Realität dahin, aber nur um in dem geliebten Wesen eine höhere Realität dafür wiederzugewinnen. Die Seligkeit, die er in jener Liebe empfindet, ist folglich nur deshalb die höchste, weil er in ihr die Seligkeit des absoluten und vollkommenen Wesens mitgeniesst. So ist die **intellektuelle Liebe zu Gott**, der amor intellectualis dei zugleich die höchste Freiheit, wie die höchste Tugend, indem er die Freiheit und Vollkommenheit des Absoluten ist. Und da wir nun alle nur Teile in der göttlichen Vernunft, nur Modi am Attribut des Denkens sind, so ist dieser höchste Akt des Denkens, die intellektuelle Liebe des Menschen zu Gott, nur ein Teil der unendlichen Liebe, womit Gott sich selbst liebt; d. h. aber nichts Anderes, als die Liebe des Menschen zu Gott und die Liebe Gottes zu den Menschen ist identisch.

Man sieht: die Realität, die der Mensch durch seine Erkenntnis und seine Sittlichkeit gewinnt, ist nicht von der göttlichen Realität verschieden. Weit entfernt, dass irgend ein endliches Wesen für sich selbst eine reale Bedeutung in Anspruch nehmen könnte, führt der einzige Weg, um einen Zuwachs an Realität zu erlangen, nur um so tiefer in die absolute Realität hinein, und jeder Versuch, das Sein in sich zu steigern, endet damit, dass die irdische Individualität einem Tropfen gleich im Ozean des absoluten Seins sich auflöst.

Spinoza will die endliche Realität erklären; aber er erklärt sie dadurch, dass sie garnicht zu erklären ist, nicht weil seine Prinzipien dazu nicht ausreichen, sondern weil sie überhaupt nicht ist. Jener Stufengang durch die Welt der Vielheit und Besonderheit mit ihren Unzulänglichkeiten und ihren Leidenschaften war ein Gang durch eine bloss geträumte Welt. Der Zweck des sittlichen Handelns kann nur sein, den Wahn der endlichen Truggestalten zu durchschauen und im Centrum des wahren absoluten Seins vom zwecklosen Wirbeltanz der Scheinwelt auszuruhen. Spinoza sieht nicht, dass diese Ruhe freilich nur die Ruhe des Todes ist und dass das Erwachen aus dem Traum der Endlichkeit nicht ein Erwachen zu neuem Leben, sondern nur das Einstellen aller irdischen Funktionen sein kann. Er sieht nicht, dass, was er als die höchste Sittlichkeit preist, das Ende aller Sittlichkeit bedeutet.

Aber es ist zugleich auch das Ende aller menschlichen Erkenntnis. Denn wenn das Sein mit Ausnahme der Substanz und ihrer Attribute kein wirkliches, sondern nur ein Scheinsein ist, was kommt darauf an, die endlichen Zusammenhänge zu untersuchen, da diese ja doch bloss auf Illusion beruhen? Und kann man es wirklich als Erklärung gelten lassen, dass Spinoza die Welt einfach für nicht seiend ausgiebt? Bei diesem Ergebnis war ja schliesslich auch der Spiritualismus angelangt, indem er, als reiner Bewusstseinsidealismus, alle Realität ins bewusst-ideelle Sein verflüchtigt hatte. Was hilft es, dass Spinoza neben die Ideellität der endlichen Erscheinungswelt die absolute Substanz als die wahre Realität hinstellt, wenn nicht einzusehen ist, wie die eine aus der anderen hervorgeht? —

Der Spiritualismus endet beim reinen Bewusstseinsidealismus, weil er die Substanz unmittelbar mit dem Bewusst-Sein identifiziert. Der Spinozismus kommt zum Akosmismus, d. h. zu seiner Annahme von der Nichtrealität der Welt und des Bewusstseins, weil er die Realität unmittelbar mit der Substanz identifiziert. Dort herrscht die richtige Einsicht vor, dass die Dinge unmittelbar nur im Bewusstsein (Ich) gesetzt sind. Hier tritt die ebenso richtige Erkenntnis zu Tage, dass auch das Bewusstsein nur in und mit den Dingen gesetzt ist. Die Wahrheit des Spiritualismus beruht in dem Satze, dass die endlichen Dinge unmittelbar nur meine Vorstellungen sind. Die Wahrheit des Spinozismus in dem andern Satze, dass die endlichen Dinge die Erscheinung eines identischen Absoluten sind. Aber der Spiritualismus vermag nicht aus der Vielheit des Bewusstseins zur einheitlichen Substanz zu gelangen, ohne dabei in die Absurdität des Solipsismus zu geraten. Der Spinozismus vermag ebenso wenig aus der Einheit der Substanz die Vielheit der endlichen Dinge und das Bewusstsein abzuleiten. Der Spiritualismus ist abstrakter Pluralismus, weil er die Einheit des absoluten Wesens nicht zulässt. Der Spinozismus ist abstrakter Monismus, weil er der Vielheit der endlichen Erscheinungen nicht gerecht wird. Wenn es gelingt, die beiden entgegengesetzten Weltanschauungen des Spiritualismus und des Spinozismus zu vereinigen, die Wahrheiten beider in einen höheren Standpunkt hinüberzuretten, dann scheint damit das Problem gelöst zu sein, Bewusstsein und Sein mit einander auszugleichen, ohne eins in dem anderen verschwinden, das eine durch das andere vernichten zu lassen.

2. Das Ich als absolute Thätigkeit: Fichte.

Diese Vereinigung hat Joh. Gottlieb Fichte, und zwar auf dem Boden des kantischen Idealismus vollzogen.

Mit Kant und dem Rationalismus ist auch Fichte überzeugt, dass die Philosophie nur als apodiktische Erkenntnis Wissenschaft sein könne und dass eine solche nur möglich sei, wenn es gelingt, aus einem Prinzip a priori den ganzen Inhalt des realen Seins durch reine Vernunft ohne Zuhülfenahme der Erfahrung abzuleiten. Nun hat Kant die Möglichkeit jener Erkenntnis darauf gegründet, dass die objektiven Formen und Gesetze des Seins zugleich die subjektiven Bedingungen seiner Entstehung im Bewusstsein bilden, dass folglich unser Bewusstsein oder Ich, die transcendentale Einheit der Apperception, wie Kant sie bezeichnet, als solche mit dem metaphysischen Grunde des Seins zusammenfällt. Allein Kant hat weder jene Formen und Gesetze aus dem Ich, als ihrem obersten Grunde, abgeleitet, noch hat er bei seiner Annahme von Dingen an sich, die jenseits des Bewusstseins existieren und dem Geiste den Stoff zu seinen Formen von aussen liefern sollen, eine andere als eine bloss formale Erkenntnis, eine apriorische Erkenntnis des Seins bloss seiner allgemeinen Beschaffenheit nach für möglich gehalten. Soll es eine apriorische Erkenntnis des gesamten Seins, sowohl seiner Form, wie seinem Inhalte nach, geben, so müssen folglich die transcendenten Dinge an sich geleugnet werden. Dann „konstruiert" also die Philosophie nicht bloss das Sein, das allen übrigen Wissenschaften zu Grunde liegt, sondern da sie seine Wurzeln im Bewusstsein aufdeckt, so zeigt sie zugleich, wie das Wissen von ihm zustande kommt. Die Philosophie ist mithin nicht nur Wissenschaft vom Sein, sondern sie ist gleichzeitig Wissenschaft vom Wissen des Seins, sie ist Wissenschaftslehre, und ihre Aufgabe gegenüber den Einzelwissenschaften, die sich bloss mit den zufälligen Inhalten des Seins befassen, ist, diejenigen notwendigen Handlungen des Selbstbewusstseins darzulegen, wodurch aus dem ideellen ein reales, aus dem subjektiven ein objektives Sein hervorgeht.

Wäre nun das Ich ein individuelles, wie Kant es ansieht, so wäre, da es Dinge ausserhalb des Ich nicht geben soll, dem Solipsismus auf keine Weise zu entgehen. Insofern hatte Spinoza Recht, den Grund des Seins über alle Relation hinauszuheben. Wäre andrerseits das Ich eine Substanz, wäre es selbst ein Sein, so wäre es eben deshalb nicht der Grund des Seins und brauchte das letztere nicht erst von ihm abgeleitet zu werden. Um Grund und Quelle des Seins zu sein, muss das Ich rein, d. h. frei von aller Vorstellung des Seins, aufgefasst werden. Das Gegenteil des starren Seins aber ist das Handeln. Darum kann der Grundsatz, womit die Wissenschaftslehre beginnt, nicht eine Thatsache, sondern nur eine Thathandlung sein.

Um Prinzip nicht bloss des philosophierenden Ich, sondern aller endlichen Existenzen überhaupt zu sein, muss diese Thathandlung eine absolute sein. Die absolute Thathandlung oder die produktive Funktion des Seins ist sonach nicht die Funktion eines Ich, das sich zu ihr als Substrat zu seiner Thätigkeit verhielte, sondern nur als diese Handlung ist sie Ich. Da sie aber eine absolute Handlung ist, so geht sie ins Unendliche hinaus, um eben deshalb wiederum in sich zurückzukehren. Sie ist also zwar eine reflektierte Thätigkeit, aber nicht eine solche, die durch irgend etwas von aussen, etwa ein Ding an sich, reflektiert wird, sondern eine Thathandlung, die sich in sich selbst reflektiert. Auf der Reflexion beruht nun aber, wie wir wissen, nach Kant das Sein, der freilich die erstere in passivem Sinne als Affektion der Sinnlichkeit verstanden hatte. Indem also die absolute Thätigkeit in sich zurückkehrt, so setzt sie damit ebenfalls ein Sein, aber nicht ein von ihr verschiedenes, sondern ihr eigenes Sein.

„Das Ich setzt sich selbst und es ist vermöge dieses blossen Setzens durch sich selbst, und umgekehrt, das Ich ist und setzt sein Sein vermöge seines blossen Seins. Es ist zugleich das Handelnde und das Produkt der Handlung, das Thätige und das, was durch diese Thätigkeit hervorgebracht wird; Handlung und That sind Eins und Dasselbe, und daher ist das: Ich bin Ausdruck einer Thathandlung, aber auch der einzig möglichen[1]." „Das Ich setzt sich selbst, schlechthin weil es ist. Es setzt sich durch sein blosses Sein und ist durch sein blosses Gesetztsein." „Ich bin Ich." „Dasjenige, dessen Sein (Wesen) bloss darin besteht, dass es sich selbst als seiend setzt, ist das Ich als absolutes Subjekt[2]." Oder anders ausgedrückt: das Ich, als ein Wesen, das sich selber setzt, ohne dazu eines Andern zu bedürfen, dies Ich ist kein individuelles,

---

[1] Fichte, Sämtl. Werke, I, S. 96.
[2] Ebenda S. 97.

sondern ein absolutes Ich; als solches aber ist es die Bedingung sowohl des Seins, wie aller übrigen Akte des Bewusstseins. Das absolute Ich ist die Identität des Setzenden und des Gesetzten, des Vorstellenden und des Vorgestellten, des Subjekts und des Objekts. Folglich können wir uns jener ursprünglichen Handlung nicht bewusst werden, ohne dass wir sie zugleich in uns vollziehen. Unser Bewusstsein von der Handlung und die Handlung selbst müssen Eins und Dasselbe sein, d. h. wir können das absolute Ich nur unmittelbar, durch intellektuelle Anschauung erkennen.

Die intellektuelle Anschauung ist nach Fichte „das unmittelbare Bewusstsein, dass ich handle und was ich handle. Sie ist das, wodurch ich etwas weiss, weil ich es thue. Dass es ein solches Vermögen der intellektuellen Anschauung gäbe, lässt sich nicht durch Begriffe demonstrieren, noch, was es sei, aus Begriffen entwickeln. Jeder muss es unmittelbar in sich selbst finden oder er wird es nicht kennen lernen. Die Forderung, man solle es ihm durch Räsonnement nachweisen, ist noch um vieles wunderbarer, als die Forderung eines Blindgeborenen sein würde, dass man ihm, ohne dass er zu sehen brauche, erklären müsse, was die Farben seien"[1]. Allerdings hat Kant die Möglichkeit einer solchen intellektuellen Anschauung für uns Menschen bestritten. Indessen verstand er darunter das unmittelbare Bewusstsein eines nichtsinnlichen Seins. Ein solches kann es freilich aus dem Grunde nicht geben, weil alles Sein, als Sein, ein sinnliches ist. Die intellektuelle Anschauung der Wissenschaftslehre dagegen bezieht sich garnicht auf ein Sein, sondern auf ein Handeln. In diesem Sinne aber hat Kant selbst eine intellektuelle Anschauung angenommen, denn das: „Ich denke, das alle meine Vorstellungen muss begleiten können", ist selbst die unmittelbare Identität des Subjekts und des Objekts. Wie die transcendentale Einheit der Apperception nach Kant das apriorische Bewusstsein von dem apriorischen Grunde des Bewusstseins ist, so ist auch die intellektuelle Anschauung Fichtes nichts Anderes als dies Bewusstsein, nur mit dem spinozistischen Zusatz, dass jener Grund ein absoluter sein muss.

Vom absoluten unterscheidet sich das empirische Bewusstsein, indem seine Thätigkeit sich auf ein Objekt richtet, das nicht mit ihm identisch ist. Beruht nun die unmittelbare Identität von Subjekt und Objekt im absoluten Bewusstsein auf der absoluten in sich selbst zurückkehrenden Thätigkeit, so kann mithin jene Verschiedenheit im empirischen Bewusstsein nur zustande kommen, indem die

---

[1] Fichte, Sämtl. Werke, I, S. 463.

reine absolute Thätigkeit sich selbst beschränkt, indem sie, anstatt in die Unendlichkeit hinauszugehen, an irgend einem Punkte Halt macht und an ihren Ausgangspunkt zurückkehrt, ein Vorgang, den **Fichte** bildlich auch so darstellt, dass die absolute produktive Thätigkeit einen „Anstoss" erhält und dadurch in sich reflektiert wird.

Demnach müssen im Ich zwei entgegengesetzte Thätigkeiten unterschieden werden, durch deren Zusammen- und Ineinanderwirken aller Inhalt des empirischen Bewusstseins entsteht: eine produktive, centrifugale, expansive, die ins Unendliche hinausgeht, und eine reflexive, centripetale, kontrahierende Thätigkeit, die jener ersteren Schranken setzt und dieselbe zu ihrem ursprünglichen Centrum zurücktreibt. Die produktive Thätigkeit äussert sich als **Einbildungskraft**, wodurch die Anschauung im endlichen Bewusstsein zunächst überhaupt gesetzt wird. Die reflexive Thätigkeit macht die an sich unbestimmte Anschauung zu einer bestimmten, stellt sie dadurch als Objekt dem Subjekt gegenüber und ist, sofern sie hiermit die Thätigkeit der Einbildungskraft gleichsam „zum Stehen bringt", der **Verstand** im weitesten Sinne dieses Wortes.

Alle geistigen Vermögen und Arten von Objekten sind demnach nur Stufen und Modifikationen dieser beiden Urvermögen, die dadurch entstehen, dass die beiden Thätigkeiten im absoluten Ich jedes Produkt ihres Zusammenwirkens als Ausgangspunkt zu einem neuen Doppelakt benutzen, worin das Ich ins Unendliche hinausgeht, um alsbald wieder zu sich selbst zurückzukehren.

So entsteht, als Produkt des ersten Zusammenwirkens von produktiver und reflexiver Thätigkeit, die **Empfindung**. Das Ich reflektiert auf die Empfindung und erhebt sie dadurch zur **Anschauung** im engeren Sinne. Es reflektiert auf die Anschauung und unterscheidet sie, indem es darauf die Anschauungsformen und Kategorien anwendet, als Bild von dem wirklichen Gegenstande. Es reflektiert wiederum auf dies Bild, d. h. es setzt den Gegenstand als Ursache der Anschauung, fixiert dadurch die letztere zum Begriff und wird **Verstand** im engeren Sinne. Es wird sich damit seines Vermögens, einen bestimmten Inhalt betrachten und von ihm absehen zu können, bewusst und erhebt sich zur **Urteilskraft**, um schliesslich sich selbst als dasjenige zu erkennen, wovon auf keine Weise abstrahiert werden kann, d. h. sich als **Vernunft** zu offenbaren, die ebenso die letzte und höchste Stufe der geistigen Produktionen darstellt, wie sie selbst allen übrigen als Voraussetzung zu Grunde liegt.

Solange das Produkt nur erst durch die Einbildungskraft gesetzt, aber noch nicht durch die reflexive Thätigkeit des Verstandes fixiert ist, kann man ihm noch keine eigentliche Realität zusprechen. „Nur im Verstande also, wiewohl erst durch die Einbildungskraft, ist Realität. Er ist das Vermögen des Wirklichen, in ihm erst wird das Ideale zum Realen. Die Einbildungskraft produziert Realität, aber es ist in ihr keine Realität. Erst durch die Auffassung und das Begreifen im Verstande wird ihr Produkt etwas Reales [1]."

Nun ist aber dasjenige, was auf diese Weise zustande kommt, wie gesagt, nichts Anderes als unser endliches Bewusstsein. Der ganze Prozess als solcher liegt also vor- und jenseits des Bewusstseins. Ich selbst habe folglich noch kein Bewusstsein davon, wie die Realität in mein Bewusstsein hineinkommt, denn ich bin ja erst mit jener Realität zugleich entstanden. Ich weiss nur, dass mein Ich sie nicht gesetzt hat, dass sie ausser mir entstanden sei und existieren müsse und schreibe sie daher einem Nichtich zu, obwohl sie nur aus Selbstbegrenzung oder Hemmung der produktiven Thätigkeit des Ich hervorgegangen ist. In Wahrheit also fühlt die Intelligenz in den Vorstellungen äusserer Dinge nicht einen Eindruck von aussen, sondern das jenen Vorstellungen eigentümliche Gefühl der Notwendigkeit erklärt sich daher, weil das Ich in ihnen die Schranken seines eigenen Wesens empfindet.

Es kann nicht bezweifelt werden, dass diese Art und Weise, wie Fichte die Möglichkeit einer apriorischen Erkenntnis des Realen begründet, weit mehr im Sinne der kantischen Prinzipien ist als der Solipsismus und der reine Bewusstseinsidealismus. Wer sich überzeugt hat, wie auch bei Kant jene Möglichkeit auf der transcendentalen Einheit der Apperception, d. h. auf dem Bewusstsein von der unmittelbaren Realität des Ich, beruht, der wird in der Erweiterung des individuellen transcendentalen zum transcendentalen absoluten Ich keine grössere Willkür finden können, als in der Erweiterung der endlichen Substanz Descartes zur absoluten Substanz Spinozas. Ein solcher wird daher die Ansicht auch nicht teilen können, dass Fichte in seinem Monismus des absoluten Ich vom transcendentalen Idealismus Kants „abgefallen" sei. Daran ändert auch die Thatsache nichts, dass Kant selbst die fichtesche Philosophie so angesehen und sie des Missverstehens seiner eigenen Lehren beschuldigt hat. Hat doch auch er, wie sein nachgelassenes Manuskript „Vom Uebergange von den metaphysischen Anfangsgründen der Naturwissenschaft zur Physik" beweist, im späten Alter jenen fichteschen Weg einer Konstruktion des ganzen Seins beschritten, ohne freilich,

---

[1] Ebenda S. 233 f.

wie Fichte, das reine Ich eben deshalb als ein absolutes zu erkennen [1].

Wie Spinoza durch seine Verabsolutierung des Substanzbegriffes dem Rationalismus, d. h. der apriorischen Erkenntnis des Realen, erst diejenige metaphysische Unterlage zu Grunde gelegt hat, wodurch sie auf das gesamte Sein Anwendung finden konnte, so hat Fichte durch seine Verabsolutierung des Ich der transcendentalen Art der apriorischen Erkenntnis die gleiche Wendung ins Allgemeine gegeben. Seine Philosophie bedeutet aber auch insofern einen Fortschritt über Kant hinaus, als Fichte nicht bloss die apriorischen Bedingungen der Erfahrung, sondern auch die verschiedenen Seelenvermögen aus dem absoluten Selbstbewusstsein abgeleitet hat. Fichte hat zuerst den Versuch gemacht, eine Geschichte unseres Ich zu liefern, wie es sich aus seinem vorempirischen und vorbewussten Grunde zur Höhe der ihrer selbst bewussten Vernunft entwickelt. Es ist in der Folgezeit bedeutsam geworden, dass er hierbei den beiden Urthätigkeiten des Ich, die Kant im Anschluss an Leibniz als Verstand und Sinnlichkeit bezeichnet hatte, mit den Namen der Einbildungskraft und des Verstandes belegt hat. Indem nämlich hiermit die frühere Missachtung der Sinnlichkeit auf den passiven Verstand übergegangen ist, so ist dadurch von Fichte jene Opposition gegen den abstrakten Rationalismus des achtzehnten Jahrhunderts und jene Verachtung des „kahlen" Verstandes eingeleitet worden, die für den ganzen spekulativen Idealismus nach Kant charakteristisch ist und die ihren schärfsten Ausdruck bei Hegel und in der Weltanschauung der Romantik erhalten hat.

Der Verstand hört auf, ein produktives Prinzip zu sein und muss seine frühere Stellung der Vernunft überlassen. Schon Kant hatte, wie wir sahen, diese letztere als ein höheres Vermögen vom Verstande unterschieden. Er hatte ihre Aeusserungsweise darin gesetzt, dass sie, als eine auf das Unendliche gerichtete Funktion, die Gesamtheit des Erfahrungsinhalts, d. h. des gemeinschaftlichen Produkts der Sinnlichkeit und des Verstandes, auf die Einheit der „Idee" bezieht. Indessen sollten die Ideen der Vernunft nach Kant keine objektiv-reale, sondern nur eine subjektiv-ideelle, die Vernunft mithin für die Erkenntnis keine konstitutive, sondern nur eine regulative Bedeutung haben. Das war folgerichtig, solange alle objektive Realität auf Reflexion und diese auf der Einschränkung der spontanen Thätigkeit durch das Ding an sich beruhen sollte. Alsdann bedeutete ja näm-

---

[1] Vgl. mein Werk: Kants Naturphilosophie u. s. w., S. 442—495.

lich die Vernunft nur die spontane Thätigkeit, sofern sie von allem Anstoss frei gedacht wird und folglich beständig die Grenzen des empirischen Bewusstseins überschreitet. Jene Bestimmung der Vernunft jedoch, wie Kant sie gegeben, fiel hinweg, wenn das Ich als absolutes gefasst und damit der Gedanke einer äusserlichen Affektion beseitigt wurde. Denn wenn die spontane Thätigkeit, als absolute, in sich selbst zurückkehrt, ohne dass es dazu einer transcendenten Wirklichkeit bedarf, dann ist sie schon selbst eine seinsetzende Funktion, nur dass dies Sein nicht ein objektives, bewusstseinsimmanentes, sondern das Sein des absoluten Bewusstseins selber ist, dann ist also auch die Vernunft ein konstitutives Vermögen, ja im Grunde das einzige konstitutive Vermögen, das es giebt, denn jene ist selbst das absolute Ich als Träger und Prinzip alles Ideellen und Realen.

So ist in der That Fichtes Wissenschaftslehre mit allen diesen Folgerungen nur die konsequente Ausgestaltung und systematische Vollendung der Vernunftkritik, indem sie das Prinzip des Ich aus seiner Verborgenheit bei Kant hervorgezogen und den ganzen Inhalt der Philosophie aus ihm entwickelt hat. Mit seiner energischen Herausarbeitung der subjektiv-idealistischen Bestandteile der Vernunftkritik und seiner Beseitigung des Dinges an sich hat nun Fichte allerdings gerade dasjenige Moment wiederum aufgehoben, wodurch sich Kant von Leibniz unterscheidet, nämlich den influxus physicus. Darum entsprechen denn auch die beiden Urthätigkeiten des absoluten Ich viel mehr der Aktivität und Passivität der Monade, wie Leibniz sie auffasst, als dem Verstande und der Sinnlichkeit bei Kant. Auch die reflexive Thätigkeit Fichtes ist ja nicht eine durch äussere Einwirkung bedingte, nicht Passivität im eigentlichen Sinne, sondern sie ist eine durch das Ich selbst gesetzte, eine freiwillige Aeusserung seines eigenen inneren Wesens, genau so wie die Passivität bei Leibniz. Demgemäss ist auch der Unterschied zwischen den beiden Urthätigkeiten nur ein gradueller: die Reflexion des absoluten Ich ist verringerte Thätigkeit, seine Produktion nur die Totalität seiner wesenhaften Aeusserungsweise. Das fichtesche Ich ist folglich garnichts Anderes als die leibnizsche Monade in absoluter Form, und die von Fichte dargestellte Geschichte des Ich ist nur die Beschreibung der Stufen, welche die Monade zurücklegt, um ihren unbewussten Vorstellungsinhalt ins Bewusstsein zu erheben.

Das fichtesche Ich stimmt auch darin mit der leibnizschen Monade überein, dass es nicht ein reines Sein ist, sondern ein reines Handeln. Aber es unterscheidet sich von ihr, wie gesagt, durch seine Absolutheit und gleicht in dieser Hinsicht der Substanz des Spinoza.

Für Spinoza ist der Begriff des Seins der erste, und das Handeln ist von ihm abgeleitet. Für Fichte dagegen ist das Sein ein abgeleiteter Begriff, und das Handeln ist der absolute Grund des Seins. Nach Spinoza also ist das Sein ein substantielles, und die Realität liegt in der Substanz. Nach Fichte ist das Sein bloss ein modales oder accidentielles, und die Realität liegt folglich in der Erscheinung. Beide haben sie zu ihrem Ausgangspunkte die Realität des Ich genommen. Nach Spinoza ist jedoch dies Ich Substanz. Nach Fichte ist die Substanz dagegen Ich. Daher hat man auch nicht mit Unrecht die Wissenschaftslehre einen umgekehrten Spinozismus genannt.

Die unmittelbare Erkenntnis des absoluten Grundes der empirischen Realität hat Fichte im Anschluss an Spinoza als intellektuelle Anschauung bezeichnet. Jenes Erkennen gehört als solches zur empirischen Realität, denn sonst wäre es ja nicht mein Erkennen. Es muss aber zugleich auch eine transcendente Realität besitzen, denn sonst wäre es ja nicht ein unmittelbares Erkennen. Sonach muss es in derselben Zeit ein Endliches und Unendliches, Erscheinung und Wesen in der nämlichen Beziehung sein. Dass dies ein Widerspruch ist, liegt klar vor Augen. Im Spinozismus konnte er sich den Blick verschleiern, weil bei dem rein logischen Charakter dieses Systems der Unterschied zwischen dem substantiellen Wesen und seinen Modifikationen nur ein begrifflicher war. Um so deutlicher tritt er dagegen in der Wissenschaftslehre zu Tage, wo zwischen dem absoluten Ich und seinen Produktionen ein essentieller und realer Unterschied besteht. Dort war die intellektuelle Anschauung eine Einkehr aus der Flucht der realitätslosen Erscheinungswelt in die Ruhe des realen Seins. Hier ist sie ein Hinuntertauchen in ein Etwas, das, als die Quelle alles Seins, selbst frei von allem Sein gedacht werden muss. Wie soll aber etwas zugleich sein und doch nicht sein? Wie soll es zugleich Produzent und Produkt, Ursache und Wirkung, Substanz und Accidenz, ein Handeln und ein Sein in einem realen Prozesse sein können?

Zwar handelt es sich bei der genetischen Betrachtung des Ich nicht um ein Hinausgehen über die Erfahrung, sondern um ein Hineingehen in ihren Grund, nicht um eine transcendente, sondern um eine transcendentale Untersuchung. Aber lässt nicht Fichte selbst das empirische Bewusstsein aus unbewussten und vorbewussten Faktoren sich entwickeln? Dann wäre also die intellektuelle Anschauung ein geistiger Akt, wobei unsere Erkenntnis zugleich bewusst und unbewusst, zugleich diskursiv, abstrakt und intuitiv, unser endliches Ich zugleich das absolute Ich sein müsste. Ist aber der Akt des empirischen Bewusstseins zugleich auch ein Akt des absoluten Bewusstseins, was bedarf es dann noch einer Genesis des Ich, was soll dann noch die Wissenschaftslehre, die das endliche Ich in seiner Entstehung aus den Akten des absoluten Ich betrachtet? Denn ist das endliche unmittelbar das absolute Ich, so ist ja die ganze Ableitung des einen aus dem andern nur ein Schein, ein subjektives Phantasiespiel ohne objektiv-reale Bedeutung. Dann ist aber auch das endliche Ich nicht weniger ursprünglich und weniger absolut als das sogenannte absolute Ich: das endliche Ich ist selbst das Absolute, und Fichtes Versuch, die Spekulation aus der Sackgasse des Solipsismus hinauszubringen, führt gerade erst recht in sie hinein.

Fichte selbst hat dies empfunden und sich Mühe gegeben, den Tadel des metaphysischen Egoismus von seiner Weltanschauung abzuwehren. Er fand sich hierzu um so mehr genötigt, als der Grund seines Philosophierens wesentlich ein ethischer war und seine Bemühungen um die Erkenntnis des Weltzusammenhanges letzten Endes nur darauf abzielten, dem praktischen Handeln eine theoretische Begründung zu verschaffen. Diesen Grund des sittlichen Handelns erblickt Fichte darin, dass unser endliches Ich, auf dem Gipfelpunkte seiner stufenartigen Entwickelung angelangt, in der Vernunft sich als Ich gegenüber dem Nichtich erfasst und damit zugleich seiner selbst als dessen Produzenten bewusst wird. Das Ich, das bis dahin nur theoretisch war, erkent sein innerstes Wesen im Handeln, und wird praktisch, indem es sich fortan mit Bewusstsein jenem inneren unbewussten Wesen gemäss bestimmt. Diese Bestimmung aber kann nur darin liegen, reine Thätigkeit zu sein und immer mehr seine Abhängigkeit von jenen selbstgesetzten Schranken des Nichtich aufzuheben. Das theoretische Ich wird durch das Nichtich bestimmt. Das praktische Ich bestimmt sich selbst, ist autonom und sucht durch Unterwerfung der Natur und beständiges Hinausrücken ihrer Grenze in unendlichem Fortschritt sich seinem höchsten Ziele anzunähern, selbst schrankenloses absolutes Ich zu sein.

War sonach die Welt der Objekte für das theoretische Ich bloss Mittel, um an ihr zum Bewusstsein seiner selbst zu kommen, so erscheint sie nunmehr für das praktische Ich als Bedingung zur Möglichkeit seiner sittlichen Bethätigung, als das blosse „versinnlichte Material unserer Pflicht". Dieselbe Funktion, die im theoretischen Ich als Anschauung setzende Funktion hervortrat, offenbart sich im praktischen Ich als Wille. Und wie aus der fortgesetzten Reflexion auf die objektiv gesetzte Welt die verschiedenen Erkenntnisstufen bis hinauf zur völligen Identität von Subjekt und Objekt hervorgingen, so erhebt sich in parallel gehendem Stufengange auch der Wille durch fortgesetzte Einwirkung auf jene Welt zum eigentlichen oder sittlichen Willen (Tugend), worin der Widerstreit zwischen den subjektiven sinnlichen Trieben und dem objektiven absoluten Willen überwunden ist.

Der ganze Prozess des Ich läuft sonach auf nichts Anderes als auf die Realisierung des sittlichen Ideals hinaus. Folglich muss es auch eine Mehrheit von Ichen geben. Denn das Ich könnte sich nicht sittlich bethätigen, ohne andere Iche ausser sich vorauszusetzen, wodurch es zu seiner Thätigkeit veranlasst würde.

Freilich sieht man nicht ein, warum es zur Erweckung der sittlichen Freiheit mehr als ein einziges Ich neben dem meinigen geben sollte. Aber selbst die Einräumung eines solchen verstösst schon gegen die Grundvoraussetzung der fichteschen Philosophie, weil es sich zu meinem Ich als Ding an sich verhalten würde. Nun soll aber nach Fichte alles Sein nur in und mit dem Ich zugleich gesetzt, d. h. es soll nur ein Sein in meinem Bewusstsein sein. Damit ist jedoch in Wahrheit die Realität der Welt negiert, denn im Bewusstsein giebt es nur ein ideelles Sein, und es ist irreleitend und ein offenbarer Missbrauch des Begriffs, wenn Fichte jenes Sein als „Realität" bezeichnet. Bei Kant schwankt bei seiner Annahme von Dingen an sich dieser Begriff zwischen einer realen und einer bloss ideellen Bedeutung. Fichte, der alles Sein ausserhalb des Bewusstseins leugnet, hat keine Veranlassung, seine wahre Meinung durch die schillernde Zweideutigkeit jenes Begriffes zu verbergen. „Die Dinge", sagt er, „erscheinen dir nicht durch einen Repräsentanten. Des Dinges, das da ist und sein kann, wirst du dir unmittelbar bewusst, und es giebt kein anderes Ding als das, dessen du dir bewusst bist. Du selbst bist dieses Ding, du selbst bist durch den innersten Grund deines Wesens, deine Endlichkeit, vor dich selbst hingestellt und aus dir selbst hinausgeworfen, und alles, was du ausser dir erblickst, bist immer du selbst[1]."

Wäre das endliche Ich der Träger und das Subjekt jener Mehrheit von Ichen, die Fichte mit Recht als die Bedingung zur Möglichkeit des sittlichen Handelns ansieht, so bestände in der That diese Möglichkeit gar nicht. Allein Fichte täuscht sich offenbar, wenn er meint, dem Solipsismus dadurch entgehen zu können, dass er auch das endliche Ich, wie es das Subjekt des sittlichen Handelns ist, zur Vorstellung im Bewusstsein des absoluten Ich herabsetzt. Ihrer Seinsar-

---

[1] Fichte: Sämmtl. Werke II, S. 228 f.

nach sind dadurch zwar die sittlichen Subjekte einander gleich; insofern jedoch dies Sein nur ein ideelles ist und folglich jene Iche den Grund ihrer gegenseitigen Einwirkungen und Beziehungen nicht in sich selbst, sondern nur im absoluten Ich besitzen, wird damit auch die Realität der sittlichen Beziehungen aufgehoben und sinken sie zu blossen Illusionen herunter.

Im Solipsismus ist die Welt eine Halluzination des endlichen Ich, und dieses hat deshalb keine Veranlassung, sich sittlich zu bethätigen, weil bloss halluzinierte Subjekte das Ich nicht ethisch motivieren können. Bei Fichte ist sie ein Traum des absoluten Ich, und da auch mein eigenes Ich nur ein geträumtes ist, so ist es hier erst recht bedeutungslos, ob ich mich den übrigen Traumfiguren gegenüber sittlich oder unsittlich verhalte. Genügte aber auch wirklich die von Fichte ihnen zugestandene Bewusstseinsrealität, um die endlichen Iche als sittliche Subjekte aufzufassen, und wäre nicht das einzige Reale aller ihrer Handlungen die Traumfunktion des absoluten Ich, so würde doch die Möglichkeit eines sittlichen Prozesses daran scheitern, dass Fichte die einzige Bedingung leugnet, unter welcher ein solcher allein möglich ist, die natürliche Vermittelung ihrer Einwirkungen aufeinander.

Die endlichen Iche sind selbständige Realitäten gegen einander und insofern objektive Erscheinungen, obwohl sie alle zusammen nur im absoluten Bewusstsein und folglich für das absolute Ich nur als subjektive Erscheinungen existieren. Die Natur dagegen oder das nichtichliche Sein ist in der Wissenschaftslehre auch schon für das endliche Ich bloss eine subjektive Erscheinung. Ist also das Sein der endlichen Iche schon ein ideelles, so ist es das Sein der Natur erst recht. Jene haben so zu sagen ein ideelles Sein aus erster Hand, diese dagegen hat ein solches nur aus zweiter Hand. Jene besitzen wenigstens eine scheinbare Selbständigkeit für einander. Diese besitzt auch nicht einmal eine scheinbare Selbständigkeit, sondern ist ein reiner Schein, ein blosses Enthaltensein im Bewusstsein von Ichen, die selbst nur wieder im Bewusstsein des absoluten Ich existieren. Nun ist aber auch das absolute Ich kein substantielles Sein, sondern absolut substratlose Thätigkeit, woraus erst das eigentliche Sein hervorgeht. Damit läuft denn auch die Wissenschaftslehre auf den reinen Illusionismus hinaus.

„Ich weiss", gesteht Fichte selbst, „überall von keinem Sein und auch nicht von meinem eigenen. Es ist kein Sein. Ich selbst weiss überhaupt nicht und bin nicht; Bilder sind, sie sind das Einzige, was da ist, und sie wissen von sich nach Weise der Bilder, —

Bilder, die vorüberschweben, die durch Bilder von den Bildern zusammenhängen, Bilder ohne etwas in ihnen Abgebildetes, ohne Zweck. Ich selbst bin eins dieser Bilder, ja, ich bin selbst dies nicht, sondern nur ein verworrenes Bild von den Bildern. **Alle Realität verwandelt sich in einen wunderbaren Traum ohne ein Leben, von welchem geträumt wird, und ohne einen Geist, dem da träumt, in einen Traum, der in einem Traume von sich selbst zusammenhängt. Das Anschauen ist der Traum. Das Denken, die Quelle alles Seins und aller Realität, die ich mir einbilde, meines Seins, meiner Kraft, meiner Zwecke, ist der Traum von jenem Traum**[1].„

Unter diesen Umständen ist es kein Wunder, wenn Fichte das Urteil über sein eigenes System resigniert dahin zusammenfasst: „Wahrheit geben kann es nicht, denn es ist in sich selbst absolut leer[2]." Es ist aber auch klar, dass eine solche Weltanschauung zur Unterlage für die Ethik nicht geeignet sein kann. Der fichtesche Monismus des absoluten Ich ist ein ebenso abstrakter, wie der Monismus der absoluten Substanz Spinozas, nur dass er von der realen Seite der Welt abstrahiert, während dieser ihrer ideellen Seite nicht gerecht wird. Die Metaphysik aber findet beide verschiedenen Arten des Seins gegeben und kann erst in einer befriedigenden Erklärung ihrer unterschiedlichen Natur zur Ruhe kommen.

3. Das Ich als absolute Vernunft.
a) Schelling.

Die Verflüchtigung des realen Seins ins ideelle hatte Fichte an keinem Punkte so weit getrieben, wie bei der Natur. Er hatte sie bloss negativ als Nichtich bestimmt, d. h. er hatte sie nur als den objektiven Gegenpol des Ich innerhalb des endlichen Bewusstseins, als passives und unselbständiges Werkzeug für das Ich betrachtet, woran sich das letztere zu höheren Formen der Existenz emporentwickelt. Nun mag die Natur immerhin bloss des Ich wegen da sein, mag sie bloss als Bedingung des Selbstbewusstseins existieren, dass sie lediglich im endlichen Bewustsein existieren und nur vom Ich getragen sein soll, das war eine Behauptung, die sich nur erklärt, weil Fichte für die Eigentümlichkeit der Natur kein Herz besessen hatte. Fichte wollte, als Ethiker, die Realität des Ich erhöhen und that es auf Kosten der Natur, indem er die Realität der letzteren auf eine möglichst tiefe Stufe herunterdrückte. Es brauchte nur ein

---

[1] Fichte: Ebenda II, S. 245.
[2] Ebenda S. 247.

Philosoph, wie Schelling, als Physiker, an der Natur das gleiche Interesse zu nehmen, wie Fichte es für die sittlichen Subjekte gehabt hatte, so lag es nahe, gegenüber diesem Gegner der Natur für die unterdrückte Realität der letzteren in die Schranken zu treten.

Die Natur ist Korrelat des Ich, darum muss sie auch die gleiche Art der Realität, wie dies, besitzen. Hat nun das Ich den Grund seiner Existenz direkt im absoluten Selbstbewusstsein, so kann auch die Natur nicht aus dem endlichen Ich und der reflexiven Thätigkeit abgeleitet werden, wodurch bloss dies Ich zustande kommt, sondern sie muss gleichfalls aus dem Doppelakte von centrifugaler und centripetaler Thätigkeit hervorgehen, wie Fichte dies vom Ich erwiesen hat. Die Natur ist folglich auch nichts weniger als die einmalige Setzung des Gegenteils vom Ich, sondern ebenso, wie nach Fichte das Ich einem Entwickelungsprozesse unterliegt, so kann auch die Natur nur schrittweise durch fortgesetzte Wiederholung jener Doppelthätigkeit zustande kommen, indem dabei die Stufen ihrer äusseren Entwickelung mit der inneren Entwickelung des Selbstbewusstseins parallel gehen müssen.

Nun beruht, wie wir wissen, die Entwickelung auf der geistigen Seite darin, dass die Intelligenz sich ein Nichtich gegenüberstellt, an ihm sich selbst als Ich erfasst und diesen Unterschied zwischen Ich und Nichtich durch fortschreitende Erkenntnis ihres identischen Wesens wieder aufhebt. Auf der Seite der Natur kann demnach die Entwickelung nur in der Weise verlaufen, dass jene eine Intelligenz aus sich heraussetzt und sich dadurch immer mehr zum Ich emporentwickelt. Beide Prozesse streben also, nur von entgegengesetzten Seiten, demselben Ziel entgegen, nämlich der Identität von Natur und Geist. Da nun, auf das absolute Bewusstsein bezogen, der geistige Prozess ein subjektiver, der Naturprozess zugleich ein objektiver ist, so fällt dies Ziel mit der Uebereinstimmung von Subjekt und Objekt oder Wissen und Sein zusammen, worauf allein es in der philosophischen Erkenntnis ankommt.

Geist und Natur stehen sich also nicht fremd gegenüber, sondern sie verhalten sich wie Subjekt und Objekt zu einander und sind auf einander angewiesen, so zwar, dass sie nicht ohne ihren Gegensatz existieren können. Beide sind sie Produkte einer und derselben Urthätigkeit des absoluten Ich, die sich darin nach zwei entgegengesetzten Richtungen hin gabelt, indem sie auf der subjektiven Seite als Ich, das sich zur Natur entwickelt, auf der objektiven als Natur, die sich zum Ich entwickelt für unser Bewusstsein zur Erscheinung kommt. Die Natur ist dasjenige in einem noch unentwickelten, bewusstlosen, schlummernden und gleichsam erstarrten Zustande, was im Ich auf bewusste und lebendige Weise ist. Die Natur ist der sichtbare Geist; der Geist die unsichtbare Natur. Diese beruht auf dem Doppelakte einer expandierenden, repulsiven und attrahierenden, jener auf dem Doppelakte einer ideellen und realen oder einer subjektiven und objektiven Thätigkeit, wovon die reale die Objekte setzt, während die ideelle sie ins Bewusstsein erhebt. Zu zeigen, wie auf Grund dieser letzteren die Stufen oder „Epochen" des Selbstbewusstseins sich ergeben, ist Aufgabe der Transcendentalphilosophie, wie Fichte sie in seiner Wissenschaftslehre entwickelt hat. Die Naturphilosophie dagegen ist die Darlegung des Prozesses, wie aus dem Zusammenwirken der expandierenden und attraktiven Thätigkeit die Stufen der Natur entstehen. Diese Zweiteilung tritt an die Stelle des fichteschen Gegensatzes von theoretischer und praktischer Philosophie. Das praktische Ich hört auf, dem theoretischen an die Seite gestellt zu werden, und sinkt zu einer blossen Stufe innerhalb der Transcendentalphilosophie herab. Indem es sich aber sowohl hier, wie in der Naturphilosophie nur um die Entwickelung des Ich aus seinem transcendentalen Grunde handelt, so ist auch für Schelling die gesamte Philosophie nur eine Geschichte des Selbstbewusstseins, deren Aufgabe es ist, das Ich den Weg mit Bewusstsein zurücklegen zu lassen, den es selbst als unbewusstes Ich vollendet hat.

Wenn die objektive Natur und der subjektive Geist nur die beiden herausgesetzten Seiten eines und desselben Dritten sind, so kann dies letztere selbst weder Natur, noch Geist, weder Subjekt noch Objekt, noch beides zugleich, sondern nur ihre absolute Identität, als Grund der Harmonie des Subjektiven und des Objektiven, sein. Wenn ferner der ganze Prozess in der Natur- und Geisteswelt ein Hinstreben vom Bewusstlosen zum Bewusstsein ist, alles Bewusstsein aber auf der Gegensätzlichkeit von Subjekt und Objekt beruht, so kann jene Identität des Subjektiven und des Objektiven eben deshalb selbst kein Bewusstes sein. Der absolute Grund des Bewusstseins ist selbst „das ewig Unbewusste, was, gleichsam als die Sonne im Reiche der Geister, durch sein eigenes ungetrübtes Licht sich verbirgt", was daher auch „nie Objekt des Wissens, sondern nur des ewigen Voraussetzens im Handeln, d. h. des Glaubens sein kann"[1].

Wäre es Schelling mit dieser letzteren Behauptung Ernst gewesen, so hätte er darauf verzichten müssen, den Inhalt des Seins a priori zu konstruieren, denn die Möglichkeit einer solchen

---

[1] Schelling: Sämmtl. Werke I, III, S. 609.

Konstruktion beruht ja gerade auf der Identität des konstruierenden Bewusstseins mit seinem Gegenstande. Die absolute Identität oder, wie Schelling diese „unsichtbare Wurzel" des Seins auch einfach nennt, das Absolute kann nicht bloss Objekt des Glaubens sein, wenn anders Philosophie, d. h. apriorische Wissenschaft, überhaupt möglich sein soll, denn der Glaube ist „das Ende der Spekulation". Eine unmittelbare Erkenntnis des Absoluten, als der Identität des Subjektiven und des Objektiven, kann es jedoch nur geben, wenn auch an irgend einem Punkte in unserem Bewusstsein jener Gegensatz aufgehoben ist. Ein solcher aber ist das Ich, und daher ist die Erkenntnis dieser Identität im Ich eine absolute Erkenntnisart oder eine Erkenntnis des Absoluten, weil das Wesen des Ich unmittelbar auch das Wesen des Absoluten ist.

Freilich nicht Jeder vermag im Ich unmittelbar das Absolute zu erkennen. Die intellektuelle Anschauung, wie Schelling jene absolute Erkenntnisart im Anschluss an Fichte und Spinoza bezeichnet, ist gleichsam ein besonderes „Organ der Philosophie", das nur bei Wenigen zur Erscheinung kommt, obschon es Alle wenigstens der Möglichkeit nach besitzen. „Uns allen", so beschreibt es Schelling, „wohnt ein geheimes wunderbares Vermögen bei, aus dem Wechsel der Zeit in unser Innerstes, von allem, was von aussenher hinzukam, entkleidetes Selbst zurückzuziehen und da unter der Unwandelbarkeit des Ewigen in uns anzuschauen. Diese Anschauung ist die innerste, eigenste Erfahrung, von welcher allein alles abhängt, was wir von einer übersinnlichen Welt wissen und glauben. Diese Anschauung zuerst überzeugt uns, dass irgend etwas im eigentlichen Sinne ist, während alles Uebrige nur erscheint, worauf wir jenes Wort übertragen. Sie unterscheidet sich von jeder sinnlichen Anschauung dadurch, dass sie nur durch Freiheit hervorgebracht und jedem Anderen fremd und unbekannt ist, dessen Freiheit, von der eindringenden Macht der Objekte überwältigt, kaum zur Hervorbringung des Bewusstseins hinreicht. Doch giebt es auch für diejenigen, die diese Freiheit der Selbstanschauung nicht besitzen, wenigstens Annäherung zu ihr, mittelbare Erfahrungen, durch welche sie ihr Dasein ahnen lässt[1]." „Diese intellektuelle Anschauung tritt dann ein, wo wir für uns selbst aufhören, Objekt zu sein, wo, in sich selbst zurückgezogen, das anschauende Selbst mit dem angeschauten identisch ist. In diesem Moment der Anschauung schwindet für uns Zeit und Dauer dahin: nicht wir sind in der Zeit, sondern die Zeit — oder vielmehr

---

[1] Ebenda I, 1, S. 318.

nicht sie, sondern die reine absolute Ewigkeit ist in uns. Nicht wir sind in der Anschauung der objektiven Welt, sondern sie ist in unserer Anschauung verloren[1]."

Was für uns Objekt des Erkennens ist, das ist in der intellektuellen Anschauung zugleich auch Subjekt des Erkennens, weil Subjekt und Objekt in ihr identisch sind. Die absolute Erkenntnisart im objektiven Sinne ist also zugleich eine **absolute Erkenntnis im subjektiven Sinne**, d. h. die Erkenntnis, die wir vom Absoluten haben, ist zugleich die Erkenntnis, die das Absolute hat, und diese ist wiederum garnichts Anderes als das Absolute, sofern wir das letztere unmittelbar erkennen. Bezeichnet man das absolute Erkennen als die **Form**, das Absolute selbst oder den substantiellen Träger der Erkenntnisthätigkeit als **Wesen**, so sind mithin **im Absoluten Wesen und Form identisch**, und die intellektuelle Anschauung ist nicht nur eine Erkenntnis des Absoluten seiner Form nach, sondern die formell absolute Erkenntnis ist notwendig eine Erkenntnis des Absoluten auch seinem Wesen nach. Das Wesen verbirgt sich demnach im Absoluten nicht hinter seiner Form, das Sein ist in ihm nicht vom Denken verschieden, es giebt nicht ein absolutes Wissen und ausser ihm ein Absolutes, als seinen substantiellen Träger, sondern so gewiss in ihm Subjekt und Objekt identisch sind, so gewiss ist die Substanz des Absoluten garnichts Anderes als das absolute Wissen, **so gewiss besteht sein Sein eben nur in seinem Wissen, seine Realität nur in dieser Ideellität**.

In der intellektuellen Anschauung ist das Wissen um das Absolute und das Absolute völlig Eins. Es ist in ihr uns gleichsam eingebildet als die Idee und das Wesen unserer Seele, „sodass unsere Erkenntnis in ihm und es selbst in unserer Erkenntnis ist und wir in ihm so klar zu sehen vermögen, als wir in uns selbst sehen und alles in einem Lichte erblicken, gegen welches jedes andere, besonders aber die sinnliche Erkenntnis tiefes Dunkel ist"[2]. „Diese ewige dem Absoluten selbst gleiche Form ist der Tag, in welchem wir jene Nacht und die in ihr verborgenen Wunder begreifen, das Licht, in dem wir das Absolute klar erkennen, der ewige Mittler, das allsehende und alles offenbarende Auge der Welt, der Quell aller Weisheit und Erkenntnis[3]." Der Damm, welcher das endliche vom absoluten Denken unterscheidet, ist in der intellektuellen Anschauung durchbrochen. Der Ozean des Absoluten wälzt seine Wogen frei durch diese Oeffnung.

---

[1] Ebenda S. 325.
[2] Ebenda I, IV, S. 404.
[3] Ebenda S. 405.

die absoluten Funktionen strahlen, wie durch einen Spalt, in die Nacht des endlichen Bewusstseins hinein. Unter solchen Umständen bleibt dem philosophierenden Subjekt nur übrig, um ihr Wirken in der endlichen Erscheinung zu erkennen, dieselben in sich gewähren zu lassen und der Thätigkeit des absoluten Wesens passiv zuzuschauen.

Sonach ist also auch die Identitätslehre Schellings, als Einheit von Natur- und Transcendentalphilosophie, ihrer allgemeinen Form und Methode nach betrachtet, transcendentaler Idealismus, sofern sie den ganzen Inhalt des Seins durch transcendentale Intellektualfunktionen gesetzt sein lässt und ihn aus diesen a priori meint, ableiten zu können. In Hinsicht auf ihre Bestimmung der Art des Seins oder in metaphysischer Beziehung ist sie objektiver Idealismus im Gegensatze zum fichteschen subjektiven Idealismus, sofern ihr die Natur ebenso real ist, wie das Ich, und ist sie absoluter Idealismus, sofern ihr alles reale Sein als solches unmittelbar ein ideelles Sein ist.

Im subjektiven Idealismus ist das Objekt bloss für das Subjekt und alles Sein ist Objekt-für-ein-Subjekt-Sein. Im objektiven Idealismus ist das Objekt, ausserdem, dass es für das Subjekt ist, auch für sich selbst, und Subjekt und Objekt sind Funktionen des absoluten Seins. Dort ist also die Welt bloss eine subjektive Erscheinung. Hier ist sie dagegen eine objektive Erscheinung. Die subjektive Erscheinung steht im Gegensatze zum realen Sein. Die objektive Erscheinung steht im Gegensatze zum Wesen. Dort ist das Sein bloss im Bewusstsein. Hier ist es Ding an sich und als solches jenseits des Bewusstseins. Der absolute Idealismus endlich behauptet die Identität des Bewusstseins und des Seins oder des Ideellen und Realen, so zwar, dass beide keine realen, sondern bloss ideelle Gegensätze im Realen bilden. Nach ihm ist real nur ihre Einheit, und diese ist wesentlich ideeller Art; die Differenz des Ideellen und Realen dagegen existiert nur in der Sphäre des Begriffs. Der absolute Idealismus behauptet daher, dass Idealismus und Realismus bloss relative, nur im Endlichen vorhandene Betrachtungsarten seien. Im Absoluten heisst Denken zugleich Sein und umgekehrt, und daher ist die einzig zutreffende Art, die Dinge zu betrachten, der Realidealismus oder Idealrealismus.

So sehr nun hiermit auch die schellingsche Identitätsphilosophie sich dem Standpunkte des Bewusstseinsidealismus nähert, indem sie das reale Sein in den Aether der reinen Ideellität verflüchtigt, der fundamentale Unterschied besteht doch zwischen beiden, dass Schelling die Form des Bewusstseins vom Ideellen abstreift, die gerade das charakteristische Merkmal des Bewusstseinsidealismus ausmacht. Das ideelle Sein, als absolut gedacht, kann nicht in der Form des Bewusstseins eingeschlossen sein, denn diese verträgt sich nicht mit dem Begriff des Absoluten. Zwar ist das Absolute nicht bewusstlos in dem Sinne, dass es ausserhalb aller Möglichkeit des Bewusstseins läge. Denn es ist ja, als Einheit des Subjektiven und des Objektiven, Prinzip und Quelle des Bewusstseins und Seins. Trotzdem darf man es aber auch nicht für bewusst ansehen. Denn alles Bewusstsein beruht auf der relativen Einheit von Denken und Sein, im Absoluten hingegen ist absolute Einheit. Als Prinzip des Bewusstseins mag das Absolute immerhin „absolutes Bewusstsein" heissen, obwohl dies ein uneigentlicher Ausdruck ist. Als Prinzip des Seins dagegen kann es nicht Bewusstsein heissen, weil dieses von aller Bewusstheit unterschieden ist. Warum mithin die absolute Einheit bloss in ihrer Beziehung auf das Bewusstsein benennen, wenn doch die andere Seite derselben, das reale Sein, nicht weniger ursprünglich ist als das Bewusstsein? „Erst dann werde ich glauben, dass du sie wahrhaft an sich erkennst und die intellektuelle Anschauung von ihr habest, wenn du sie auch von der Beziehung auf das Bewusstsein befreit haben wirst[1]." Die einzige ihr angemessene Weise ist daher, die intellektuelle Anschauung oder das Wissen vom Absoluten und des Absoluten als unbewusstes absolutes Wissen aufzufassen. So aber ist sie die absolute Vernunft, worin auch das Bewusstsein und seine Unterschiede bloss aufgehobene Momente bilden.

Dass nun mit dieser Erweiterung des absoluten Ich zur absoluten Vernunft die Schwierigkeit gehoben sei, worin wir die intellektuelle Anschauung bei Fichte verstrickt sahen, das wird man leider nicht behaupten können. Es bleibt nach wie vor ein Widerspruch, dass die intellektuelle Anschauung Erkenntnisart des Absoluten und doch zugleich des individuellen Ich, ein Widerspruch, dass die absolute Erkenntnisart unbewusst und doch zugleich dem endlichen Subjekt im Akte des Philosophierens bewusst sein soll. Nur als bewusste ist die intellektuelle Anschauung Erkenntnisart des philosophierenden Subjekts; nur als unbewusste ist sie absolute Erkenntnisart. Wie aber etwas unbewusst und gleichzeitig in der nämlichen Beziehung auch bewusst sein kann, das stimmt mit den logischen Gesetzen nicht zusammen.

„Die Vernunft ist das wahre Ansich der Dinge; ausser ihr ist nichts, und in ihr ist alles[2]." Die absolute Vernunft ist die ewige

---

[1] Ebenda I, IV, S. 256.   [2] Ebenda I, IV, S. 115.

Gleichheit des Subjektiven und des Objektiven, worin das Erkennende zugleich auch das Erkannte und nicht, wie in der endlichen Vernunft, das subjektive Denken dem objektiven Sein entgegengesetzt ist. Im Endlichen ist das Denken, wie Kant gezeigt hat, eine Form, der ihr Stoff von anderswoher gegeben werden muss, und nur in der Empfindung ist die Realität enthalten. Im Absoluten dagegen ergiebt sich aus seinem Begriff auch seine Existenz; es ist dasjenige, was, indem es gedacht wird, unmittelbar auch ist, oder worin in seinem Wesen unmittelbar auch seine Form enthalten und beide so zu sagen wechselseitig in einander übergehen. Der absolute ewige Erkenntnisakt ist sich selbst Stoff und Form, ein reines Produzieren ohne Reflexion, indem sein Wesen ewig in die Form, seine Form ebenso ewig wiederum in das Wesen umschlägt und sonach die absolute Identität sich ewig zwischen ihren immanenten Gegensätzen, dem Realen und dem Ideellen, hin und her bewegt.

Auf dem Uebergehen des Wesens in die Form oder des Ideellen ins Reale beruht der Naturprozess. Auf der Rückkehr der Form ins Wesen oder der Wiederaufnahme des Realen ins Ideelle beruht der Prozess des Geistes. Das Absolute nach der Seite seiner Produktivität, als Ueberfliessen des Ideellen ins Reale, ist die ewige Natur (natura naturans). Das Absolute als Produkt des Ueberfliessens, oder als Realität betrachtet, ist die erscheinende Natur (natura naturata). Das Absolute nach der Seite seiner Reflexion, als die Selbstbehauptung des Ideellen im Realen ist die Geisteswelt. In ihr wird es offenbar, dass alle Setzung des Realen ihrem Wesen nach bloss ideelle Thätigkeit ist.

„In der ewigen Natur wird das Absolute für sich selbst in seiner Absolutheit ein Besonderes, ein Sein, aber auch hierin ist es absolut Ideales, absoluter Erkenntnisakt. In der erscheinenden Natur wird nur die besondere Form als besondere erkannt, das Absolute verhüllt sich hier in ein Anderes, als es selbst in seiner Absolutheit ist, in ein Endliches, ein Sein, welches sein Symbol ist und als solches, wie alle Symbole, ein von dem, was es bedeutet, unabhängiges Leben annimmt. In der ideellen Welt legt es die Hülle gleichsam ab, es erscheint auch als das, was es ist, als Ideales, als Erkenntnisakt, aber so, dass es dagegen die andere Seite zurücklässt und nur die eine, die der Wiederauflösung der Endlichkeit in die Unendlichkeit, des Besonderen in das Wesen erhält[1]."

Sonach ist der Unterschied zwischen Natur und Geist kein qualitativer, sondern bloss eine „quantitative Differenz", beruhend auf dem

---

[1] Ebenda I, u, S. 67.

verschiedenen Grade der Einbildung des Unendlichen in das Endliche, welche Grade von Schelling auch als „Potenzen" bezeichnet werden. „Die Kraft, die sich in der Masse der Natur ergiesst, ist dem Wesen nach dieselbe mit der, welche sich in der geistigen Welt darstellt, nur dass sie dort mit dem Uebergewicht des Reellen, wie hier mit dem des Ideellen zu kämpfen hat; aber auch dieser Gegensatz, welcher nicht ein Gegensatz dem Wesen, sondern der blossen Potenz nach ist, erscheint als Gegensatz nur dem, welcher sich ausser der Indifferenz befindet und die absolute Identität nicht selbst als das Ursprüngliche erblickt[1]."

In der absoluten Identität oder dem Wesen ist alles Eins. Da nun das Wesen mit der Form identisch und diese der absolute Erkenntnisakt in der Vielheit seiner einzelnen Gestalten ist, so ist mithin das Eine Alles, oder die absolute Identität ist unmittelbar die absolute Totalität. „Gott und Universum sind Eins oder nur verschiedene Ansichten Eines und desselben. Gott ist das Universum, von der Seite der Identität betrachtet, er ist alles, weil er das allein Reale, ausser ihm also nichts ist. Das Universum ist Gott, von Seiten der Totalität aufgefasst[2]." Wie im Ich, aus dessen Verabsolutierung der Begriff des absoluten Erkenntnisaktes genommen ist, das reale Sein zugleich das ideelle und die Identität eine unmittelbare, durch keine logischen oder kausalen Zwischenglieder vermittelte ist, so ist auch Gott nicht der transcendente Grund, nicht die Ursache des Alls, sondern er ist das All selbst. Das letztere wird also nicht, sondern es ist unmittelbar mit Gott, die ganze Fülle des göttlichen Seins ist restlos in die Totalität der Erscheinungswelt ergossen. Daraus folgt, dass alles, was möglich ist, im göttlichen Universum unmittelbar auch wirklich ist. Nun ist Gott schlechthin unteilbar, ewig und unendlich. Folglich ist auch das Universum unteilbar, ewig und unendlich. Das Universum ist der ewige absolute Erkenntnisakt; dieser letztere aber muss als solcher zeitlos sein. Sonach giebt es auch im Universum kein Vor und Nach, sondern alles ist in ihm zugleich und ohne Zeitverhältnis.

Im absoluten Erkenntnisakte kann sein Inhalt nur als Idee enthalten sein. Das göttliche Universum, das identisch ist mit dem absoluten Erkenntnisakte, ist somit nichts Anderes als die (platonische) Ideenwelt, die Gesamtheit der Ideen, die Idee aller Ideen, die Idee schlechthin oder die absolute Idee, die Form aller Formen, die Gott von Ewigkeit her als identisch mit ihm selbst gezeugt hat, und

---

[1] Ebenda I, iv, S. 128.   [2] Ebenda I, v, S. 366.

welche daher bildlich auch von Schelling der dem Absoluten oder Gott „eingeborene Sohn" genannt wird. Die Idee an und für sich aber ist die Einheit des Wesens und der Form, des Unendlichen und des Endlichen, des Allgemeinen und Besonderen, der Gattung und des Individuums, nicht eine abstrakte Allgemeinheit, wie der Begriff, sondern ein konkretes Gedankengebilde, worin die Besonderheiten ebenso als aufgehobene Momente sind, wie im Ich die Vielheit seiner einzelnen Funktionen.

Weil das Universum schlechthin Eins und unteilbar ist, so können folglich auch die Ideen in ihm nicht einzelne, sich gegenseitig ausschliessende Existenzen sein, sondern jede Idee, die den Inhalt jenes Universums bildet, muss zugleich das ganze ungeteilte Universum und damit auch selbst ein Absolutes sein. Das Universum ist in seiner Allgemeinheit absolut, die Idee dagegen ist es in ihrer Besonderheit. Sie ist das Universum in der Gestalt des Besonderen, das Absolute, angeschaut in dieser Einzelform, ein ideelles Bild oder Symbol, in dessen Einzelheit das Ganze seinen eigentümlichen Ausdruck findet. „Was von allen bekannten und sichtbaren Dingen der Art des Endlichen, im Unendlichen zu sein, am nächsten kommt, ist die Art, wie das Einzelne im organischen Leibe zum Ganzen verbunden ist. Denn so wenig dieser einzelne organische Teil im organischen Leibe als einzelner gesetzt ist, eben so wenig auch im Absoluten das Einzelne als Einzelnes. Und gleichwie ein organischer Teil dadurch, dass er, reell betrachtet, nicht einzeln ist, nicht aufhört, ideell oder für sich selbst einzeln zu sein, ebenso auch das Endliche, sofern es im Absoluten ist[1]."

Da entsteht die Frage: woher bei der reinen Indifferenz, der Aufgehobenheit der Besonderheiten in der absoluten Identität die Unterschiede? woher jene Differenz von Denken und Sein, wodurch die blosse Ideellität der Betrachtungsweise, der Schein, als ob die Dinge selbst einzelne und relative wären, gesetzt wird? woher die Möglichkeit des Zeitverlaufes und überhaupt jene völlige Gegensätzlichkeit zur absoluten Identität, die eben das Wesen der Endlichkeit ausmacht?

Schelling vermag hierauf keine andere Antwort zu geben, wie Spinoza. Er sieht den Grund in der subjektiven Auffassungsweise des Bewusstseins, in der Sinnlichkeit, die das lautere Eine auseinanderzerrt und das helle Licht der ewigen und unendlichen Ideen nur getrübt, wie durch einen dunklen Schleier, darstellt. „In den Dingen

---

[1] Ebenda I, IV, S. 250.

siehest du nichts als die verschobenen Bilder jener absoluten Einheit und selbst im Wissen, sofern es eine relative Einheit ist, siehst du nichts Anderes als ein nur nach anderer Richtung verzogenes Bild jenes absoluten Erkennens, in welchem so wenig das Sein durch das Denken, als das Denken durch das Sein bestimmt ist[1]."

Allein nun fragt es sich: woher das Bewusstsein, woher dieser Grund der Trübung und Verschiebung des Realen? Die endliche Welt mag immerhin nur im Bewusstsein und folglich, sofern sie vorgiebt, eine reale Welt zu sein, nicht mehr als eine blosse Scheinwelt sein: dass sie als Scheinwelt wirklich ist, das kann doch nicht bezweifelt werden. Die Scheinwelt mag gegenüber dem realen göttlichen Universum von Schelling immerhin als ein Nichtsein bestimmt werden: mit der Leugnung ihrer Realität wird er darum doch die Ideellität des Scheins nicht los, und diese eben ist es, die eine Erklärung fordert. Zugegeben aber auch, dass die Identität des Ideellen und Realen ein endliches Bewusstsein setzen kann: sie kann doch auf keine Weise einen Bewusstseinsinhalt setzen, der nicht ein adäquates Abbild des Realen wäre. „Das Absolute ist das einzige Reale, die endlichen Dinge dagegen sind nicht real; ihr Grund kann daher nicht in einer Mitteilung von Realität an sie oder an ihr Substrat, welche Mitteilung vom Absoluten ausgegangen wäre, er kann nur in einer Entfernung, in einem Abfall vom Absoluten liegen[2]." Nicht die absolute Identität des Ideellen und Realen hat das endliche ideelle Sein produziert, sondern durch einen vorzeitlichen Akt der Freiheit sind die endlichen Dinge von selbst aus dem absoluten Sein herausgetreten und haben damit zugleich die ewige Idee in den Strom der Zeitlichkeit hinabgerissen. So haben sie zwar ihre Absolutheit eingebüsst, aber sie haben dafür erhalten, was sie früher nicht besassen, eine selbständige Realität, nur dass sie nicht die ursprünglich reale, d. h. unbewusst-ideale, sondern vielmehr eine solche im Bewusstsein ist.

Wie diese Annahme einer selbständigen Bewusstseinswelt neben dem göttlichen Universum sich mit dem ursprünglichen Monismus des schellingschen Systems vertragen soll, ist schwer zu sagen. Gesetzt aber selbst, dass ein solcher Abfall der Dinge vom Absoluten und ein selbständiges Leben des Endlichen möglich wäre, diejenige Art von Realität, die Schelling der Welt zuschreibt, genügt doch nicht, um sein System vor dem Abgrund des absoluten Illusionismus zu

---

[1] Ebenda I, IV, S. 256.
[2] Ebenda I, IV, S. 38.

schützen. Auch Schellings Monismus bleibt abstrakter Art, denn er vermag von der Aetherhöhe der intellektuellen Anschauung aus den Rückweg zur Endlichkeit nicht zurück zu finden. Seine Verflüchtigung der Welt in einen blossen ideellen Sinnenschein gegenüber der alleinigen Realität des Absoluten ist auch nur die notwendige Kehrseite davon, dass Schelling das Bewusstsein des eigenen Ich zu einem realen absoluten Sein emporschraubt.

b) Hegel.

Schelling hatte in der intellektuellen Anschauung die absolute Vernunft gefunden, die über alle Relativität erhaben sein muss. Trotzdem hatte er jene gleichsam nur für ein Talent, eine seltene Anlage des menschlichen Geistes angesehen und sie damit von der Zufälligkeit und Besonderheit der philosophierenden Subjekte abhängig gemacht. Schelling hatte die intellektuelle Anschauung als absolute Erkenntnisart bestimmt. Und doch sollte diesem Wissen gänzlich die Beweglichkeit und innere Lebendigkeit des Ideellen mangeln, und hatte er sie so beschrieben, dass sie sich thatsächlich von der starren Substanz des Spinoza nicht unterschied. Schelling hatte in ihr die Einheit des Wesens und der Form erkannt. Aber es war ihm nicht eingefallen, die göttliche Form im ganzen Reichtum der in ihr enthaltenen Momente darzustellen, sondern er hatte sich statt dessen auf die dürftigen Bestimmungen des Subjektiven und Objektiven, des Ideellen und Realen, des Endlichen und Unendlichen u. s. w. beschränkt. Die näheren Unterschiede der Form dagegen hatte er so gänzlich übersehen, dass die inhaltliche Fülle der göttlichen Erkenntnis nur als die reine Nacht erschien, in welcher alle Kühe schwarz sind. Schelling hatte endlich die intellektuelle Anschauung als Identität des Subjekts und Objekts gedeutet. Weit entfernt jedoch, das Subjekt im Objekt und dieses wiederum in jenem auf- und untergehen zu lassen, d. h. die göttliche Vernunft, wie es doch hätte der Fall sein müssen, in gänzlicher Abstraktion vom denkenden Subjekt aufzufassen, weit entfernt hiervon, hatte er den Gegensatz von Subjekt und Objekt im Akte der philosophischen Erkenntnis doch beibehalten, die Form wie ein dem Subjekt gegenüberstehendes Objekt behandelt und das Subjekt den Erkenntnisstoff bloss äusserlich an die absolute Form heranbringen und durch sie bestimmen lassen. Das hiess indess, die Willkür und die gährende Begeisterung an die Stelle der kalt fortschreitenden Notwendigkeit der Sache, das hiess, an die Stelle der objektiven Klarheit des Begriffs die trüben Ahnungen der subjektiven Empfindung setzen.

Es war Hegel, der solche Einwände gegen die intellektuelle Anschauung Schellings erhob und aus der Art, wie dieser sie ursprünglich bestimmt hatte, den Inhalt der Philosophie zu entwickeln suchte.

Wenn der absolute Erkenntnisakt die Identität des Subjekts und des Objekts ist, so können die Begriffe nicht ein totes Material sein, das erst vom Subjekt in Bewegung gesetzt und nur äusserlich zu den Gegenständen in Beziehung gebracht wird. Die Begriffe müssen dann vielmehr selbst die Gegenstände und zugleich in sich beweglich sein, sodass sie auch ohne ein von ihnen unterschiedenes und sie denkendes Subjekt kraft ihrer eigenen Natur imstande sind, von Bestimmung zu Bestimmung sich fortzuentwickeln. Folglich können die einzelnen Begriffe nicht feste, gegen einander selbständige Elemente sein, die warten müssen, bis das Subjekt sie äusserlich nach den Sätzen der Identität und des Widerspruchs unter einander verbindet, sondern die Begriffe müssen von selbst in einander übergehen und sich verbinden und diejenigen Momente auch als reale aus sich heraussetzen können, die vorerst nur als ideelle in ihnen enthalten sind.

Nur im subjektiven, menschlichen Denken oder im Verstand ist das denkende Subjekt das Prinzip der Denkbewegung; dies Denken ist daher aber auch bloss endlicher Natur. Im objektiven, göttlichen Denken oder in der Vernunft dagegen muss das Prinzip der Denkbewegung selbst ein objektives, in der Sphäre des Begriffes verbleibendes sein, und dies kann nur der Widerspruch, als das Negative des Begriffes, sein. Der Widerspruch, der also selbst ein Moment des Gedankeninhalts ist, bringt die Begriffe in Fluss und nötigt sie, in die ihnen entgegengesetzten Bestimmungen umzuschlagen. Nur dadurch ist das Denken ein absolutes, dass in ihm dem Gedankeninhalt seine innere Bestimmtheit nicht äusserlich von einem Andern aufgeheftet wird, sondern dass er sich jene Bestimmtheit selbst verleiht, indem er unter dem beständigen Stachel des Widerspruches die ganze Fülle seiner inneren Besonderheiten zu Tage fördert.

Der endliche Verstand lässt sich seinen Inhalt von aussen geben und sucht durch diskursive Denkoperationen, durch Vergleichen, Schliessen, Beweisen u. s. w. zur Wahrheit vorzudringen, ohne damit über die Grenzen der Endlichkeit und der Zufälligkeit eines bloss subjektiven Räsonnements hinauszukommen. Die wahre Methode der Wissenschaft kann nur darin bestehen, dass der Begriff sich selbst bestimmt und durch seine eigene immanente Bewegung den Inhalt als einen notwendigen und apodiktischen aus sich entfaltet. Nicht jene kahle Abstraktheit des schellingschen Absoluten, worin alle Unterschiede ausgelöscht sind, auch nicht die blosse Einsicht, dass dies Absolute seiner Natur nach ein absoluter Erkenntnisakt sei, kann sonach als Bestimmung des Realen gelten. Dazu muss vielmehr der Erkenntnisakt wirklich auch als Akt gefasst, das Wissen als Prozess gedeutet werden, der seine Momente selbst durchläuft, indem er sie hervorbringt, dazu muss diese ganze Bewegung allein als das Wirkliche und seine Wahrheit angesehen werden.

Das reale Sein ist als solches unmittelbar ein ideelles, nicht ein subjektives, von einem Subjekt getragenes, sondern ein objektiv-ideelles, das in sich selbst Bestand hat. Dies ideelle Sein aber ist die Selbstbewegung des Begriffs. Sofern nun das treibende Moment dieser Bewegung das Negative oder, wie Hegel es auch nennt, das Dialektische ist, so ist die Bewegung dialektische Bewegung. Der ganze dialektische Erkenntnisprozess aber ist nichts Anderes als eine Wiederholung des göttlichen Erkenntnisprozesses auf Grund der dialektischen Methode. Eine solche Wiederholung ist daher auch kein willkürlicher Akt, den nur wenige besonders begnadete Geister vollziehen könnten, sondern er kann von einem Jeden jeder Zeit vollzogen werden, und nur das ist nötig, dass das philosophierende Subjekt sich gänzlich des Einfallens in den immanenten Rythmus der Begriffe entschlägt und, statt ihren Fluss zu unterbrechen, ihn ruhig in sich gewähren lässt.

Wie kommen wir nun dazu, die Selbstbewegung des Begriffes als objektive Thätigkeit anzusehen?

Diese Einsicht wird uns nicht unmittelbar durch intellektuelle Anschauung gegeben, wie Schelling meint, sodass sie als eine Ausnahme unter unserer sonstigen Erkenntnis dasteht. Sie ist vielmehr eine durch seine eigene Natur vermittelte, notwendige Phase in der Entwickelung unseres Bewusstseins, oder wie Hegel sich ausdrückt, eine der geforderten „Gestalten des Bewusstseins", d. h. der verschiedenen Möglichkeiten, wie das Bewusstsein sich zu seinen Gegenständen verhält. Unmittelbar oder an sich ist uns ja nämlich die ideelle Substanz nur in der Spaltung des Bewusstseins gegeben. Der Widerspruch indes bewirkt, dass diese Substanz von der untersten Stufe des bloss sinnlichen Bewusstseins mit seinem schroffen Gegensatz von Subjekt und Objekt, ihn ausgleichend, zu immer höheren Stufen des Bewusstseins emporsteigt, um schliesslich auf der höchsten Stufe die Identität des Subjekts und des Objekts zu erkennen. In dieser Gestalt ist sie dasjenige, was sie vorher bloss an sich war, auch für sich oder ist sie sich ihres wesenhaften Seins bewusst, und dies ist es, was Hegel als den Geist bezeichnet. Indem es sich also in diesem ganzen Prozesse um die Geburt des Geistes, d. h. um die **gewusste Identität** der an sich seienden Substanz und ihres bis dahin ihr äusserlich gegenüberstehenden Gegenstandes handelt, worin das Wissen sich objektiv geworden ist, so ist die Darstellung jenes Prozesses die **Phänomenologie des Geistes**. Das Ziel desselben aber ist das **absolute Wissen**, das Sein des Geistes als Bewusstsein, der sich in Geistesgestalt wissende Geist, das begreifende Wissen, worin die Momente des Geistes nicht ferner in den Gegensatz von Sein und Wissen auseinander fallen, sondern in der Einfachheit des Wissens beschlossen bleiben, indem ihre Verschiedenheit nur eine solche des ideellen Inhalts ist. Daher stellen sich denn auch auf dieser höchsten Stufe des Bewusstseins die Momente der Bewegung nicht selbst wieder als bestimmte Gestalten des **Bewusstseins**, sondern als bestimmte **Begriffe** dar und als deren organische, in sich selbst gegründete Bewegung. Diese Bewegung ist folglich auch nicht mehr die Phänomenologie des Geistes, die es bloss mit den realen Gestalten des Bewusstseins zu thun hat, sondern es ist die **Logik**, die eigentliche spekulative Philosophie, und ihre Aufgabe ist es, als **reine Wissenschaft**, den Begriff in seiner Losgelöstheit von aller empirischen Realität zu betrachten.

So müssen wir denn in der fortlaufenden Kette der Begriffe an irgend einem Punkte ansetzen und von ihm aus den Entwickelungsprozess verfolgen, um eine Erkenntnis vom Realen zu gewinnen. Beruht nun dieser Prozess auf der Aufschliessung des Begriffs zu immer konkreteren Gestalten, so kann folglich sein Ausgangspunkt nur in der einfachsten Bestimmung liegen, in einer Bestimmung des Begriffs, die implicite zwar den ganzen Reichtum seiner einzelnen Momente in sich schliesst, explicite jedoch die allgemeinste, abstrakteste und dürftigste von allen ist. Demnach muss auch dem realen Sein der Welt eine Reihe von Entwickelungsformen des Begriffs vorausgehen, die **selbst noch nicht real** im Sinne des gegebenen, empirischen Daseins sind, worin sich vielmehr der Begriff nur erst soweit verdichtet und konkresziert, um unmittelbar Element jenes Daseins zu werden. In der Logik, als der Darstellung dieses **vorrealen** und **vorempirischen** Prozesses, durchläuft das unmittelbare Sein des Anfangs die Stufen des Wesens, des Begriffes, der Idee u. s. w., um schliesslich in der Idee des absoluten Erkennens oder als absolute Idee sich selbst als die reine Form des Begriffes zu erkennen, die ihren Inhalt als sich selbst anschaut.

Die „Realität" in der **hegelschen** Logik bezieht sich demnach nicht auf die endlichen Dinge, sie bezieht sich weder auf das natürliche, noch auf das geistige Sein, weder auf die reale, noch auf die ideelle Realität des Bewusstseins, sondern sie bedeutet hier nur die Bestimmtheit des Begriffs im Gegensatze zu seiner ursprünglichen Unbestimmtheit. Und ebenso sind die Ausdrücke Dasein, Existenz und Objektivität nicht Bestimmungen der empirischen Wirklichkeit, sondern Dasein bedeutet nur das Herausgesetztsein der ideellen Bestimmungen in der logischen Sphäre des Seins, Existenz dasselbe in der logischen Sphäre des Wesens, Objektivität das Herausgesetztsein der ideellen Bestimmungen in der logischen Sphäre des Begriffes. Alle drei also sind nur Unterarten jener logischen Realität, die noch vor der eigentlichen Wirklichkeit der Dinge liegt. Ist diese, als begriffliche, eine ideelle Realität, so ist jene vorempirische Realität der Logik eine reale Ideellität und als solche das reine Denken oder reine Wissen, dessen Reinheit, wie gesagt, darin besteht, dass es mit der unmittelbaren Realität der empirischen Erscheinungswelt noch nicht behaftet ist. Die Logik aber ist das System der reinen Vernunft, das Reich des reinen Gedanken. „Dieses Reich ist die Wahrheit, wie sie ohne Hülle an und für sich selbst ist. Man kann sich deswegen ausdrücken, dass dieser Inhalt die Darstellung Gottes ist, wie er in seinem ewigen Wesen vor der Erschaffung der Natur und eines endlichen Geistes ist[1]."

Hegel glaubt, wie gesagt, den Beweis für die objektive Notwendigkeit des Zusammenfallens von Subjekt und Objekt, von Wissen und Sein, von Dasein und Bewusstsein in seiner Phänomenologie des Geistes erbracht zu haben, indem er sie als eine Stufe des Bewusstseins darstellt. Man sieht jedoch leicht, dass jene Identität des Ideellen und Realen die stillschweigende Voraussetzung ist, ohne welche es keine Entwickelung des Bewusstseins geben könnte. Wie wenig sich also auch Hegel selbst darüber klar ist, er steht so gut, wie Schelling, auf dem Boden der intellektuellen Anschauung, deren Annahme er bei jenem tadelt, aber er hat dies Prinzip zur höchsten Vollendung fortentwickelt, wodurch erst seine ganze Bedeutung ans Licht hervortritt.

Auch Spinoza war durch das Thor der intellektuellen Anschauung unmittelbar ins Centrum des Absoluten eingedrungen, ohne indessen in ihr etwas mehr als bloss die abstrakten allgemeinen Umrisse des absoluten Wesens, die Substanz als den Träger ihrer Attribute zu erkennen. Auch Fichte hatte sich vermittelst ihrer zur Erkenntnis des Absoluten als der absoluten Thätigkeit erhoben; aber er hatte alle Akte dieser Thätigkeit nur auf das Zustandekommen

---

[1] Hegel: Sämtliche Werke, III, S. 35f.

der endlichen Bewusstseinswelt bezogen. Auch Schelling hatte die intellektuelle Anschauung als göttlichen Erkenntnisakt bestimmt, doch hatte er sich nicht einfallen lassen, in der himmlischen Klarheit dieser absoluten Gedankenwelt die einzelnen Momente als solche unterscheiden zu wollen. Hegel jedoch, der jenen Erkenntnisprozess als die Selbstbewegung des Begriffes auffasst, der zugleich in seiner Dialektik das Prinzip entdeckt zu haben meint, wie die Begriffe auseinander hervorgehen, Hegel erhebt den Anspruch, mit dem endlichen subjektiven Denken die Schritte des objektiven göttlichen Denkens selbst nachgehen zu können, und zwar des göttlichen Denkens, nicht bloss wie es innerhalb der Welt die Wunder seines unendlichen Inhaltes aufschliesst, sondern auch wie es vor aller empirischen Wirklichkeit den Grundriss eines eventuellen Weltdaseins entfaltet.

Damit ist nun, wie gesagt, die höchste Sprosse erklommen, die auf der Leiter der Identität von Denken und Sein überhaupt erreichbar ist. Was der ganze Rationalismus seit Descartes erstrebt hatte, eine apriorische Erkenntnis der Wirklichkeit, eine Erkenntnis, die, unabhängig von der Zufälligkeit der Erfahrung, bloss aus dem Wesen der Vernunft geschöpft und darum auch apodiktisch gewiss ist, das findet in der hegelschen Dialektik seine Erfüllung, indem in ihr die Methode der metaphysischen Wissenschaft zugleich als die Ausführung dieser letzteren selbst sich darstellt. Es giebt Fälle, wo der Zeitgeist seinen vielverzweigten Inhalt gleichsam zusammenfasst und die Fülle seiner treibenden Ideen in einer einzigen Persönlichkeit zum Ausdruck bringt. Hegel ist eine solche Persönlichkeit; darum ist es begreiflich, wenn er selbst, getragen von diesem allgemeinen Zeitbewusstsein, einen Glauben an die Vernunft, ein Vertrauen auf die Macht und die Fähigkeit des menschlichen Geistes äussert, wie ihn selbst ein Spinoza nicht besessen hatte. „Das verschlossene Wesen des Universums hat keine Kraft in sich, welche dem Mute des Erkennens Widerstand leisten könnte; es muss sich vor ihm aufthun und seinen Reichtum und seine Tiefen ihm vor Augen legen und zum Genusse bringen[1]."

Wenn nun die Logik bloss die allgemeinen Formen und Begriffe darlegt, die, falls es zu einer Weltwirklichkeit kommt, in dieser ihre bestimmte Stelle erhalten sollen, wenn in der absoluten Idee oder der explizierten Totalität aller begrifflichen Momente der logische Prozess sich in seinen Anfangspunkt zurückschlingt, ohne irgendwie die Sphäre des Logischen selbst zu überschreiten, so ist klar, dass

---

[1] Ebenda VI, xi.

dieses ganze Reich der logischen Ideen erst eine fundamentale Umwandlung erfahren muss, um Prinzip der empirischen Wirklichkeit sein zu können. Hegel denkt sich diesen Uebergang der Logik oder der reinen Idealwissenschaft in die Realwissenschaften der endlichen Existenz so, dass die Idee, nachdem sie alle Stufen ihrer logischen Entwickelung durchlaufen, sich selbst durch einen Akt der Freiheit in die ihrer eigenen Subjektivität und Ideellität entgegengesetzte Aeusserlichkeit des Raumes und der Zeit hineinbegiebt: „Die absolute Freiheit der Idee ist, dass sie in der absoluten Wahrheit ihrer selbst sich entschliesst, das Moment ihrer Besonderheit oder des ersten Bestimmens und Andersseins, die unmittelbare Idee als ihren Widerschein, sich als Natur frei aus sich zu entlassen[1]."

Mit diesem Akte der absoluten Freiheit also tritt die Idee aus der ihr allein angemessenen Sphäre der reinen Idealität oder des bloss logischen Seins, aus der Verschlossenheit des Insichseins heraus, gelangt sie ausser sich und wird Weltidee, Prinzip des empirischen, realen Daseins. Freilich erinnert dieser Uebergang zu sehr an den schellingschen „Abfall" der Ieeen, um den Widerspruch, den er in sich schliesst, verbergen zu können. Der Freiheitsakt kann dies nur als grundloser sein; als solcher ist er gleich dem reinen Zufall. Wie aber in der Entwickelung des Begriffs, wo alle Momente durch die logische Notwendigkeit zusammenhängen, der Abgrund des Zufalls zwischen zwei Momenten gähnen kann, dies bleibt auf dem hegelschen Standpunkte des Panlogismus unverständlich.

Ebenso unverständlich ist es, woher Hegel das Recht nimmt, das „Anderssein" der Idee in der empirischen Wirklichkeit trotzdem noch als ein Ideelles zu betrachten, als ob jene ganze Wirklichkeit sich restlos in logische Bestimmungen zergliedern liesse. Wenn die Identität des Ideellen und Realen in ihrer Reinheit und Lauterkeit nur in der logischen Sphäre des Begriffes angetroffen wird, so müsste doch die Realität der empirischen Erscheinungswelt eben nicht mehr reine Ideellität sein können. Und doch soll, ebenso wie der Begriff in der rein logischen Sphäre sich nicht in der Objektivität seiner herausgesetzten Bestimmungen verliert, sondern die ideelle, begriffsmässige Einheit der Besonderheiten sich immer wieder aus diesen herstellt, doch soll es die „Macht des Begriffes" sein, sich auch im realen Dasein zu erhalten, die Fremdheit, die ihm im Aussersichsein der Natur anhaftet, zu überwinden und aus den mannigfaltigen Naturgestalten sich selbst in seinem Wesen zurückzugewinnen. Der ganze

---

[1] Ebenda S. 413f.

Naturprozess soll eben nichts Anderes sein als die Bemühung des Begriffs, den Widerspruch des raumzeitlichen Daseins mit seinem Wesen aufzuheben und das, was er in der Natur bloss an sich ist, auch für sich, d. h. Geist, zu sein. Wie wenig jedoch Hegel selbst imstande ist, auch nur die einfachsten Erscheinungen der Natur als rein begriffliche Momente darzustellen, dafür liefert seine eigene Naturphilosophie das beste Beispiel. Weit entfernt, in der Natur einen vernünftigen Entwickelungsprozess zu finden, vermag er sie nur als ein regelloses Durcheinander gleichgültiger und sinnloser Gestalten zu begreifen. Die vielgerühmte Macht des Begriffs offenbart sich hier thatsächlich als die reine Ohnmacht, ja, Hegel bequemt sich schliesslich selbst zu dem Eingeständnis, es sei das Ungehörigste, vom Begriffe zu verlangen, er solle alle die Willkürlichkeiten in dieser Sphäre begreifen, und meint, die Zufälligkeit und Bestimmbarkeit von aussen behaupte in der Natur ihr Recht.

Man sollte hiernach glauben, diese Unfähigkeit des Begriffes, die einzelnen Naturgestalten zu erklären, würde aufgehoben durch die Art und Weise, wie jenes Prinzip sich in der Geistesphilosophie bewährt. Leider treten seine Mängel hier nur noch greller zu Tage, und zwar weil es nicht imstande ist, die individuellen Besonderheiten in der Geistessphäre zu bestimmen. Gewiss hat Hegel Recht, zu betonen, es komme in der Philosophie nur darauf an, das Wahre im Menschen, d. h. das Wesen seines Geistes, zu erkennen, und wenn er infolgedessen die blosse Menschenkenntnis, die Sammlung von zufälligen Einzelheiten und das „selbstgefällige Sichherumwenden des Individuums in seinen ihm teuren Absonderlichkeiten", als unwissenschaftliches Räsonnement verwirft. Wenn diese Abstraktion von allen Besonderheiten, „diesen sogenannten Falten des menschlichen Herzens", sein fortwährendes Hindrängen zum Allgemeinen nur nicht den Sinn hätte, dass überhaupt nichts daran gelegen sei, die Realität des Individuellen zu begreifen! Mag Hegel nun den subjektiven Geist in der Anthropologie, Phänomenologie und Psychologie, oder mag er den objektiven Geist im Rechtsleben, der Moralität und der Sittlichkeit, oder mag er endlich den absoluten Geist in Kunst, Religion und Philosophie betrachten, immer handelt er nur von einem allgemeinen Begriff des Geistes und seinen abstrakten Bestimmungen, als ob diese für sich existierten und nicht alle Geistgestalten doch überall nur von konkreten Individuen getragen würden.

Indem er zunächst in der Empfindung aus dem Zustande seines Aussersichseins oder Naturseins erwacht, ist der Geist nach Hegel Seele. Unter dieser ist indessen nicht etwa die besondere reale Seele als solche, sondern nur „die allgemeine Immaterialität der Natur, deren einfaches, ideelles Leben" zu verstehen, „die Substanz, die absolute Grundlage aller Besonderung und Vereinzelung des Geistes, sodass er in ihr allen Stoff seiner Bestimmung hat und sie die durchdringende, identische Idealität derselben bleibt[1]". Die Seele darf jedoch auch nicht als Weltseele „fixiert" werden, als ob sie ein handelndes Subjekt wäre, das hinter seinen Erscheinungen steht. Wohl aber ist sie Substanz in dem Sinne, dass sie nur als Einzelheit Wahrheit hat, d. h. sie ist selbst noch kein Individuum, sondern nur das stets sich Individualisierende, der Mutterschoss aller individuellen Gestaltungen. Individuum ist der Geist erst durch seine Verflechtung mit der Natürlichkeit, in die er sich hineinbildet, indem er sie dadurch zu seinem Leib gestaltet. Die ganze Arbeit des Geistes innerhalb der seelischen Stufe besteht darin, durch eine solche fortgesetzte Hineinbildung in die Natürlichkeit des Leibes sich selbst als das Wesen dieses Leibes zu erkennen, den letzteren als Objekt von sich, als Subjekt, zu unterscheiden und damit im Begriff des Ich zur nächsthöheren Stufe des **Bewusstseins** emporzusteigen.

Das Ich ist die abstrakte Allgemeinheit für die Allgemeinheit, „dies Allgemeine, dies Einfache, das in Wahrheit erst dann existiert, wenn es sich selbst zum Gegenstande hat[2]". „In ihm erfolgt somit ein Erwachen höherer Art als das auf das blosse Empfinden Einzelner beschränkte natürliche Erwachen; denn das Ich ist der durch die Naturseele schlagende und ihre Natürlichkeit verzehrende Blitz; im Ich wird daher die Idealität der Natürlichkeit, also das Wesen der Seele für die Seele[3]."

Offenbar ist auch hiermit noch nicht das einzelne, reale Ich, sondern höchstens der allgemeine Begriff des Ich, die **Ichheit** abgeleitet, wie sie, falls es zum realen Dasein kommt, dem wirklichen Ich als Vorbild oder schöpferische Form vorangeht. Gesetzt aber auch, dass sie mit dem wirklichen Ich identisch wäre, so wäre doch damit immer nur erst die Existenz eines einzigen Ich bewiesen; woher jedoch die vielen Iche stammen, das wäre aus der Einheit und Einzigkeit der Idee nicht zu begreifen. Auch hier weiss Hegel sich nur zu helfen, indem er den „Zufall" in sein System aufnimmt. „Die einzelnen Seelen unterscheiden sich von einander durch eine unendliche Menge von zufälligen Modifikationen. Diese Unendlichkeit gehört aber zur schlechten Art des Unendlichen[4]." Das heisst jedoch, das Problem nur einfach bei

---

[1] Ebenda VII, S. 46 f. [2] Ebenda S. 247.
[3] Ebenda S. 248. [4] Ebenda S. 82.

Seite schieben, aber nicht, es lösen, wenn man seine Beantwortung mit der Würde der philosophischen Betrachtung für unvereinbar erklärt.

Dass die Ichvorstellung uns Allen gemeinsam ist und insofern mein Ich sich von den anderen nicht unterscheidet, soll beweisen, dass die Einzelheit eigentlich nur ein nichtiges Moment, dass aber das eigentlich Reale am Ich, die Wahrheit desselben, der Allgemeingeist ist. Ich ist „das individuell bestimmte Allgemeine", die Idee, sofern sie durch Abstossung und Negation aller Schlacken der Natürlichkeit ihr Wesen als ideelles Sein im Anderssein der empirischen Wirklichkeit zurückgewinnt. „Ich, als diese absolute Negativität, ist an sich die Identität im Anderssein; Ich ist es selbst und greift über das Objekt als ein an sich aufgehobenes über, ist eine Seite des Verhältnisses und das ganze Verhältnis, das Licht, das sich und Anderes offenbart[1]."

Wie der Geist durch die Stufe der Seele hindurch sich zum Bewusstsein fortentwickelt, so nämlich geht die Entwickelung des Bewusstseins in der Weise vor sich, dass das Subjekt das Objekt als seine eigene Bestimmung, eben dadurch als mit sich identisch begreift und in der Erkenntnis des Ich = Ich die höhere Stufe des Selbstbewusstseins erklimmt. In diesem Ausdruck: Ich = Ich ist zugleich das Prinzip der absoluten Vernunft und Freiheit ausgesprochen. „Die Freiheit und die Vernunft besteht darin, dass ich mich zu der Form des Ich = Ich erhebe, dass ich alles als das Meinige, als Ich erkenne, dass ich jedes Objekt als ein Glied in dem System desjenigen fasse, was ich selbst bin, kurz darin, dass ich in einem und demselben Bewusstsein Ich und die Welt habe, in der Welt mich selber wiederfinde und umgekehrt in meinem Bewusstsein das habe, was ist, was Objektivität hat[2]."

Eben damit aber befreit sich auch der Geist aus der Enge des Selbstbewusstseins und erkennt sich als das, was er seinem Wesen nach ist. Die Einzelnen, die auf der Stufe des Selbstbewusstseins noch als besondere festgehalten werden, sind nunmehr als untergeordnetes Material überwunden. „Ihr Unterschied ist in dieser Identität die ganz unbestimmte Verschiedenheit, oder vielmehr ein Unterschied, der keiner ist. Ihre Wahrheit ist die an und für sich seiende Allgemeinheit und Objektivität des Selbstbewusstseins, die Vernunft[3]." Diese Gewissheit des Selbstbewusstseins, dass seine Bestimmungen ebenso sehr gegenständlich, Bestimmungen des Wesens der Dinge, wie seine eigenen Gedanken sind, diese „unendliche Allgemeinheit" der sich wissenden Wahrheit, diese ist der Geist im eminenten

---

[1] Ebenda S. 249.   [2] Ebenda S. 267.   [3] Ebenda S. 285.

Sinne, die letzte und höchste Stufe der Idee in der Sphäre des realen Daseins, womit sich zugleich ihre endliche Entwickelung wieder in die Unendlichkeit des Anfangs zurückschlingt.

„Der Geist als solcher ist die Vernunft, wie sich dieselbe einerseits in die reine unendliche Form, in das schrankenlose Wissen, und andrerseits in das mit diesem identische Objekt trennt[1]." Er ist endlich, solange das Wissen das An- und Fürsichsein seiner Vernunft noch nicht erfasst, oder was dasselbe ist, solange die Vernunft sich nicht zur vollen Manifestation im Wissen gebracht hat. „Die Endlichkeit des Geistes darf daher nicht für etwas absolut Festes gehalten, sondern muss als eine Weise der Erscheinung des nichtsdestoweniger seinem Wesen nach unendlichen Geistes erkannt werden. Darin liegt, dass der endliche Geist unmittelbar ein Widerspruch, ein Unwahres und zugleich der Prozess ist, diese Unwahrheit aufzuheben[2]." Denn der Geist ist in seiner Wahrheit erst, wenn alle Besonderheiten in ihm nur als Momente begriffen sind, oder wenn er als die schlechthin allgemeine, durchaus gegensatzlose Gewissheit seiner selbst erkannt ist. Ein solches Moment des Geistes ist das endliche Bewusstsein. „Er selbst ist das Sichunterscheiden, das Sichbestimmen, d. h. sich als endliches Bewusstsein zu setzen. Dadurch aber ist er nur als durch das Bewusstsein oder den endlichen Geist vermittelt, sodass er sich zu verendlichen hat, um durch diese Verendlichung Wissen seiner selbst zu werden[3]."

Das endliche Bewusstsein ist sonach ein notwendiges Moment am Geiste. Der Allgemeingeist muss in der Natur ausser sich gehen, um endliches Bewusstsein, und er muss sich in der Enge des endlichen Bewusstseins einschränken, um absolutes Bewusstsein zu sein. Nichtsdestoweniger ist das endliche Bewusstsein ein an und für sich unwahres und darum aufzuhebendes Moment am Geiste, der vielmehr Allgemeingeist und Allgeist nur in der Freiheit von allen Schranken des Bewusstseins ist. „Der Geist ist sonach dieses, sich ewig zu erkennen, sich aufzuschliessen zu endlichen Lichtfunken des einzelnen Bewusstseins und sich aus dieser Endlichkeit wieder zu sammeln und zu erfassen, indem in dem endlichen Bewusstsein das Wissen von seinem Wesen und so das göttliche Selbstbewusstsein hervorgeht[4]." „Dass der Mensch von Gott weiss, ist nach der wesentlichen Gemeinschaft ein gemeinschaftliches Wissen, d. i. der Mensch weiss nur von Gott, insofern Gott im Menschen von sich selbst weiss. Dies Wissen ist Selbstbewusstsein Gottes, aber ebenso

---

[1] Ebenda S. 289. [2] Ebenda S. 293.
[3] Ebenda XI, S. 200. [4] Ebenda XII, S. 330.

ein Wissen desselben vom Menschen, und dies Wissen Gottes vom Menschen ist Wissen des Menschen von Gott. Der Geist des Menschen, von Gott zu wissen, ist nur der Geist Gottes selbst[1]."

So ist denn also auch nach Hegel der Geist seinem Wesen nach, als aktiver, funktionierender, sich entwickelnder, ein vorbewusster und unbewusster und nur erst in seinem höchsten Produkte, dem Menschen, kommt er zum Bewusstsein. Damit erhebt sich aber auch hier das Bedenken, wie das bewusste Denken des Menschen unmittelbar zugleich das unbewusste Denken Gottes sein, ja, wie es auch nur den Anspruch erheben kann, ein völlig adäquates Abbild dieses Denkens zu sein. Als Inhalt des Bewusstseins haben die hegelschen Bestimmungen der Idee und des Geistes bloss ein subjektiv-ideelles Sein. Als Inhalt des absoluten Denkens sollen sie nicht bloss ein objektiv-ideelles, sondern als solches zugleich ein absolut-reales Sein besitzen. Der Widerspruch kann nicht dadurch gehoben werden, dass man den subjektiven Denkprozess als die ideelle Abspiegelung des realen Prozesses auffasst. Denn entweder ist dies richtig, dann ist das Denken nicht identisch mit dem Sein, weil Bewusstsein und Sein alsdann zwei getrennte Sphären bilden. Oder sie sind identisch, dann ist auch die Realität der idealen Bestimmungen nur eine subjektiv-ideelle, und der fichtesche subjektive Idealismus ist die Konsequenz des Panlogismus, über den hinausgeschritten zu sein, die hegelsche Philosophie sich gerade als Verdienst anrechnet.

Man versteht so, wie auch bei Hegel die empirische Wirklichkeit die Gestalt eines bloss subjektiven Scheins annehmen kann, um den sich die eigentlich so genannte spekulative Betrachtung nicht weiter kümmert. Darum erscheint auch bei ihm die Welt als „das für sich negative Moment des Andersseins, des Aussersichseins, das als solches keine Wahrheit hat, sondern nur ein Moment, der Zeit nach nur ein Augenblick und selbst kein Augenblick ist, sondern nur dem endlichen Geiste gegenüber diese Weise der Selbständigkeit hat, insofern er selbst in seiner Existenz diese Art und Weise der Selbständigkeit ist"[2]. So wenig der Begriff imstande ist, die Individualität in ihrer konkreten Besonderheit und die Vielheit der endlichen Individuen zu bestimmen, so wenig vermag er die Realität aus sich hervorzutreiben, sondern er bleibt mit allen seinen Bestimmungen in der Sphäre des Ideellen und bloss Logischen stecken. Diese Welt, wie sie unmittelbar ist, das Sinnliche, Zeitliche, darf daher auch gar nicht als seiend

---

[1] Ebenda S. 496.   [2] Ebenda XII, S. 252.

angenommen werden. Sie ist nur „ein verschwindendes Moment der Erscheinung in Gott". Hegel vergleicht sie dem flüchtigen Aufleuchten eines Blitzes oder dem Tönen eines Wortes, das, indem es gesprochen und vernommen, in seiner äusserlichen Existenz verschwunden ist, womit er freilich diese, wenn auch noch so flüchtige Existenz selbst nicht fortleugnen kann.

Natürlich ist mit solchen Behauptungen, ebenso wie mit der Annahme eines rein logisch-idealen Entwickelungsprozesses des Begriffes vor und jenseits des empirisch-realen Geistprozesses, wie die Logik ihn im Gegensatze zur Realphilosophie darstellt, der Monismus der hegelschen Philosophie doch wieder nur zum Dualismus und zur Abstraktheit verurteilt. So gewiss daher diese Philosophie die höchste Form und den Gipfel des Rationalismus darstellt, so gewiss ist sie zugleich auch sein Absturz und seine reductio ad absurdum, denn an ihr wird es offenbar, was schon Kant geahnt hatte, dass das Ideelle und das Reale nicht identisch sein können und dass man daher über den Begriff hinausgehen muss, um den festen Boden des wahrhaft Wirklichen zu erreichen.

4. Das Ich als Wille.

a) Das Ich als absoluter Wille: Schopenhauer.

Der Rationalismus war aus dem Streben hervorgegangen, eine apodiktische Erkenntnis des Realen zu gewinnen. Apodiktisch gewiss ist aber bloss die apriorische Erkenntnis, d. h. die Erkenntnis aus reiner Vernunft. Darum hatte der Rationalismus ganz folgerichtig das gesamte reale Sein in ideelle, vernunftgemässe Bestandteile aufgelöst und hatte er seine höchsten Stufen im reinen Bewusstseinsidealismus und absoluten Idealismus der hegelschen Philosophie erstiegen, weil nur, wenn das Sein selbst vernünftig ist oder wenn Ideelles und Reales, Denken und Sein unmittelbar zusammenfallen, eine apriorische Erkenntnis des letzteren möglich ist. Wer folglich auf den apodiktischen Charakter der Metaphysik verzichtet, der braucht auch das Sein nicht für bloss logisch zu halten; und umgekehrt: wer im Sein nicht lauter Vernunft und reine Logik finden kann, der darf auch keine apodiktische Erkenntnis dieses Seins erwarten. Ein solcher darf dann freilich auch das Wesen des Ich nicht in die reine Thätigkeit des Erkennens setzen, wenn anders dies Ich mit dem Realen selbst identisch sein soll; denn wäre das Ich in blosse Erkenntnis auflösbar, dann müsste das Gleiche auch vom Sein behauptet werden.

In solcher Lage nun befindet sich Schopenhauer. Dieser ist weit entfernt, auf apodiktische Gewissheit der Erkenntnis zu pochen und erklärt den Begriff einer a priori zu findenden Metaphysik für „notwendig eitel" und und auf Missverständnis beruhend[1]. Wenn sonach auch er die rein vorstellungsmässige Natur der Welt als den erkenntnistheoretischen Ausgang seines Philosophierens hinstellt, so muss er, scheint es, hierzu ganz andere Gründe haben, wie z. B. Kant; denn dieser hatte, wie wir früher gesehen haben, die subjektive Ideellität der Erfahrungswelt bloss deshalb behauptet, um durch die Ermöglichung einer apriorischen Erkenntnis dieser Welt der Metaphysik einen apodiktischen Charakter zu verschaffen. Kant nahm deswegen eine apriorische Erkenntnis der apriorischen Bedingungen der Erfahrung an und konstruierte sich daraus den Begriff eines transcendentalen Ich, als des substantiellen Trägers jener apriorischen Funktionen. Schopenhauer dagegen hält es gerade für seine Hauptaufgabe, „diesen uralten und ausnahmslosen Grundirrtum, dieses proton pseudos und fundamentale hysteron proteron" zu beseitigen, als ob der Kern des Menschen das erkennende Bewusstsein und folglich dessen „transcendente Hypostase", genannt Seele, zunächst und wesentlich denkend sei[2]. Man muss demnach annehmen, dass er selbst ein solches Zusammenfallen des Ich und des Realen und folglich auch die ichliche Beschaffenheit des Realen leugnet.

„Die Welt", sagt Schopenhauer, „ist meine Vorstellung". Aber sie ist es, weil sie Objekt ist; denn Objekt für ein Subjekt sein und Vorstellung sein ist eines und dasselbe. Wie das Objekt-für-ein-Subjekt-Sein die allgemeinste Form ist des Vorstellens überhaupt, so sind Raum, Zeit und Kausalität die wesentlichen und allgemeinen Formen, unter denen allein uns ein Objekt erscheinen kann. Sie sind das Formale der Erscheinung, von welchem Kant gezeigt hat, dass es a priori in unserem Bewusstsein liegt. Der gemeinschaftliche Ausdruck für alle diese Formen aber ist der Satz vom Grunde, sodass mithin alles, was wir a priori wissen, nur der Inhalt jenes Satzes, in ihm also eigentlich unsere ganze a priori gewisse Erkenntnis ausgesprochen ist.

Wie reimt sich nun die hiermit eingeräumte Möglichkeit einer apriorischen Erkenntnis des Formalen der Erfahrung damit, dass Schopenhauer die Realität der Bewusstseinsform leugnet? Denn offenbar kann ja eine solche Erkenntnis nur stattfinden, wenn das Bewusstsein als solches hinter die Erfahrung reicht und folglich ihm eine substantielle, metaphysische und reale Bedeutung zukommt. Und wie

---

[1] Schopenhauer: Die Welt als Wille und Vorstellung, II, S. 200f.
[2] Ebenda S. 222f.

soll man es ferner mit seinem Proteste gegen die Realität der Bewusstseinsform vereinen, wenn Schopenhauer auch darin mit Kant übereinstimmt, jenen Formen alle transcendente Bedeutung abzusprechen? Denn eine solche Beschränkung ihrer Geltung auf die Sphäre des Objekts hat ja einen Sinn wiederum nur, wenn dieselben, wie bei Kant, bloss Formen des Bewusstseins sind.

Man sollte meinen, Schopenhauer habe noch viel mehr Grund als Kant, das Bewusstsein zum metaphysischen Träger der Welt zu machen. Denn Kant ist zeitlebens, was ihm Schopenhauer mit Recht vorwirft, von der Annahme einer transcendenten Kausalität nicht losgekommen, hat also damit im Widerspruche mit seinen Prinzipien eine Realität auch jenseits des Bewusstseins zugegeben. Schopenhauer aber leugnet die Annahme von Dingen an sich in diesem Sinne, er überspannt den kantischen transcendentalen Idealismus zum reinen Subjektivismus und rückt damit seine eigene Philosophie dem verhassten Fichte so nahe, dass man nicht einsieht, mit welchem Rechte er sich selbst als den direkten Fortsetzer und Vollender Kants bezeichnet.

Wie der ganzen Transcendentalphilosophie überhaupt, so liegt auch dem schopenhauerschen Idealismus die Annahme der Identität von Sein und Bewusstsein zugrunde, und zwar liegt sie ihr in der fichteschen Form der intellektuellen Anschauung zugrunde, weil auch Schopenhauer die Existenz von Dingen an sich bestreitet und damit das Sein als ein absolutes auffasst. Wie wenig er sich jedoch selbst hierüber klar ist, das beweist seine beständige Polemik gegen jenes „in uns liegende, unmittelbar auf Metaphysik angelegte orakelartige Vermögen", woran man gleichsam ein in die supralunarische, ja, übernatürliche Welt sich öffnendes Fensterlein hat, um alle die Wahrheiten ganz fertig und zugerichtet in Empfang nehmen zu können, um welche die bisherige, altmodische, ehrliche, reflektierende und besonnene Vernunft sich Jahrhunderte lang vergeblich abgemüht und gestritten hat. Schopenhauer erklärt die Annahme einer solchen unmittelbaren Vernunftanschauung für eine „bare Lüge" und behauptet, von ihr nicht den mindesten Begriff zu haben. Um so mehr, sollte man meinen, hätte er sich hüten müssen, sich ihrer auch nur als einer stillschweigenden Voraussetzung zu bedienen.

Wie Fichte, so ist sich auch Schopenhauer darüber völlig klar, dass seine Annahme der subjektiven Ideellität der Welt ihr allen Boden unterauszieht und jedes Bemühen vergeblich erscheinen lässt, den Unterschied zwischen Traum und Wirklichkeit zu bestimmen. Ist die Welt, wie wir sie in Raum und Zeit und dem Gesetze der Kausalität unterworfen sehen, bloss meine Vorstellung, dann gilt von ihr die uralte Weisheit der Inder, wo es heisst: „Es ist die Maja, der Schleier des Truges, welcher die Augen der Sterblichen umhüllt und sie eine Welt sehen lässt, von der man weder sagen kann, dass sie sei, noch auch, dass sie nicht sei: denn sie gleicht dem Traume, gleicht dem Sonnenglanz auf dem Sande, welchen der Wanderer von ferne für ein Wasser hält, oder auch dem hingeworfenen Strick, den er für eine Schlange ansieht[1]."

Zwar tröstet sich Schopenhauer damit, dass diese Vorstellungsnatur der Welt ihre Realität nicht aufhebe und sie keineswegs zur Lüge und zum Schein degradiere. Denn, meint er, sie gäbe sich völlig als das, was sie ist, als Vorstellung, und bloss einem durch Vernünfteln verschrobenen Geiste könne es einfallen, über ihre Realität zu streiten. Allein er weiss auch zu gut, dass diese ihre „empirische Realität", wie Kant sie genannt hat, garnicht gemeint ist, wenn es sich um die Realität der Dinge handelt. „Was uns zum Forschen antreibt, ist eben, dass es uns nicht genügt, zu wissen, dass wir Vorstellungen haben, dass sie solche und solche sind und nach diesen oder jenen Gesetzen, deren allgemeiner Ausdruck der Satz vom Grunde ist, zusammenhängen. Wir wollen die Bedeutung jener Vorstellungen wissen: wir fragen, ob diese Welt nichts weiter als Vorstellung sei, in welchem Falle sie wie ein wesenloser Traum oder ein gespensterhaftes Luftgebilde an uns vorüberziehen müsste, nicht unserer Beachtung wert, oder aber ob sie noch etwas Anderes, noch etwas ausserdem ist, und was sodann dieses sei[2]." Dies Andere, dies „Ding an sich", wie Schopenhauer das reale Sein mit Kant im Unterschiede vom ideellen Sein bezeichnet, muss etwas von der Vorstellung völlig und seinem ganzen Wesen nach Grundverschiedenes sein. Folglich kann man es auch nicht objektiv, am Leitfaden des Satzes vom Grunde erkennen wollen, denn dieser verbindet nur Objekte, d. h. Vorstellungen, unter einander. Wer meint, von aussen, von der Vorstellung aus oder auf logischem Wege dem Wesen der Dinge beikommen zu können, der gleicht nach Schopenhauer Einem, der um ein Schloss herumgeht, vergeblich einen Eingang suchend, und der einstweilen die Fassaden skizziert.

Zum Glück giebt es noch einen ganz anderen, durch das Innere der Dinge führenden Weg, gleichsam einen unterirdischen Gang, eine geheime Verbindung, die uns, wie durch Verrat, mit einem Schlage in die Festung versetzt, die wir durch Angriffe von aussen nicht nehmen können. Wir besitzen nämlich neben dem objektiven Erkennen

---

[1] Ebenda I, S. 9.   [2] Ebenda S. 117 f.

vermittelst der Vorstellungen noch eine Art subjektiver, unmittelbarer Erkenntnis, welche darauf beruht, dass wir selbst das Wesen sind, wovon wir in den Objekten unseres Bewusstseins bloss die Erscheinung finden.

Von allen Objekten ist keins mir so nahe, wie mein eigener Leib. Dieser ist das unmittelbare Objekt, durch dessen Vermittelung ich alle anderen Objekte erst erkenne. Eben dieser Leib nun ist mir nicht bloss als Vorstellung in Raum und Zeit, als Objekt unter Objekten gegeben, sondern er kommt auch noch in einer ganz anderen, von jener toto genere verschiedenen Art in meinem Bewusstsein vor, in welcher Beziehung ich ihn Wille nenne. Der Leib ist der nach aussen projizierte, in Raum und Zeit auseinandergezogene und objektiv gewordene Wille. Der Wille ist der auf einen Punkt konzentrierte, in der Innerlichkeit verharrende und allem Objektsein entrückte Leib. Der Leib ist der von aussen gesehene Wille, der Wille der von innen betrachtete Leib. Dieser ist die Erscheinung des Willens, jener dagegen ist das Wesen des Leibes. Eben deshalb ist jeder wahre Akt des Willens sofort und unausbleiblich auch eine Bewegung des Leibes und umgekehrt. „Der Willensakt und die Aktion des Leibes sind nicht zwei objektiv erkannte verschiedene Zustände, die das Band der Kausalität verknüpft, stehen nicht im Verhältnis der Ursache und Wirkung, sondern sie sind Eines und Dasselbe, nur auf zwei gänzlich verschiedene Weisen gegeben: einmal ganz unmittelbar und einmal in der Anschauung für den Verstand[1]."

Wie im Cogito ergo sum des Descartes die Erkenntnis des realen Seins nur unmittelbar vollzogen, aber nicht aus Begriffen abgeleitet werden konnte, so kann auch nach Schopenhauer die Identität des Willens und des Leibes nur „nachgewiesen, d. h. aus dem unmittelbaren Bewusstsein, aus der Erkenntnis in concreto zum Wissen der Vernunft erhoben oder in die Erkenntnis in abstracto übertragen werden, hingegen kann sie ihrer Natur nach niemals bewiesen, d. h. als mittelbare Erkenntnis aus einer anderen unmittelbaren abgeleitet werden, eben weil sie selbst die unmittelbarste ist". Sie ist nicht, wie alle übrige Erkenntnis, die Beziehung einer abstrakten Vorstellung auf eine andere Vorstellung, sondern sie ist „eine Erkenntnis ganz eigener Art", nämlich die Beziehung eines Urteils auf das Verhältnis, welches die anschauliche Vorstellung des Leibes zum Willen hat, als demjenigen, was gar nicht Vorstellung, sondern ein von dieser ganz Verschiedenes ist. Darum möchte Schopenhauer sie vor allen übrigen auszeichnen

---

[1] Ebenda S. 119.

und diese Wahrheit „philosophische Wahrheit" im eminenten Sinne nennen[1]. Sie beruht aber darauf, dass nicht das Bewusstsein sich des Willens bemächtigt und diesem seine apriorischen Formen aufzwingt, sondern dass umgekehrt der Wille in das passive Bewusstsein gleichsam hineinscheint, dass das Ding an sich ganz unmittelbar ins Bewusstsein tritt, sich hier selbst bewusst wird und dadurch mit dem Bewusstsein zur Identität verschmilzt. „Der Begriff Wille ist der einzige unter allen möglichen, welcher seinen Ursprung nicht in der Erscheinung, nicht in bloss anschaulicher Vorstellung hat, sondern aus dem Innern kommt, aus dem unmittelbarsten Bewusstsein eines Jeden hervorgeht, in welchem dieser sein eigenes Individuum seinem Wesen nach unmittelbar ohne alle Form, selbst ohne die von Subjekt und Objekt, erkennt und zugleich selbst ist, da hier das Erkennende und das Erkannte zusammenfallen[2]." Es ist schwer, zu sagen, wie Schopenhauer nach solchen Erklärungen noch gegen den Begriff der intellektuellen Anschauung polemisieren und wie er noch fernerhin behaupten kann, dass er selbst von einer solchen Anschauung keine Ahnung habe.

Als Ding an sich muss der Wille von denjenigen Formen und Beschaffenheiten frei sein, die nur dem Zustande seiner objektiven Erscheinung anhaften. Der Wille ist folglich nicht Objekt für ein Subjekt, er ist auch dem Satze vom Grunde nicht unterworfen, liegt nicht in Raum und Zeit und ist, da diese beiden das principium individuationis bilden, wodurch alle Vielheit erst zustande kommt, schlechthin nur Einer und als solcher absoluter Wille. Als das wesenhaft Reale, muss der Wille ferner das Gegenteil alles Ideellen, Vorstellungsartigen sein. Wie er somit seiner Abstammung nach grundlos ist, so ist er auch seiner eigentümlichen Bethätigung nach erkenntnislos: er ist ein an sich blinder Wille, ein finsterer, dumpfer Drang, ein endloses Streben ohne Sinn und Zweck und folglich dem vernünftigen Erkennen oder dem Logischen gegenüber das absolut Unvernünftige, Alogische.

Vergleicht man mit diesen Bestimmungen den Willen, wie wir ihn unmittelbar in unserem Bewusstsein finden, so ist freilich wenig genug davon zu spüren. Schopenhauer selbst muss einräumen, dass, weil die Erkenntnis, die ich von meinem Willen habe, von derjenigen meines Leibes nicht zu trennen und folglich der Leib Bedingung meines Willens ist, ich diesen auch nicht im Ganzen, nicht als absolute Einheit, sondern dass ich ihn bloss in seinen einzelnen Akten, mithin in

---

[1] Ebenda S. 122.   [2] Ebenda S. 133.

der Zeit erkenne, welche die Form, wie des Objekts überhaupt, so auch der Erscheinung meines Leibes bildet[1]. Die Identität des Subjekts und des Objekts, wodurch wir das letztere als ein Reales im Gegensatze zur Vorstellungswelt erkennen, ist sonach keineswegs eine absolute, die Ideellität des Objekts ist nicht in der Realität des Subjekts völlig untergegangen. Denn so frei auch die innere Erkenntnis von zwei Formen ist, welche der äusseren anhaften, von den Formen des Raumes und der Kausalität: es bleibt ihr noch „die Form der Zeit, wie auch die des Erkanntwerdens und Erkennens überhaupt".

Auch die innere Wahrnehmung, die wir von unserem Willen haben, liefert also keineswegs schon eine erschöpfende und adäquate Erkenntnis des Realen[2]. Ich erkenne den Willen nur, wie ich mir desselben „bewusst bin"[3], mithin nur so, wie er mir erscheint, und auch dies nicht einmal a priori, sondern ganz und gar nur a posteriori[4], vermag indessen keineswegs durch unmittelbares Bewusstsein zu ermitteln, was er an sich und ohne das Bewusstsein ist. Daraus folgt, dass der Wille, wie wir uns seiner unmittelbar bewusst sind, auch nicht Ding an sich, nicht das wesenhaft Reale, sondern ebenso gut nur Objekt und folglich abhängig vom erkennenden Subjekt sein kann, wie alles, was wir als Inhalt in unserem Bewusstsein finden. Wenn der Inhalt unseres Bewusstseins eben deshalb Bewusst-Sein, Ideelles, bloss subjektive Vorstellung ist, so folgt, dass der Wille höchstens insoweit ein Reales sein kann, als er selbst nicht in unserem Bewusstsein ist. Wenn die Form des Bewusstseins nicht als solche ein Reales ist, das wir unmittelbar erfassen, der Wille kann es schon deshalb nicht sein, weil wir ihn immer nur als Inhalt unseres Bewusstseins erfassen. Diesen selbstverständlichen Schluss zieht jedoch Schopenhauer nicht. Zwar kann er nicht leugnen, dass auch die Erkenntnis, die wir von unserem Willen haben, an die Form der Vorstellung gebunden, Objekt ist; aber er meint, wenn in der inneren Wahrnehmung das Ding an sich auch noch nicht völlig nackt aufträte, so habe es dennoch seinen Schleier hier wenigstens „grossenteils" abgeworfen und stelle es sich „in der allerleichtesten Verhüllung" dar. Daraus glaubt er aber das Recht ableiten zu können, diese nächste und deutlichste Erscheinung des Dinges an sich mit diesem selbst unmittelbar identifizieren zu können[5].

Ist nun damit der Traumidealismus Schopenhauers überwunden? Meine eigene Realität ist ja natürlich durch den Willen gesichert, aber

---

[1] Ebenda S. 121.   [2] Ebenda II S. 220.   [3] Ebenda I, S. 122.
[4] Ebenda II, S. 219.   [5] Ebenda S. 221.

ist es auch diejenige der übrigen Existenzen? Dem Verfasser der „Welt als Wille und Vorstellung" erscheint dies selbstverständlich. Der „theoretische Egoismus" (Solipsismus), der alle Erscheinungen ausser seinem eigenen Individuum für Phantome hält, meint Schopenhauer, spielt in der Philosophie nur die Rolle eines skeptischen Sophismas und ist in ihr nur zum Scheine gebraucht worden. „Als ernstliche Überzeugung hingegen könnte er allein im Tollhause gefunden werden; als solche bedürfte es dann gegen ihn nicht sowohl eines Beweises, als einer Kur[1]." Ist die Wahrnehmung, wodurch wir die Regungen und Akte des eigenen Willens erkennen, der Punkt, wo das Ding an sich am unmittelbarsten in die Erscheinung tritt und in grösster Nähe vom erkennenden Subjekt beleuchtet wird, ist der Wille ein uns so unmittelbar Bekanntes, dass wir, was Wille sei, viel besser wissen und verstehen als sonst irgend etwas, dann liegt nichts näher, als ihn als Zauberformel oder als Schlüssel zu benutzen, um das innerste Wesen der Erscheinungswelt uns aufzuschliessen. Wir beurteilen dann also alle Objekte ausser uns, die uns sonach nicht auf doppelte Weise, als Leib und Wille, sondern lediglich als Vorstellungen in unserem Bewusstsein gegeben sind, nach Analogie des Leibes und nehmen an, dass, wie sie einerseits, ganz so wie er, Vorstellung sind, so andererseits diese Vorstellung ihres Leibes doch nur die Erscheinung eines Willens sein muss.

Nun sind sich aber, als Objekte, alle Dinge gleich, mögen diese nun reale Individuen, oder mögen sie blosse Gebilde eines Traumes sein. Wenn also Schopenhauer sich ausser Stande erklärt, einen Unterschied zwischen Traum und Wachen festzustellen, wie will er von dem einen Objekt behaupten, dass es Erscheinung eines Willens, mithin ein Reales, von dem anderen, dass es blosses Objekt, Erscheinung von rein ideeller Seinsart sei? Mit anderen Worten: Schopenhauer müsste bereits auf anderem Wege die Gewissheit der Realität eines Objekts erlangt haben, um dieses als Erscheinung eines Willens zu deuten. Mein Wille mag immerhin der Schlüssel zur Erkenntnis des inneren Wesens der Dinge sein: ob es Dinge giebt, und ob sie überhaupt ein Inneres besitzen, wozu ein Schlüssel nötig ist, darüber giebt mir mein eigener Wille gar keinen Aufschluss. Mein Wille kann mir höchstens nur die Realität meines eigenen Leibes verbürgen, weil dieser seine unmittelbare Erscheinung darstellt, aber nicht diejenige von fremden Leibern, zu denen er in gar keiner Beziehung steht. Alle Beziehungen sollen ja bloss solche von Objekten und folglich auf die

---

[1] Ebenda I, S. 124.

Sphäre des eigenen Bewusstseins eingeschränkt sein. Wenn also mein Leib eine Bewegung vollzieht, so muss ich sie bei der Identität von Leib und Wille für eine reale halten. Wenn ich dagegen einen Anderen eine Bewegung vollziehen sehe, so weiss ich von einer Identität des fremden Leibes mit einem Willen nichts und habe daher keine Veranlassung, sie für mehr als eine ideelle anzusehen. Gesetzt aber, es bestände eine solche Identität, so wäre damit nicht bloss der subjektive Idealismus Schopenhauers, sondern auch sein metaphysischer Monismus über den Haufen geworfen, indem an die Stelle des Einen absoluten Willens alsdann eine Vielheit von individuellen Willensakten treten müsste.

Entweder also ist die Welt meine Vorstellung im schopenhauerschen Sinne und real nur, sofern ich mich selbst unmittelbar als Willen erfasse, dann ist damit der theoretische Egoismus erwiesen. Oder aber die ausserichlichen Objekte sind ebenso real, wie ich, dann müssen Raum, Zeit und Kausalität auch jenseits des Bewusstseins Geltung haben, und der subjektive Idealismus ist notwendig falsch. Es hat gewiss seinen guten Grund, dass Schopenhauer selbst sich ausser Stande bekennt, den theoretischen Egoismus durch Beweise zu widerlegen. Er bescheidet sich damit, ihn als eine „kleine Grenzfestung" anzusehen, „die zwar auf immer unbezwinglich ist, deren Besatzung aber durchaus auch nie aus ihr herauskann, daher man an ihr vorbeigehen und ohne Gefahr sie im Rücken liegen lassen darf[1]." „Das angeschaute Objekt muss etwas an sich selbst sein und nicht bloss etwas für Andere: denn sonst wäre es schlechthin nur Vorstellung und wir hätten einen absoluten Idealismus, der am Ende theoretischer Egoismus würde, bei welchem alle Realität wegfällt und die Welt zum blossen Phantasma wird[2]." Leider vermag nur Schopenhauer dies „muss" nicht zu begründen und hat er selbst alle Berechtigung verloren, dem Objekt ein Ansich zuzuschreiben, nachdem er es durch seinen erkenntnistheoretischen Idealismus in blossen Bewusstseinsinhalt aufgelöst hat. —

Mit dem Willen als Schlüssel hat nun bekanntlich Schopenhauer die ganze Welt als ein abgestuftes Reich von Objektivationen, Erscheinungen jenes Willens zu begreifen versucht, auf dessen untersten Stufen die allgemeinen Naturkräfte, unorganischen Wesen, Pflanzen u. s. w. stehen, während die oberste Stufe, durch das materielle Substrat des Gehirns vermittelt, vom menschlichen Intellekt eingenommen wird. Da hiernach also das empirische Bewusstsein selbst eine Er-

---

[1] Ebenda I, S. 125.   [2] Ebenda II, S. 216.

scheinung des Willens darstellt, alle Erscheinung aber nach Schopenhauer bloss subjektiv ist, so fragt es sich, was jene Formen und Stufen der Objektivation des Willens ihrem Wesen nach oder abgesehen davon sind, dass sie Inhalt in unserem Bewusstsein sind. Transcendente Bestimmungen des Willens können sie nicht sein, weil ja alle Vielheit und Mannigfaltigkeit nur der Sphäre der Erscheinung angehören soll. Blosse Objekte für das empirische Subjekt können sie aber auch nicht sein; denn alsdann könnten sie nicht vor dem Subjekt sein. Jene Formen müssen also zwar Objekte sein, um Erscheinungen sein zu können, aber sie dürfen doch nicht Objekte des empirischen Subjekts sein, um vorempirische und vorintellektuelle Bestimmungen sein zu können. So bezeichnet sie denn Schopenhauer im Anschluss an Plato und Schelling als Ideen.

Die Ideen bilden die Welt ihrer objektiven Bedeutung nach, wie sie, abgesehen von den Formen des endlichen Intellekts sich darstellt. Indem sie zu den einzelnen Dingen sich wie ihre Formen oder Musterbilder verhalten, sind sie selbst das begriffliche Prius der empirischen Welt, die universalia oder unitates ante rem, die species rerum oder die allgemeinen Typen, die das Bleibende und Unterscheidende der endlichen Objekte bilden. Raum, Zeit und Kausalität sind nur endliche „Trübungen" der Idee. Sie aber ist ihrer Natur nach weder räumlich, noch zeitlich, weder vielheitlich, noch wechselnd; während die Individuen, in denen sie sich darstellt, unzählige sind und unaufhörlich werden und vergehen, bleibt sie als die eine und unveränderliche stehen, ohne dass für sie der Satz vom Grunde irgend welche Bedeutung hätte. Trotzdem aber ist die Idee nicht das Ding an sich. Denn wenn sie auch die untergeordneten Formen der Erscheinung abgelegt hat, oder vielmehr noch gar nicht in sie eingegangen ist, deren gemeinschaftlicher Ausdruck der Satz vom Grunde ist, so ist sie doch der ersten und allgemeinsten Form, derjenigen der Vorstellung überhaupt, unterworfen: sie ist Objekt für ein Subjekt, Erscheinung, Objektivation und dadurch eben vom Ding an sich verschieden. Die Idee ist sonach ein Mittleres zwischen dem Ding an sich, dem Willen, und der subjektiven Erscheinungswelt im endlichen Bewusstsein. Sie ist nicht real im wesentlichen, substantiellen Sinne, aber ihre Existenz ist auch nicht eine bloss subjektiv-ideelle. Vielmehr bildet sie gleichsam das Verbindungsglied zwischen jenen beiden Arten des Seins: wie das einzelne in Gemässheit des Satzes vom Grunde erscheinende Ding nur eine mittelbare, so ist die Idee die alleinige unmittelbare, „adäquate Objektität des

Willens, ja, selbst das ganze Ding an sich, nur unter der Form der Vorstellung" [1].

Welches ist nun das Subjekt, das von der objektiven Idee als ihr notwendiges Korrelat vorausgesetzt wird? Das endliche, empirische Subjekt kann es nicht sein, weil die Idee ja garnicht sein Objekt ist. Das Subjekt der ewigen Idee, als Voraussetzung des empirischen Subjekts, kann nur ein **absolutes Subjekt** sein. Dies Subjekt ist die durchgängige, stets vorausgesetzte Bedingung alles Objekts, dasjenige, was alles erkennt, allein eben darum selbst nicht Objekt der Erkenntnis sein kann. Darum liegt es selbst auch nicht in den Formen des Objektseins, es kommt ihm also, ebenso wie der Idee als seinem Objekt, weder Vielheit noch Wechsel zu, sondern als zeitloses, reines Subjekt der Erkenntnis bleibt es ganz und ungeteilt in jedem einzelnen Wesen. Dies Subjekt ist, wie Schopenhauer es mit Schelling nennt, das „ewige Weltauge, welches, wenn auch mit sehr verschiedenen Graden der Klarheit, aus allen lebenden Wesen sieht, unberührt vom Entstehen und Vergehen derselben, und so, als identisch mit sich, als stets Eines und Dasselbe, der Träger der Welt der beharrenden Ideen, d. i. der adäquaten Objektität des Willens, ist" [2].

Wäre nun das reine absolute Subjekt des Erkennens von seinem Objekt, der Ideenwelt, verschieden, so wäre es eine selbständige Realität, und der **Panthelismus Schopenhauers**, die Lehre von der alleinigen Realität des Willens, wäre aufgehoben. Folglich muss es die **Identität des Subjekts und des Objekts**, des Erkennenden und des Erkannten sein. Im endlichen Bewusstsein sind Subjekt und Objekt verschieden, weil jenes die Identität des Wollens und Denkens, dieses dagegen die Objektivation des Willens ist. Im absoluten Subjekt fällt dieser Unterschied fort, „und wie das Objekt auch hier nichts als die Vorstellung des Subjekts ist, so ist auch das Subjekt, indem es im angeschauten Gegenstand ganz aufgeht, dieser Gegenstand selbst geworden, indem das ganze Bewusstsein nichts mehr ist als dessen deutlichstes Bild" [3]. In der Idee sind Subjekt und Objekt nicht zu trennen, sondern erst, indem sich beide vollkommen erfüllen und durchdringen, ist die Idee die Welt als Vorstellung. Da nun aber diese, wie gesagt, nichts Anderes ist als die adäquate Objektität des Willens, oder da es der Wille ist, der in jener Welt erscheint, so sind auch das absolute Subjekt des Erkennens und der Wille nicht verschieden, sondern beide sind identisch. Wie das absolute Subjekt sich in seinem

---

[1] Ebenda I, S. 206. [2] Ebenda II, S. 422. [3] Ebenda I, S. 212.

Objekt, der Ideenwelt, erkennt, so erkennt sich der Wille in dem absoluten Subjekt-Objekt. Und wie nach Hinwegnahme der untergeordneten Formen des (empirischen) Objekts das absolute Subjekt-Objekt, die Welt als Vorstellung in ihrer unmittelbaren Reinheit hervortritt, so bleibt nach Hinwegnahme der Form der Vorstellung überhaupt nur der Wille, als das Ding an sich oder als das wesenhaft Reale, übrig. —

Alle Realität liegt demnach jenseits der Sphäre der Individualität. Wie sollen wir uns nun aber die letztere entstanden denken?

Dass es überhaupt Individuen giebt, hängt nicht vom Willen ab, denn dieser ist in allen Erscheinungen nur mit sich selbst identisch. „So wenig ich ohne das Objekt, ohne die Vorstellung erkennendes Subjekt bin, sondern blosser blinder Wille, ebenso wenig ist ohne mich, als Subjekt des Erkennens, das erkannte Ding Objekt, sondern blosser Wille, blinder Drang[1]." So also ist es die Form des Subjekt-Objekts, wodurch erst alle Verschiedenheit und Besonderheit in die Welt hineinkommt, und zwar indem das erkennende absolute Subjekt sein Vorstellen, statt auf die Gesamtheit der Ideen, auf die einzige Idee des Leibes richtet und diesen zugleich innerlich als Willen empfindet[2]. Das Individuum überhaupt ist „das Subjekt des Erkennens in seiner Beziehung auf eine bestimmte einzelne Erscheinung des Willens"[3]. Der Intellekt des Individuums aber ist jenes Subjekt in seiner Beziehung auf einen besonderen Teil des Leibes, das Gehirn. Folglich ist unser Intellekt auch bloss empirischer Art, durch Einschränkung des absoluten Subjekts entstanden und durch das individuelle Gehirn vermittelt. Die bewusste Erkenntniss findet sich nur per accidens in der Welt, was Schopenhauer dann freilich in materialistischer Weise dahin überspannt, alle Erkenntnis überhaupt bloss als „Gehirnphänomen" zu betrachten.

„Indem der Wille zum Zweck der Auffassung seiner Beziehungen zur Aussenwelt in tierischen Individuen ein Gehirn hervorbringt, entsteht erst in diesem das Bewusstsein des eigenen Selbst mittelst des Subjekts des Erkennens, welches die Dinge als daseiend, das Ich als wollend auffasst[4]." Wie das Ich die höchste Entfaltung des bewussten Intellektes darstellt, so ist es auch gleichsam der „Brennpunkt" der gesamten Gehirnthätigkeit. „Erst mittelst desselben wird der Wille sich seiner selbst bewusst, indem dieser Fokus der Gehirnthätigkeit oder das Erkennende sich mit seiner eigenen Basis, daraus er ent-

---

[1] Ebenda I S. 212.   [2] Ebenda S. 123.
[3] Ebenda S. 211.   [4] Ebenda II, S. 314.

sprungen, dem Wollenden, als identisch auffasst und so das Ich entsteht." Im Ich also fliesst das Subjekt des Erkennens mit dem Subjekt des Wollens in Einem Punkt zusammen. „Jener Brennpunkt der Gehirnthätigkeit (das Subjekt der Erkenntnis) ist, als unteilbarer Punkt zwar einfach, deshalb aber doch keine Substanz (Seele), sondern ein blosser Zustand. Das, dessen Zustand er selbst ist, kann nur indirekt, gleichsam durch Reflexion von ihm erkannt werden. Aber das Aufhören des Zustandes darf nicht angesehen werden als die Vernichtung dessen, von dem es ein Zustand ist. Dieses erkennende und bewusste Ich verhält sich zum Willen, welcher die Basis der Erscheinung desselben ist, wie das Bild im Fokus des Hohlspiegels zu diesem selbst, und hat, wie jenes, nur eine bedingte, ja, eigentlich bloss scheinbare Realität. Weit entfernt, das schlechthin Erste zu sein (wie Fichte lehrte), ist es im Grunde tertiär, indem es den Organismus voraussetzt, dieser aber den Willen[1]."

Wie nun freilich eine solche Identität des Erkennens und des Willens bei der absolut entgegengesetzten Natur der beiden möglich ist, davon können wir uns gar keine Vorstellung machen. Schopenhauer selbst räumt ein: „Die Identität des Subjekts des Wollens mit dem erkennenden Subjekt, vermöge welcher (und zwar notwendig) das Wort „Ich" beide umschliesst und bezeichnet, ist der Weltknoten und daher unerklärlich. Denn nur die Verhältnisse der Objekte sind uns begreiflich: unter diesen aber können zwei nur insofern Eins sein, als sie Teile eines Ganzen sind. Hier hingegen, wo vom Subjekt die Rede ist, gelten die Regeln für das Erkennen der Objekte nicht mehr, und eine wirkliche Identität des Erkennenden mit dem Erkannten, also des Subjekts mit dem Objekte ist unmittelbar gegeben. Wer aber das Unerklärliche dieser Identität sich recht vergegenwärtigt, wird sie mit mir das Wunder κατ ἐξοχήν nennen[2]."

Man begreift auch ferner nicht, wie das Ich die Identität des Denkens und Wollens oder, da das letztere das wesenhaft Reale sein soll, des Denkens und Seins und trotzdem nur ein blosser Zustand sein kann. Ein Reales kann ja freilich das Ich auch nicht sein, weil der Wille, womit die Erkenntnis hier identisch sein soll, nicht der unmittelbare metaphysische Wille, sondern bloss dessen subjektives Abbild ist; denn er ist, wie wir sahen, im Ich in die Zeitform und

---

[1] Ebenda.
[2] Ueber die vierfache Wurzel des Satzes vom zureichenden Grunde, S. 143.

die Form des Objektseins eingegangen[1]. Und doch soll diese empirische Identität von Denken und Sein zugleich die metaphysische Identität des Willens und der Idee beweisen, doch ist es nur die Auffassung des Ich als eines realen Seins, die Schopenhauer veranlasst, auch innerhalb der Ideenwelt die Identität von Subjekt und Objekt zu behaupten.

Die Bestätigung hierfür findet Schopenhauer bekanntlich in der Ästhetik. Das Wesen der künstlerischen Betrachtungsweise beruht auf der Erkenntnis der Idee. Nun können aber die Ideen nur Objekt der Erkenntnis werden durch gänzliche Aufhebung der Individualität. Das Subjekt muss sich völlig beim Anschauen in seinen Gegenstand verlieren, seine Ichheit, seinen Willen bei Seite lassen, sodass es ist, als ob der Gegenstand allein da wäre ohne Jemanden, der ihn wahrnimmt, und man also nicht mehr den Anschauenden von der Anschauung trennen, sondern beide nur als Eins betrachten kann. Wenn so das ganze Bewusstsein von einem einzigen anschaulichen Bilde gänzlich erfüllt und eingenommen, wenn damit das Objekt aus aller Relation zu etwas ausser ihm, das Subjekt aus aller Relation zum Willen gesetzt ist, „dann ist, was also erkannt wird, nicht mehr das einzelne Ding als solches, sondern es ist die Idee, die ewige Form, die unmittelbare Objektität des Willens auf dieser Stufe, und eben dadurch ist zugleich der in dieser Anschauung Begriffene nicht mehr Individuum, denn das Individuum hat sich eben in solcher Anschauung verloren, sondern er ist reines, willenloses, schmerzloses, zeitloses Subjekt der Erkenntnis[2].

Die ästhetische Anschauungsweise beweist demnach die Identität des Subjekts und des Objekts. Da nun aber das Subjekt der Ideenwelt nur das absolute Subjekt sein kann, so behauptet folglich Schopenhauer, das bewusste, individuelle Subjekt oder das Ich könne sich unmittelbar zu jenem „erheben" oder zu ihm werden. In der ästhetischen Betrachtung ist der Mensch alle Dinge, sofern er sie anschaut, oder mit anderen Worten: sie ist intellektuelle Anschauung in gar keinem anderen Sinne, als wie Schelling das Wesen dieser letzteren bestimmt hat. Nach Schelling soll sie Organ der Philosophie und nur wenigen begnadeten Menschen verliehen sein. Nach Schopenhauer soll sie Organ der künstlerischen Bethätigung, und eben ihr Besitz soll es sein, was den genialen Menschen aus der übrigen „Fabrikware der Natur" heraushebt.

Auch darin stimmt diese Auffassung Schopenhauers mit der-

---

[1] Vgl. auch: Parerga und Paralipomena II, S. 92.
[2] Ebenda I, S. 210.

jenigen Schellings überein, dass beide an demselben Widerspruche leiden. Wenn nämlich die Erkenntnis der Idee nur zustande kommt durch Aufhebung der Individualität, so kann sie keine bewusste sein, denn Bewusstsein setzt Individualität voraus. „Das Bewusstsein ist nur da möglich, wo das Wesen an sich in die Erscheinung ausläuft, durch deren Form die geschiedene Individualität möglich wird, auf der das Bewusstsein beruht, welches eben deshalb auf Erscheinungen beschränkt bleibt[1]." Die Idee, als ihr Prius, liegt jenseits der Erscheinungswelt und ist sonach von Natur eine absolut unbewusste. Zum Bewusstsein gehört ein Erkennendes und ein Erkanntes. Das absolute Subjekt-Objekt, worin sich beide völlig decken, jene „reine Intelligenz" ohne alle Gegensätze ist deshalb das Gegenteil des Bewusstseins. Dann müsste also auch das Hineingleiten des individuellen in das absolute Subjekt, wie die ästhetische Betrachtung es darstellen soll, unmittelbar ein Erlöschen des Bewusstseins sein, was Schopenhauer doch unmöglich behaupten kann. Daraus folgt, dass es nicht angeht, das bewusste Ich mit dem unbewussten Subjekt-Objekt zu identifizieren. Mit diesem Zugeständnisse ist aber der ganzen schopenhauerschen Philosophie ihr Boden unteraus gezogen.

Wie sehr nämlich auch Schopenhauer gegen die intellektuelle Anschauung polemisiert, so hat er doch selbst, wie wir jetzt behaupten können, den ausgiebigsten Gebrauch von ihr gemacht. Es ist intellektuelle Anschauung — um es noch einmal hervorzuheben —, wenn Schopenhauer die formalen Bestandteile der Erfahrung a priori zu erfassen und das Sein mit dem Bewusstsein identifizieren zu können glaubt. Es ist intellektuelle Anschauung, das Reale mit dem Willen, diesen letzteren wiederum mit dem Leibe gleichzusetzen und die Identität des Leibes und des Willens sich unmittelbar durch das Selbstbewusstsein verbürgen zu lassen. Es ist intellektuelle Anschauung, anzunehmen, dass Subjekt und Objekt im Ich zusammenfallen und darauf den Begriff des absoluten Subjekt-Objekts oder das Wesen der Idee zu gründen, intellektuelle Anschauung, auf Grund jener nämlichen Identität die Einheit des Willens und der Idee zu behaupten. Es giebt somit überhaupt keine Form der intellektuellen Anschauung, die im schopenhauerschen System nicht ihre Stelle hätte. Wie Fichtes absolutes Ich seinem erkenntnistheoretischen subjektiven Idealismus, so liegt Schellings Identität von Subjekt und Objekt seinem objektiven ästhetischen Idealismus zugrunde, und wie er in seiner Ideenlehre mit dem Panlogismus das reale Sein als ein objektiv-ideelles

---

[1] Ebenda II, S. 370.

auffasst, so huldigt er in seiner Willensmetaphysik dem Spinozismus, sofern er das ideell-reale Sein dem Sein des Willens unterordnet, der Anschauung Fichtes dagegen, sofern er dieses wesenhaft reale Sein als absolute Thätigkeit des Willens auffasst. Ausgehend von der Identität des Denkens und des Seins, legt er sonach den Nachdruck bald auf das Denken, bald auf das Sein und findet keinen Widerspruch darin, das Reale bald als Bewusstseinsform (in der Erkenntnistheorie), bald als Willen (in der Metaphysik), bald als Idee (in der Ästhetik) erscheinen zu lassen. Die intellektuelle Anschauung, woraus er alle diese verschiedenen Bestimmungen schöpft, ist auch ganz unfähig, den Widerspruch zu heben, denn sie giebt, wie hieraus hervorgeht, allen jenen Bestimmungen in der gleichen Weise Raum, ohne indessen über ihr gegenseitiges Verhältnis etwas auszumachen. —

In den Augen Schellings und Hegels liess die intellektuelle Anschauung das reale Sein als die absolute Idee erscheinen, weshalb eben Schopenhauer diese beiden Philosophen so gründlich verachtet. Das Berechtigte dieser Abneigung liegt darin, dass Schopenhauer sich der Unmöglichkeit wohl bewusst ist, das Reale ohne Rest in ein Ideales aufzulösen, weil jenes aus diesem nie abgeleitet werden kann. Wenn er aber statt dessen selbst die intellektuelle Anschauung als den absoluten Willen deutet, so verkennt er, dass der Wille doch nur als das Gegenteil des Idealen ein wesenhaft Reales sein kann, dass aber nun umgekehrt aus dem realen, alogischen Willen die logische Idealität sich nicht herausfiltrieren lässt. Es ist also nur die entgegengesetzte Einseitigkeit, wenn der Panlogismus nicht vom Denken zum Sein, der Panthelismus nicht vom Sein zum Denken gelangen kann. Indem er an die Stelle des Seins den Willen setzt und demnach die Identität von Denken und Sein als diejenige von Idee und Wille auffasst, so koppelt damit Schopenhauer zwei Faktoren zusammen, deren gegensätzliche Natur alle Identität ausschliesst. Diese letztere bleibt also bei ihm eine unbewiesene Behauptung, und Wille und Idee stehen sich in seinem System als zwei verschiedene Sphären gegenüber, ohne dass zwischen ihnen eine Vermittelung aufgezeigt wäre. Darum verhungert bei Schopenhauer der blinde, alogische Wille, weil er nicht zur Erfüllung mit der Idee gelangen, und die Idee stirbt an der Schwindsucht, weil sie nicht durch den Willen realisiert werden kann.

b) Das Ich als individueller Wille: α) Wundt.

Die in sich gegliederte absolute Idee hatte zwar nicht das reale Sein aus sich erzeugen können, aber sie hatte in ihrer vielheitlichen

Gliederung doch wenigstens ein Mittel an die Hand gegeben, um den konkreten Inhalt der Welt daraus abzuleiten. Der Eine identische Wille Schopenhauers ist auch nicht einmal hierzu imstande, solange er als unteilbar und absolut gefasst wird. Denn als solcher kann er zwar verschiedene Grade der Intensität an den Tag legen, aber niemals die individuelle Verschiedenheit und konkrete Vielheit aus sich setzen, deren Gesamtheit wir als die Welt bezeichnen. Das ist der Grund, warum die Anhänger Schopenhauers, die mit ihm die Realität in den reinen, blinden Willen setzen, den Boden des schopenhauerschen Monismus verlassen und den letzteren im Sinne eines pluralistischen oder individualistischen Theismus umgebildet haben. Als hervorragendster Vertreter dieser Richtung darf Wundt in seinem „System der Philosophie" (1889) betrachtet werden.

Wundt geht, wie alle diese Philosophen, davon aus, das reale Sein des Subjekts und das Bewusstsein von demselben im Ich als unmittelbar identisch anzusehen. Allein er knüpft mit dieser Voraussetzung nicht sowohl an die intellektuelle Anschauung der monistischen Philosophen, wonach das individuelle Bewusstsein dem Sein untergeordnet und bloss ein Moment des absolut gefassten Realen sein soll, als vielmehr an das individualistische Prinzip der reinen oder transcendentalen Apperception an, wie Kant sie für die substantielle Bedingung aller Geistesthätigkeit erklärt hat. Diese Thätigkeit der Apperception fasst Wundt nun aber nicht, wie Kant, als Bewusstseins- oder Vorstellungsthätigkeit auf, sondern er deutet sie mit Schopenhauer als reine Thätigkeit des Willens. „Es giebt schlechterdings nichts ausser dem Menschen, noch in ihm, was er voll und ganz sein eigen nennen könnte, ausser seinem Willen. Wir finden den Willen als thätiges Element im inneren Vorstellen, in der Apperception der Vorstellungen; wir finden ihn als thätiges Element in dem Wirken des Ich nach aussen, in den äusseren Willenshandlungen, die aber, rein psychologisch betrachtet, wiederum nur eine besondere, durch gewisse Merkmale ausgezeichnete Form der Apperception sind[1]."

Der kantische Begriff der transcendentalen Apperception litt, wie erinnerlich, an dem Widerspruch, dass jene sowohl die blosse formale Bedingung des Bewusstseins als auch zugleich dessen unmittelbarer Inhalt sein sollte. Ist Wundt diesem Widerspruch entgangen?

Die transcendentale Apperception bedeutet bei ihm einerseits die konstante Thätigkeit des Willens oder das Wollen in seiner reinen, von allen Inhaltsbestimmungen unabhängig gedachten Form. Als solche

---

[1] Wundt: System der Philosophie, S. 387.

ist sie „die letzte nicht weiter zurückzuverfolgende Bedingung der inneren Erfahrung". Allein da Wundt, wie gesagt, der Ansicht huldigt, dass in der Selbstwahrnehmung Bewusstsein und Sein zusammenfallen, so wird ihm jener Begriff zugleich zur unmittelbaren **Erkenntnis der Bedingung unserer inneren Erfahrung**. Wundt kann nicht leugnen, dass die reine Apperception in der inneren Erfahrung nirgends wirklich anzutreffen ist, weil alles empirische Wollen als solches ein konkretes, d. h. inhaltlich bestimmtes, Wollen ist, dass sie folglich eine „alle Erfahrung überschreitende und doch zugleich zu jeder Einzelerfahrung **vorauszusetzende Thätigkeit**" ist[1]. Er muss aber doch anderseits das konstante Wollen, das allem Inhalt unseres seelischen Geschehens erst Einheit und Zusammenhang verleiht, als „Bestandteil des Bewusstseins" und jene Einheit sonach für eine „**unmittelbar erlebte**" betrachten, weil sonst ja ein Rest hinter dem Bewusstseinsinhalt übrig bliebe und Sein und Bewusstsein sich in der inneren Erfahrung nicht decken würden[2]. Wundt geht, wie alle seine Vorgänger, an diesem Widerspruch vorbei, aber dieser Bruch im Fundamente muss notwendig das ganze darauf errichtete Gebäude zu Fall bringen.

Zunächst: wie fängt der individuelle Wille, als Voraussetzung und Grund unseres seelischen Daseins, es an, den thatsächlichen Inhalt der Selbstwahrnehmung zu erzeugen? Zwar das Fühlen ist leicht als eine Modifikation des Willens zu begreifen. Es ist offenbar nur die subjekte Reaktion des Willens auf ein Fremdes und fügt der Konstanz des Wollens ein qualitatives Element hinzu, das von der Beschaffenheit der Vorstellungen und der jeweiligen Anlage des Bewusstseins abhängt. Was aber ist die Vorstellung und in welcher Beziehung steht, da es keine andere Thätigkeit giebt als Wollen, mithin auch die vorstellende Thätigkeit nach Abzug des Vorstellungsinhaltes reines Wollen sein muss, die Vorstellung mit ihrem wechselnden Inhalt zum konstanten Willen?

Aus einem einzigen absoluten Willen, wie Schopenhauer annimmt, ist die Vorstellung jedenfalls nicht abzuleiten, weil der blosse Wille aus sich selbst zu keinem Inhalte gelangen kann. Die Thatsache der Existenz von Vorstellungen setzt daher nach Wundt eine **Vielheit individueller Willenseinheiten** voraus, die auf einander wirken und in der Verschiedenheit ihres hierbei erfahrenen Leidens sich selbst einen verschiedenartigen Inhalt geben. Die Vorstellung ist das **Produkt aus den Konflikten der verschiedenen Willenseinheiten**

---

[1] Ebenda S. 388.   [2] Ebenda S. 387. 565.

unter einander. Indem sie aber die bewusste Beziehungsform dieser Einheiten zu einander ist, so ist sie zugleich auch das Mittel zur Zusammenfassung mehrer von ihnen und damit zur Entwickelung des Willens überhaupt.

Nun hat jede einzelne Willenseinheit nicht an sich selbst, sondern nur erst an ihren Wechselbeziehungen zu anderen ihren qualitativ bestimmten, unterschiedlichen Inhalt. Das reine Wollen ist inhaltsleer und darum ein unbestimmtes Wollen. Erst durch die Wechselbeziehungen wird das Einzelwollen zu vorstellendem und damit zu konkretem Wollen. Das unbestimmte, vorstellungslose Wollen ist aber auch noch kein wirkliches Wollen, sondern es wird dies erst durch seine Beziehung auf die Vorstellungen. Insofern ist also „das Vorstellen als nicht minder real wie das Wollen vorauszusetzen; denn das Wesen der Willenseinheiten besteht ganz und gar in ihrer Wechselbestimmung, indem ohne die letztere jene aufhören würden, thätig zu sein und damit überhaupt aufhören würden, zu sein[1]."

Die Vorstellung also soll aus den Konflikten der Willenseinheiten hervorgehen; die Willenseinheiten sind dies aber garnicht und können garnicht mit einander konfligieren, ohne bereits durch Vorstellungen individualisiert zu sein. Das ideelle Sein soll Produkt des realen sein; das reale Sein aber ist garnicht als „unendliche Totalität individueller Willenseinheiten" zu denken, wofern es nicht als reales schon ideell bestimmt ist. Das Wesen der Realität soll im Willen beruhen; der Wille aber könnte niemals zur Realität gelangen, das reine Wollen bliebe ewig unwirkliches Wollen, ohne unmittelbar vorstellendes Wollen, d. h. nicht reines Wollen, zu sein. Wäre aber der reine Wille selbst real, so könnte er doch die Vorstellung nicht aus sich erzeugen, weil von der blossen Form des Willens die Form der Vorstellung durchaus verschieden ist; bemerkt doch Wundt selbst, dass die Vorstellung, wie sie aus den passiven Empfindungen hervorgeht, keineswegs bloss die Summe dieser letzteren, sondern vielmehr ein neuer Akt unseres Geistes sei, der als solcher eine Art schöpferischer Synthesis enthalte[2].

Insofern besass Schopenhauer jedenfalls die bessere Einsicht, wenn er, um das Dasein der Vorstellung neben dem Willen zu erklären, sie unmittelbar durch intellektuelle Anschauung verbürgt sein liess, anstatt den in jedem Sinne aussichtslosen Versuch zu machen, die Vorstellung aus dem reinen Willen abzuleiten. Dass Wundt sich vor dieser Einsicht verschliesst, kommt daher, weil er in Gedanken immer den Willen schon als einen konkreten und daher vorstellenden

---

[1] Ebenda S. 418. [2] Ebenda S. 314.

Willen hat, von dem er doch nicht müde wird, mit Worten zu betonen, dass er an sich ein reiner Wille sei. Dies aber ist wiederum nur die Folge davon, dass er den Willen, wie er unmittelbar im Bewusstsein ist, den empirischen, vorstellungsbestimmten Willen, mit dem Willen als Grund der inneren Erfahrung gleichsetzt. Der eine Widerspruch treibt den anderen aus sich hervor und zwingt die wundtsche Philosophie, sich in einem Zirkel herumzudrehen, der ihr metaphysisches Grundgerüste über den Haufen wirft. —

Wenn in der inneren Erfahrung der Gegensatz von Sein und Bewusstsein hinwegfällt, so haben wir keine Veranlassung, wie bei der äusseren Wahrnehmung, um den Inhalt des seelischen Lebens zu erklären, zu zweifelhaften Hypothesen unsere Zuflucht zu nehmen. „Jede Umdeutung, welche irgend ein Gegebenes als blosse Erscheinung eines davon verschiedenen Seins betrachtet, verfälscht die wahre Aufgabe der psychologischen Forschung[1]."

Was hiermit vor allem abgewehrt werden soll, ist die Annahme einer Substanz hinter dem, was in der inneren Erfahrung vorkommt. Denn natürlich, wenn unser Bewusstsein in der Selbstwahrnehmung bis auf den Grund des Seins hinabreicht, so kann es eine Substanz, als transcendentes Sein, das verschieden wäre von den seelischen Zuständen, nicht geben. Wenn unsere psychischen Funktionen als seiende gewusst werden, so hat es keinen Sinn, nach ihrem Substrat zu fragen. Unsere Selbstwahrnehmung aber zeigt uns immer nur das wechselvolle Spiel unter einander verknüpfter Aktionen, kein ruhendes Sein, das auf eine Substanz hindeutet. Die innere Kausalität unserer Geisteswelt lässt sich nicht mit dem unveränderlichen Beharren eines substantiellen Wesens vereinen. Die Seele ist folglich nicht eine von dem geistigen Geschehen verschiedene Substanz, sondern sie ist dieses geistige Geschehen selbst.

Aus dem Zusammenfallen von Sein und Bewusstsein ergiebt sich ferner, dass alle diese Vorgänge in uns bewusste sind. „Alles geistige Geschehen ist bewusste geistige Wirksamkeit. Ein „unbewusster Geist" ist, wenn man diesen Ausdruck im absoluten Sinne versteht, ein in sich widersprechender Begriff. Er bezeichnet ein geistiges Wirken, von welchem gleichzeitig ausgesagt wird, dass es unwirklich sei"[2]. Bewusstsein, meint Wundt, könne nie aus irgend einem anderen geistigen Inhalt entstehen, der nicht selbst schon Bewusstsein wäre[3]. Dabei vergisst er nur, dass er ja selbst diesen Widerspruch begeht, indem er die bewusste Intelligenz aus dem reinen, d. h. doch wohl auch

---

[1] Ebenda S. 289f.   [2] Ebenda S. 551.   [3] Ebenda S. 553.

bewusstlosen, Willen entstehen lässt. Oder aber das Reale ist nicht der blosse, sondern vielmehr der bewusste Wille, d. h. der Wille in Verbindung mit einer bewussten Vorstellung. „Da somit das Bewusstsein nur ein Gesamtausdruck für das Vorhandensein irgend welcher geistigen Thatsachen ist, so ist es nichts von diesen Thatsachen Verschiedenes, sondern lediglich ein von der besonderen Beschaffenheit derselben abstrahierender Hinweis auf ihre Existenz"[1].

Eine verhängnisvollere Behauptung kann es freilich für Wundt nicht geben. Denn hiermit enthüllt sich das reale Sein, das er in der Selbstwahrnehmung unmittelbar erfasst zu haben glaubt, als ein subjektiv-ideelles, als ein Sein, das überhaupt nur in der Form des Bewusstseins ist! Jetzt begreift man, warum der Philosoph den widerspruchsvollen Begriff des reinen individuellen Willens nicht missen kann, obwohl er sich in der Selbstwahrnehmung doch nirgends findet: auf ihm allein beruht sein ganzer Realismus, und dieser verdampft sofort in den Nebel der blossen Ideellität, sobald man von jenem Prius des Bewusstseins absieht. Nun ist aber nur eines von beiden möglich: entweder ist der Wille das reale Prius des Bewusstseins; dann kann er dies nur als unbewusster Wille sein, d. h. das Reale ist als solches ein Unbewusstes. Oder aber es giebt überhaupt nur ein Bewusst-Sein; dann kann der Wille nicht das Prius des Bewusstseins sein.

Wundts Idealismus ist kein subjektiver, wonach der Inhalt des Bewusstseins aus der Quelle eines substantiellen Wesens gespeist wird, sondern da er ja gerade die Existenz eines solchen Wesens leugnet, so erscheint nunmehr die Wirklichkeit als eine Vielheit von bewusstideellen Faktoren, von denen jeder eine ebenso in sich abgeschlossene und individuelle Einheit darstellt, wie Wundt dies von seinen Realen behauptet. Immerhin mag unter diesen der Wille die grösste Rolle spielen, aber nicht mehr als Form, sondern nur noch als Bewusstseinsinhalt. Man braucht sich diese Annahme nicht weiter auszumalen, um zu sehen, dass sie garnichts Anderes als reiner Bewusstseinsidealismus ist, dessen innere Lebendigkeit seiner Elemente wir ebenso wenig zu begreifen vermögen, wie die relative Konstanz und den logischen Zusammenhang derselben.

Auf diesem Standpunkte ist eine Wechselwirkung der verschiedenen Seinsfaktoren nicht möglich. Denn selbst die „aktuelle Kausalität", wie Wundt sie im Gegensatze zur „substantiellen Kausalität" derjenigen Systeme annimmt, die allem Geschehen in der Welt ein be-

---

[1] Ebenda.

harrendes, substantielles Sein zugrunde legen, selbst diese scheitert daran, dass blosse Bewusstseinselemente wegen ihrer Kraftlosigkeit nicht auf einander wirken können. Man versteht auch nicht, wie sie übereinander übergreifen, sich zu höheren Einheiten zusammenordnen und damit das Material für die Entwickelung bilden sollen.

Eine solche Einheit soll nach Wundt die Seele sein, ein Komplex einer Mehrheit von Seinsfaktoren, die ihre eigene Selbständigkeit zu Gunsten einer höheren Stufe der Individualität geopfert haben, um darin nun selbst als aufgehobene Momente zu existieren. Das Seelenleben ist jedoch nicht bloss die dünne Kette unserer jeweilig bewussten Vorstellungen, sondern es besteht in einer unendlich komplizierten Mannigfaltigkeit gleichzeitiger bewusster und minder oder unterbewusster Vorgänge, die zwar ausserhalb des Zusammenhanges mit unserem unmittelbaren Bewusstsein stehen, aber dennoch mit gewissen psychischen Endeffekten in diesen Zusammenhang eintreten und dadurch ihre Zugehörigkeit zu derselben Einheit beweisen, dass sie unter Umständen unmittelbarer Inhalt des Bewusstseins werden können[1].

Indessen worauf beruht jene Einheit des seelischen Lebens, wie sie uns in der Erfahrung thatsächlich gegeben ist? Ein hinter ihnen existierendes Wesen soll den psychischen Zuständen, wie gesagt, keinen inneren Zusammenhang verleihen. Die Aeusserlichkeit des Körpers kann es aber auch nicht sein, woran die Einheit des seelischen Geschehens haftet, da Wundt mit Schopenhauer übereinstimmt, dass Seele und Körper nicht an sich, sondern nur in unserer Auffassung verschieden seien, indem wir dort den lebenden Körper vom Standpunkte unmittelbarer innerer Wahrnehmung, hier aber von demjenigen der äusseren Naturbeobachtung aus betrachten[2]. So kann denn die Einheit des Bewusstseins nur auf dem Zusammenhange der inneren Zustände selbst beruhen. Das ist aber offenbar keine Erklärung, sondern nur eine Wiederholung des zu erklärenden Thatbestandes, denn wir wollten ja gerade wissen, woher jener Zusammenhang der inneren Zustände stammt.

Auch Wundt kann sich schliesslich der Annahme einer übergreifenden Einheit nicht entziehen, wodurch die individuellen Willensfaktoren erst Halt und Zusammenhang empfangen. Natürlich reicht hierzu das Zukunftsideal eines „Gesamtgeistes", als eines universellen

---

[1] Vgl. Paulsen: Einleitung in die Philosophie (1892) S. 116—149, 362—379, wo dieser „voluntaristische Seelenbegriff" Wundts eine nähere Ausgestaltung in populärer Form erhalten hat, ohne dadurch freilich an Haltbarkeit und Klarheit gewonnen zu haben.

[2] Ebenda S. 389.

Geisterbundes, nicht aus, denn dieser wird ja selbst bedingt durch die gesuchte Einheit. So bleibt nur übrig, einen absoluten Weltgrund anzuehmen, den Wundt natürlich nur als Weltwillen auffassen kann, und die Weltentwickelung als Entfaltung dieses absoluten Willens und Wirkens zu bestimmen, indem er dabei an das lessing'sche Wort erinnert, man könne sich wohl Gott ausserhalb der Welt, aber niemals die Welt ausserhalb Gottes denken. Allein wo bleibt bei dieser Annahme eines absoluten Willens die Voraussetzung Wundts, dass der Wille nur als individueller denkbar sein soll, wodurch er sich gerade von Schopenhauer unterscheidet? Was wird aus seiner Polemik gegen den Begriff der Substanz, mit deren Beseitigung Wundt sich rühmt, die Anschauung des alten Heraklit zu neuem Leben erweckt zu haben? Und wie soll man mit dem Satze, dass die Selbstwahrnehmung das reale Sein unmittelbar erkenne, den anderen zusammenreimen, dass hinter dem realen Sein der Welt und ihrem individuellen Willen noch ein absoluter Wille stecke?

Wundt fühlt nur zu wohl die Notwendigkeit, die Kette seiner metaphysischen Gedankenwelt an einen höchsten, unverrückbaren Pol aufzuhängen; indessen seine Grundvoraussetzung der transcendentalen Apperception bewirkt, dass er hier, auf dem höchsten Gipfel seiner Spekulation angelangt, die Hände nur ins Leere ausstreckt. Er hat mit ihr das Sein ins Bewusstsein verlegt und hat daher kein Recht mehr, nach einem Grund des Seins zu fragen, wenn dieser nicht selbst unmittelbar im Bewusstsein vorkommt. Daher hat es seinen guten Grund, dass Wundt so wenig wie möglich über sein Absolutes aussagt und sich offenbar nur widerwillig zu der Annahme eines solchen herbeilässt. Der Weltgrund ist für ihn absolut transcendent, er ist zwar der adäquate Grund der Wirklichkeit, aber dennoch „an sich völlig unbekannt, sodass er nicht einmal, wie die aus ihm abgeleitete Folge (der Gesamtgeist), in Gestalt eines Ideals von uns gedacht werden kann", er ist ein „absolut imaginäres Sein"(!), womit sich weder theoretisch, noch praktisch etwas anfangen lässt, eine Idee, die sich durch ihre Unbestimmtheit selbst verflüchtigt, und daher auch auf keine Art mit logischen Gründen zu beweisen[1]. Wie bei allen Ideen, welche die Erfahrung überschreiten, so kann auch hinsichtlich der Gottesidee der Philosophie nur die Aufgabe zufallen, darzuthun, dass sie unbeweisbar ist. Sie kann den Grund ihrer Allgemeingültigkeit nachweisen, aber sie muss gänzlich davon abstehen, ausser jener Notwendigkeit der Idee auch die Notwendigkeit einer der Idee entsprechenden

---

[1] Ebenda S. 443. 406.

Realität aufzuzeigen. „Die Philosophie kann die Notwendigkeit des Glaubens beweisen; ihn in Wissen umzuwandeln, dazu reicht ihre Macht nicht aus [1]."

β) **Bahnsen.**

Schopenhauer und **Wundt** setzen beide die Realität in den Willen, d. h. in ein Alogisches, ohne sich dabei die Frage vorzulegen, ob bei einer solchen Bestimmung des Realen eine Erkenntnis desselben überhaupt möglich ist. Mit dieser Frage an den Thelismus zuerst herangetreten zu sein, darin liegt die Bedeutung von **Bahnsens** Realdialektik.

Auch sie gründet sich auf das „Selbstinnesein des Willenswesens" oder auf die „Selbsterfassung des Ich als eines wollenden". Diese Selbsterfassung ist keine bloss empirische Erkenntnis, sondern eine Gewissheit metaphysischer Art, eine „dogmatische Willensanerkennung", wodurch sich das Ich ohne Vermittelung durch Schlüsse unmittelbar in seinem Wesenskern erfasst, sich jenen als Willen zum Bewusstsein bringt und damit den archimedischen Punkt gewinnt, um von ihm aus zum Verständnis des Weltganzen fortzuschreiten. Da nun der Wille von uns als ein besonderer (ichlicher) erfasst wird, so kann er auch von Natur nur ein individueller sein. Das Individuum ist folglich nicht, wie **Schopenhauer** annimmt, ein bloss durch die Zauberlaterne des Bewusstseins erzeugtes Bild, auch nicht bloss ein eingeschränkter Funktionenkomplex eines absoluten Wesens. Das All-eine oder die absolute Substanz ist vielmehr selbst nur die in sich zusammenhängende und zusammengehörige, geschlossene und mit konstanten Kräften sich in sich selbst wechselseitig bedingende Summe von Individuallebensfaktoren. Die Vielheit der Welt ist eine ursprüngliche, beruhend auf der Selbständigkeit ewiger Urindividuen, Henaden, wie **Bahnsen** sie auch nennt, die ihrem Wesen nach Willensakte sind. So gewiss sich das Ich als wollendes, und zwar als aktuell wollendes und in dieser Hinsicht als Ding an sich erfasst, so gewiss giebt es nicht einen Willen als blosse Potenz des Wollens, ein wollendes Wesen oder Substrat hinter der Funktion des Wollens, sondern „der Wille selber als solcher ist der Wollende und ist nur qua wollender", das wollende Ich oder das ichliche Wollen ist selbst das Subsistierende, dem folglich auch Aseität zugeschrieben werden muss.

Mit **Schopenhauer** bestimmt nun auch **Bahnsen** den Willen näher als einen blinden, vernunftlosen Trieb, als Alogisches und An-

---

[1] Ebenda S. 442. 444.

tilogisches, und zwar erfasst sich nach ihm der Wille unmittelbar und gleichsam a priori als das Gegenteil des Logischen, indem er sich selbst in seinem innersten Wesen als behaftet mit einem Widerspruch erkennt. Dieser Widerspruch besteht darin, dass der Wille sich zu den Gegensätzen von Ja und Nein gleich verhält, will, was er nicht will, und nicht will, was er will, oder mit andern Worten, dass er in jedem seiner Akte das Etwas und zugleich sein Gegenteil will. Nicht von aussen ist ihm die Selbstentzweiung zugefügt, als ob der Widerspruch eine reale Macht wäre, die in der Welt zu kommandieren hätte. Vielmehr ist er nur der Ausdruck für das selbstentzweite Wesen der Welt oder für das Reale, ein Prädikat des Seienden, nicht dieses selbst, ein Attribut des Weltwesens, nicht dessen Substanz, eine Bestimmung, der sich jenes auf keine Weise entziehen kann.

Jedes Existierende findet sich unmittelbar im Widerspruche mit den Existenzen ausser ihm, im Widerspruche auch mit seinem eigenen Wesen. Dieser intraindividuelle Widerspruch des Wollens und Nichtwollens ist nur das Seitenstück zu jenem interindividuellen Widerspruch der verschiedenen Existenzen unter einander und erstreckt sich bis in die untersten Atome hinab, wie auch der zerbrochene Magnet nicht aufhört, seine Polarität zu haben, sondern diese an jedem kleinsten Teilchen wieder bethätigt. „Der Riss der universellen Selbstentzweitheit geht mitten durch's Herz der Welt, d. h. jedes Einzelnen." Auf diesem Konflikte der entgegengesetzten Strebungen beruht der Weltprozess, und der Ausdruck für diesen Widerstreit der rein realen, von aller logischen Beimischung freien Seinsfaktoren ist die Realdialektik, wie Bahnsen sie in seinem Hauptwerk „Der Widerspruch im Wissen und Wesen der Welt" (1880) näher ausgeführt hat.

Wenn alle Realität auf dem Willen beruhen, jedem Wollen aber durch ein Nichtwollen das Gleichgewicht gehalten werden soll, so scheint es, als ob bei diesem Widerspruch von Ja und Nein, der einer jeden Aktion des metaphysischen Wesens anhaftet, allerhöchstens ein blosses Ringen um das Sein, ein Streben nach Realität herauskommen könnte, die Welt sonach in alle Ewigkeit in der Schwebe zwischen Sein und Nichtsein bleiben müsste. Diesen Widerspruch, den Wundt nur durch einen logischen Zirkel verdecken konnte, braucht Bahnsen nicht zu fürchten, weil die logischen Gesetze vom Widerspruch und vom ausgeschlossenen Dritten in der Sphäre der alogischen Realität nicht gelten sollen. Das Logische ist ja für die Realdialektik erst ein Produkt des Unlogischen, und es kann dies sein, weil es zur widerspruchsvollen Natur des Willens selbst gehört, aus seiner antilogischen Beschaffenheit heraus ein scheinbar (?) Logisches und Teleologisches zu gebären.

Schopenhauers „blinder" Wille benimmt sich auch schon vor der Erzeugung des Bewusstseins auf den untersten Stufen des Naturlebens so, als ob er der Leitung des Verstandes folgte, und das Licht des Bewusstseins dient ihm als willkommene Leuchte auf seinem Wege zur Erlösung. Nach Bahnsen entzündet sich jenes Licht rein „zufällig" an den Widersprüchen der realen Seinsfaktoren. Selbst eine Illustration für die widerspruchsvolle Beschaffenheit des Seins, hat es nicht irgendwelchen vernünftigen Zweck, sondern es dient nur dazu, die Unvernunft des Seins noch zu vermehren, indem es den realen Widerspruch in einen ideellen verwandelt und so, was schon an sich wertlos ist, noch überflüssiger Weise im Bilde festhält und verdoppelt. Wie freilich die Essenz des Willens darin bestehen kann, einen seiner Natur widersprechenden Vorstellungsinhalt zunächst der Potenz nach in sich zu tragen und dann auch aktuell aus sich herauszusetzen, wie der blinde alogische Wille sich nach dem Bewusstsein hinbewegen und trotzdem ein von allem Vorstellungsartigen soweit, wie möglich, nämlich um den Abstand des diametralen Gegenteils entfernt sein kann, wie ein solcher Wille das Mittel sein kann, um ein Sein zu setzen, welches idealiter jedem Einzelakte seiner Realisation voraufgeht, wie überhaupt der Wille in sein Gegenteil umschlagen, die reine Unvernunft sich zur Vernunft entwickeln kann, dies bleibt auch auf dem Standpunkte der Realdialektik unverständlich, so unverständlich, dass Bahnsen es selbst für das „Urrätsel" erklärt, da doch das Wollen zum Wissen als solches selber nicht wissen kann, dass es das Wissen will. Es kann daher auch nichts Verfehlteres geben, als sich zur Erklärung dieser Thatsache auf die Akkommodationstheorie des Darwinismus zu berufen. Denn hier handelt es sich doch bloss um Umformungen und Veränderungen innerhalb derselben Art des Seins; in der Realdialektik dagegen handelt es sich um den Uebergang des rein realen, alogischen zum logischen, ideellen Sein, d. h. um ganz verschiedene Seinsarten.

Hat dieser Uebergang nun stattgefunden, so ist es natürlich kein Wunder, wenn das reale Sein der logischen Legislatur, die es selbst erst geschaffen hat, nicht unterthänig ist, sondern in seiner innersten Natur die logischen Urgesetze Lügen straft. Der Realdialektik ist das logisch Unmögliche ein Wirkliches, das logisch Notwendige aber ein Unmögliches. Da lässt sich denn freilich das Problem nicht mehr umgehen, wie das Antilogische mit den Hülfsmitteln des logischen Denkens erkannt und beschrieben, wie das reale Sein im Spiegel des ideellen aufgefangen werden, wie die Realdialektik als Wissenschaft überhaupt möglich sein kann. Die Antwort, die Bahnsen hierauf giebt, zeugt jedenfalls von bewundernswerter Aufrichtigkeit.

Was hilft es nämlich, dass die Realdialektik sich nicht vermisst, dem Sein die Gesetze des Denkens aufdrängen zu wollen, dass Bahnsen dem Denken einschärft, sich vor dem Sein zu beugen und nicht von diesem zu verlangen, es solle sich in die starre Maschinerie seiner schematischen Formeln einzwängen lassen? Die Realdialektik korrigiert die Logik des Denkens durch die Gesetze des Seienden, sie fordert daher vom Denken, von den eigenen angestammten Gesetzen sich zu emanzipieren und stachelt es zum Widerstande gegen diese Gesetze auf. Nach ihrer Ansicht ist das sich Widersprechende auch im Denken mit einander vereinbar, weil beides in der Wirklichkeit vereinigt ist. Trotzdem bedient sie sich selbst des logischen Verfahrens, wünscht sie in der praktischen Handhabung ihrer Argumentationsweise in nichts sich vom striktesten Rationalismus zu unterscheiden und trachtet sie in ihrer Darlegung des antilogischen Prinzips gerade so eifrig und aufrichtig, wie jede andere Weltanschauung, nach dem Lobe untadelhafter Logicität.

Dies ist nun aber offenbar ganz unberechtigt. Wenn beide absolute Gegensätze sind, so muss das logische Denken das allerungeeignetste Mittel sein, um dem Realen beizukommen. Ein Sein, dessen Beschaffenheit den logischen Anforderungen schnurstracks zuwiderläuft, kann nur durch eine ungeheure Selbsttäuschung des Verstandes in die Form der Erkenntnis hineingezwängt werden. Darum gesteht Bahnsen selbst, die Realdialektik sei nicht imstande, die Wirklichkeit als solche zu erkennen. Da der Widerspruch dem Sein unerbittlich anhängt, so muss sie zu einander wechselsweise aufhebenden Worten, zu lauter Widersprüchen greifen, um den Inhalt desselben wenigstens annähernd im Symbole darzustellen, ohne dass sie es doch im besten Falle über das induktive Sammeln von Einzelbelegen für die Widerspruchsnatur des Seins hinauszubringen vermöchte. Sie muss sich darauf beschränken, die letztere „mittelst deskriptiver Präsentation ins rechte Licht zu stellen" und bekennt sich in dieser Hinsicht nicht ohne Stolz zu einer Art von Empirismus, der freilich schon deshalb nicht Wissenschaft sein kann, weil das Denken bei der absoluten Inkongruenz von Denken und Sein nie wissen kann, ob es irgendwie mit der Wirklichkeit übereinstimmt.

So entspringt die Realdialektik „aus einer tiefen Demütigung des Denkens. Ihre Keime entspriessen dem Moder der Verzweiflung an einer logisch korrekten Erkennbarkeit der Welt". Indem sie nicht darauf ausgeht, wie sonst die Wissenschaften, die Sphinx des Widerspruches in den Abgrund zu stürzen, indem sie die vorgefundenen Widersprüche statt dessen in ihrer Unüberwindlichkeit zu fassen, zu begreifen strebt, dass es kein ander Heil giebt, als sich bei der Einsicht in ihre Unausrottbarkeit zu beruhigen, stellt sie selbst die höchste und letzte Form des Skeptizismus dar, welche das Denken verurteilt und die Vernunft für ein Unvernünftiges erklärt, weil sie ihrem Zweck der Welterklärung nicht gewachsen ist.

Der Versuch sonach, im Gegensatze zu den Systemen der logischen Realität den alogischen Willen als das Wesen des Realen nachzuweisen, scheitert nicht bloss daran, dass es unmöglich ist, das logische und ideelle Sein aus seinem Gegenteile abzuleiten, sondern er lässt es auch als reinen Widerspruch erscheinen, ein alogisches Reales erkennen zu wollen. Bahnsen täuscht sich nur dadurch über die Unmöglichkeit hinweg, indem er den Widerspruch selbst für real erklärt, und Wundt vermag nur durch beständige Verwechselung des reinen abstrakten mit dem konkreten inhaltserfüllten Wollen den Schein einer Erzeugung der Vorstellung aus dem Willen vorzuspiegeln.

Nun ist aber, genau genommen, nicht einzusehen, warum der Wille realer als die Vorstellung sein soll, wenn beide doch nur als Inhalt des Bewusstseins existieren. Wenn überhaupt die Selbstwahrnehmung eine unmittelbare Erkenntnis ist, dann erscheint es rein willkürlich, jene Unmittelbarkeit bloss auf den Willen oder auf die Vorstellung zu beschränken und eines aus dem anderen abzuleiten, anstatt die inneren Zustände in der gleichen Weise als ursprüngliche Realitäten anzusehen. Unsere inneren Zustände sind alsdann, wie dies auch Wundt behauptet, als was sie von uns wahrgenommen werden, und jede Beziehung derselben auf eine von ihnen verschiedene Realität, jede Deutung unserer seelischen Vorgänge als Erscheinungen eines metaphysischen Wesens verliert im Hinblick auf ihre Unmittelbarkeit den Sinn.

Die Gewissheit unserer psychischen Inhalte beruht darin, dass sie Objekte der inneren Erfahrung sind. Haben wir es folglich hier nicht nötig, die Erfahrung zu überschreiten, so scheint auch die Aussenwelt nicht besser erkannt werden zu können, als indem man sie bloss als Objekt der äusseren Erfahrung auffasst. Descartes hatte gemeint, über die blosse Erkenntnis des eigenen Ich zu derjenigen von anderen Gegenständen dadurch hinausgelangen zu können, dass er jene für eine klare und deutliche ansah. Man braucht aber nur darauf zu reflektieren, dass die Sicherheit derselben auf ihrer Unmittelbarkeit beruht, und es scheint möglich, auf Grund einer solchen Unmittelbarkeit auch sonst überall zu sicheren Ergebnissen zu gelangen. Damit tritt dann die Erfahrung an die Stelle der Spekulation, und zwar die reine Erfahrung, befreit von allen Elementen, die nicht erfahren sind und niemals Objekt der Erfahrung werden können, und über dem Grabe einer in die Irre gegangenen Metaphysik erhebt sich das Banner der positivistischen Weltanschauung.

B. Das Ich als empirisches Prinzip.

1. Der Empirismus Lockes und Humes.

Erfahrenwerden heisst vorgestellt werden, d. h. unmittelbarer Inhalt unseres Bewusstseins sein. Eine Philosophie, die sich ausdrücklich auf das Gebiet der Erfahrung einschränkt, kann folglich nichts Anderes sein als eine Untersuchung über den Ursprung und den Zusammenhang unserer Vorstellungen. In diesem Sinne hat zuerst Locke im Anschluss an Descartes und sein Cogito ergo sum den Gegenstand der Philosophie behandelt.

Descartes hatte die Vorstellungen ihrem Ursprunge nach in angeborene, von aussen aufgenommene und selbst gebildete eingeteilt und davon den ersteren, weil zu ihnen auch die Vorstellung des eigenen Ich und Gottes gehören sollte, die grösste Bedeutung zugeschrieben. Wenn nun im Ich Bewusstsein und Sein zusammenfallen und folglich unser Denken, als Wesen des Ich, unmittelbar und notwendig ein bewusstes sein muss, so müssen sich alle solche Vorstellungen auch jederzeit in der Selbstwahrnehmung nachweisen lassen. Davon kann nun aber wenigstens in Hinsicht der angeborenen Vorstellungen, wie Locke bemerkt, garnicht die Rede sein.

Das Beispiel der Unmündigen und Laien inbetreff der logischen Gesetze, der Mangel an Uebereinstimmung hinsichtlich der sittlichen Gebote, der Existenz Gottes u. s. w. beweisen, dass die sogenannten angeborenen Vorstellungen nicht als unmittelbarer Inhalt in unserem Bewusstsein existieren. Wären alle jene Vorstellungen wirklich angeboren, so müssten sie uns auch früher als alle übrigen Vorstellungen zum Bewusstsein kommen, was durch die Erfahrung nicht bestätigt wird. Besässen wir sie aber unbewusst, und wären sie uns eingeprägt, ohne dass wir darum wissen, so stände das im Widerspruche mit der Annahme, dass in der Seele sein soviel heissen soll, wie verstanden oder gewusst werden. Folglich kann es keine angeborenen Vorstellungen geben. Dann kann aber das Wesen der Seele überhaupt nicht im Denken bestehen, weil sonst die Seele immer denken und demnach von Anbeginn ihrer Existenz an immer Vorstellungen haben müsste. Sonach kann sie ursprünglich nichts Anderes sein als der leere Behälter des Bewusstseins, eine reine Tafel (tabula rasa), die erst von fremder Hand beschrieben werden muss.

Aller Erkenntnisinhalt stammt aus der Erfahrung, der äusseren und inneren Wahrnehmung. Er ist das Produkt aus dem passiven Empfindungsstoffe einerseits und der Thätigkeit unserer Seele andererseits. Allein die letztere ist hierbei nicht schöpferisch, wie der Rationalismus annimmt, sondern ihre ganze Leistung besteht bloss darin, den Empfindungsstoff durch Kombinieren, Beziehen, Setzen und Trennen seiner Elemente zu ordnen und zu gestalten. Dabei vermag freilich Locke schon hier diesem seinem Grundprinzip nicht treu zu bleiben. Denn da er die primären Qualitäten von den sekundären unterscheidet und die letzteren blosse Empfindungen sind, die durch äussere Bewegung nur in uns hervorgerufen werden, so ist eigentlich schon damit eine schöpferische Thätigkeit der Seele zugegeben.

Die Vorstellungen der primären Qualitäten (Ausdehnung, Solidität, Bewegung, Ruhe, Zahl und Figur) gehören zu den ursprünglichen oder einfachen Vorstellungen und haben ihre Originale ausserhalb der Seele, womit sie in ähnlicher Weise übereinstimmen, wie die Bilder im Spiegel mit ihren Gegenständen. Eine Vorstellung jedoch giebt es, die zusammengesetzt ist, und trotzdem ein reales Sein zu ihrem Korrelate hat, und dies ist die Substanzvorstellung. Wenn mehre einfache Vorstellungen als einem und demselben Dinge angehörend betrachtet werden, so bilden wir die Vorstellung eines Trägers oder einer Unterlage jener Vorstellungen. Was diese eigentlich ist, lässt sich nicht sagen. Trotzdem sind wir logisch genötigt, sie als existierend anzusehen.

Offenbar ist auch der Träger unserer eigenen subjektiven Zustände uns keineswegs bekannter als die körperliche Substanz. Denn zwar beruht die Identität der Person oder das Ich auf dem Bewusstsein; allein das Bewusstsein ist nicht die Substanz, ja, es liesse sich sogar denken, dass selbst bei einem Wechsel der Substanzen das Ich trotzdem dasselbe bliebe, oder umgekehrt, dass ein Geist durch den Verlust des Bewusstseins früherer Lebensperioden als zwei oder mehr Personen erschiene. Locke selbst freilich hält an der Einheit des beharrenden Substrates auch für die inneren Zustände fest und begnügt sich damit, die Frage, was die Seele sei, als eine ihrer Natur nach unlösbare anzusehen. „Unzweifelhaft haben wir in uns etwas, was denkt; selbst die Zweifel, was es sei, bestätigen das Dasein desselben, wenn man sich auch darein finden muss, dass man die Art seines Seins nicht weiss[1]."

Dass diese Annahme einer unerfahrbaren Substanz hinter dem Inhalt unseres Bewusstseins mit Lockes Erfahrungsphilosophie nicht übereinstimmt, liegt klar zu Tage. Locke ist durch sein Ausgehen vom kartesianischen Cogito ergo sum zur Selbstgewissheit der Erfahrung gekommen, die Realität der Bewusstseinsform liegt seiner ganzen Philosophie zugrunde. Da aber in der Erfahrung eine solche reine Form nicht vorkommt, so sieht er sich im Verlaufe seiner Untersuchungen gezwungen, die Form des Bewusstseins zum Inhalt selbst zu schlagen, d. h. den letzteren als einen an und für sich bewussten aufzufassen, und behält nun an Stelle der realen Bewusstseinsform nur den Schatten der Substanz zurück, ein Sein, das im Widerspruche mit seinem Erfahrungsprinzip ihm bloss durch die Vernunft verbürgt ist und das ihm bei seiner Getrenntheit vom Bewusstsein im übrigen natürlich eine unbekannte Grösse bleiben muss. —

Diesen letzten dünnen Faden, der den Empirismus noch mit dem Rationalismus des Descartes verknüpft, hat Hume mit kühner Hand durchschnitten.

Hume hat zuerst das Erfahrungsprinzip seiner ganzen Bedeutung nach erfasst und ist dadurch recht eigentlich zum Vater des Positivismus geworden, den Locke nur erst vorläufig eingeleitet hatte. Auch er sieht die Quelle aller unserer Vorstellungen in der inneren und äusseren Wahrnehmung. Auch er schreibt der Seele keine andere Fähigkeit zu, als diejenige, den gegebenen Erfahrungsstoff nach bestimmten Gesetzen zu verknüpfen und zu ordnen. Allein er bemüht sich zugleich, was Locke nur angedeutet hatte, diese Gesetze der Vorstellungsverknüpfungen zu bestimmen.

Die spekulativen Richtungen der Philosophie verlegten, wie wir sahen, die Verknüpfungsgesetze in die Thätigkeit des metaphysischen Wesens unseres Geistes, sei es, dass sie darunter die besondere, individuelle Seele, sei es, dass sie darunter die Weltseele (das Absolute) verstanden hatten. Ihrer Annahme einer unmittelbaren Erkenntnis des realen Seins gemäss schillerten bei ihnen die sogenannten apriorischen Intellektualfunktionen zwischen einer empirischen und einer metaphysischen Bedeutung. Hume, der nur ein empirisches Dasein kennt und als das Reale in der Selbstwahrnehmung nur die Mannigfaltigkeit der seelischen Zustände findet, verwirft alles Apriorische,

---

[1] Locke: Untersuchung über den menschlichen Verstand, IV, 3, § 6; vgl. II, 23. 27, §§ 9—17.

und damit verwandeln sich für ihn die transcendentalen Intellektualfunktionen in blosse psychologische Assoziationsgesetze.

Aus ihnen nun sucht er den ganzen Inhalt der Erfahrung zu erklären und alles aus jenem herauszuschaffen, was nicht ein unmittelbarer Gegenstand unserer Wahrnehmung ist. So leugnet er die Annahme einer kontinuierlichen Wirklichkeit, weil der Inhalt unseres Bewusstseins nur eine beständig unterbrochene Folge von Momenten darstellt, und glaubt er die angenommene Kontinuität auf die verknüpfende Thätigkeit der Einbildungskraft zurückführen zu können. So wendet er sich gegen den Begriff der Kraft und behauptet er (im schroffsten Gegensatze zum Thelismus), dass eine solche in der inneren Erfahrung sich nicht nachweisen lasse. Vor allem aber bekämpft er die Kausalität, indem er die reale Notwendigkeit in den Dingen aus der psychologischen Notwendigkeit erklärt, wonach wir durch die Gewohnheit veranlasst werden, zwei Ereignisse uns immer in dem nämlichen Zusammenhange vorzustellen, worin wir sie häufig beobachtet haben.

Bei der Kausalität lässt Hume es dahingestellt, ob der vorgestellten Notwendigkeit in unserem Bewusstsein auch eine reale des Geschehens entspricht, da wir jedenfalls die Kausalität nur aus der inneren Erfahrung kennen. Beim Substanzbegriff dagegen leugnet er ein solches Entsprechen gänzlich. Was wir faktisch wahrnehmen, sind nicht Substanzen, sondern immer nur Zustände und Thätigkeiten. Nun soll aber bloss das wirklich Erfahrene objektive Geltung haben. Folglich muss Hume auch jenes „unbekannte Etwas", den Träger der Zustände und Thätigkeiten, dem Locke wenigstens das Prädikat der Existenz nicht vorenthalten hatte, für ein blosses Produkt unserer Einbildungskraft erklären, das ebenfalls nur in dem psychologischen Faktor der Gewohnheit seinen Grund hat.

So wenig es körperliche Substanzen als reale Existenzen giebt, so wenig giebt es auch Geister oder Seelen. Alle unsere Vorstellungen von real Seiendem entspringen aus Empfindungen. Aus welcher Empfindung aber sollte die Vorstellung der Seele und damit auch des Selbst oder der Person entstehen? Offenbar ist dieselbe durchaus keine Empfindung, sondern nur das, worauf alle unsere Empfindungen und Vorstellungen bezogen werden. „Wenn irgend eine Empfindung die Vorstellung vom Selbst erzeugt, so muss sie im Verlauf unseres ganzen Lebens dieselbe bleiben, wofern das Selbst auf diese Weise existieren soll. Es giebt aber keine stetige und unveränderliche Empfindung. Schmerz und Lust, Kummer und Freude, Leidenschaften und Sinnesempfindungen lösen einander ab und existieren nie alle zugleich. Die Vorstellung des Selbst lässt sich daher nicht aus irgend einer dieser Empfindungen oder aus irgend einer anderen herleiten, und folglich giebt es gar keine solche Vorstellung. Was mich betrifft", gesteht wenigstens Hume, „so stosse ich jedes Mal, wenn ich in das, was ich mein Selbst nenne, am tiefsten eindringe, auf irgend eine spezielle Empfindung von Wärme oder Kälte, Licht oder Schatten, Liebe oder Hass, Schmerz oder Lust. Nie kann ich mich selbst ohne eine Empfindung erfassen und nie etwas Anderes als Empfindungen entdecken[1]."

Demnach ist die Seele ein blosses „Bündel oder die Summe verschiedener Empfindungen, die einander mit unmerklicher Schnelligkeit folgen und sich in beständigem Flusse befinden". Sie gleicht einer Schaubühne, wo mehre Empfindungen nach einander auftreten und sich zu einer unendlichen Mannigfaltigkeit von Stellungen und Situationen vermischen, aber wir wissen nicht, wo sich jene Bühne befindet, wir wissen auch nicht, aus welchem Materiale sie aufgebaut ist. Nur das wissen wir, dass die Aufeinanderfolge von Empfindungen das ganze Wesen der Seele ausmacht und dass jene Empfindungen unter einander nach den Assoziationsgesetzen der Ähnlichkeit, Berührung und Verursachung verknüpft sind.

Wie wenig freilich diese Gesetze das innere Band der seelischen Zustände erklären können, das konnte sich dem Scharfsinne eines Hume doch nicht entziehen, und es verdient doppelte Anerkennung, dass er selbst aus dieser Einsicht kein Hehl gemacht hat. Im „Anhange" zu seiner „Untersuchung über die menschliche Natur" kommt er noch einmal auf die Frage des Ich zurück und gesteht, dass ihm seine frühere Erklärung für die Identität der Person nicht mehr genüge. Wie können, so lautet jetzt die Frage, verschiedene Existenzen, wie es die seelischen Zustände und Thätigkeiten sind, auch nur den Schein einer solchen Identität erzeugen? Würden unsere Empfindungen einer einfachen individuellen Substanz inhärieren, oder vermöchten wir ein reales Band unter ihnen wahrzunehmen, so bestände natürlich keine Schwierigkeit. Nun ist aber das letztere nicht der Fall, und das erstere widerspricht dem Prinzip der reinen Erfahrung. Darum bleibt Hume mit dieser Frage ganz und gar im Skeptizismus stecken und schliesst er seine Untersuchung über das Ich mit dem Eingeständnis, dass dies Problem für seinen Verstand unlösbar sei.

Und doch beweist die humesche Fragestellung nichts gegen die Lösbarkeit des Ichproblems, sondern höchstens etwas gegen die Berechtigung des positivistischen Ausgangspunktes. Es zeigt sich hier,

---

[1] Hume: Treatise on human nature, I, IV, 6.

dass der Positivismus, der seinen Ursprung gerade aus der Abweisung aller apriorischen Faktoren hernimmt, in seinen Konsequenzen zu der nämlichen metaphysischen Anschauung über die Natur des Seins gelangt, wie der aus dem Apriorismus hervorgegangene reine Bewusstseinsidealismus. Denn was sind die Empfindungen, worin sich für jenen der Begriff des Seins erschöpft, Anderes als jene reinen Bewusstseinselemente, in welche der Idealismus die ganze Wirklichkeit auflöst? Führt aber die Annahme der Unmittelbarkeit der Selbstwahrnehmung dahin, die Empfindungen an die Stelle des realen Seins zu setzen, dann bedarf es nur einer weiteren Reflexion auf den Begriff der Empfindung, um den vom Positivismus festgehaltenen Vorrang der inneren vor der äusseren Empfindung aufzuheben.

2. Der Sensualismus und Materialismus.

Es ist ja nämlich selbst eine Thatsache der Erfahrung, dass wir unser eigenes Wesen nur durch Vermittelung der Gegenstände ausser uns erkennen und früher eine Erfahrung von der Aussenwelt als von uns selbst gewinnen. Die Sinne sind es, wodurch uns zuerst überhaupt eine Erkenntnis zuströmt, und alle unsere Erkenntnis der inneren seelischen Zustände hängt ab von den Empfindungen äusserer Gegenstände. Wenn nun alles bloss Empfindung ist, sind dann nicht am Ende die inneren Empfindungen das Produkt der äusseren und sind nicht vielleicht alle psychischen Thätigkeiten, wie Vorstellen, Fühlen, Wollen u. s. w., bloss umgeformte äussere Empfindungen? Condillac hat diese Frage bejaht und damit den lockeschen Empirismus in den Standpunkt des Sensualismus umgewandelt. Diese Umwandlung ist aber auch zugleich der Bruch mit der ganzen bisherigen Gedankenreihe. Denn während alle anderen Standpunkte, die wir bis jetzt betrachtet haben, in der Unmittelbarkeit der Selbstwahrnehmung wurzelten, verlegt der Sensualismus den Schwerpunkt der Weltanschauung vom Centrum in die Peripherie und lässt das gesamte innere Sein aus der unmittelbaren Wahrnehmung der äusseren Wirklichkeit entspringen. —

Nun kann man aber auf dem Boden des Sensualismus unmöglich stehen bleiben. Denn die Annahme, dass die sinnliche Empfindung der ursprüngliche und gewisseste Ausgangspunkt für den ganzen Inhalt unserer Erkenntnis ist, diese Annahme führt notwendig weiter zu der Frage, woher denn die Empfindung selbst entsteht. Der Idealismus, der jenen Ausgangspunkt in der inneren Empfindung des eigenen Subjekts annimmt, hat darin ein Ursprüngliches, das selbst als die Ursache alles übrigen seelischen Inhalts hervortritt. Die äussere

Sinnesempfindung dagegen weist über sich hinaus, indem sie sich als die Wirkung einer von ihr verschiedenen Ursache darstellt. Offenbar nun kann diese Ursache nur in unserem Nervensystem und der Bewegung der stofflichen Elemente liegen, mit welchen unsere körperlichen Organe in Berührung kommen. Damit verschiebt sich aber der Schwerpunkt der Weltanschauung auch noch über die Peripherie des innerlichen Seins hinaus, die äusserliche stoffliche Welt masst sich die Herrschaft über die Seele an, und der Sensualismus schlägt um in den Materialismus.

Es zeigt sich hier, was davon zu halten ist, wenn man den Materialismus durch den Hinweis auf die Unmittelbarkeit des Ich und das Cogito ergo sum glaubt widerlegen zu können. Wenn damit gesagt sein soll, dass die Seele nichts Anderes sei als das Bewusstsein, so hat der Materialist gewonnen Spiel; denn das Bewusstsein ist erfahrungsmässig an die stoffliche Substanz des Gehirns, der Ganglienzellen, Nerven u. s. w. gebunden und abhängig von ihrer Beschaffenheit: wie sollte sich da die Annahme nicht ganz von selbst ergeben, dass die Seele überhaupt kein selbständiges Reales, sondern nur das zufällige Resultat der körperlichen Bewegungsprozesse und dass unser geistiges, innerliches Sein nur den Widerschein des allein realen Stoffes darstellt? Weit entfernt also, den Materialismus zu widerlegen, führt die Annahme der unmittelbaren Realität des Ich erst recht zu diesem Standpunkt hin, und die kaum erfasste psychische Realität verwandelt sich unter der Hand in eine materielle.

Wird nun aber die Frage aufgeworfen, wie von diesem Standpunkt aus die Vorstellung des Ich erklärt werden könne, dann stehen wir vor demselben Rätsel, wie dasjenige, woran wir auch den Positivismus scheitern sahen. Der Materialismus stellt die entgegengesetzte Parallele zum Positivismus und reinen Bewusstseinsidealismus dar, sofern die letzteren trotz ihrer Abweisung des Substanzbegriffes in ihren Konsequenzen doch eine Vielheit von selbständigen Bewusstseinselementen postulieren müssen, auf deren Bewegung und Verbindung der ganze Prozess der Wirklichkeit beruht. Dieser psychischen stellt der Materialismus seine stoffliche Vielheit von Atomen gegenüber und lässt aus ihrer Trennung und Zusammensetzung die körperliche sowohl, wie die geistige Welt entstehen. Wie man aber nicht begreift, dass rein ideelle Einheiten zur Starrheit des realen Seins gefrieren, dass selbständige, von keiner übergreifenden Macht beherrschte Seinsfaktoren sich um den festen Kern eines beharrenden Ich herumkrystallisieren und zur Einheit eines Gesamtbewusstseins zusammenfliessen können, ebenso wenig versteht man auch, wie überhaupt ein ideelles Sein aus seinem geraden Gegenteile, dem rein realen Stoffe und seiner mechanischen Bewegung hervorgehen kann.

Ergebnis.

Fragen wir nunmehr nach dem Ergebnis unserer ganzen Untersuchung, so hat sich gezeigt, dass jeder Versuch, das Reale unmittelbar vom Ich aus zu bestimmen, in seinen Konsequenzen sich schliesslich selber aufhebt. Überall — wenn man vom Materialismus absieht, der selbst schon auf einer bloss mittelbaren Bestimmung des Realen durch das Ich beruht und damit zu einer neuen Art der Bestimmung hinüberleitet — überall enthüllt sich das für real gehaltene Sein am Ende als ein bloss ideelles Sein. So fest wir auch auf Grund des Cogito ergo sum die Realität gepackt zu haben glaubten, immer löste sich uns dieselbe gleichsam unter den Händen auf, und was wir schliesslich zurückbehielten, das war nur der Nebeldunst des reinen Bewusstseinsidealismus und Illusionismus, in dessen Idealität sich auch das Ich verflüchtigte. Wir glaubten, den Schlüssel des Weltgeheimnisses in der Hand zu halten, und fanden uns von dem blossen Schein eines realen Seins geäfft, den wir auch nicht einmal als Schein erklären konnten. Wir gingen davon aus, das Ich sei mehr als ideelles Sein, und langten am Ende bei der Einsicht an, dass es ein vom Ideellen verschiedenes Reales überhaupt nicht giebt und dass wir uns als blosse Vorstellungen in einer Welt von blossen Vorstellungen befinden. Eine schlagendere reductio ad absurdum lässt sich offenbar nicht denken. Eine Behauptung, die, in ihre Konsequenzen verfolgt, das Gegenteil ihrer selbst zu Tage fördert, eine solche Behauptung hat auf Wahrheit keinen Anspruch, auch dann nicht, wenn sie dem naiven Bewusstsein als das Selbstverständlichste von der Welt erscheinen sollte.

Offenbar haben wir hier den tiefsten Grund jener allgemeinen Entmutigung und Verzweiflung an der Kraft des Denkens vor uns, welche die charakteristische Signatur der Philosophie in den letzten beiden Dritteln unseres Jahrhunderts ausmacht. Alle Standpunkte, deren wesentliche Momente wir uns vorgeführt haben, sind nur ebenso viele Versuche, vom Cogito ergo sum aus zum Realen zu gelangen, sie stellen nur die verschiedenen möglichen Ansichten dar, die implicite bereits in jenem Fundamentalsatze des Descartes verborgen liegen. Die Möglichkeiten sind expliziert, und jede von ihnen ist in einem besonderen Standpunkte durchgearbeitet — aber das Ziel ist nicht erreicht, und am Ende sind wir nur wieder beim Ausgangspunkte, der gänzlichen Verzweiflung am Realen, angekommen.

Allein welchen Wert kann man einer Annahme zuschreiben, die sich so oder anders auslegen lässt, je nachdem von welchem Gesichtspunkte aus man sie betrachtet? Gesetzt, wir besässen im Ich wirklich ein reales Sein, was ist damit gewonnen, wenn sich auf diese Voraussetzung ebenso wohl der Logismus, wie der Thelismus, ebenso wohl der subjektive, wie der objektive und absolute, der transcendentale, wie der reine Idealismus des Bewusstseins, ebenso wohl die Monadologie, wie Fichtes Ichheitslehre, der Rationalismus, wie der Empirismus und Positivismus, der Pluralismus, wie der Monismus und Solipsismus gründen lassen? Man könnte denken, es sei doch nichts Geringes, im Ich wenigstens seiner eigenen Realität versichert zu sein, es sei doch etwas wert, im Wogenschlage des Geschehens wenigstens diesen Einen Halt zu haben, das Dass unserer Existenz zu wissen, auch wenn wir über das Was derselben nie etwas Sicheres erfahren sollten. Aber ist denn das Ich überhaupt ein fester Punkt, und könnten nicht am Ende diejenigen Recht haben, nach denen die sogenannte Wirklichkeit nichts Anderes ist als der unaufhörliche Wechsel des Geschehens?

Dem Gemüte also kann die Annahme der Realität des Ich nichts nützen, solange der Verstand nicht ihr Wesen bestimmt hat. Dem Verstande jedoch kann jene Annahme auch nichts nützen, weil alle Versuche, wie gesagt, das Wesen des Realen unmittelbar vom Ich aus zu bestimmen, durch eine Art von immanenter Dialektik sich in ihre Gegensätze fortentwickeln. Wenn jeder sich rühmt, das Reale gleichsam unmittelbar in der Hand zu halten, und jeder bei näherem Zusehen etwas Verschiedenes vorzeigt, lässt sich dann überhaupt noch an die Wahrheit jener Behauptung glauben, und liegt es nicht viel näher, dass keiner von allen das gesuchte Reale in Besitz hat? Man sollte meinen, wenn das Reale sich so unmittelbar in das Netz des menschlichen Bewusstseins einfangen liesse, so müsste es auch eindeutig sein. Da hiervon nicht die Rede sein kann, so ist damit der schlagende Beweis geliefert, dass garnicht das Reale als solches erkannt ist, sondern dass wir auch vermittelst der Selbstwahrnehmung nur wie durch ein Fenster in die reale Welt hinausblicken und dass sie uns deshalb verschieden erscheint, weil die Fenster bei den verschiedenen Naturen eine verschiedenartige Färbung haben.

Wie sehr nun auch dieses Resultat als ein bloss negatives erscheint, so dürfte doch eins zugleich klar geworden sein, und das ist die Bedeutung des Ich für die gesamte Weltanschauung. Es hat sich nämlich gezeigt, dass bei den verschiedenen Philosophen von ihrer Auffassung des Ich der ganze Charakter ihrer Metaphysik abhängt und dass jene Auffassung auch dort vielfach mit hineinspielt und einen bestimmenden Einfluss ausgeübt hat, wo sie selbst nur als eine Konsequenz aus Prinzipien dasteht, die scheinbar auf ganz anderem Wege gewonnen sind. Offenbar liegt auch nicht darin der Mangel der betrachteten Weltanschauungen, dass sie zur Bestimmung des realen Seins sich an die Selbstwahrnehmung wenden, sondern darin, dass sie im Ich den Kern der Realität schon unmittelbar erfasst zu haben glauben, während doch auch das Ich nur erst Schale ist, dass die spiegelnde Oberfläche des Wassers schon für dessen Tiefe halten und darum verkennen, dass der eigentliche feste Grund der Realität sich noch hinter und unter dem eigenen Ich befindet. Gewiss geht der Weg in die metaphysische Welt des realen Seins nicht durch die äussere Wahrnehmung, sondern durch das Thor des Ich, weil dieses jener Welt offenbar näher liegt als die äusseren Gegenstände, die von uns verschieden sind und daher erst recht bloss mittelbar erkannt werden können. Allein falsch und nur ein unkritisches Vorurteil geheimer Wünsche ist es, die Unmittelbarkeit der Selbstwahrnehmung absolut, anstatt sie bloss relativ auf die äussere Wahrnehmung zu verstehen. Das Ich ist für unsere Erkenntnis die nächste und unmittelbarste Erscheinung des realen Seins, aber es selbst ist nicht dieses Sein, sondern eben nur eine Erscheinung desselben.

Der historisch bedeutsamste und prägnanteste Ausdruck für jene falsche Auffassung des Ich ist im Cogito ergo sum gegeben. Erwägt man, welche ungeheure, bisher noch immer viel zu wenig gewürdigte Bedeutung der falsche Grundsatz des Descartes für die Philosophie der Folgezeit gehabt hat, vergegenwärtigt man sich, wie fast alle hervorragenden und charakteristischen Richtungen innerhalb des modernen Denkens aus dieser Quelle herausgeflossen, von ihrem Wasser gespeist und, ohne es oft selbst zu wissen, in bestimmte Bahnen gelenkt sind, begreift man, wie alle jene stolzen Gedankensysteme der intellektuellen Anschauung, der transcendentalen Apperception, oder unter welchem Namen das Cogito ergo sum in ihnen enthalten sein mag, auf trügerischem Grunde aufgebaut sind, übersieht man dies Alles und erinnert man sich, mit wie tiefer Überzeugung die Erbauer derselben an die Unerschütterlichkeit ihres Fundaments geglaubt, welche überschäumende Kraft und himmelstürmende Begeisterung sie gerade aus diesem Glauben gezogen haben, dann mag einem wohl bange werden um den Wert der metaphysischen Gedankenarbeit und mag man wohl überhaupt an dem Erfolge der menschlichen Spekulation verzweifeln.

In der That giebt es wenige so folgenschwere und unheilvolle Irrtümer in der Geschichte unserer Erkenntnis als das Cogito ergo sum, das mit Flammenschrift den Eingang in die neuere Philosophie bezeichnet. Gleich der ptolemäischen Ansicht über die Konstruktion des Kosmos, deren Autorität so lange die wahre Erkenntnis verhindert hat, gleich dem alchymistischen Glauben an die Möglichkeit, auf künstliche Weise Gold herzustellen, unter dessen Herrschaft die richtige Einsicht in die Natur und ihre Gesetze unterdrückt ist, gleich ihnen hat das Cogito ergo sum das philosophische Denken Jahrhunderte lang in die Irre geführt und die besten Köpfe mit seinem trügerischen Schein geblendet. Und doch, ist nicht gerade aus dem Aberglauben der mittelalterlichen Adepten die zukunftsreiche Wissenschaft der modernen Chemie erwachsen, welche die Naturgeister in einer Weise zu beschwören und sich dienstbar zu machen weiss, wie die kühnste Phantasie eines Dr. Faust sich nicht konnte träumen lassen? Und ist nicht das ptolemäische Weltsystem eine der augenscheinlichsten Stützen für die Wahrheit der christlichen Religion gewesen zu einer Zeit, wo die geistige Unreife junger Völkerschaften nach handgreiflichen Beweisen für ihren Glauben verlangte? So könnte auch die Gedankenentwickelung, die sich an den Grundsatz des Descartes anschliesst, auch wenn sie sich in ihren Resultaten selbst aufheben sollte, nur das notwendige, historisch geforderte Durchgangsmoment zu einer höheren Stufe der philosophischen Erkenntnis bilden.

Was Macchiavelli von den geistigen Körperschaften des Staates und der Religion behauptet, dass bei ihnen der Rückgang an den Anfang zugleich als ein Fortschritt zu betrachten sei, dasselbe gilt auch im Bereiche des philosophischen Denkens. Descartes und Kant sind dadurch die Begründer einer neuen Epoche in der Philosophie geworden, dass sie mit der vorangegangenen Gedankenentwickelung in gewissem Sinne aufgeräumt und gleichsam von vorne begonnen haben. Aus jenem Grunde kann es auch nicht überflüssig sein, wenn im Vorigen der Nachweis geliefert wurde, dass die Geschichte der neueren Philosophie die verschiedenen implicite im Cogito ergo sum enthaltenen Bestimmungen des Realen explicite herausgesetzt und wenn wir an der Betrachtung seiner Konsequenzen die Falschheit jenes Satzes selbst bewiesen haben. Lange genug hat das Cogito ergo sum für ein unerschütterliches Axiom der philosophischen Erkenntnis gegolten. Es ist Zeit, nach einer fast dreihundertjährigen Herrschaft desselben im Gebiete der Philosophie mit diesem Satze endlich aufzuräumen und damit die Bahn für eine Auffassung des Realen frei zu machen, die geeignet scheint, eine neue Epoche in der Geschichte der Metaphysik heraufzuführen.

Zweiter Teil.
Die Metaphysik des Ich.

A. Die Erkenntnis des Ich.
I. Das Ich als Bewusstseinsform.

Das Problem des Ich, wie Descartes es in die neuere Philosophie eingeführt hat, gipfelt in der Frage:

Ergreife ich, indem ich mich denke oder indem ich mein Ich in den Blickpunkt meines Bewusstseins erhebe, ein Sein, das mehr ist als blosses Vorstellungssein; erkenne ich mein Ich unmittelbar als reales Sein im Gegensatze zum bewusst-ideellen Sein meiner Vorstellungen; ist im Ichgedanken das ideelle Objekt zugleich das reale Subjekt des Denkens, oder mit andern Worten: fallen im Ich Bewusstsein und Sein, Ideelles und Reales, Objekt und Subjekt zur Identität zusammen?

Descartes hat die Frage bekanntlich mit Ja beantwortet. Er hat gemeint, im Denken werde ich mir der Realität meiner selbst unmittelbar bewusst, käme ich gleichsam an oder hinter das Sein und zöge es ins Bewusstsein herein, oder vielmehr mein Denken sei garnichts Anderes als mein Sein, es sei jedenfalls der sicherste Beweis dafür, dass ich sei, weil ich, ohne zu sein, auch nicht zu denken vermöchte. Cogito ergo sum. Mit diesem Satze hat Descartes geglaubt, das Ich wenigstens aus den Stürmen des Zweifels gerettet und den festen Punkt gewonnen zu haben, von dem aus er das ganze metaphysische Gerüste der Welt aus den Angeln heben könnte. Ich bin, und zwar als reales Subjekt des Denkens, mein Denken bedarf als Thätigkeit oder Accidenz eines substantiellen Trägers, und diese Substanz, diese Quelle des Denkens bin ich selbst, dessen Realität mir somit durch die Thatsache des eigenen Denkens unmittelbar verbürgt wird.

Was soll man nun von dieser Ansicht halten? Fast alle hervorragenden Philosophen bis in die Gegenwart hinein haben sie angenommen, und wenn sie den Satz des Descartes auch noch so verschieden gedeutet und noch so abweichende Folgerungen aus ihm gezogen haben, an seiner Wahrheit selbst haben sie doch nicht gerüttelt und sind nicht müde geworden, das Cogito ergo sum als ein unverlierbares Gut der philosophischen Erkenntnis zu preisen. Nur ganz gelegentlich sind hin und wieder Zweifel laut geworden; allein meist sind solche nur von Grössen zweiten oder dritten Ranges ausgegangen und jedenfalls sind sie nicht imstande gewesen, das hohe Ansehen jenes Satzes zu erschüttern. Dazu mag vielleicht nicht wenig auch der Umstand beigetragen haben, dass die berühmtesten Weltanschauungen, die mit ihren Grundgedanken den philosophischen Ideenkreis beherrschen, mehr oder weniger auf ihm fussen, wohingegen bis jetzt noch kaum ein bedeutendes System hervorgetreten ist, das in derselben Weise auf der Negation des Cogito ergo sum aufgebaut wäre.

Und doch ist die Bereitwilligkeit, womit man wenigstens in diesem einen Punkte dem Descartes beistimmt, um so schwerer verständlich, als das Cogito ergo sum eine Ausnahme gerade desjenigen philosophischen Satzes bildet, der ebenfalls für einen der bestbegründeten gilt. Die Welt ist meine Vorstellung, d. h. unmittelbar und zunächst betrachtet nimmt alles, was Inhalt meines Bewusstseins ist, als solches auch Teil an der Form des Bewusstseins: es ist Vorstellungs- oder ideelles Sein, und mag es immerhin Zeichen oder Repräsentant eines Realen sein, so ist es doch, so wie ich es unmittelbar besitze, das gerade Gegenteil des realen eigentlichen Seins. Nur das Ich soll ausserdem, dass es Inhalt des Bewusstseins und somit Vorstellung ist, zugleich noch etwas Anderes sein, etwas, was dem luftigen, flüchtigen und zerfliessenden Charakter des Ideellen gegenüber von dauernderer und gleichsam härterer Beschaffenheit ist. Es soll nicht bloss ein im Bewusstsein Enthaltenes und von ihm Getragenes, sondern zugleich der Träger des Bewusstseins, nicht bloss ein Erkanntes, sondern das Erkennende, das Abbild im Spiegel und der Spiegel selbst, mit Einem Worte ein Reales sein. Diese Ausnahmenatur des Ich aber soll darauf beruhen, dass das Ich in dem: Ich denke ein Unmittelbares, d. h. dass seine Vorstellung im Bewusstsein dem letzteren durch keine Zwischenglieder weder logischer, noch funktioneller Art vermittelt ist.

Nun lässt sich allerdings, wenn man den Satz des Descartes unbefangen betrachtet, das Ich von dem: Ich denke garnicht trennen. Das Ich ist nicht etwas vor oder ausser dem Denken, nicht etwas, zu dem sich das letztere nur gleichsam hinbewegte, um es, wie einen Schmetterling, aufzuspiessen und in Besitz zu nehmen, sondern das

Denken oder Vorstellen ist garnicht, ohne dass Ich die Thätigkeit des Vorstellens ausübte, und Ich bin garnicht, ohne mich im Vorstellen zu bethätigen. Ich kenne das Vorstellen nur als mein Vorstellen und ich weiss von mir nur dadurch, dass ich vorstelle. Ich brauche das Ich nicht immer auch im Blickpunkte meines Bewusstseins zu haben, der objektive Vorstellungsinhalt kann meine Aufmerksamkeit dermassen an sich fesseln, dass mir darüber der subjektive Pol des Bewusstseins entschwindet, ja, vielleicht spielt sich sogar der grösste Teil meines Vorstellungslebens auf der Bühne des Bewusstseins unter einer derartigen Verdunkelung der Ichvorstellung ab. Allein wenn ich den Bewusstseinsinhalt zergliedere, so drängt sich mir ausser den objektiven Momenten zugleich auch immer das Ich mit auf, und zwar mit einer solchen Heftigkeit, dass es trotz seiner Einzelnheit imstande scheint, der Vielheit des Objektiven jederzeit das Gleichgewicht zu halten. Kein Subjekt ohne Objekt, kein Objekt ohne Subjekt gilt allgemein und notwendig für alles bewusste Denken; aber es gilt auch eben nur für die Sphäre des Bewusstseins, für das ideelle Sein, und daher führt uns diese Unmittelbarkeit des Ich im Denken nicht auf den ersehnten Boden des Realen hinüber.

Es ist ja nämlich klar, dass wenn uns das Ich nur in und mit dem Vorstellen zugleich gegeben ist, es vor diesem auch nichts voraus hat und folglich das Sein desselben durchaus nur das ideelle Sein des bewussten Vorstellens bedeutet. Zwar erlebe ich infolge jenes Enthaltenseins des Ich im Vorstellen das Ich unmittelbar und steht mir seine Existenz folglich ausser allem Zweifel: nur über das Vorstellungssein bin ich mit keinem Schritt hinausgekommen, an welchem zu zweifeln überhaupt sinnlos war. Ich wollte ja gerade wissen, ob mein Sein noch etwas mehr enthält als diese blosse Ideellität, und erfahre nun, dass ich, als Vorstellung, allerdings real bin. Ich hoffte im Sum des Cogito ergo sum die Füsse auf den festen Grund einer selbständigen, in sich ruhenden Realität zu setzen, aber diese Realität ist nur die luftige zwischen den Gegensätzen von Subjekt und Objekt hin- und herfliessende Realität des bewussten Denkens, wobei ich das Gefühl nicht los werde, als müsste ich durch sie hindurch in eine unendliche Tiefe fallen. Sum cogitans, ich bin vorstellend — gewiss; aber damit ist auch garnichts Anderes gesagt als: Ich stelle vor. Cogito ergo sum, ich denke, also bin ich; aber dies „ergo" bedeutet hier nicht, was auch Descartes hervorhebt, einen Schluss, als ob mein Sein die Folge meines Denkens wäre, sondern es dient nur zur Erklärung: Cogito ergo sum, ich denke, d. h. so als mein Denken bin ich. Descartes durfte offenbar nur behaupten, dass das Denken ist und dass in diesem Denken auch der Ichgedanke vorkommt. Allein dass der letztere etwas mehr als ein Gedanke, dass er der reale Träger des Denkens ist, das ist schon ein Schluss von der Wirkung auf die Ursache, wie Descartes ihn gerade ausdrücklich vermeiden wollte.

Die Meinung, als ob ich im Denken meiner selbst über das ideelle Sein hinaus und ins reale hinübergriffe, besagt, dass es ein Erkennen des Erkennens, d. h. ein ins Bewusstsein Heben desjenigen realen Prozesses gäbe, der die Unterlage oder Voraussetzung alles ins Bewusstsein Hebens bildet. Dass dies möglich sei, hat bereits Schopenhauer mit Recht bestritten, „weil dazu erfordert würde, dass das Subjekt sich vom Erkennen trennte und nun doch das Erkennen erkennte", oder weil bei der Zusammengehörigkeit von Subjekt und Objekt das Subjekt sich nicht ins Objekt aufheben, sondern immer nur Subjekt des Erkennens sein kann. „Dein Wissen von deinem Erkennen ist von deinem Erkennen nur im Ausdruck unterschieden. „Ich weiss, dass ich erkenne", sagt nicht mehr als „Ich erkenne", und dieses, so ohne weitere Bestimmung, sagt nicht mehr als „Ich". Wenn dein Erkennen und dein Wissen von diesem Erkennen zweierlei sind, so versuche nur ein Mal, jedes für sich allein zu haben, jetzt zu erkennen, ohne darum zu wissen, und jetzt wieder bloss vom Erkennen zu wissen, ohne dass dies Wissen zugleich das Erkennen sei. Freilich lässt sich von allem besonderen Erkennen abstrahieren und so zu dem Satz „Ich erkenne" gelangen, welches die letzte uns mögliche Abstraktion ist, aber identisch mit dem Satz „für mich sind Objekte" und dieser identisch mit dem „Ich bin Subjekt", welcher nicht mehr enthält als das blosse „Ich"[1]. Freilich, können wir hinzufügen, lässt sich auch von einem Erkennen des Erkennens reden, denn der abstrakte Begriff desselben existiert ja natürlich. Nur braucht damit nicht auch ein solches Erkennen zu existieren, denn damit wäre die Zusammengehörigkeit von Subjekt und Objekt aufgehoben, und wäre dasjenige selbst ein Objekt des Erkennens, was immer nur Voraussetzung des Erkennens sein kann. Wir gewinnen dadurch keinen Zuwachs an Erkenntnis, dass wir auf den Akt unseres Erkennes reflektieren, sondern das Vorstellen und das Wissen von unserem Vorstellen ist Eines und Dasselbe, es ist nämlich garnichts Anderes als eben nur die einfache Thatsache unseres Bewusstseins. Dies hat Niemand klarer ausgeführt als Baumann:

---

[1] Schopenhauer: Ueber die 4fache Wurzel des Satzes vom zureichenden Grunde, S. 141.

„Wir stellen nicht erst vor und dann stellen wir weiter vor, dass wir vorstellen, sondern beides geschieht mit Einem Schlage; dadurch dass wir vorstellen, stellen wir zugleich vor, dass wir vorstellen; im Akt unseres Vorstellens ist dies alles mit einander enthalten[1]." Wie das zugeht, darüber sagt uns unser Vorstellen garnichts aus. Unser Vorstellen ist selbst zugleich ein unmittelbares Innewerden unseres Vorstellens, aber niemals und auf keine Weise kommen wir damit um unser Bewusstsein herum und über die einfache Thatsache hinaus, dass wir vorstellen.

Es erhellt hieraus, wie sehr sich Fichte täuschte, wenn er in der Bestimmung des Ich als Subjekt-Objekts den metaphysischen Grund des Seins erfasst zu haben glaubte. Das Ich ist Subjekt: aber dies bedeutet nicht das reale denkende Subjekt, sondern nur den subjektiven Pol des Bewusstseins, dem das Objekt als sein notwendiges Korrelat gegenübersteht. Das Ich ist Objekt: aber so bedeutet es wiederum nicht das reale Subjekt, sondern nur den subjektiven Repräsentanten desselben fürs Bewusstsein, der nicht bloss numerisch verschieden vom realen Subjekt, sondern seiner Natur nach auch später als dieses ist. Das Ich ist Subjekt-Objekt: aber das heisst nicht, dass in ihm ideelles und reales Sein, Bewusstsein und Sein zusammenfallen, sondern es heisst nur, dass in meinem Bewusstsein, innerhalb dieser Sphäre der blossen Ideellität das vorstellende und das vorgestellte Ich zusammenfallen oder genauer, dass ich in meinem Bewusstsein und durch dasselbe unmittelbar inne werde, dass ich vorstelle.

Ich kann auch nicht mit Fichte sagen, das Ich setze sich selbst und sei nur vermöge dieses Setzens durch sich selbst, als ob ich durch die blosse Handlung des Denkens zugleich mein Sein hervorbrächte. Ich weiss von keinem Sein, das nicht das Sein des Denkens ist; dieses aber bringe ich nicht erst hervor, sondern ich finde es unmittelbar in meinem Denken. Brächte ich aber auch wirklich ein Sein hervor, so wäre dies doch wiederum nicht das Denkend-Sein, sondern das Gedacht-Sein, nicht das Ich als Subjekt, sondern als Objekt, und jede Identifizierung des Denkens mit dem Sein, d. h. meines bewussten Denkens mit dem Realen selbst, ein einfacher Verstoss gegen die logische Verschiedenheit des Produzierenden und des Produktes. Ich mag mich wenden und drehen, wie ich will, ich erfasse doch niemals mit meinem Bewusstsein ein reales Sein. Daher war es auch bloss ein logisches Taschenspielerkunststück, wenn Schelling

---

[1] Baumann: Philosophie als Orientierung über die Welt, S. 96.

an die Stelle des fichteschen Ich die „Identität des Ideellen und Realen" setzte, als ob die beiden ursprünglich verschieden und in jenem Punkte nur in ihrem Gegensatze gebunden wären, um durch ihr Hervortreten in Geist und Natur die Welt aus sich herauszusetzen. Ist der Weltgrund unmittelbarer Inhalt unseres Bewusstseins, dann sind Denken und Sein zwar identisch, aber sie sind dies nicht als ursprüngliche Gegensätze, sondern weil das Eine überhaupt nur das Andere ist, weil das Sein im Bewusstsein eben nur das Bewusst-Sein ist.

Der Ruhm, den Irrtum des Cogito ergo sum, sofern es ein reales Sein enthalten soll, zuerst durchschaut zu haben, gebührt keinem Geringeren als Kant. Bekanntlich zieht sich, wie ein rother Faden, ein merkwürdiger Widerspruch durch die ganze Vernunftkritik hindurch. Kants Ziel nämlich ist, die Möglichkeit einer apodiktischen Erkenntnis des Realen zu begründen, die als solche nur a priori sein kann. Nun können wir nach Kant zwar das ganze Reale als solches nicht a priori erkennen, weil ein Teil desselben, die Empfindungen, uns von aussen gegeben werden müssen und also nur a posteriori erkannt werden können. Wohl aber können wir die apriorischen Bedingungen des Realen a priori erkennen, und zwar weil diese an unserem eigenen Ich, als ihrem realen Grunde oder (transcendentalen) Substrate, haften, das Ich aber a priori von uns erkannt werden kann. Die „synthetische Einheit der Apperception" bedeutet also bei Kant nicht bloss die verknüpfende Bedingung des Erkenntnisinhaltes, welche diesem erst Einheit und Zusammenhang verleiht, indem sie die Empfindungen ordnet und verbindet, sondern ebenso wohl auch unser Bewusstsein von derselben. In dieser Hinsicht also gehört Kant selbst in die Reihe derjenigen Philosophen, die den Faden des Cogito ergo sum nur weiter ausgesponnen haben, und deren ganzes System sich auf der Möglichkeit eines unmittelbaren Bewusstseins des realen Substrates unseres Bewusstseinsinhalts aufbaut. Allein weil dieses Substrat eben nur unser Bewusstsein ist und mithin auch das von ihm Getragene, unser Erkenntnisinhalt, über die Grenzen des Bewusstseins nicht hinausreicht, so folgt, dass es überhaupt unmöglich ist, irgend ein Reales zu erkennen, dass alles, was wir erkennen, als solches nur ein Ideelles, oder mit Kant zu reden, nur Erscheinung, nicht aber ein Ding an sich selber ist. Dem Satze, die blosse Vorstellung Ich sei das transcendentale Bewusstsein, tritt damit der andere entgegen, dass wir auch unser eigenes Subjekt nur als Erscheinung, nicht aber nach dem, was es an sich selbst ist, erkennen[1].

---

[1] Kant: Werke, hrsg. von Hartenstein, III, S. 578, 129.

Damit nimmt aber zugleich auch die synthetische Einheit der Apperception die harmlosere Bedeutung an, das: „Ich denke", das „alle meine Vorstellungen muss begleiten können", damit sie meine Vorstellungen seien oder insgesamt zu einem und dem nämlichen Selbstbewusstsein gehören, beziehe sich nur auf die Möglichkeit, sich jederzeit des Ich in seinem Vorstellen zu erinnern.

Das „mögliche Bewusstsein" Kants hat also einerseits diese bloss modale Bedeutung, dass es einen möglichen Inhalt des Urteilens ausdrückt, auf der andern Seite dagegen bedeutet es jene metaphysische Einheit, in welche alle Fäden der Erkenntnisthätigkeit zusammenlaufen, oder vielmehr die geistige Potenz, die möglicher Weise die Form des Bewusstseins produziert. Kein Wunder, dass bei diesem Doppelsinn ihres Fundamentalbegriffes die metaphysischen Idealisten Fichte, Schelling und Hegel mit dem gleichen Rechte sich auf die kantische Philosophie berufen können, wie die Gegner der Metaphysik, die subjektiven Idealisten und Positivisten, und dass sich auch solche als Kantianer betrachten dürfen, die, wie Albert Lange, die realistische oder metaphysische Auslegung des Cogito ergo sum verwerfen[1].

Indem nun für Kant die realistische Bedeutung dieses Satzes, wovon er ausging, sich unter der Hand in die bloss logische verwandelte, so wurde er dadurch in den Stand gesetzt, die metaphysische Auslegung des Cogito ergo sum als Paralogismus zu durchschauen. In dieser Hinsicht zeigt er daher, dass nichts verkehrter sei, als das Ich in dem: Ich denke für den Ausdruck einer realen Substanz zu halten. Der Begriff der Substanz bezieht sich immer nur auf Anschauungen, die irgendwie gegeben sein müssen. Das Ich in jenem Satze aber ist gar keine Anschauung, keine empirische, sondern eine rein intellektuelle Vorstellung, die auf das Empirische der inneren Wahrnehmung nur angewendet wird. „Das Ich ist zwar in allen Gedanken, es ist aber mit dieser Vorstellung nicht die mindeste Anschauung verbunden, die es von anderen Gegenständen der Anschauung unterschiede. Man kann also zwar wahrnehmen, dass diese Vorstellung bei allem Denken immer wiederum vorkommt, nicht aber dass es eine stehende und bleibende Anschauung sei, worin die Gedanken (als wandelbar) wechselten[2]." In der That dient das Urtheil „Ich denke" nur dazu, alles Denken als zum Bewusstsein gehörig aufzuzeigen. Das Ich ist eine bloss logische Einheit, nur die Einheit im Denken oder das Bewusst-

---

[1] A. Lange: Geschichte des Materialismus I, S. 228 ff.
[2] Kant: a. a. O. S. 587.

sein meines Denkens. Das Bewusstsein aber ist an sich nicht sowohl eine Vorstellung, die ein besonderes Objekt unterscheidet, sondern eine Form derselben überhaupt, sofern sie Erkenntnis genannt werden soll. Ich glaube in der Vorstellung „Ich" das reale Substrat des Erkenntnisprozesses unmittelbar erfasst zu haben: dabei wird aber fälschlich die logische Erörterung des Denkens für die metaphysische Bestimmung des Objekts gehalten. Die Einheit des Bewusstseins, welche den Kategorien zu Grunde liegt, wird für Anschauung des Subjekts als Objekts genommen und darauf die Kategorie der Substanz angewandt[1]." „Folglich verwechsele ich die mögliche Abstraktion von meiner empirisch bestimmten Existenz mit dem vermeinten Bewusstsein einer abgesondert möglichen Existenz meines denkenden Selbst und glaube das Substantiale in mir als das transcendentale Subjekt zu erkennen, indem ich bloss die Einheit des Bewusstseins, welche allem Bestimmen, als die blosse Form der Erkenntnis, zu Grunde liegt, in Gedanken habe[2]." „Gleichwohl ist nichts natürlicher und verführerischer, als der Schein, die Einheit in der Synthesis der Gedanken für eine wahrgenommene Einheit im Subjekte dieser Gedanken zu halten. Man könnte ihn die Subreption des hypostasierten Bewusstseins nennen[3]."

Danach scheint denn allerdings von der ursprünglichen realen Bedeutung des Cogito ergo sum so gut wie nichts mehr übrig zu bleiben. Es ist „nur eine vermeintlich neue Einsicht," wenn man das beständige logische Subjekt des Denkens für die Erkenntnis des realen Subjekts der Inhärenz hält. Das Bewusstsein ist das einzige, was alle Vorstellungen zu Gedanken macht, und worin mithin alle unsere Wahrnehmungen enthalten sind. Ausser dieser logischen Bedeutung des Ich aber haben wir keine unmittelbare Erkenntnis des Subjektes, was diesem und seinen Gedanken als Substrat zu Grunde liegt[4]. Zwar bin ich in allen Urteilen immer das bestimmende Subjekt desjenigen Verhältnisses, welches das Urteil ausmacht. „Dass aber Ich, der ich denke, im Denken immer als Subjekt und als etwas, was nicht bloss wie Prädikat dem Denken anhängt, gelten müsse, ist ein apodiktischer und selbst identischer Satz; aber er bedeutet nicht, dass ich als Objekt ein für mich selbst bestehendes Wesen oder Substanz sei[5]." Ich denke ist ein empirischer Satz und enthält den Satz: „ich existiere" in sich; allein dies Urteil: „ich existiere denkend" ist nicht synthetisch, d. h. ich komme damit nicht über das Denken

---

[1] Ebenda S. 286. [2] Ebenda S. 289. [3] Ebenda S. 617.
[4] Ebenda S. 587. [5] Ebenda S. 278.

selbst, über das ideelle zum realen Sein hinaus, sondern meine Existenz ist eben nur im Denken. Oder wie es in dem nachgelassenen Manuskripte Kants vom Uebergange von den metaphysischen Anfangsgründen der Naturwissenschaft zur Physik heisst: „Der logische Akt: Ich denke ist noch kein Urteil, d. i. noch keine Vorstellung des Verhältnisses eines Gegenstandes zum anderen, noch weniger ein Vernunftschluss (ratiocinium cogito ergo sum), kein Fortschreiten von einer Vorstellung als Prädikats zur anderen als Bestimmung eines Begriffs, sondern bloss das Formale des Urteilens nach der Regel der Identität, nicht ein reales Verhältnis der Dinge, sondern ein bloss logisches Verhältnis der Begriffe zu einander[1]."

Bei dieser klaren Einsicht in die Wertlosigkeit des Cogito ergo sum in metaphysischer Beziehung ist es allerdings begreiflich, wenn Kant sich energisch von der Verwandtschaft mit der fichteschen Wissenschaftslehre lossagte und diese für „blosse Logik" erklärte. Mit Recht warf er ihr vor, dass sie sich mit ihren Prinzipien garnicht bis zum wirklichen Inhalte des Wissens verstiege, sondern indem sie hiervon gänzlich abstrahiert, sich vergeblich abmühte, aus dem blossen Begriffe: Ich irgend eine reale Erkenntnis herauszuklauben. Um so auffälliger und in der ganzen Geschichte der Philosophie vielleicht einzig dastehend ist es, dass er nicht bemerkt hat, wie er mit jener Kritik des kartesianischen Fundamentalprinzips seiner eigenen Philosophie den Boden unter den Füssen herausgezogen hat. Denn darüber muss man sich nur völlig klar sein, dass Kant nicht aufgehört hat, auch trotz seiner Einsicht in die bloss logische Natur des Ich an der transcendentalen Apperception in ihrem ursprünglichen Sinne festzuhalten und dass der ganze subjektiv-idealistische Charakter seiner Philosophie letzten Endes nur auf der „Subreption des hypostasierten Bewusstseins" ruht. Nur weil Kant das Bewusstsein selbst für ein Reales hielt, nur darum wurde ihm alles übrige Reale zu einer blossen Vorstellung innerhalb des Bewusstseins und glaubte er, in diesem Inhalt des Bewusstseins schon die Realität als solche zu besitzen.

Wenn irgend etwas imstande ist, die Macht des philosophischen Zeitbewusstseins zu beweisen, der selbst ein Kant sich nicht zu entziehen vermochte, so ist es die Art und Weise, wie der letztere die logische und die reale Bedeutung des Cogito ergo sum beständig mit einander verwechselt und wie er, wenn beide verschiedenen Bedeutungen in seinem Bewusstsein kollidieren, sich bemüht, den Widerspruch zu

---

[1] Vgl. mein Werk: Kants Naturphilosophie als Grundlage eines Systems (1894), S. 478.

heben oder ihn doch so viel wie möglich zu verschleiern. Das Schillernde und Schwankende der Vernunftkritik, das von jeher das Verständnis derselben so sehr erschwert hat, die offenbaren zahlreichen Widersprüche, von welchen dieses Werk, wie wenige philosophische Schriften von hervorragender Bedeutung, angefüllt ist, dies alles hat seinen tiefsten Grund nirgends anders als in dem geschilderten Doppelsinne, wie Kant das Cogito ergo sum auffasst. Es lässt sich aber zugleich nicht leugnen, dass eben aus derselben Quelle auch jener erstaunliche Gedankenreichtum, jene Vielseitigkeit der Ausblicke und Gesichtspunkte entspringt, die fast ein jedes philosophisches System, welcher Art es auch sein mag, eine Anknüpfung in der Vernunftkritik finden lässt. Man hat Kant oft genug gerühmt, dem Dogmatismus ein Ende gemacht zu haben — mit Unrecht, sofern man darunter die Ansicht versteht, auf Grund des Cogito ergo sum durch reines Denken zu irgend welcher Erkenntnis des Realen zu gelangen. Denn der transcendentale Idealismus Kants, der die Dinge für blosse Erscheinungen und das reale Sein in jeder Beziehung für unerkennbar hält, steht selbst durchaus auf dem Boden des Dogmatismus. Dieser Idealismus, der sich „Kritizismus" nennt, ist wesentlich nichts Anderes als der unkritische Versuch, eine apodiktische, rein logische Erkenntnis des realen Seins aus der widerspruchsvollen Behauptung abzuleiten, dass Ideelles und Reales, Bewusstsein und Sein zusammenfallen. Wohl aber hat Kant in jenem Kapitel über die Paralogismen der reinen Vernunft dieses Fundament des Dogmatismus zerstört und damit der Philosophie den Weg aus der Sackgasse hinausgewiesen, in welche sie, ausgehend vom Cogito ergo sum, sich früher oder später notwendig verrennen musste. —

Das Ich ist nichts Anderes als die Form des Bewusstseins: das ist das positive Ergebnis auch der kantischen Kritik des Cogito ergo sum. Nun kennen wir aber gar keine Bewusstseinsform, die als solche nicht Form eines bestimmten Vorstellungsinhalts wäre; wir kennen aber auch ebenso wenig einen Vorstellungsinhalt, der losgelöst von der Form des Bewusstseins existierte. Das ist nur ein anderer Ausdruck für die oben betonte Thatsache, dass es gar kein Subjekt ohne Objekt giebt. Alles Bewusstsein ist nur an und durch seinen Inhalt, die Objekte; diese aber sind Objekte nur, weil sie innerhalb der Form des Bewusstseins existieren oder weil sie das Subjekt zu ihrem Korrelate haben. Wir können uns die Bewusstseinsform zwar losgelöst von ihrem Inhalt denken, sowie wir uns ein Erkennen des Erkennens denken konnten, aber das gelingt uns nur vermittelst unserer Fähigkeit der Abstraktion, wodurch wir unseren ganzen Bewusstseinsinhalt in seine

Elemente zergliedern können. Sowenig wir bei dieser Zergliederung auf ein reales Sein, sondern immer nur auf Elemente unseres Bewusstseins stossen, die ihre objektive Bedeutung und ihre Existenz nur erst in unserem Bewusstsein erhalten, sowenig kann auch die Abstraktion der Bewusstseinsform als solche auf irgend eine reale Bedeutung oder etwa auf eine selbständige Existenz Anspruch machen. Diese Form des Bewusstseins ist ja nur bewusste Bewusstseinsform, ist ja selbst nur mein Gedanke und folglich ganz unfähig, mir über das Verhältnis der Form des Bewusstseins zu ihrem Inhalt irgend welche Aufklärung zu verschaffen. Weit entfernt, der Träger oder die Substanz des Bewusstseinsinhaltes zu sein, gehört sie selbst nur mit zum Bewusstseinsinhalt und setzt folglich das Bewusstsein schon voraus. Weit entfernt, konkreter und realer als der sonstige Inhalt des Bewusstseins zu sein, ist sie vielmehr, als Abstraktion, noch weit leerer und formaler, indem sie ja aus jenem erst nachträglich abgezogen ist.

Eben deshalb ist es nicht statthaft, die abstrakte, leere Form des Bewusstseins für das aktive und produktive Subjekt zu halten, das unter dem Namen des „reinen Ich" oder des „transcendentalen Subjekts" den ganzen Inhalt des Bewusstseins aus sich selbst heraus entfaltet. Nicht das Subjekt trägt oder produziert das Objekt, das letztere steht überhaupt nicht in irgendwelchem ursächlichen Verhältnis zum Subjekt, sondern beide sind nur die entgegengesetzten Pole des Bewusstseins, die eben in diesem korrelativen Verhältnis zu einander diejenige Form konstituieren, die wir Bewusstsein nennen. Mit Unrecht also stellt man sich häufig das Bewusstsein als eine Art Springquell vor, der aus unterirdischen Tiefen seine Wasser in das Sonnenlicht emporschleudert. Das Bewusstsein kann ein solcher Springquell einfach deshalb nicht sein, weil es garnicht in die Tiefe der Dinge hinabreicht, weil seine ganze Eigentümlichkeit eben darin beruht, bloss accidentielle Form der Oberfläche der Dinge zu sein, eine Form, die als solche nicht aktiv, nicht produktiv, sondern immer nur rein passiv und unproduktiv sein kann, sich allem gegebenen Inhalte gleichmässig anschmiegt und, wie ein Schatten, die lebendige Fortbewegung ihres Inhalts begleitet. Wie der Schatten nichts Selbständiges und Substantielles, sondern immer nur an seinem Gegenstande ist und nur mit diesem sich fortbewegt, genau so ist es auch mit der Form des Bewusstseins: sie haftet dem Vorstellungsinhalt unzertrennlich an und erhält nur von ihm eine scheinbare Lebendigkeit geliehen.

Ist sonach das Bewusstsein eine blosse Abstraktion ohne Selbständigkeit und Aktivität, so ist es naturgemäss auch ausser stande, sich auf sich selbst zurückzuwenden oder sich selbst in der Form des Bewusstseins zu erkennen. Die Form des Bewusstseins, welche das Bewusstsein zu seinem Inhalte hat, dieses Objekt ist keineswegs das Bewusstsein als Subjekt, selbst dann nicht wenn dem wirklichen Bewusstsein eine Existenz an sich selbst zukäme, sondern es ist nur die subjektive Vorstellung des wirklichen Bewusstseins, der ideelle Repräsentant desselben, aber auch dies nicht als Vorstellung des gegenwärtigen Bewusstseins, d. h. nicht als Anschauung unmittelbar, sondern als Begriff, als Abstraktion aus einer Reihe von Bewusstseinsakten, die jenem gegenwärtigen Bewusstsein vorangegangen sind. Daher ist es ein zweckloses Sichdrehen im Kreise, sich selbst als Objekt, d. h. als Anschauung desjenigen Subjekts erfassen zu wollen, das Subjekt in dem nämlichen Bewusstseinsakte ist. „Das Subjekt der Kategorien", sagt Kant, „kann dadurch, dass es diese denkt, nicht von sich selbst, als einem Objekte der Kategorien, einen Begriff bekommen, denn um diese zu denken, muss es sein reines Selbstbewusstsein, welches doch hat erklärt werden sollen, zu Grunde legen[1]." Versuche nur einmal, dich selbst, d. h. dein Bewusstsein, zu erkennen! Was du erkennst, ist bloss der abstrakte Begriff des Bewusstseins; das wirkliche Bewusstsein dagegen bleibt immer nur Voraussetzung deiner bewussten Erkenntnis. Sehr gut bemerkt daher Liebmann: „Das Ich als ein Objekt erfassen wollen ist ungefähr soviel, wie über seinen eigenen Schatten springen oder so schnell um den Baum herumlaufen wollen, dass man sich selbst beim Kragen erfassen kann. Wohl verstanden! Ich weiss ganz sicher, dass ich bin; sicherer als irgend sonst etwas. Aber nie bin ich Objekt. Das Licht leuchtet; jedoch es beleuchtet nicht sich selbst, sondern seine Umgebung[2]." In dem gleichen Sinne hat auch Schopenhauer das Ich „das Erkennende, niemals Erkannte" genannt, und hat man das Ich mit dem Auge verglichen, das alles Andere, nur sich selbst nicht sehen kann.

Weil das Ich die Abstraktion der Bewusstseinsform im Gegensatze zu ihrem Inhalt ist, so lassen sich ferner die beiden Ausdrücke: Bewusstsein und Ich von einander garnicht trennen. Das Ich reicht genau so weit, wie das Bewusstsein; daher ist es ein Widerspruch, von einer unbewussten Thätigkeit des Ich zu reden. Wer sonach das Ich für ein Reales hält und es demgemäss der Seele gleich-

---

[1] Kant: a. a. O. S. 286.
[2] O. Liebmann: Psychol. Aphorismen in Zeitschrift f. Philos. u. philos. Kritik Bd. 102, Hft. 1, S. 42.

setzt, der muss sich entschieden gegen die Annahme sträuben, dass es eine unbewusste Seelenthätigkeit, eine unbewusste Intelligenz, oder wie man es nennen mag, giebt. Descartes handelte folglich nur konsequent, die seelischen Funktionen bloss als bewusste gelten zu lassen, und Alle, die das Cogito ergo sum im kartesianischen Sinne für eine Wahrheit halten, müssen Gegner des unbewusst Seelischen sein. Ganz anders dagegen, wer den Doppelsinn des Cogito ergo sum durchschaut, wer erkannt hat, dass die Selbstverständlichkeit der Annahme, als ob wir im Ich unmittelbar ein Reales besässen, schon bei Descartes nur aus einer Verwechselung des logischen mit einem realen Ich sich herschreibt. Ein solcher hat gar keinen Grund, die Möglichkeit der unbewussten Seelenthätigkeit von vornherein zu leugnen; denn die Seele und das Ich sind für ihn ja nicht identisch, und es würde daher mindestens voreilig sein, die schöpferische Kraft des Bewusstseinsinhaltes, die aus der Seele stammt, bloss deshalb für bewusst zu halten, weil das Ich mit dem Bewusstsein zusammenfällt. Es ist inkonsequent, auf das Cogito ergo sum zu schwören und dennoch eine Region des Unbewussten in der Seele einzuräumen, wie Leibniz es gethan hat. Es ist aber nicht weniger inkonsequent, das Ich in dem: „Ich denke" bloss für logisch und abstrakt und trotzdem die unbewusste Seelenthätigkeit für einen Widerspruch zu halten. Dass man überhaupt insbesondere bei dem Begriff des unbewussten Denkens so schnell mit dem Vorwurf des Widerspruches bei der Hand ist, das hat nur darin seinen Grund, weil es in der That ein Widerspruch ist, denken und nicht selbst zugleich dabei sein zu sollen, oder wie man es im Hinblick auf die logische Natur des Ich auch ausdrücken kann, ein Prädikat ohne das entsprechende Subjekt zu setzen. Mein Denken ist ein bewusstes Denken, und diese Bewusstheit findet ihren Ausdruck in dem Worte: Ich. Aber dies Ich bedeutet nicht, dass es das Bewusstsein ist, welches die Thätigkeit des Denkens ausübt.

Ist das Bewusstsein nur die notwendige Form des Denkens und das Ich nur der abstrakte Ausdruck für diese Form, so kann natürlich das Ich als solches überhaupt nicht denken. Wenn gedacht wird, so kommt darin der Ichgedanke immer zugleich mit vor, weil das Gedachte eben ein Bewusstes ist; aber das Ich ist selbst nur ein Gedachtes, nur das ideelle und nicht das reale Subjekt des Denkens. Darum hatte Lichtenberg recht: „Es denkt, sollte man sagen, wie man sagt: es blitzt. Zu sagen: cogito, ist schon zuviel, sobald man es durch: Ich denke übersetzt[1]." Damit fällt aber zu-

---

[1] Lichtenberg: Vermischte Schriften, S. 70, 99.

gleich auch der Grund hinweg, der das unbewusste Denken als Widerspruch erscheinen lässt. Denn so selbstverständlich es ist, dass das Bewusstsein nicht Form eines unbewussten Inhalts sein kann, so wenig versteht es sich von selbst, dass die Form des Bewusstseins sich auch auf eine Thätigkeit erstrecken sollte, wodurch jener Inhalt erst hervorgebracht wird. Nur solange das Ichbewusstsein als reales Subjekt des Denkens aufgefasst wird, erscheint auch alles Denken unmittelbar als ein bewusstes. Die Einsicht in die bloss formale Natur des Bewusstseins vernichtet auch diesen Schein und zeigt, dass nicht der Begriff des unbewussten Denkens, wohl aber die Ansicht sich selbst widerspricht, wonach der Produzent des Bewusstseinsinhaltes selbst schon ein Inhalt von dessen Bewusstsein sein soll.

Wenn sonach das Bewusstsein nicht tiefer reicht als das Ich, das Ich aber wiederum nichts Anderes ist als das Bewusstsein, so ist es unmöglich, durch das Thor des Ich unmittelbar in das Gebiet des Realen einzudringen. Dass der Bewusstseinsinhalt als solcher nur Erscheinungen enthält, zu denen wir das reale Korrelat nur hinzudenken können, darf gegenwärtig wohl als allgemein zugestanden gelten. Dass aber auch die Bewusstseinsform, sobald sie Inhalt des Bewusstseins wird, nur Erscheinung, nur **subjektiver Repräsentant des wirklichen Bewusstseins** sein, dass das Bewusstsein sich seiner selbst nie unmittelbar bewusst sein, sich niemals als reales Sein, sondern schon deshalb nur als abstrakte Form des Ideellen erfassen kann, weil ihm selbst überhaupt alle Selbständigkeit und Realität abgeht, das vernichtet auch die letzte Hoffnung, mittelst des Bewusstseins über die reine Ideellität des Bewusstseinsinhalts hinauszukommen. Alles Sein im Bewusstsein ist bewusstes oder ideelles Sein. Es ist ein Rest von naivem Realismus, zu glauben, dieser selbstverständliche, weil eigentlich tautologische Grundsatz der Erkenntnistheorie erlitte eine Ausnahme beim Ichbewusstsein. —

Gesetzt, es gäbe eine unmittelbare Anschauung des Realen, so müsste das Zusammenfallen unseres Bewusstseins mit dem Sein zur Folge haben, dass uns nichts bekannter wäre als dies Sein, unsere Seele müsste für uns das Allergewisseste, sie müsste, wie ein Buch, vor uns aufgeschlagen sein, und alle ihre Eigenschaften müssten so offen vor uns liegen, dass wir sie nur einfach daraus abzulesen brauchten. Davon zeigt nun aber die Wirklichkeit das gerade Gegenteil. Niemand hat ein Bewusstsein von seiner eigenen seelischen Beschaffenheit; nur indirekt und gleichsam von hinten herum gelingt es uns, durch Reflexion einen flüchtigen Blick in jene centrale Tiefe unseres eigenen Selbst zu werfen, und was unser Wissen von ihm anbetrifft, so gehört gerade das Substrat unserer seelischen Erscheinungen noch immer zu den dunkelsten Gebieten metaphysischer Erkenntnis. Oder welches greifbare Ergebnis ist wohl dabei herausgekommen, dass alle Philosophen von Descartes bis Hegel sich in irgend welchem Sinne auf die Unmittelbarkeit ihrer Erkenntnis vom Realen gestützt haben? Pochen wir nicht immer noch mit Zweifeln und Fragen an das Thor jener alten Geheimnisse, die das Wesen unseres eigenen Selbst verhüllen? Die intellektuelle Anschauung hat uns bisher, so scheint es, auch nicht einmal einen Spalt an jenem Thor entdecken lassen. Vermöchte sie uns wirklich auch nur einen Schritt weiter zu führen, wie soll man es sich erklären, dass noch immer der Streit darüber nicht beigelegt ist, was eigentlich als das Wesen unserer seelischen Funktionen anzusehen ist, wie dürfen die Empiristen alsdann noch fortfahren, alles substantielle Sein der Psyche in den actus purus der innerlichen Thätigkeiten und Zustände aufzulösen, was ermöglicht es, die Realität und Selbständigkeit des Seelischen überhaupt zu leugnen und, wie die Materialisten thun, die psychischen Gebilde als bloss zufälliges Resultat ungeistiger, stofflicher Atome aufzufassen? Man kann hiernach nur sagen: es giebt keine intellektuelle Anschauung, kein unmittelbares Bewusstsein eines für sich existierenden Realen; giebt es aber ein solches Bewusstsein nicht, so ist damit rückwärts der Beweis geliefert, dass auch das Ich, als die reine Form des Bewusstseins, kein reales Wesen, kein Ding an sich sein kann.

Aus der Auffassung des Ich als intellektueller Anschauung des Realen ist die sogenannte Wissenschaft der rationalen Psychologie erwachsen. Es braucht nur daran erinnert zu werden, dass Kant ihr in seiner Vernunftkritik den Todesstoss versetzt hat, indem er die bloss logische Natur des Ich und damit die Unmöglichkeit bewiesen hat, aus dem reinen Ich heraus a priori metaphysische Konsequenzen zu entwickeln. Was aber weniger beherzigt zu werden pflegt, ist, dass Kant selbst übersehen hat, wie alle apriorische Philosophie überhaupt, alles Streben der letzteren, in Hinsicht auf Notwendigkeit und apodiktische Gewissheit der Erkenntnis der Mathematik es nachthun zu können, auf keiner anderen Voraussetzung ruht, als derjenigen, die er selbst durch seine Kritik der rationalen Psychologie zerstört hat.

Es kann nämlich kein Zweifel sein, dass die Metaphysik seit den Tagen des Descartes nur deshalb die Methode der Mathematik nachgeahmt hat, weil sie hierzu durch die Identität des Ideellen und Realen sich berechtigt glaubte, deren Thatsächlichkeit ihr durch das Cogito bewiesen schien. In denjenigen Wissenschaften, die von realen Objekten handeln, sind Vorstellung und Gegenstand zweierlei, der Gegenstand lässt sich von verschiedenen Seiten betrachten, er ist auch vielleicht unter verschiedenen Bedingungen verschieden, und es ist sehr die Frage, ob diese oder jene Ansicht seinem Wesen mehr entspricht. Daher ist in den realen Wissenschaften die Erkenntnis nie apodiktisch gewiss, und kann man nur aus der Erfahrung wissen, ob ein bestimmtes Resultat nicht schon im nächsten Augenblicke durch Aenderung der bedingenden Umstände verändert werden kann. Die reine Mathematik dagegen hat es bloss mit ideellem Sein zu thun, das immer mit sich selbst identisch bleibt. Darum ist sie eine apodiktische Wissenschaft und lassen sich ihre Wahrheiten a priori aus den einmal gegebenen Voraussetzungen entwickeln. Gesetzt nun, das Reale, als der Gegenstand der Metaphysik, wäre mit dem ideellen Sein identisch, Vorstellung und Gegenstand fielen in ihr zusammen, so würde, was von der Vorstellung gilt, zugleich auch eine absolute und reale Bedeutung haben, die Metaphysik hätte folglich vor allen übrigen Wissenschaften das voraus, dass sie apriorisch und apodiktisch, wie die Mathematik, und doch zugleich eine reale Wissenschaft wäre. Demnach braucht man das reale Sein, das uns unmittelbar im Bewusstsein verbürgt wird, nur allgemein und absolut zu fassen, so eröffnet sich damit die Aussicht, aus der intellektuellen Anschauung dieses Seins den ganzen Inhalt der Wirklichkeit a priori, d. h. zugleich mit apodiktischer Gewissheit, zu entwickeln.

Der Rationalismus ist bekanntlich diesen Weg gegangen, ohne freilich die Voraussetzung überall erfüllt zu haben, durch welche eine apriorische Erkenntnis der gesamten Wirklichkeit allein möglich ist. Geleitet vom Cogito ergo sum und bestrebt, die Substantialität des Individuums zu retten, hat schon Descartes die Wirklichkeit in eine Vielheit individueller Substanzen zersplittert und damit die Verbindung unterbrochen, die von einem zum anderen Realen hinüberführt. Bei dieser Annahme war es denn freilich ein von vornherein unmögliches Unterfangen, aus dem Mittelpunkte des einen philosophierenden Individuums den Inhalt auch aller übrigen herauszuspinnen und allgemeingültige Gesetze aufzustellen, deren Quelle nur im eigenen beschränkten Wesen liegen sollte. Daher gilt mit Recht erst der Monist Spinoza für den eigentlichen Vater des Rationalismus und konnte der letztere seine höchste Blüte erst entfalten, nachdem Fichte die individualistische Entwickelungsreihe aus dem Cogito ergo sum in das Bett des Monismus hinübergeleitet hatte. In jedem Falle ist der Rationalismus mit seinem Streben, den ganzen Inhalt des realen Seins a priori, d. h. auf rein logischem Wege ohne Zuhülfenahme der Erfahrung, abzuleiten, nur die methodologische Konsequenz aus der Grundannahme des Descartes. Wie folglich das Erreichen seiner Absicht ein augenscheinlicher Beweis für die Wahrheit seiner metaphysischen Voraussetzung sein würde, so beweist sein thatsächliches Fiasko die Unhaltbarkeit derselben und kann das historische Schicksal des Rationalismus zugleich als Kritik der intellektuellen Anschauung gelten.

Bedenkt man, wie diese Erkenntnisart nach der Aussage ihrer energischsten Verteidiger nur wenigen Auserwählten zu eigen, wie sie auch bei diesen Wenigen keineswegs ein normales Instrument, sondern nur das zufällige Gnadengeschenk ekstatischer Zustände sein soll, die sich bei gewöhnlichen Menschen nur als die gänzliche Zerrüttung des Geistes und des Körpers darstellen, so ist damit ihr Wert wohl genügend gekennzeichnet, und bedarf es nicht weiter der Erinnerung daran, dass ihr Inhalt von allen ihren Besitzern verschieden ausgelegt wird, dass die Einen in ihr die absolute Substanz, die Anderen das absolute Ich, die Dritten die absolute Vernunft, noch Andere endlich die absolute Idee oder gar den absoluten Willen zu besitzen glauben. Darum hat Volkmann Recht: „Die Realität als solche kann nie angeschaut werden, denn die Anschauung giebt immer nur Erscheinungen. Mag der Inhalt der Anschauung noch so sublim sein: dass das Sein mit dem Denken identisch sei, kann so wenig angeschaut werden, als dass der eine Stein näher liegt als der andere, sondern ist und bleibt Sache des Urteils, welches sich dadurch eine Art von Evidenz anmasst, dass es sich für blosse Anschauung ausgiebt. Fragen nach der Realität lassen sich nicht durch Anschauungen erledigen, sondern das Gebiet der Anschauungen bleibt auf das Phänomen abgegrenzt, das Reale aber steht hinter dem Phänomen[1]." Es gereicht Herbart und seiner Schule zur höchsten Ehre, in einer Zeit, wo das Wichtigthun mit intellektueller Anschauung für das eigentliche Kennzeichen eines Philosophen galt, den Besitz eines solchen übersinnlichen Erkenntnismittels als Selbstbetrug durchschaut und dadurch nicht wenig dazu beigetragen zu haben, dem Rationalismus seine eigentliche Quelle zu verstopfen.

Der gewöhnliche Einwand, der hiergegen geltend gemacht zu werden pflegt, ist der, dass, wenn man die Wahrheit des Cogito ergo sum bestreitet, die Säulen der Erkenntnis ins Wanken gerieten. Wie, sagt man, wenn es unmöglich ist, an irgend einem Punkte das Reale zu erkennen, wenn die Hoffnung uns trügt, mit dem Nachen des Bewusstseins an den sicheren Strand des Seins zu stossen, hat es dann

---

[1] Volkmann: Lehrbuch der Psychologie II, S. 238.

überhaupt noch einen Zweck, sich um die Wahrheit zu bemühen, entsinkt uns damit nicht der feste Ankergrund der theoretischen Gewissheit, und sind wir dann nicht abermals ins Meer des Skeptizismus hinausgestossen, aus dem Descartes uns eben auf den Felsen des Cogito ergo sum hinaufgerettet hat? Der gesunde Menschenverstand glaubte, so sicher auf diesem Fels zu ruhen, und empfindet es nun wie einen Raub am Allerheiligsten, wie ein förmliches Attentat auf die Majestät der Wissenschaft, wenn man ihn darauf aufmerksam macht, wie sein vermeintlich festes Eiland nur der flache Rücken eines Seeungeheuers ist, das in jedem Augenblicke wieder unter den Fluten verschwinden kann.

Und doch liegt auch hierbei nur wieder die alte Verwechselung des logischen mit einem realen Cogito vor. Man überträgt die Selbstverständlichkeit der ideellen Existenz des Ich auf die Annahme einer realen Existenz desselben und bedenkt nicht, dass einem die letztere nicht genommen werden kann, weil man sie garnicht besitzt und sie aus logischen Gründen auch niemals und auf keine Weise je erreichen kann. Freilich: wenn unter Wissenschaft in rationalistischem Sinne nur die Erkenntnis der realen Gegenstände verstanden wird, sofern sie apodiktisch ist, dann giebt es ausser den bloss ideellen Wissenschaften der reinen Mathematik und der reinen Logik gar keine eigentliche Wissenschaft; denn alle Aussagen über ein Reales, das ausserhalb der Sphäre des Bewusstseins liegt, können darum nur durch das Medium des Bewusstseins erkannt werden, d. h. sie bleiben subjektiv und können schon deshalb nicht apodiktisch sein, weil sie eben nur aus der Erfahrung abgezogen werden können. Indessen wäre es ein über das Ziel hinausschiessender Vorwurf, eine Ansicht sofort schon als Skeptizismus zu verurteilen, weil sie bescheiden genug ist, sich nicht für unfehlbar zu halten. Eine Zeit des Erwachens der Philosophie zu eigenem Selbstbewusstsein, wie diejenige des Descartes, oder des erneuten Aufschwungs auf Grund vielverheissender Prinzipien, wie Kant sie angebahnt hatte, eine solche Zeit mag wohl im ersten jugendlichen Kraftgefühl dem menschlichen Denken das Unmögliche zumuten und nur da von wirklicher Erkenntnis reden wollen, wo die Hydra des Zweifels tot am Boden liegt. Die kritische Besinnung lehrt, und das Schicksal aller derartigen titanenhaften Bestrebungen, die Wahrheit unmittelbar vom Himmel herunterholen zu wollen, sollte keinen Zweifel mehr darüber lassen, dass wir bei der Erkenntnis des Realen uns überall mit der blossen Wahrscheinlichkeit begnügen müssen und dass die apodiktische Erkenntnis desselben für uns immer nur Ideal sein und bleiben kann. Jene Wahrscheinlichkeit mag der Gewissheit bis an die äusserste Grenze nahe kommen, so nahe, dass sie praktisch für Gewissheit gelten kann: die völlige Ausfüllung der Lücke zwischen unserem Denken und der Wirklichkeit gelingt uns nie, weil wir niemals die Grenzen unseres Bewusstseins überschreiten, den Fuss auf das jenseitige Ufer setzen und gleichsam eine Stellung zwischen oder über den beiden Gebieten des Ideellen und Realen einnehmen können.

Es ist demnach eine unbegründete Furcht, dass mit der Bestreitung der realen Existenz des Ich dem Skeptizismus Thor und Thür geöffnet würde. Wir bedürfen allerdings, um überhaupt erkennen zu können, einer festen und unverbrüchlichen Substanz unserer Erkenntnisthätigkeit; aber dies ist nicht die Identität des Ideellen und Realen im Sinne der intellektuellen Anschauung, sondern die Identität und Unerschütterlichkeit der logischen Gesetze, nach denen sich alle unsere Erkenntnis vollzieht. Ist diese gewährleistet, dann bedarf es nur noch einer Art Uebereinstimmung zwischen unserm Denken und der Wirklichkeit, einer Uebereinstimmung, die jedoch keineswegs dasselbe wie numerische Einheit zu sein braucht, und es sind damit alle Bedingungen gegeben, die eine Erkenntnis auch desjenigen Seins für uns ermöglichen, das ausserhalb unseres Bewusstseins liegt. Eine solche Uebereinstimmung kann aber wiederum nicht unmittelbar auf Grund einer intellektuellen Anschauung konstatiert, sondern sie kann von uns zum Behufe der Erkenntnis nur postuliert, nur als notwendige Voraussetzung des Erkennens a priori angenommen werden, woraus folgt, dass unsere gesamte Erkenntnis des Realen letzten Endes auf einem unbeweisbaren Fundamente ruht und demnach auch aus diesem Grunde auf apodiktische Gewissheit keinen Anspruch machen kann.

Die Wissenschaften, die von den einzelnen realen Gegenständen handeln, fahren trotzdem ruhig fort, ihre ideellen Werte, womit sie operieren, für Zeichen, Symbole und Ausdrücke jener Realitäten anzusehen, deren faktische Anschauung ihnen verschlossen bleibt, und sie stehen sich nicht schlechter dabei, zu wissen, dass zwischen ihren Begriffen und den Gegenständen an keinem Punkte eine wirkliche Berührung stattfindet. Wenn die Metaphysik es nicht mit dem einzelnen, bestimmten Realen, sondern lediglich mit dem realen Sein als solchen zu thun hat, dessen Wesen und Zusammenhang sie zu ergründen sucht, so ist nicht einzusehen, warum ihr dies verwehrt sein sollte, und warum sie nicht ebenso gut zu wertvollen Resultaten sollte gelangen können, wie jene sogenannten empirischen Wissenschaften. Der **subjektive Idealismus** weist dem gegenüber auf die immanente Geltung unserer Vorstellungen hin. Er meint, selbst wenn es ein reales Sein, als transcendenten Grund unserer Vorstellungen, gäbe, so könnten wir es doch niemals erkennen, weil alle unsere Erkenntnis im Bewusstsein verläuft. Allein wir leugnen ja nicht, dass unsere Vorstellungen, als Vorstellungen, eben nur subjektiv, bloss ideelle Wesenheiten sind; wir behaupten nur, dass sie ein Reales bedeuten, dass sie hinweisen auf ein Sein, welches an und für sich mehr ist als Vorstellungssein und welches allein in diesem seinem Unterschiede von unserem Vorstellen als reales Sein bezeichnet wird.

Auch der subjektive Idealismus bleibt nicht bei dem unmittelbaren Bewusstseinsinhalt stehen. Auch er sucht, um überhaupt nur Wissenschaft zu sein, die spezifische Beschaffenheit dieses Inhalts zu erklären, und geht, wofern er nicht die Grenzen des Bewusstseins in der Annahme einer transcendenten Affektion nach aussen überschreitet, in das innerste Centrum des Bewusstseins zurück, indem er den rohen Stoff der Erfahrung durch formale und kategoriale Intellektualfunktionen geordnet werden lässt. Dass aber diese Intellektualfunktionen, die den wirklichen Inhalt des Bewusstseins erst bedingen und produzieren, selbst mit zu diesem Inhalt gehörten und folglich ihm unmittelbar zugänglich seien, das kann doch ein Standpunkt unmöglich behaupten, der vorzugsweise gerade Anspruch darauf macht, als „kritischer" zu gelten. Von Kant steht es freilich fest, dass er geglaubt hat, es gäbe ein apriorisches Bewusstsein der apriorischen Funktionen unserer Erkenntnis, und sein ganzer transcendentaler Idealismus beruht, wie wir gesehen haben, auf dieser unmöglichen Voraussetzung[1]. Insofern also der subjektive Idealismus im Bewusstsein selbst den tiefsten Grund aller Vorstellungen glaubt erfasst zu haben und alles Sein für bloss subjektiv und ideell erklärt, weil er es damit zum Accidenz im Bewusstsein herabsetzt, begeht er selbst die erkenntnistheoretische Ursünde der unmittelbaren Erkenntnis des realen Seins und hat daher am wenigsten ein Recht, das Hinausgehen über das Vorstellungssein zu verbieten. Dieser Standpunkt verwirft alle Metaphysik als „unwissenschaftlich" und pocht auf den Anspruch, allein für Wissenschaft zu gelten, indem er sich damit bescheidet, bloss Erkenntnistheorie zu sein; allein er kann schon Erkenntnistheorie nicht sein, ohne zugleich gegen seinen Willen Metaphysik zu sein. Denn mag er nun die apriorischen Intellektualfunktionen für vorbewusste und vorempirische halten, die bloss durch Reflexion aus dem Bewusst-

---

[1] Vgl. mein Werk: Kants Naturphilosophie als Grundlage seines Systems, S. 227—238.

seinsinhalt a posteriori gewonnen werden können, oder mag er sich mit Kant der Täuschung hingeben, sie unmittelbar im Bewusstsein anzutreffen: in beiden Fällen geht er über die rein ideelle Subjektivität hinaus und gelangt zu einem Sein, das entweder schon als bewusstes real oder aber von dem unmittelbaren Inhalt des Bewusstseins doch jedenfalls verschieden ist und folglich seine Behauptung widerlegt, als ob wir nur jenen allein erkennen könnten.

Wäre es dem subjektiven Idealismus wirklich Ernst mit seinem Verbot, das Reale als solches erkennen zu wollen, so müsste er auch darauf verzichten, das Bewusstsein selbst als ein Reales anzusehen, d. h. er müsste aufhören, subjektiver und transcendentaler Idealismus im kantischen Sinne zu sein, und reiner, konsequenter Bewusstseinsidealismus werden. So lange die einzelnen Bewusstseinsinhalte noch auf den Mittelpunkt eines realen Bewusstseinssubjekts, einer individuellen Bewusstseinssubstanz, als eines „transcendentalen Ich", bezogen werden, woran die Verknüpfungsgesetze des Wirklichen als apriorische Funktionen haften, solange muss auch die Behauptung aufrecht erhalten werden, dass dieses Bewusstsein Gegenstand einer unmittelbaren Erkenntnis sei und ist das verpönte Ding an sich, anstatt beseitigt zu sein, nur in versteckter Form durch eine Hinterthür wieder eingelassen. Fällt aber das Bewusstseinssubjekt hinweg, dann fällt damit zugleich auch 'das Substrat der apriorischen Funktionen, und bleibt nur mehr übrig, die Gesetzmässigkeit des Wirklichen unmittelbar im Bewusstseinsinhalt selbst zu suchen. Der reine Bewusstseinsidealismus stimmt mit dem subjektiven Idealismus überein, alles Sein nur als Bewusst-Sein gelten zu lassen; aber er thut dies nicht, weil es Inhalt oder Accidenz an einem als substantiell gedachten Bewusstsein ist, sondern weil es seine eigene Natur ist, ideell zu sein, weil die untrennbare Einheit von Bewusstseinsform und Bewusstseinsinhalt sein ursprüngliches, unveräusserliches Wesen ausmacht.

Damit scheint denn der Gipfel der kritischen Besonnenheit erstiegen und scheint ein Standpunkt gewonnen zu sein, zu welchem der Vorwurf des Metaphysischen nicht mehr hinaufreicht. Und doch ist klar, dass wenn unter Metaphysik Erkenntnis des realen Seins verstanden wird, ein Standpunkt sich diesem Vorwurf am wenigsten entziehen kann, der das Sein im Bewusstsein zu erschöpfen glaubt, oder für welchen der Bewusstseinsinhalt selbst real ist. E. v. Hartmann hat den konsequenten Bewusstseinsidealismus als den „absoluten Lebenstraum" beschrieben[1]. Bei dem gänzlichen Fehlen eines

---

[1] v. Hartmann: Das Grundproblem der Erkenntnistheorie, S. 57 ff.

träumenden Subjektes erscheinen aber die einzelnen Inhalte dieses Traumes als selbständige, gleichsam substantielle Elemente, und es ist ebenso wenig einzusehen, wie aus solchen, die, als bewusste, doch gegen einander abgeschlossen sein müssten, der Schein eines einheitlichen Bewusstseins sollte entstehen können, wie die Vielheit selbständiger Atome imstande ist, den Zusammenhang, sowie die Ordnung und vernünftige Beschaffenheit des Daseins zu erklären. Immerhin bereitet es keine Schwierigkeit, die stofflichen Atome des Materialismus als Realitäten vorzustellen, und kann man auch allenfalls die anorganische Natur aus der mechanischen Bewegung solcher Atome sich entstanden denken. Wie aber selbständige Bewusstseinselemente sich gegenseitig hervorrufen und sich in gesetzmässiger Weise an einander reihen, und wie sie auch nur den Schein des Realen erzeugen können, zumal wenn infolge ihrer Zeitlosigkeit nicht einmal von einer Funktion bei ihnen die Rede sein kann, das übersteigt in der That all unser menschliches Begreifen und erscheint uns ungeheuerlicher als alles, was jemals ein Metaphysiker sich ausgedacht hat.

Wenn das Sein nur ideeller und bewusster Art ist, ohne als Accidenz an einem substantiellen Bewusstsein zu existieren, so können die Verknüpfungsgesetze seiner inneren Momente nicht metaphysisch und apriorisch sein, sondern sie können nur mit den logischen und psychologischen Gesetzen identisch sein, die auch den Zusammenhang unsrer seelischen Gebilde regeln. In dieser Weise fasst der Positivismus das Problem, indem er darauf verzichtet, den Bewusstseinscharakter des Realen zu betonen, und sich dadurch von metaphysischen Konsequenzen fernzuhalten sucht, dass er den Begriff des Bewusstseinsinhalt, der immer schon auf eine bestimmte Seinsart deutet, durch den unverfänglichen Begriff der blossen „Erfahrung" ersetzt. Erfahren werden nämlich heisst wahrgenommen oder empfunden werden, und dies ist der Sinn, wie der Positivismus das Bewusstsein auffasst. Wenn aber nur ist, was wahrgenommen ist, und der psychische Akt des Empfindens den Massstab für die Wirklichkeit bildet, dann ist damit die Priorität der inneren vor der äusseren Wahrnehmung bewiesen und ist damit nur in anderer Weise ausgesprochen, dass die psychischen Gebilde selbst reale sind.

Nach der Ansicht des Positivismus also ist nicht die abstrakte und, wie wir gesehen haben, rein unselbstständige Form des Bewusstseins das Reale, sondern dies ist ein bestimmter Inhalt des Bewusstseins, und zwar ist es gerade derjenige Inhalt, der in unmittelbarster Beziehung steht zum Ich. Es liegt auf der Hand, dass diese Behauptung unserer ganzen bisherigen Untersuchung eine neue Wendung geben muss. Bisher erklärten wir das Ich für identisch mit der Form des Bewusstseins und leugneten wir die Möglichkeit einer unmittelbaren Erkenntnis desselben, weil die Form des Bewusstseins kein Reales sein und folglich auch nicht unmittelbar als solches erkannt werden könne. Wenn nun aber die psychologischen Funktionen des Ich unmittelbar von uns erkannt werden und wenn sie zugleich Realitäten sind, kann das Ich dann noch die blosse Form des Bewusstseins sein, und werden wir uns dann nicht genötigt sehen, auch dem Ich eine Realität in irgend welchem Sinne zuzuschreiben? Die Frage nach der Seinart des Ich nimmt also nunmehr die speziellere Gestalt an: in welchem Sinne kann den Objekten der inneren Wahrnehmung Wahrheit zugeschrieben werden? Diese Frage aber kann nicht mehr durch rein erkenntnistheoretische Reflexionen, sondern nur mit Zuhülfenahme der Psychologie beantwortet werden, in deren Gebiet sie hinübergreift.

II. Das Ich als Bewusstseinsinhalt.
1. Das Ich als innere Wahrnehmung.

Bei der äusseren Wahrnehmung ist leicht einzusehen, dass sie uns vermittelst der sinnlichen Empfindungen keine Gegenstände, sondern nur unsere subjektiven Auffassungen von solchen zeigt. Unsere Sinnesqualitäten, die Töne, Farben, Gerüche u. s. w., ohne welche uns kein Gegenstand erscheint, haben kein Dasein ausser uns, sondern sind bloss gesetzmässig hervorgerufene Modifikationen des Empfindungsvermögens in uns, und diejenigen pflegen heute als philosophische Sonderlinge angestaunt zu werden, die, wie v. Kirchmann, den Dingen ausser uns neben den rein quantitativen (mechanischen) auch noch qualitative Eigentümlichkeiten zuschreiben. Aber auch die sogenannten primären Eigenschaften, wie Locke sie im Unterschiede von den Sinnesqualitäten, als den sekundären Eigenschaften, bezeichnet hat, die Ausdehnung, Dichtigkeit, Figur, Zahl und Bewegung, können nicht ohne Weiteres den Dingen zuerkannt und jedenfalls nicht unmittelbar an ihnen wahrgenommen werden. Wie das nämliche Wasser uns kalt oder warm erscheint, je nachdem ob wir vorher die Hand in warmes oder kaltes Wasser eingetaucht haben, und wir doch dem Wasser als solchen nicht beide Eigenschaften gleichzeitig zuschreiben können, genau so erscheint uns auch die Ausdehnung und Figur eines Gegenstandes verschieden, je nachdem aus welcher Entfernung und in welcher Beleuchtung wir ihn erblicken, woraus folgt, dass beim Zustandekommen einer Wahrnehmung neben dem transcendenten (realen) auch noch ein subjektiver Faktor mitspielt. Die Sinne also täuschen sicherlich, indem sie uns eine Wirklichkeit vorgaukeln, die keine ist, ein ideelles Sein uns darbieten, das mit dem Anspruch auftritt, für ein reales zu gelten. Versteht man daher unter Wahrheit ganz allgemein die Uebereinstimmung unserer Vorstellungen mit der Wirklichkeit oder dem realen Sein, so kommt mithin der äusseren Wahrnehmung keine Wahrheit zu.

Ganz anders die psychologische Selbstwahrnehmung. Hier findet dem Anschein nach ein Unterschied zwischen Sein und Erscheinung gar nicht statt. Unsere Vorstellungen, Gefühle, Willensakte u. s. w. sind auch in Wirklichkeit, als was sie uns erscheinen, wir können sie garnicht anders vorstellen, als wie sie existieren, ihr Wahrgenommenwerden ist ihr Sein und umgekehrt. Bei der äusseren Wahrnehmung verwickeln wir uns in Widersprüche, sobald wir unsere subjektiven Empfindungen den Gegenständen selbst zuschreiben, weil diese alsdann in derselben Zeit in derselben Beziehung verschiedene Qualitäten haben müssten. In der inneren Wahrnehmung giebt es wohl einen Widerstreit entgegengesetzter Gedanken, Gefühle und Begehrungen, allein die Faktoren dieses Gegensatzes sind hier entweder nicht gleichzeitig in Aktion, sondern treten nur nach einander über die Schwelle des Bewusstseins, oder aber sie streiten nicht in derselben Beziehung gegen einander und sind daher weit entfernt, einen Widerspruch zu konstituieren. Dort ist die Zuständlichkeit des Bewusstseins ein Anderes als der Gegenstand, durch welchen sie in uns gesetzt wird. Hier dagegen ist die Zuständlichkeit selbst der Gegenstand und jede Veranlassung aufgehoben, in diesem Gegenstande mehr zu suchen als eben jene Zuständlichkeit. Bei der äusseren Wahrnehmung muss ich wenigstens in Gedanken die Grenzen des Bewusstseins überschreiten, um zur realen Ursache meiner Wahrnehmung vorzudringen. Bei der inneren Wahrnehmung bleibe ich innerhalb des ideellen Seins auch dann, wenn das Objekt, wie bei der Erinnerungsvorstellung, einer früheren Phase des Bewusstseins angehört, und daher kann selbst bei der Erinnerungstäuschung das unmittelbare Objekt von seinem Gegenstande nicht so verschieden sein, wie in der äusseren Wahrnehmung, wo Objekt und Gegenstand zwei verschiedenen Seinsarten angehören.

Wir dürfen uns sonach nicht wundern, wenn der inneren Wahrnehmung ein unbedingtes Vertrauen selbst von denen entgegengebracht wird, für welche im übrigen der erkenntnistheoretische Gegensatz von Sein und Erscheinung zu den selbstverständlichen Bestandstücken ihrer Philosophie gehört. Wo immer die Wahrheit unserer Wahrnehmung bestritten wird, pflegt diese Negation sich in der Regel nur auf die äussere Wahrnehmung zu beziehen. Schon Augustin behauptete, nur bei der Vorstellung äusserer Gegenstände sei eine Täuschung möglich, glaubte jedoch das Bewusstsein, welches der Geist von seinen eigenen Zuständen hat, von aller Unwahrheit freisprechen zu müssen: „Noli foras ire, in te redi, in interiore homine habitat veritas!" In der neueren Zeit hat bekanntlich Locke, der im Anschluss an Descartes die erkenntnistheoretische Untersuchung recht eigentlich in Fluss gebracht und das Vertrauen in die Wahrheit unserer Wahrnehmung mit wissenschaftlichen Gründen erschüttert hat, zwischen der Sensation oder äusseren und der Reflexion oder inneren Wahrnehmung unterschieden und die letztere von der Möglichkeit einer Nichtübereinstimmung zwischen Vorstellung und Gegenstand ausgenommen, weil wir selbst das unmittelbare Objekt unseres „inneren Sinnes" seien.

Diese Ansicht zuerst bezweifelt zu haben, ist eine der revolutionärsten Thaten der kantischen Vernunftkritik. Während selbst Hume an jener Meinung Lockes nicht gerüttelt, sondern seinen Skeptizismus nur gegen die Erkennbarkeit der Aussenwelt gerichtet und gerade auf die Wahrheit der Selbstwahrnehmung seinen Positivismus errichtet hat, behauptet Kant, dass wir auch in der inneren Wahrnehmung unser eigenes Sein nur als Erscheinung, nicht aber nach dem, was es an sich selbst ist, erkennen. Wie die äussere Wahrnehmung der räumlichen Gegenstände es nur mit Erscheinungen zu thun hat, weil der Raum bloss eine Form unserer Anschauung ist, die, als subjektive, den Dingen an sich selbst nicht zukommt, gerade so fügt nach Kant der innere Sinn den Bestimmungen desselben die subjektive Form der Zeit hinzu und setzt sie damit gleichfalls zu Erscheinungen herab, deren eigentliches Wesen wir durch diese Brille nie zu erkennen vermögen. Von allen Behauptungen der kantischen Vernunftkritik hat diese sich von jeher die heftigsten Vorwürfe gefallen lassen müssen und am meisten dazu beigetragen, den transcendentalen Idealismus in den Ruf des Skeptizismus zu bringen. Schien es doch in der That, als ob alle Bande, die uns mit der Wirklichkeit verknüpfen, zerrissen wären und wir uferlos auf dem Ocean der Ungewissheit trieben, wenn das Senkblei unserer Erkenntnis an keinem Punkte das reale Sein erreichen sollte! Es war daher nur die natürliche Antwort auf jene Behauptung Kants, wenn seine Nachfolger um so heftiger auf den Besitz einer direkten Verbindung mit der Wirklichkeit pochten. Jacobi und Schleiermacher glaubten im Gefühl die Nabelschnur gefunden zu haben, die unser Denken mit der Wirklichkeit, das ideelle mit dem realen Sein verknüpft. Schelling und Hegel rühmten sich, auf dem Flügelrosse des spekulativen Gedankens ins Land der metaphysischen Realität hinüberreiten zu können, und Schopenhauer hielt diesen Anhängern eines logischen realen Seins den unlogischen Willen als das gesuchte Ding an sich entgegen, in allen übrigen Punkten ihr erbitterter Gegner, nur darin nicht, dass er, wie sie, der Ueberzeugung war, den kantischen Phänomenalismus auf Grund der inneren Wahrnehmung überwinden zu können.

Wenn die genannten Philosophen irgend einen besonderen Faktor unseres Seelenlebens herausgegriffen und an ihm die Wahrheit der Selbstwahrnehmung nachgewiesen haben, so hat dagegen Beneke die Gesammtheit unserer psychischen Gebilde gegen die Behauptung einer bloss mittelbaren Erkenntnis derselben verteidigt und darauf seine metaphysische Weltanschauung errichtet. Es steht für Beneke ausser Zweifel, dass uns das Sein irgendwie in einer Anschauung gegeben, an irgend einem Punkte erreichbar sein müsse, weil wir sonst auch seinen Begriff nicht besitzen, über das Verhältnis des Vorstellens zu ihm nichts bestimmen und das Problem der Metaphysik nicht einmal als Problem auffassen könnten. Der Idealismus hat Recht: „Wir sind und bleiben wir selbst, wir mögen es anstellen, wie wir wollen, und wir können also nie ausser uns selbst und ohne uns selbst die vorgestellten Dinge erfassen, um sie mit unseren Vorstellungen zu vergleichen. Aber es giebt Ein Sein, im Verhältnis zu welchem diese Schwierigkeit nicht stattfindet. Wir sind selbst ein Sein, und hier also brauchen wir, um das Sein zu erreichen, nicht aus uns hinaus, nicht in ein Anderes hineinzugehen. Hier haben oder sind wir Vorstellen und Sein zugleich und können somit das Vorstellen wirklich und vollgenügend mit dem Sein vergleichen." „In der inneren Wahrnehmung geht das Sein in die Wahrnehmung oder Vorstellung unmittelbar ein, und wenn dies geschehen, und also sobald die Vorstellung fertig ist, sind Sein und Vorstellen Eins; das Sein, und zwar vollständig, Bestandteil oder Grundlage der Vorstellung, und ohne dass irgend etwas Fremdartiges hinzugekommen wäre." „Bei den Wahrnehmungen unseres Selbstbewusstseins ist das Sein nicht nur erreichbar durch das Vorstellen, sondern beim Vorstellen fallen beide unmittelbar zu Einem Akte zusammen. In der Wahrnehmung jenes Gefühles existiert jenes Gefühl fort, und nur dadurch, dass es in ihr fortexistiert, kann das Gefühl darin vorgestellt werden." „Jede Erkenntnis unserer Seelenthätigkeit ist demnach die Erkenntnis eines Seins an sich, d. h. die Erkenntnis eines Seins, welche dasselbe vorstellt, wie es an und für sich oder unabhängig von seinem Vorgestelltwerden ist." Wir stellen uns selber vor, wie wir **an und für uns selber** sind, nicht bloss, wie wir uns erscheinen[1]."

Im Anschluss an Beneke hat auch Ueberweg eine unmittelbare Erkenntnis der psychischen Akte und Gebilde von materialer Wahrheit angenommen und darin für die Erkenntnistheorie den ersten festen Punkt ihrer Erörterungen gefunden. „Wie gegenwärtig unsere Vorstellungen, Gedanken, Gefühle, Begehrungen, überhaupt die Elemente unseres psychischen Lebens und deren Verbindungen unter einander wirklich sind, so sind wir uns ihrer bewusst, und wie wir uns ihrer bewusst sind, so ist ihr wirkliches Sein, indem bei den Seelenthätigkeiten als solchen Bewusstsein und Dasein identisch sind[2]." Wie verbreitet diese Ansicht über den Wahrheitsgrad unserer inneren Wahrnehmungen besonders auch unter den Psychologen ist, das zeigt auch Brentano, der die absolute Realität unserer seelischen Gebilde für die Grundvoraussetzung aller wissenschaftlichen Psychologie erklärt — es würde indessen zu weit führen, alle Denker mit Namen hervorzuheben, die in irgend einer Weise sich auf die Selbstbezeugung des Seins in der inneren Wahrnehmung stützen, und nur daran mag hier noch erinnert werden, dass unter den hervorragenden Philosophen der Gegenwart auch Wundt sich zum Vertreter jener Ansicht aufgeworfen und dass sie, wenn man auf den Kern der Sache eingeht, den Mittelpunkt und die Wurzel seiner gesammten Weltanschauung bildet. —

Nehmen wir einmal die Behauptung als erwiesen an, dass wir in der inneren Wahrnehmung ein Sein an sich erkennen, so wird davon natürlich zunächst die Psychologie betroffen. Es fällt damit nämlich der Grund hinweg, in den seelischen Gebilden mehr zu suchen, als wie uns das unmittelbare Bewusstsein zeigt. Wohl können sich etwa Zweifel darüber erheben, ob die Akte des Fühlens und des Wollens zusammengehörige oder verschiedenartige innere Vorgänge sind, ob das Wollen eine Empfindung oder ein von der Empfindung verschiedener, nur durch gewisse äussere Bedingungen mit Empfindungen verbundener Vorgang ist, ob die Gemütsbewegungen erst aus Wechselwirkung der Vorstellungen hervorgehen, oder ob sie ebenso primäre innere Vorgänge sind, wie die Vorstellungen selber u. s. w. Von alle dem jedoch bleiben die einzelnen Gegenstände der inneren Wahrnehmung als solche unberührt, und wenn hier Hypothesen auf-

---

[1] Beneke: System d. Metaphysik (1840), S. 68 f., 72 f., 75. Ders.: Neue Grundlegung zur Metaphysik (1822), S. 10.

[2] Ueberweg: System d. Logik (5. Aufl.), S. 101.

gestellt werden, so beziehen sie sich doch niemals auf ein Begriffsobjekt, das von den Gegenständen der Wahrnehmung selbst verschieden wäre[1]. Alle Psychologie ist demnach bloss empirische Psychologie, d. h. sie geht über den Inhalt der Selbstwahrnehmung nicht hinaus, und ihr Verfahren kann nur darin bestehen, die gegebenen Erfahrungen zu analysieren und zu versuchen, sie in ihrer wechselseitigen Abhängigkeit zu begreifen; und wie jene ihre naturgemässe Begründung in der Unmittelbarkeit der Selbstwahrnehmung hat, so führt umgekehrt die Auffassung der Psychologie als einer bloss empirischen dazu, der psychologischen Wahrnehmung unmittelbare Gewissheit zuzuschreiben.

Damit büsst die Psychologie keineswegs an ihrer Würde etwas ein. Denn wenn sie es auch bloss mit Empirischem zu thun hat und insofern mit den Naturwissenschaften auf einer Stufe steht, so ist doch das Empirische der Psychologie zugleich auch ein Reales und obendrein ein solches, das wir unmittelbar erkennen. Alle Wissenschaften, wenn man von der reinen formalen Logik und der reinen Mathematik absieht, die sich nur mit ideellem Sein befassen, haben nur den Einen Zweck, das real Existierende seinem Wesen und seinem Zusammenhange nach zu erkennen, und sie pflegen um so höher im Range geschätzt zu werden, je grösser die Erkennbarkeit und je bedeutsamer der von ihnen behandelte Gegenstand erscheint. An diesem Massstabe gemessen kann demnach keine Wissenschaft der Psychologie den Rang ablaufen und muss selbst die Naturwissenschaft, die im Hochgefühle ihrer eigenen glänzenden Errungenschaften noch immer auf die junge Schwesterwissenschaft herabzusehen liebt, der letzteren die Palme zuerkennen, kann sie es doch selbst bei der Verschiedenheit von Objekt und Ding an sich bloss zu einer relativen, die Psychologie dagegen zu einer absoluten Wahrheit bringen! Brentano weist denn auch von seinem Standpunkt aus mit Recht auf diese besondere „Würde" der Psychologie hin und lässt sie als die Königin aller empirischen Wissenschaften überhaupt erscheinen — um so mehr muss man es bedauern, dass er es versäumt hat, seine Ansicht von der unmittelbaren Wahrheit der inneren Erfahrung, die doch keineswegs unbestritten dasteht, mit Gründen zu unterstützen und damit jenen Vorzug der Psychologie für Alle in das hellste Licht zu setzen. Wie die Meisten, die jener Ansicht huldigen, stellt auch Brentano sie einfach als selbstverständlich hin: „Die Phänomene der inneren Wahrnehmung sind wahr in sich selbst. Wie sie erscheinen, so sind

---

[1] Wundt: System d. Philosophie (1889), S. 163 ff., 306, 369 ff.

sie auch in Wirklichkeit. Dafür bürgt die Evidenz, mit der sie wahrgenommen werden [1]."

Die Anhänger der empirischen Psychologie pflegen häufig zugleich Gegner der Metaphysik zu sein. Nun ist aber das Reale als solches recht eigentlich das Objekt der Metaphysik, deren Aufgabe eben darin besteht, die Beschaffenheit und den Sinn desselben festzustellen. Wenn also auch die Psychologie es mit Realem zu thun hat, dann ist sie in diesem Sinne Metaphysik. Mit dem gleichen Rechte also, womit aus der Unmittelbarkeit der Selbstwahrnehmung die empirische Beschaffenheit der Psychologie gefolgert wurde, kann alsdann auch ihre metaphysische Beschaffenheit erschlossen werden, und es erscheint als eine reine Sache des Geschmacks, ob Jemand lieber für einen empirischen Psychologen oder lieber für einen Metaphysiker gelten will. Alle Fragen der Metaphysik können dann ebenso gut durch Psychologie erledigt, wie alle Aufgaben der Psychologie in der Metaphysik entschieden werden. Die Psychologen haben dann keinen Grund, von einer „Psychologie ohne Seele" zu reden und die Untersuchung dieser letzteren vorsichtig der Metaphysik zuzuweisen, weil es ein besonderes Seelenwesen hinter dem psychischen Realen ja alsdann nicht geben kann. Die Metaphysiker aber haben ebenso wenig Grund, sich vornehm einer Untersuchung der seelischen Aeusserungsweisen zu enthalten, weil diese alsdann ihre eigentliche Aufgabe ausmacht. Bei Lebzeiten der rationalistischen Denkart in der Philosophie pflegten die Metaphysiker auf die Psychologie herabzublicken, bloss deshalb, weil sie empirisch ist. Heute rächen die empirischen Psychologen sich dadurch, dass sie alle Metaphysik für eitel Wind erklären. In Wahrheit löscht die Unmittelbarkeit der Selbstwahrnehmung alle Gegensätze von Empirie und Spekulation, von immanenter und transcendenter Weise der Erkenntnis aus, und wer sie trotzdem glaubt festhalten zu können, der beweist damit nur, dass er die Konsequenzen jener Voraussetzung sich noch nicht klar gemacht hat.

Wie soll man es nun aber hiermit vereinen, dass die unmittelbare Erkenntnis ihres Gegenstandes trotzdem in der Psychologie keine apodiktische Erkenntnis ist? Die Metaphysiker haben längst darauf verzichtet, für ihre Erkenntnis auf apodiktische Gewissheit Anspruch zu machen. Die Psychologen thun dies gleichfalls nicht; und doch sollte man meinen, müssten sie sich hierzu veranlasst sehen, wenn sie wirklich ein Reales als solches unmittelbar erkennten. Nun gehen aber trotz der behaupteten unmittelbaren Selbstbezeugung der psycho-

---

[1] Brentano: Psychologie vom empirischen Standpunkt (1874), 24 f.

logischen Gebilde sogar hinsichtlich ihres eigentlichen Grundelementes die Ansichten der Psychologen noch ebenso auseinander, wie diejenigen der Metaphysiker in der Bestimmung des Realen. So wenig die intellektuelle Anschauung in der Metaphysik eine Uebereinstimmung hinsichtlich ihres Inhaltes herbeizuführen vermocht hat, ebenso wenig haben sich bis jetzt die Psychologen darüber verständigen können, welche psychischen Gebilde primärer Natur und welche als sekundäre aufzufassen seien. Welche Wandlungen hat nicht die Grundauffassung des Seelischen seit Descartes und Leibniz durchgemacht! Diese erblickten im Vorstellen das Wesen des seelischen Realen und ordneten ihm das Fühlen und Wollen als blosse Modifikationen unter. Andere fanden, dass dem Willen mindestens die gleiche prinzipielle Bedeutung zukomme, wie dem Denken, und setzten es dem letzteren als zweites Grundvermögen an die Seite, bis unter Rousseaus mächtigem Einfluss den Psychologen die Augen darüber aufgingen, dass die Seele ein dreieiniges Wesen sei, in welchem neben dem Erkenntnis- und Begehrungsvermögen auch dem Gefühlsvermögen eine Stelle einzuräumen sei. Eine Zeit lang hat man wohl geglaubt, in dieser Auffassung ein getreues Spiegelbild des seelischen Organismus zu besitzen, und populäre Darstellungen der Psychologie pflegen sie auch heute noch im Allgemeinen festzuhalten. In der Wissenschaft dagegen stehen sich schroffer als je eine intellektualistische durch Hegel und Herbart begründete und eine voluntaristische auf Schopenhauer basierende Auffassung der seelischen Elemente gegenüber und finden ihren gemeinsamen Gegner in der sensualistischen Psychologie, welche die Empfindung als Wurzel und Kern aller psychischen Erscheinungen ansieht.

Haben die Metaphysiker bald diese, bald jene seelische Grundkraft zum Prinzip erhoben und geglaubt, die übrigen aus ihm ableiten zu können, so haben sie sich dabei vielleicht in der intellektuellen Anschauung versehen, sei es, dass sie für eine solche hielten, was keine war, sei es, dass sie im Geheimen nach den Wirkungen schielten, die sie aus eben jenen Prinzipien erklären wollten, und sich dadurch selbst die Reinheit ihres spekulativen Blickes trübten. Wie aber soll man sich diese Verschiedenheit der Auffassungen in der Psychologie erklären? Hier handelt es sich doch nicht um Folgerungen von universeller Bedeutung, sondern nur um ein ganz passives Aufnehmen des unmittelbar Gegebenen; hier müsste folglich eine Täuschung doch gar nicht möglich sein, so wenig wie ich darüber im Zweifel sein kann, dass meine Vorstellung eben meine Vorstellung ist. Darauf wird man doch nicht etwa verfallen, zu meinen, das seelische Reale sei zu verschiedenen Zeiten und in verschiedenen Personen nicht identisch; denn damit wäre die Unmöglichkeit einer allgemeingültigen Psychologie behauptet. Oder tritt es nur nicht überall in völliger Nacktheit auf, geht es etwa nur zu einem Teil mit seinem Wesen ein in das Bewusstsein der Psychologen? Aber dann wären bei ihm Sein und Bewusstsein auch nicht identisch, dann wäre eben damit das Gegenteil von dem behauptet, was bewiesen werden soll: die innere Wahrnehmung hätte vor der äusseren nichts voraus, sie lieferte dann keine absolute Wahrheit.

In der That beweist die wirkliche Beschaffenheit der Psychologie, dass von irgendwelcher grösseren Sicherheit ihrer Erkenntnis in keiner Hinsicht die Rede sein kann. Es ist gewiss zu weit gegangen, wenn Comte und Maudsley die innere Wahrnehmung als Quelle psychologischer Erkenntnis überhaupt verwerfen, die ganze Psychologie für illusorisch erklären und ihre Aufgabe ganz und gar der Physiologie zuweisen. Darin aber stimmen doch alle Psychologen überein, auch diejenigen, die auf die Wahrheit der Selbstwahrnehmung schwören, dass nichts so schwer sei, wie die Beobachtung der eigenen inneren Zustände und Erscheinungen.

Fast jedes Lehrbuch der Psychologie pflegt auf diese Schwierigkeit im einleitenden Kapitel hinzuweisen. Unsere Vorstellungsgebilde, Gefühle und Willensakte gleichen flinken Vögeln, die an einem schmalen Fenster vorüberhuschen, und die wir uns vergeblich bemühen, festzuhalten. Der Naturforscher kann sich, worauf auch Höffding hinweist, der Beobachtung seines Gegenstandes in Ruhe hingeben, seine Gedanken dabei auch wohl seitwärts schweifen lassen, um den Faden der Betrachtung später wieder aufzunehmen. Er braucht nicht zu besorgen, dass sein Gegenstand inzwischen sich verändert habe, und wenn er ihn im Experimente bestimmten Bedingungen unterwirft, so spielt sich der Umwandlungsprozess gleichsam vor seinen Augen ab, und er behält in der Regel die Gewalt über die Naturvorgänge. Der Psychologe dagegen ist ausser Stande, einen einzelnen Bewusstseinszustand auszusondern, beliebig mit ihm zu experimentieren und seine Wirkungen und Beziehungen zu den übrigen Bewusstseinsinhalten zu beobachten. In dem nämlichen Momente, wo er ihn festzuhalten glaubt, verwandelt sich ihm derselbe, wie ein Proteus, unter den Händen, und der Strom neu hinzukommender Inhalte reisst ihn unaufhaltsam in den Abgrund der Vergangenheit mit sich fort. Es ist eine triviale Wahrheit, dass der Zorn sofort aufhört, er selbst zu sein, sowie ich ihn zum Gegenstande meiner Aufmerksamkeit erhebe. Die Reflexion bricht allen psychischen Faktoren gleichsam die Spitze ab, wofern sie dieselben nicht überhaupt gänzlich in Stücke zerbröckelt. Was ich dann nachträglich aus den einzelnen Bestandteilen wieder zusammensetze, das ist nicht der ursprüngliche Gegenstand, sondern höchstens ein mehr oder minder abgeblasstes und abstraktes Bild desselben. Dies geht so weit, dass Brentano sich veranlasst sieht, einen prinzipiellen Unterschied zwischen innerer Wahrnehmung und innerer Beobachtung zu statuieren, und es geradezu als ein allgemein gültiges psychologisches Gesetz ausspricht, dass die innere Wahrnehmung nie innere Beobachtung werden könne, d. h. dass wir niemals dem Gegenstande der inneren Wahrnehmung als solchem unsere Aufmerksamkeit zuzuwenden imstande sind[1]. Nur durch das Gedächtnis kann der Psychologe von inneren Thatsachen Kenntnis erlangen, sofern nämlich dieses ihm in den Erinnerungsvorstellungen einen mittelbaren Ersatz für dasjenige liefert, was seiner Aufmerksamkeit unmittelbarer Weise entzogen ist. Oder wie Höffding es ausdrückt: „Das rythmische Wechseln des Selbstvergessens und Selbstbewusstseins ermöglicht die psychologische Selbstuntersuchung, und das psychologische Talent beruht auf der Leichtigkeit und Elastizität, mit welcher man aus dem einen dieser Zustände in den andern übergehen kann, sodass man das unmittelbar Erlebte in den Augenblicken der Erinnerung und Reflexion klar und rein behält, umgekehrt aber die unmittelbaren Regungen nicht durch die Reflexion stören lässt[2]."

Die Thatsachen sind unbestreitbar, nur ist schwer zu sagen, wie sich dieselben mit der Unmittelbarkeit und Selbstgewissheit der inneren Wahrnehmung reimen lassen. Dass jene „Beobachtung im Gedächtnis" kein volles Aequivalent für die unmittelbare Beobachtung gegenwärtiger Ereignisse sein kann, räumt selbst Brentano ein, wie er denn auch zugiebt, dass durch diesen Umstand die Psychologie den anderen empirischen Wissenschaften gegenüber in grossem Nachteil sei: „Denn ohne Experiment sind zwar manche unter ihnen, wie namentlich die Astronomie; ohne Beobachtung aber ist keine[3]." Das Gedächtnis ist so sehr den mannichfachsten Täuschungen ausgesetzt, dass etwas, was ich nur durch seine Vermittelung weiss, auf absolute Wahrheit keinen Anspruch haben kann. Aber selbst wenn die Erinnerungsvorstellung dem ursprünglichen Zustande völlig äquivalent ist, so ist sie es doch höchstens dem Inhalte nach, der Form nach dagegen oder ihrer Seins-

---

[1] Brentano: a. a. O. S. 35 ff.
[2] Höffding: Psychologie in Umrissen auf Grundlage der Erfahrung (1887), S. 29.
[3] Brentano: a. a. O. S. 42 f.

art nach verhält sie sich zu ihm nur wie ein Ideelles zum Realen, das Spiegelbild zum wirklichen Gegenstande: von einer Identität des Schauenden und des Geschauten kann mithin keinesfalls die Rede sein. —

Soviel steht jedenfalls fest: ob ich sage: die Selbstwahrnehmung erschliesst uns das innerste Sein des Psychologischen unmittelbar, oder ob ich behaupte: unsere psychischen Gebilde sind auch ihrer Existenz nach nichts Anderes, als was sie als Inhalte in unserem Bewusstsein sind, ist Eines und Dasselbe. In jedem Falle muss, um jene Behauptung zu rechtfertigen, der Akt des Bewusstseins von unsern psychischen Gebilden mit dem Akt ihres Zustandekommens überhaupt zusammenfallen, d. h. es darf im Gebiete des Psychologischen kein Moment vorkommen, das nicht völlig in Bewusstseinsinhalt aufzulösen wäre. Dies hat auch Beneke eingesehen: nur wenn das Produkt, als Objekt unseres Bewusstseins, den Faktoren, woraus es entstanden ist, genau entspricht, wenn beide sich decken, wie beim Rechnen, das Sein der psychischen Gebilde restlos in unserem Bewusstsein aufgeht, nur dann ist sicher, dass wir in der inneren, nicht wie bei der äusseren Wahrnehmung, bloss die Wirkungen des Realen auf uns, sondern unmittelbar das Reale selbst wahrnehmen[1]. Zerlegen wir also, um jetzt die Frage direkt zu entscheiden, die psychischen Gebilde, wie sie uns unmittelbar gegeben sind, in ihre Elemente! Weisen diese sich sämtlich als Bewusstseinselemente aus, bleiben wir folglich mit ihnen innerhalb des Empirischen stehen, und gelingt es uns, aus jenen Faktoren das ursprüngliche Gebilde in Gedanken wiederum zu rekonstruieren, dann, aber auch nur dann erschöpft das Bewusstsein in der Selbstwahrnehmung das Reale und stellt sich die Behauptung als gerechtfertigt heraus, dass wir die psychologischen Gebilde als solche unmittelbar erkennen.

2. Das Ich als Empfindung.

Man pflegt die Elemente des Seelenlebens ganz allgemein in solche des Vorstellens, des Fühlens und des Wollens einzuteilen, ohne dass damit über die Berechtigung dieser Einteilungsweise hier vorerst ein Urteil abgegeben werden soll. Was zunächst die Vorstellungselemente anbetrifft, so stimmen alle Psychologen überein, dass sie sich letzten Endes auf Empfindungen zurückführen lassen. Die Empfindung bezieht sich unmittelbar noch nicht auf ein Gegenständliches und stellt es gleichsam vor das Bewusstsein hin, wie die Vor-

---

[1] Beneke: a. a. O. S. 97 f.

stellung im eigentlichen Sinne. Insofern also gleicht sie dem Gefühle, wofern sie nicht gar mit diesem selbst identisch ist. Allein sie trägt doch schon den Keim des Objektiven in sich und muss daher mit den Vorstellungselementen zusammen betrachtet werden, deren Vorstufe, Baustein und aufgehobenes Moment sie darstellt. Die Empfindung ist das Insichfinden der Seele. In ihr wird sich die letztere ihres eigenen Zustandes als eines qualitativ bestimmten inne im Unterschiede von den blossen Quantitätsunterschieden des Gefühls mit seinem Wechsel zwischen Lust und Unlust. Eben deshalb aber geht sie in der Empfindung auch noch nicht über sich selbst hinaus, bezieht sich die Seele in ihr noch nicht auf ein ihr Fremdes. Wenn es daher irgend ein psychisches Gebilde giebt, in welchem sich Dasein und Bewusstsein decken, so muss es die Empfindung sein, denn diese ist thatsächlich, als was sie gefunden wird, sie ist nur, indem sie und dadurch dass sie erkannt wird, so sehr, dass eine „unbewusste Empfindung" ein Widerspruch in sich selber ist.

Von allen Vorstellungsgebilden erscheint die Empfindung als das einfachste und ursprünglichste. Damit ist indessen nicht gesagt, dass sie als solches in unserm unmittelbaren Bewusstsein auch vorkommen müsste. Thatsächlich ist die sogenannte einfache Empfindung das Resultat einer blossen Abstraktion, die wir vollziehen müssen, um in der Analyse unserer psychischen Gebilde überhaupt nur irgendwo Halt zu machen, die wir aber ebenso wenig als wirklichen Inhalt unseres Bewusstseins nachzuweisen vermögen, wie die Atome, mit denen die Naturwissenschaft operiert. Wie weit entfernt die Empfindungen unserer einzelnen Sinne von dem Charakter der Einfachheit und Isoliertheit sind, hat Wundt eingehend nachgewiesen [1]. Insbesondere gilt dies von den sogenannten Gemeinempfindungen, deren eigentümlich schillernder Charakter darin seine Erklärung findet, dass zu ihrer Entstehung Empfindungen aus den verschiedensten Organen des Körpers zusammenfliessen, ohne als einzelne zum Bewusstsein zu kommen. Unsere Bewegungsempfindungen setzen sich zusammen aus Druckempfindungen, Kontraktions- und centralen Innervationsempfindungen, so zwar, dass eine reinliche Trennung derselben nicht möglich ist. Bekannt ist die innige Verschmelzung unserer Geschmacks- und Geruchsempfindungen unter einander sowie mit Tastempfindungen, worauf zum Teil die Qualitäten der ersteren beruhen. Ein solches Verschmelzungsprodukt ist z. B. der süsslich-faulige Geruch des Schwefelwasserstoffes, wobei nur das Faulige als Geruch, das Süssliche dagegen als

---

[1] Wundt: Grundzüge d. physiol. Psychologie I. (2. Aufl.), S. 365 ff.

Geschmacksempfindung zu betrachten ist. Der saure, alkalische, salzige und bittere Geschmack sind ebenso nur Verbindungen von Geschmacks- mit Tastempfindungen, wie der stechende Geruch (des Ammoniaks) nur eine Verbindung von Tast- mit Geruchsempfindungen ist. Aber auch die höheren Sinne liefern uns keine einfachen Empfindungen und schliessen jedenfalls den Streit darüber nicht aus, ob eine Empfindung als einfache oder als zusammengesetzte anzusehen sei. Wie jeder Ton eines Instrumentes seine spezifische Klangfarbe besitzt, die Helmholtz als Kombination eines Grundtones mit schwächeren Obertönen erkannt hat, so ist nach Wundt mit jeder Farbenempfindung zugleich auch ein farbloser Lichtreiz verbunden, der freilich erst deutlich bei starker Abnahme oder Zunahme des Reizes hervortritt. Mit Recht weist auch Höffding in dieser Beziehung auf die Uneinigkeit der Psychologen darüber hin, welche Farbenempfindungen als ursprünglich und welche als abgeleitet anzusehen seien, eine Meinungsverschiedenheit, die garnicht stattfinden könnte, wenn die Empfindungen uns wirklich als einfache gegeben wären.

Wenn etwas, so beweist die thatsächliche Zusammengesetztheit dessen, was wir einfache Empfindung nennen, wie komplizierte gleichzeitige psychische Erregungen in unserem Bewusstsein den Eindruck der Einfachheit und Ursprünglichkeit hervorzubringen vermögen, der ihnen an sich in keiner Weise zukommt. Nur auf weiten Umwegen können wir oft durch Experiment und Reflexion die einzelnen Komponenten des Verschmelzungsresultates erkennen, um einzusehen, dass vielfach erst auf der Art und Weise ihrer Zusammensetzung das Bedeutsame und Charakteristische der Empfindung beruht. Beim Tasten ist die Verbindung der Bewegungsempfindungen mit den Druckempfindungen das vorzüglichste Hülfsmittel, um eine Vorstellung von der psychischen Beschaffenheit der Körper zu gewinnen, und gerade aus seiner Klangfarbe erschliessen wir den Ursprung und die eigentümliche Quelle eines Tones. Wie soll man sich die Verschmelzung gewisser Bewusstseinselemente zu einem einheitlichen charakteristischen Eindruck erklären, wenn andere gleichzeitige Empfindungen, wie die Geräusche, die manche Klänge begleiten, sich auf keine Weise in die spezifische Empfindung aufheben? Unser Bewusstsein kann als solches hierzu unmittelbar nichts beitragen. Denn dieses ist ja, wie wir wissen, kein fertiger Brennspiegel, der die einzelnen Empfindungen zu einem totalen Eindruck in Einem Punkte sammelt, sondern umgekehrt kommt vielmehr unser einheitliches Bewusstsein aus der Verschmelzung der Einzelempfindungen erst zustande. Wie aber gleichzeitige Bewusstseinsinhalte, wie die Einzelempfindungen, von denen jeder ein abgeschlossenes und gleichsam substantielles Dasein für sich hat, trotzdem zu einer einzigen Gesamtempfindung zusammenfliessen können, das scheint auch aus einer rein passiven Mechanik unserer seelischen Gebilde nicht erklärlich. Denn die verschiedenen Komponenten, welche die vermeintlich einfache Empfindung bilden, gehen als einzelne in jenem Produkte unter und sind, wiewohl sie an sich bestehen bleiben, in ihm doch nur als aufgehobene Momente enthalten, d. h. das Produkt ist nicht die einfache Summe im physikalischen, sondern im chemischen Sinne die Synthese der Einzelempfindungen. Hiernach bleibt nur übrig, die „einfache" Empfindung als das Resultat einer synthetischen Thätigkeit unserer Seele aufzufassen, welche die verschiedenen gleichzeitigen Einzelempfindungen zur Einheit eines bestimmten Sinneseindrucks zusammenfasst. —

Jede Empfindung, so lehrt uns die Sinnesphysiologie, haben wir uns verknüpft zu denken mit einem materiellen Vorgang in unserem Gehirn, welcher durch den äusseren Wahrnehmungsreiz ausgelöst wird. Wiewohl also die Empfindung als letztes Glied eines komplizierten ihr vorangegangenen Prozesses erscheint, so dürfen wir doch nicht annehmen, dass sie unvorbereitet und plötzlich an irgend einem Punkte jenes Prozesses hervortritt. Nur vom physiologischen Standpunkt aus betrachtet erscheint nämlich der Prozess als ein mechanischer und materieller, indem eine Bewegung unter pulsierenden Stössen mit einer Geschwindigkeit, die in den verschiedenen Nerven und unter verschiedenen Umständen verschieden ist, von den peripherischen Endorganen aus sich zum Gehirne fortpflanzt. Aus psychologischem Gesichtspunkt dagegen erscheint er als ein solcher, bei welchem, entsprechend den einzelnen Stössen und Schwingungen der materiellen Teile, eine Elementarempfindung nach der anderen zugleich mit ausgelöst wird. Wenn wir nun annehmen müssen, dass dasjenige Centrum im Gehirne, in welchem die Endempfindung schliesslich zustande kommt, die wir „unsere" Empfindung nennen, von den zuleitenden Nervenbahnen und Verbindungsfasern nur die physikalische Anregung zu bestimmten molekularen Bewegungsformen seiner Gangliensubstanz empfängt, so kann auch jene schliessliche Empfindung in unmittelbarer Beziehung nur zu denjenigen Elementarempfindungen stehen, die den Schwingungen im betreffenden Centrum entsprechen. Daraus geht hervor, dass, ebenso wie die sogenannte einfache Empfindung als ein Verschmelzungsprodukt aus mehren gleichzeitigen Einzelempfindungen erscheint, in der gleichen Weise auch eine solche Einzelempfindung kein ursprüngliches psychisches Gebilde, sondern das Resultat ihm vorangegangener Elementarempfindungen ist, welche jene erwähnten materiellen Vorgänge zum objektiven Korrelate haben. Wie die einzelnen Lichtempfindungen eines im Dunkeln schnell umgeschwungenen Schwefelhölzchens sich für unser Bewusstsein in die Raumfigur eines leuchtenden Kreises verwandeln, so ist in unserer Grosshirnempfindung die Zeitlichkeit ihrer Komponenten aufgehoben in die Momentanität eines einzigen qualitativ bestimmten Eindrucks. Bedenkt man nun, dass jene Elementarempfindungen an und für sich den geringsten Grad von objektiver Bestimmtheit haben müssen, die erst aus ihrer Kombination zustande kommt, dass sie mithin den Quantitätsunterschieden des Gefühles so nahe, wie möglich, stehen und schliesslich mit diesen selbst zusammenfallen müssen, so wird uns damit der Weg gewiesen, die Qualität unserer Empfindungen aus quantitativen Komponenten abzuleiten.

Leider bleibt diese Ableitung mehr ein Postulat, zu dessen Aufstellung wir uns eben durch die Verknüpfung unserer Empfindungen mit den Nerven- und Gehirnvorgängen genötigt sehen, als dass sie auch thatsächlich durchzuführen wäre. Nur in ganz wenigen Fällen, wie z. B. bei der Zerlegung eines Tones in eine Reihe einzelner Luftstösse vermittelst der Sirene, gelingt es uns, dasjenige auch subjektiv-ideal als Komplikation von Quantitätsunterschieden zu erkennen, was bei mangelnder Analyse in seiner einheitlichen Gesamtauffassung unserem Bewusstsein als Qualität erscheint. In der Regel müssen wir uns damit begnügen, bloss den transcendent-realen Wahrnehmungsreiz in quantitative Elemente aufzulösen, ohne dass wir doch auch hier bis zur percipierenden Hirnzelle und ihren konstituierenden Elementen selbst vorzudringen vermöchten. Wir können genau berechnen, wie viel Luftschwingungen ein Ton in der Sekunde macht, und auf wie viel Aetherschwingungen ein bestimmter Lichtstrahl beruht, aber wir können nie erfahren, welche Form die Bewegung desselben innerhalb unseres Organismus annimmt, und wie viel Schwingungen er von den peripherischen Endorganen bis zum percipierenden Centrum in unserem Gehirne braucht, geschweige denn welche Empfindungen diesen äusseren Vorgängen korrespondieren.

Der Grund, warum es unmöglich ist, die Empfindung selbst in ihre quantitativen Komponenten aufzulösen, liegt darin, weil eben diese Komponenten um so tiefer unter der Bewusstseinsschwelle liegen, einer je höheren Individualitätsstufe das percipierende Centrum angehört. Mit der Stufe der Individualität wächst nämlich auch die Komplikation der materiellen Zusammensetzung eines Organismus. Je komplizierter aber das physische Gebilde ist, das wir als Substrat einer qualitativ bestimmten Empfindung betrachten, um so grösser muss auch die Zahl der Elementarempfindungen sein, die bei jeder Art von Bewegung in jedem seiner konstituierenden Elemente vom Gehirn und seinen Ganglien bis hinunter zu den Molekülen und Atomen ausgelöst werden. Nun wachsen infolge dieser komplizierten Beschaffenheit mit der Stufe der Individualität zugleich auch die Widerstände gegen die Fortpflanzung der Empfindung. Folglich steigt auch die Bewusstseinsschwelle immer höher, indem immer mehr Einzel- und Elementarempfindungen unter ihr zurückbleiben, die nunmehr ihren quantitativen und abgesonderten Charakter verlieren und bloss noch als qualitativ färbende Elemente in das Bewusstsein der höheren Individualitätsstufe eingehen.

Betrachten wir die physische Beschaffenheit der Organismen näher, so ist jedes Individuum aufzufassen als zusammengesetzt aus den es konstituierenden Individuen niederer Ordnung, so zwar, dass es nicht bloss die äusserliche Summe derselben, sondern eine organische Einheit bildet, welche die Individuen niederer Ordnung als dienende Glieder in sich aufgehoben enthält. Darin liegt, dass das höhere Individuum Funktionen ausüben kann, die in seinen Komponenten als solchen nicht enthalten sind, in ähnlicher Weise wie im chemischen Produkte Eigenschaften hervortreten, die nur erst durch die synthetische Einheit seiner Elemente möglich werden. Die Empfindung eines Individuums höherer Ordnung ist demnach auch nicht bloss das Verdichtungsprodukt der es konstituierenden Individuen niederer Ordnung, sondern es sind in ihr, entsprechend der organischen Beschaffenheit ihres materiellen Substrates, noch diejenigen besonderen Empfindungen enthalten, die aus den jedes Mal hinzukommenden Centralfunktionen stammen. Die Grosshirnempfindung eines solchen Individuums also ist ein Integral der Hirnganglienzellenempfindungen, die Zellenempfindung ein Intregal ihrer Molekularempfindungen, die Molekularempfindung ein Integral ihrer Atomempfindungen. In je tiefere Stufen der Individualität wir hinabsteigen, um so mehr verschwindet der qualitative Charakter der Empfindung und macht blossen Quantitätsunterschieden Platz. Die Atomempfindung also, wenn es eine solche giebt, muss aller Qualität überhaupt entbehren und kann, da nach Abzug der letzteren nichts mehr übrig bleibt, nur noch Unterschiede der Intensität von Lust und Unlust zeigen. Dem entspricht es, dass, je weiter wir uns von den höheren zu den niederen Sinnen entfernen, desto mehr auch die Qualitäten der Empfindung, die Nüancierungen und Besonderheiten derselben, je tiefer wir von den höheren zu den niederen Lebewesen hintersteigen, desto mehr auch die Zahl der Empfindungsmodalitäten, der spezifischen

Klassen von Empfindungen, zusammenschrumpfen. Bei den untersten Lebewesen, den Moneren, die aller Sinneswerkzeuge entbehren, kann man bekanntlich darüber streiten, ob man ihnen überhaupt noch spezifische Empfindungen zuschreiben darf. Schwerlich geht ihr Vermögen über die Empfindung von blossen Tast- und Temperaturunterschieden hinaus. Um wie viel einfacher noch werden wir die Empfindungen der niederen Individuen (Zellen, Moleküle, Atome) uns zu denken haben, die das psychische Element unserer eigenen Empfindung bilden! Steigt man alsdann von den einfachen Atomen zu höheren Gebilden, etwa zu den Molekülen empor, so werden schon sie die Atomempfindungen kaum noch als einzelne verspüren. Wohl aber können wir uns denken, dass die Intensitätsunterschiede von Lust und Unlust, wie sie in den Atomen bestehen, in den Molekülen bereits sich zu qualitativer Färbung integrieren. Denn das Molekül ist schon nicht mehr ein schlechthin einfaches und gleichmässig gestaltetes Gebilde, wie das Atom, sondern es zeigt bereits Unterschiede in der äusseren Form und muss folglich Einwirkungen, die von verschiedenen Seiten kommen, mit verschiedenen Intensitätsunterschieden der Empfindung beantworten. Diese Unterschiede der Intensität aber fliessen in dem höheren Bewusstsein des Moleküls zu unterschiedlich gefärbten Empfindungen zusammen.

In dieser Weise also können wir uns auch vom psychologischen Standpunkt aus die Entstehung der Empfindungsqualitäten aus quantitativen Unterschieden verständlich machen, wofern wir nicht mit den Materialisten annehmen wollen, die Empfindung trete plötzlich, wie Athene aus dem Haupte des Zeus, als fertiges und nicht weiter in psychische Elementarbestandteile auflösbares Produkt an irgend einer Stelle des Bewegungsprozesses stofflicher Gebilde in die Erscheinung. Was physiologisch oder von aussen betrachtet als Bewegungsprozess organischer Bestandteile sich darstellt, dasselbe ist von innen oder psychologisch angesehen, ein Integrationsprozess rein psychischer Elemente, indem die zeitlich hervorgerufenen Elementarempfindungen der Atome, Moleküle u. s. w. sich zu der momentanen Gesamtempfindung im letzten percipierenden Centrum verdichten. In noch weit höherem Grade als bei der Entstehung von „einfachen" Empfindungen aus ihren verschiedenen Komponenten ergibt sich hieraus, dass bei dem geschilderten Prozess an eine blosse psychische Mechanik nicht zu denken ist. Beim mechanischen Prozess wirkt jeder einzelne Faktor nur insofern auf das Endglied ein, als er seine eigene Bewegung jedem benachbarten Gliede und dieses wiederum die seinige dem ihm zunächststehenden Gliede mitteilt u. s. w. Das einzelne Moment bleibt ausserhalb des Endeffektes stehen und ist, wie dieses, bloss Bewegungsmoment. Bei der Integration der Elementarempfindungen zu einer qualitativ gefärbten Gesamtempfindung dagegen geht jedes einzelne Empfindungsmoment als solches in den Endeffekt mit ein, bleibt gleichsam in ihm aufgehoben, nun aber nicht mehr als das, was es an seiner eigenen Stelle war, als subjektives Lust- und Unlustmoment, sondern vielmehr als Qualitätsmoment, in welchem die früheren bloss subjektiven Unterschiede den Charakter der Objektivität erhalten haben. So ist mithin der psychische Integrationsprozess dem chemischen Prozesse zu vergleichen. Wie in diesem das chemische Produkt hervorgeht aus dem Zusammenwirken aller seiner Elemente, selbst aber etwas spezifisch Neues ist gegenüber jedem seiner Elemente, so kommt auch die qualitativ gefärbte Endempfindung zwar zustande nur auf Grund ihrer Elementarempfindungen, aber sie selbst ist mehr als die blosse Summe derselben, nämlich ihre Synthese, die zu ihrem Zustandekommen ausser den Elementarempfindungen, als Komponenten, eine schöpferische synthetische Funktion voraussetzt.

Welcher Art ist nun diese Funktion, welche die Elementarempfindungen zum Aufbau höherer psychischer Gebilde verwendet und wodurch sich ein solches höheres Gebilde als Synthese von dem blossen mechanischen Aggregat unterscheidet? Offenbar kann sie nur eine logische Intellektualfunktion sein, weil es sich hier eben um das Material unserer Vorstellungen und nicht irgendwelcher anderen Gebilde handelt. Man kann indessen zur Bestätigung auch noch auf das logische und teleologische Moment hinweisen, das in jenem Integrationsprozesse der Elementarempfindungen liegt. Es ist logisch, dass bei der Wahrnehmbarkeit des einzelnen Eindrucks auch die Gesamtheit vieler Eindrücke ein Gegenstand der Wahrnehmung bleibt. Es wäre aber unzweckmässig, wenn unser Centralorgan auch diese vielen Eindrücke noch sämtlich als einzelne percipieren würde. Das Individuum höherer Ordnung müsste unter der Masse der jederzeit auf es einstürmenden Eindrücke erdrückt werden, wenn auch die Eindrücke der es konstituierenden Individuen niederer Ordnung ihm als solche zum Bewusstsein kämen. Statt dessen verdichten sich die vielen einzelnen Elementarempfindungen zu einer einzigen Gesamtempfindung, und über die Welt des Quantitativen mit ihrem niederprasselnden Hagelschauer von subjektiven Lust- und Unlustempfindungen spannt sich der Regenbogen der objektiven Qualitätsunterschiede aus, der uns verheissungsvoll den Ausblick in eine ganz neue Welt eröffnet [1]. —

---

[1] Vgl. hierzu: v. Hartmann: Kategorienlehre (1896), S. 1—33.

Wer die Annahme einer besonderen synthetischen Funktion verwirft und an einen psychischen Mechanismus glaubt, wonach die seelischen Elemente kraft ihrer eigenen Natur in ihre verschiedenen Verbindungen und Formen übergehen, für den muss die Empfindung selbst ein Letztes, in sich Beschlossenes und Subsistierendes sein, in dem gleichen Sinne wie das Atom für den Naturforscher das Urelement aller physischen Erscheinungen darstellt. Dass hiervon thatsächlich nicht die Rede sein kann, ergiebt sich, wenn wir nun den letzten Schritt der Analyse thun und die Entstehung der **Elementarempfindung** als solchen betrachten. Der Empirismus eines Locke und der Sensualismus konnten die Seele noch für eine leere Tafel halten, worauf die Empfindungen von aussen unmittelbar eingedrückt würden, und selbst Kant, obwohl ihm die richtige Einsicht nicht fehlte, begnügte sich doch meistens damit, ein passives „Vermögen der Empfindungen" anzunehmen, die „Sinnlichkeit", wodurch er uns die Empfindungen nur so einfach „gegeben" sein lässt, als ob die vom Reiz angeregte Bewegung der Nervenmoleküle gleichsam von selbst in die Seele hinüberglitte, um dort als Empfindung wiederum zum Vorschein zu kommen. Wir sehen gerade darin heute den Grundirrtum jener Denkrichtungen und halten es für eine wesentliche Einsicht einer jeden sich kritisch nennenden Philosophie, dass die Empfindung, wie aller Inhalt des Bewusstseins, **durch eine spontane Thätigkeit der Seele von innen heraus erzeugt wird.** Nur solange man das Bewusstsein selbst für ein reales Sein und gleichsam für einen leeren Behälter ansieht, der allen Eindrücken von aussen offen steht, kann man auch seinen ursprünglichsten Inhalt, die Empfindung, so betrachten, als ob sie rein passiver Natur und gleichsam von aussen dem Bewusstsein eingepflanzt wäre. Die richtige Einsicht in die Natur des Bewusstseins verlangt, die Empfindung nur als den subjektiv-ideellen Effekt anzusehen, womit die Seele reflektorisch auf den transcendent-realen Gehirnreiz reagiert.

Nach dieser Auffassung bildet die Bewegung der Gehirnmoleküle, die selbst wiederum durch den äusseren Reiz verursacht ist, so zu sagen nur das Wecksignal, bei dessen Ertönen die Empfindung aus dem Dunkel der Seele hervorspringt. Welcher Modalität oder Klasse von Empfindungen sie angehört, ob sie eine Gesichts-, Gehörs- oder Tastempfindung u. s. w. ist, und welche Qualität ihr innerhalb derselben zukommt, das hängt von der Geschwindigkeit, sowie von der Form der Bewegung ab, durch welche sie verursacht wird. Dass aber überhaupt die Seele auf Bewegung mit Empfindungen antwortet, dem physikalischen oder physiologischen Vorgang den psychologischen

Eindruck korrespondieren lässt, dafür kann die Ursache nicht mehr im Reiz, sondern nur in ihrer eigenen inneren Beschaffenheit gefunden werden. Es giebt mithin in der Seele Funktionen, die vor dem eigentlichen Elemente des empirischen Daseins, der Empfindung, in ihr enthalten sind. Und zwar verhält die Seele sich bei der Erzeugung der Empfindung sowohl reflexiv und passiv, als aktiv und spontan: sie verhält sich passiv, sofern sie die Bewegung im Nerven als Wirkung auffasst, wodurch sie zu einer Gegenwirkung genötigt wird; sie verhält sich dagegen aktiv, sofern sie jene Wirkung durch eine ihr genau entsprechende Thätigkeit in die ihr allein eigentümliche Empfindung verwandelt. Sonach ist die Empfindung das Produkt beider entgegengesetzten Verhaltungsweisen oder Thätigkeiten in der Seele, und damit fällt der Glaube an ihre Einfachheit und Unmittelbarkeit in sich zusammen. Vielmehr wie die Gesamtempfindung nach unserer obigen Auseinandersetzung die Vielheit der Einzelempfindungen, die konkrete qualitativ gefärbte Einzelempfindung die Vielheit der Elementarempfindungen nebst ihren Synthesen hinter sich und zur Voraussetzung hat, genau so hat die Elementarempfindung selbst hinter sich die Mannigfaltigkeit des Thuns und Leidens, der Spontaneität und Reflexion, als deren gemeinschaftliches Produkt sie hervortritt.

Es versteht sich, dass diese vorempirischen und im wahren Sinne apriorischen Funktionen unserer Seele nicht aller Bestimmtheit ermangeln können. Die Seele, sagten wir, beantwortet mit ihnen den Bewegungsreiz, und diese Antwort fällt verschieden aus je nach der Form und Geschwindigkeit der Nervenbewegung. Mithin besteht eine gesetzmässige Beziehung zwischen Reiz und Empfindung, Quantität und Qualität, und dies nicht bloss bei einem einzelnen Individuum, sondern wie wir annehmen müssen, bei allen Individuen überhaupt, indem gleiche Bewegungsformen gleicher Moleküle in gleich organisierten Hirnzellen gleiche Empfindungen hervorrufen. Die Empfindung ist mit andern Worten sowohl nach ihrer Beschaffenheit, wie nach ihrem Intensitätsgrade, wie nach ihrem Vorzeichen (Lust oder Unlust) logisch bestimmt. Folglich müssen, wie die synthetischen Funktionen, auch jene die Empfindung erzeugenden Funktionen ihrem Wesen nach logisch bestimmte, Intellektualfunktionen sein, und thut sich damit vor unseren Blicken eine Welt des Logischen und Intellektuellen auf, wovon wir schon in den sogenannten Urelementen des Psychologischen, den Elementarempfindungen, nur ihre Wirkungen erfahren. —

Wie sehr Kant den aktiven und spontanen Charakter der Empfindung, wo nicht übersehen, so doch jedenfalls unterschätzt hat, darin hatte er doch Recht, die Empfindung für den ursprünglichen und zunächst einzigen Inhalt unseres Bewusstseins anzusehen, der aber als solcher noch nicht Erkenntnis genannt werden kann. Gäbe es solche Empfindungen an und für sich, so würden dieselben nur einem Haufen zufällig und regellos hingesetzter Punkte gleichen, welche die leere Fläche einer Tafel bedecken und die nur durch Künstlerhand zu einem sinnvollen Bilde verbunden werden können. Daraus folgt, dass alle diejenigen Bestandteile in unserer Erfahrung, die nicht auf dem Wege der Nerven von aussen in die Seele gelangen können, von dieser selbst zu den Empfindungen hinzugefügt sein müssen und mithin nur sie allein imstande ist, aus dem ungeordneten Materiale der Empfindungen den Teppich der Erfahrung zu weben.

Bekanntlich hat Kant zu jenen Bestandteilen auch die Form der Zeit gerechnet. Es scheint dies jedoch um so weniger berechtigt, als die Zeit mit den Schwingungen in unserem Gehirn unmittelbar gegeben ist und folglich mit diesen zugleich in die Empfindung übertragen wird. Der transcendenten Zeitfolge von Schwingungszuständen entspricht in unserem Bewusstsein die subjektive Zeitfolge von Empfindungen, und nur das kann Gegenstand der Untersuchung sein, auf welche Art wir eine Vorstellung der Zeitverhältnisse gewinnen. Eine zeitlose Empfindung ist ein so unmöglicher Begriff, wie derjenige einer Empfindung ohne Intensität. Die Zeit ist sonach keine apriorische Funktion der Seele, weil es ohne Zeit auch keine Empfindung geben könnte. Keineswegs aber gehört auch der Raum zum Begriffe der Empfindung. Dieser könnte in der That garnicht in unser Bewusstsein kommen und niemals einen Bestandteil der Erfahrung bilden, wenn die Seele ihn nicht aus ihrem Eigenen als die Form der äusseren Anschauung schöpferisch heraus gestaltete. Eine Psychologie, wie diejenige des Positivismus und sensualistischen Empirismus, die alles Apriorische leugnet, hat freilich versucht, auch die Raumauffassung aus blosser Assoziation von Gesichtsempfindungen mit Tast- und Bewegungsempfindungen abzuleiten. Eine solche Erklärung reicht indessen höchstens für die dritte Dimension der Tiefe oder Entfernung aus, weil wir hier noch am ehesten imstande sind, die einzelnen Empfindungen, woraus sich jene Auffassung bildet, auszusondern und den Prozess ihrer Komplikation bis zu einem gewissen Grade empirisch zu verfolgen. Der Kernpunkt des Problems, die Projektion der Empfindung über die Grenzen des eigenen Körpers hinaus, deutet freilich auch hier auf einen besonderen Akt der Seele hin, welcher dem logischen Schlusse verwandt und mit irgend welcher Art von Assoziation kaum noch eine Aehnlichkeit zu haben scheint.

Sicherlich aber kann unsere Auffassung der Flächenausbreitung so wenig aus Verschmelzungsprozessen der an sich unräumlichen Empfindungen begriffen werden, wie sich aus blossen Punkten eine Linie konstruieren lässt. In der Anschauung sind unsere Empfindungen räumlich geordnet oder extensiv. Unsere Empfindungen als solche aber können nur intensive und qualitative Unterschiede zeigen. Demnach können wir mit Lotze diese Unterschiede der verschiedenartig lokalisierten Empfindungen nur als die Merkmale oder „Lokalzeichen" betrachten, welche die Seele benutzt, um die zweidimensionale Ordnung der Empfindungen daraus herzustellen. Wie wir oben sahen, dass die qualitativen Unterschiede der Empfindungen aus intensiven Komponenten hervorgegangen sind und diese wiederum ihren letzten Grund in den extensiv verschiedenen Schwingungszuständen ihrer physischen Substrate haben, in derselben Weise, müssen wir annehmen, wird rückwärts von der Seele die extensive Verschiedenheit der aus den Empfindungen aufgebauten Anschauungen aus den intensiven und qualitativen Unterschieden ihrer Elemente rekonstruiert. Vermochten wir uns dort den Integrationsprozess nicht ohne eine besondere synthetische Funktion der Seele zu erklären, so können wir auch hier unsere Raumauffassung uns nur durch eine Art „psychischer Chemie" entstanden denken, indem das Produkt eine Eigenschaft empfängt, die in keinem seiner Faktoren enthalten war, die Eigenschaft nämlich, in der Fläche ausgebreitet und im Raum lokalisiert zu sein.

In der That ist diese Annahme nicht zu umgehen; würden doch unsere Empfindungen, selbst wenn sie schon an und für sich, wie der Nativismus meint, mit der Form der Räumlichkeit behaftet wären, immer nur ein diskontinuierliches Nebeneinander von Raumelementen bilden, während unser thatsächliches Anschauungsbild vom Raume uns überall nur eine kontinuierliche Einheit zeigt. Unsere Nerven setzen sich aus mehren gegen einander isolierten Primitivfasern zusammen, von denen uns jede einzelne einen gesonderten Eindruck vermittelt, unsere Netzhaut enthält sogar eine Stelle, den sogenannten „blinden Fleck", die überhaupt nicht für Lichtreize empfänglich ist, und doch findet sich nirgends in unserem Gesichtsbilde eine Lücke und nehmen wir die Gegenstände nicht als Konglomerate von diskreten Punkten, sondern stets nur als reine Kontinua wahr. Auch hier also fügt erst die Seele das an sich Diskrete zusammen und füllt die Lücken in derselben Weise aus, wie sie nach unserer obigen Darlegung die zeitlich getrennten Quantitätsunterschiede der Elementarempfindungen zu kontinuierlichen Gesamtempfindungen verdichtet.

Es würde zu weit führen, den Aufbau der höheren Vorstellungsgebilde aus ihren einfachen Elementen näher darzulegen. Aufgabe der Psychologie ist es, zu zeigen, wie die in den Raum hinaus verlegten Empfindungen oder Anschauungen unter Zugrundelegung der Kategorie der Einheit zu Wahrnehmungsobjekten erhoben, wie die Wahrnehmungen der verschiedenen Sinne unter einander zu konkreten höheren Einheiten verschmolzen und vermittelst der Kategorien der Substantialität und Kausalität unter einander in Beziehung gesetzt und zu Bestandteilen der Erfahrungswelt gestempelt werden, woraus dann wiederum mit Hülfe des Gedächtnisses durch Umformung, Verdichtung, Kombination und Abstraktion ihrer unmittelbaren sinnlichen Unterschiede die Welt der zusammengesetzten Vorstellungen und Begriffe sich entwickelt. Ueberall müssen erst die Kategorien hinzukommen, um Ordnung, Einheit und Zusammenhang in die Mannigfaltigkeit unserer sinnlichen Erfahrungswelt hineinzubringen; diese aber kommen unmittelbar nicht in der Erfahrung vor und können daher ebenfalls, wie Kant behauptet, nur als apriorische Intellektualfunktionen angesehen werden.

Wenn die englische Assoziationspsychologie glaubt, auch hier mit den allgemeinen Gesetzen der blossen Verbindung von Vorstellungen auskommen zu können, so übersieht sie, dass die Empfindungen als solche sich niemals zu einem vernünftigen Wahrnehmungsbilde gruppieren können; hat doch auch gerade John Stuart Mill, einer der Hauptvertreter jener Psychologie, den Begriff der psychischen Chemie erfunden und damit die Wirksamkeit eines Faktors bei der Entstehung unserer Vorstellungsgebilde zugestanden, der ausserhalb unserer Erfahrung liegt, und ohne welchen wir über das formlose Aggregat von blossen Empfindungen doch nie hinausgelangen könnten. Mit Recht wendet sich daher auch Wundt gegen die einseitigen Bestrebungen der Assoziationspsychologen und verteidigt ihnen gegenüber den Begriff der psychischen Synthese, für dessen Berechtigung er sowohl in seinen „Beiträgen zur Theorie der Sinneswahrnehmung", wie in seinen „Grundzügen der physiologischen Psychologie", wie auch in seinem „System der Philosophie" eingetreten ist. Und doch sollte man denken, dass gerade Wundt ein Interesse daran haben müsste, sich ganz auf die Seite der von ihm bekämpften Richtungen zu stellen. Denn er selbst kennt die Psychologie nur als empirische und leugnet die Existenz von psychischen Prozessen, die nicht letzten Endes in Bewusstseinselemente auflösbar sind. Wie aber die einfachen psychischen Urelemente selbst Träger synthetischer Funktionen sein können, wodurch erst alle höheren Formen des Psychischen zustande kommen,

das bleibt auf psychologischem Gebiete ein mindestens ebenso grosses Rätsel, wie der Aufbau der höheren organischen Gebilde aus der rein mechanischen Bewegung der unorganischen, stofflichen Atome. —
Wir erkannten oben die einfache Empfindung als eine Abstraktion, die wir bloss im Interesse der psychologischen Erkenntnis machten. Genau genommen aber ist es schon eine Abstraktion, eine besondere Klasse von Vorstellungsgebilden, deren ursprüngliches Element eben die Empfindung bildet, für sich herauszustellen, und kann eine jede derartige Unterscheidung unserer psychischen Erscheinungen nur aus methodologischen Gründen zugelassen werden. Die Selbstbeobachtung lehrt, dass alle seelischen Gebilde nur in inniger Verknüpfung im Bewusstsein enthalten sind. So giebt es keine Vorstellungsgebilde, die nicht in irgend welchem Grade zugleich gefühlsmässig betont wären. Dies tritt zwar bei den Empfindungen des Gesichtssinnes weniger hervor, und überhaupt scheinen die Formen unserer Erkenntnis um so mehr der Gefühlsbetontheit zu entbehren, je höher sie in der Rangordnung der psychischen Gebilde stehen, d. h. je umfangreicher und verwickelter die ihnen vorangehende Bearbeitung ihrer konstituierenden Empfindungselemente vermittelst der Intellektualfunktionen war. Der Schein der gänzlichen Freiheit vom Gefühle entspringt jedoch bei ihnen wohl nur aus unserem Mangel an Aufmerksamkeit, sowie daraus, dass jene Gefühle nicht stark genug sind, um dem sonstigen Bewusstseinsinhalt gegenüber sich zur Geltung zu bringen. Wenn wir im Verfolg eines bestimmten Gedankenganges auf dem Strom abstrakter Begriffe dahinfahren, so denken wir eben nur an unser Ziel und achten nicht auf die feinen Schwankungen der Gefühle, die mit dem Flusse der Begriffe in unserem Bewusstsein auf und nieder wogen. Indessen ist es doch eine bekannte Wahrheit, dass auch die verschiedenen Farben eine verschiedenartige Stimmung bei ihrer Wahrnehmung in uns erwecken, dass überhaupt alle Empfindungen bei Ueberschreitung einer gewissen Reizgrenze in ein deutliches Unlustgefühl übergehen und dass es in Krankheitszuständen eine Hyperalgesie unserer Empfindungsapparate giebt, infolge wovon alle Sinneseindrücke an den betreffenden Stellen nur mehr als schmerzhafte Gefühlserregungen empfunden werden. Es wird daher wohl erlaubt sein, mit Lotze eine „Allgegenwart der Gefühle" anzunehmen und die gegenteiligen Ansichten gewisser Metaphysiker mit ihrem „reinen" Denken als blosse Spekulationen vom grünen Tisch aus zu betrachten, die mit der thatsächlichen Erfahrung im Wiederspruche sind.

Diese unmittelbare Verknüpftheit unserer Vorstellungsgebilde mit Gefühlen kann uns nicht wundern, wenn unsere Behauptung richtig ist, dass alle Vorstellungen aus Empfindungen, alle Empfindungen aber letzten Endes aus den Intensitätsunterschieden von Gefühlen hervorgegangen sind. Weit entfernt also, das Gefühl, wie Herbart thut, aus der Wechselwirkung der Erkenntniselemente zu erklären (eine Annahme, die schon dadurch widerlegt wird, dass bereits eine einfache für sich existierende Empfindung von einem Gefühle begleitet sein kann, ohne dass es dazu eines Gegeneinanderstrebens oder einer „Spannung" verschiedener Vorstellungen bedürfte), weit entfernt hiervon, betrachten wir vielmehr das Gefühl als den Keim und die Wurzel auch unserer Erkenntniselemente und finden es durchaus berechtigt, wenn manche Philosophen in ihm den eigentlichen Kern des Psychologischen, d. h. der bewussten seelischen Erscheinungen, zu sehen glauben. Je niedrigere Klassen von Empfindungen wir betrachten und je tiefer wir von den höheren Stufen der Individualität zu niederen hinuntersteigen, desto mehr tritt, wie gesagt, der objektive Charakter der Empfindung hinter dem subjektiven Gefühl zurück. Die Gemeinempfindungen und zum Teil auch schon die Tast- und Geschmacksempfindungen haben bereits eine so überwiegend subjektive Färbung, dass wir sie von qualitativ-gefärbten Lust- und Unlustgefühlen kaum mehr zu unterscheiden vermögen, weshalb denn auch die Sprache Gemeinempfindung und Gemeingefühl als Wechselbegriffe braucht. Indessen geht mit der Integration der elementaren Gefühle zu Empfindungen und Vorstellungen der ursprüngliche Gefühlscharakter keineswegs verloren. Es tritt nur in den zusammengesetzten psychischen Gebilden aus teleologischen Gründen nicht unmittelbar hervor, sondern verstärkt nur entweder den spezifischen Charakter jener Gebilde, indem er mit ihnen eine innige Verbindung eingeht, oder aber er verschmilzt mit anderen bereits vorhandenen Gefühlen zur sogenannten „Stimmung", welche gleichsam den dunklen Hintergrund des gesamten Spieles unserer seelischen Prozesse bildet.

Nun wissen wir, dass Lust und Unlust sich von einander nur durch ihre Vorzeichen als Positives und Negatives, von ihres Gleichen aber nur dem Grade nach unterscheiden, dass beide nur intensiv quantitative, aber keine qualitativen Verschiedenheiten zeigen, sodass also z. B. ein Schmerz qualitativ überall identisch ist, an welchem Teile unseres Nervensystems er auch immer lokalisiert sein möge. Alle qualitativen Unterschiede kommen in unsere Gefühle nur erst durch die mit ihnen verbundenen Vorstellungselemente, Empfindungen und Wahrnehmungen hinein [1]. Demnach werden wir uns jenen Ver-

[1] v. Hartmann: Philosophie d. Unbewussten I, 210 ff. — Wundt: Beiträge zur Theorie d. Sinneswahrnehmung 391 ff.

schmelzungsprozess der elementaren Gefühle zu umfassenden Gesamtgefühlen um so eher als einen bloss mechanischen und automatischen zu denken haben, je mehr wir uns oben genötigt sahen, die Zusammensetzung unserer Gefühle zu qualitativ bestimmten Empfindungen, sowie zu den höheren Formen der Erkenntnis einer besonderen synthetischen Funktion zuzuschreiben. Im Gebiete des Quantitativen herrscht auch im Psychologischen der Mechanismus. Es wäre daher unangebracht, zu höheren Prinzipien seine Zuflucht zu nehmen, wo die niederen zur Erklärung völlig ausreichend sind. Und zwar wird der Lust- und Unlustcharakter ihrer Komponenten nur da sich in der Gesamtempfindung eines höheren Individuums erhalten, wo die Vorzeichen dieser Komponenten überwiegend gleiche sind, oder wo die Intensität der einen Art diejenige der anderen überwiegt. Wo dagegen die Empfindungskomponenten entgegengesetzte Vorzeichen haben, da werden sich die Empfindungen gegenseitig kompensieren, ihr Lust- resp. Unlustcharakter wird ausgelöscht, und nur ihre Intensitätsunterschiede werden sich zu Qualitäten integrieren, resp. als Intensitäten der höheren psychischen Gebilde erhalten bleiben.

8. Das Ich als Wille.

Mit der Zergliederung des Gefühls, als dem Kerne des Psychologischen, sind wir nun an denjenigen Punkt gelangt, wo wir entweder einen neuen Weg einschlagen müssen, um den ganzen Inhalt unseres Bewusstseins kennen zu lernen, oder aber wo sich uns der letzte Grund der bisher betrachteten psychischen Gebilde offenbaren muss, aus dem sie, wie aus einer verborgenen Quelle, in das Licht des Bewusstseins herausgeflossen sind. Bisher bewegte sich unsere Untersuchung bloss in der Ebene auf das Centrum des Bewusstseins hin; jetzt steigt sie in die Tiefe desselben hinunter.

Lust und Unlust nämlich, als die beiden Pole des Gefühls, sind Affektionen, Bestimmungen oder Zustände des Willens, sie sind der Ausdruck dafür, dass ein Wille entweder sein Ziel erreicht hat, befriedigt ist oder nicht. Demnach sehen wir uns genötigt, den Unterschieden des Gefühls und der Empfindung in uns, die zur Einheit eines Gesamtresultates synthetisch verschmolzen werden, ebenso viele Willensakte zu Grunde zu legen, jenes Gesamtresultat aber selbst als Bestimmung eines Willens aufzufassen, der genau so sehr ein Neues gegenüber den in ihm verschmolzenen Einzelwillen ist, wie die konkrete qualitativ gefärbte Empfindung mehr als die Summe ihrer Komponenten, das Individuum höherer Ordnung mehr als die Gesamtheit der es konstituierenden Individuen niederer Ordnung darstellt. Gefühle und Empfindungen sind Zuständlichkeiten unserer Seele und als solche bloss passive und reflexive Gebilde, die auf der Spontaneität der psychischen Funktionen ruhen, wodurch sie ins Dasein gerufen werden. Der Wille dagegen ist selbst diese Spontaneität und kann folglich nicht wieder auf anderweitigen spontanen Funktionen beruhen, wofern wir den unlogischen und überflüssigen regressus in infinitum vermeiden wollen. Darum aber ist er nicht bloss das Prius jener zuständlichen Gebilde, sondern zugleich ihr tragendes und beherrschendes Prinzip. Der Wille ist gleichsam das Substrat der Empfindungen und Gefühle, indem er, als ihre gemeinschaftliche Einheit, jene Zuständlichkeiten nur als die Formen seiner Wirksamkeit aus sich heraussetzt.

Aus blossen selbständigen Einzelwillen könnte ja ebenso wenig jemals ein höherer Gesamtwille resultieren, wie aus selbständigen Atomen oder Monaden ein Individuum höherer Ordnung mit seinem wunderbaren Ineinandergreifen von über- und untergeordneten Funktionen sich erbauen könnte. Ein neues „organisierendes Prinzip" mit neuen Gesetzen muss die Atome und ihre tote Mechanik in ihren Dienst nehmen, um neue höhere Gebilde hervorzubringen. In der gleichen Weise müssen wir uns auch den Gesamtwillen eines Individuums höherer Ordnung als einen zu den bereits vorhandenen hinzukommenden Willen denken, müssen wir annehmen, dass derselbe durch Unterordnung jener unter seine eigenen höheren Ziele eine innere organische Einheit herstellt, die als solche das psychische Gegenstück des äusseren materiellen Organismus bildet. So begreift es sich, wie die Empfindung zu den Befriedigungen und Nichtbefriedigungen, aus welchen sie hervorgegangen ist, in jedem höheren Individuum einen Zuwachs an Qualität erhalten kann: die synthetische Funktion, die wir oben als logische Intellektualfunktion bezeichnet haben, ist unmittelbar auch eine Willensfunktion und bringt jenes Plus an Empfindung hinzu, das eben für diese Stufe der Individualität charakteristisch ist.

Als der jüngere Fichte in seiner „Anthropologie" (1855) und „Psychologie" (1864) zum ersten Mal es unternahm, von diesem Gesichtspunkt aus den Geist als ein „Triebwesen" darzustellen, stand die herbartsche Psychologie noch in voller Blüte, und diejenigen Psychologen, die sich nicht zu ihr bekannten, standen zum grössten Teile noch zu sehr unter dem Banne des hegelschen Intellektualismus, um die Zurückführung psychischer Gebilde auf Willensfunktionen nicht für paradox zu halten. Heute ist uns diese Auffassung durch den Einfluss Schopenhauers schon ganz geläufig, und hervorragende

Psychologen, wie Höffding und Wundt, haben viel dazu beigetragen, ihre Berechtigung nachzuweisen und sie dadurch in weiteren Kreisen zu befestigen. Die intellektualistische Auffassung der Seelenvorgänge, die ihre höchste Ausbildung durch Herbart erhalten hat, ist gegenwärtig einer „voluntaristischen" Psychologie gewichen. Als wollte man ihn für die Zurücksetzung entschädigen, die er im rationalistischen Zeitalter der Philosophie sich hat gefallen lassen müssen, so begegnet man jetzt überall dem Bestreben, den Willen als Kern und Prinzip aller psychischen Erscheinungen nachzuweisen. Das scheint nun freilich unserer obigen Behauptung zu widersprechen, wonach wir das Gefühl für die Wurzel des seelischen Daseins erklärten. Dieser Widerspruch wird indessen seine Lösung finden, wenn wir nunmehr der Frage näher treten, in welchem Sinne der Wille einen Gegenstand unserer Erkenntnis bildet.

Wenn es wahr ist, dass wir den Willen in uns unmittelbar erkennen, so unmittelbar, wie wir die Vorstellungsgebilde und Gefühle erkennen, so besitzen wir eine intellektuelle Anschauung des realen Seins. Denn der Wille, als der tiefste Grund aller psychischen Erscheinungen, zu welchem sich die letzteren gleichsam nur wie Accidenzen zur Substanz verhalten, verdient, wenn irgend etwas, die Bezeichnung der Realität, und daher sehen wir uns erst bei seiner Betrachtung recht eigentlich vor die Entscheidung gestellt, welcher Erkenntniswert den Objekten der inneren Wahrnehmung zukommt. Unsere Gefühle und die aus ihnen zusammengesetzten Empfindungen und Vorstellungen verändern sich dadurch nicht, dass sie Objekte unseres Bewusstseins sind. Denn sie sind überhaupt nur als Inhalte des Bewusstseins und haben ausserhalb des letzteren keine Existenz. Dass wir ein bestimmtes Gefühl oder eine bestimmte Vorstellung haben, darüber können wir uns nicht täuschen, weil ihr Haben eben unser Wissen um sie ist. Wenn das Gleiche auch vom Willen gilt, dann hatte Schopenhauer Recht, eine Erfassung unseres eigenen Selbst im und durch den Willen zu behaupten, und hatte er jedenfalls um ebenso viel mehr Recht, als Descartes in Hinsicht auf das Denken hatte, wie der Wille dem letzteren an Tiefe überlegen ist.

Schon hier freilich muss es uns bedenklich machen, dass es Täuschungen über unsren Willen giebt. Nicht umsonst stand das „Erkenne dich selbst!" über dem Tempel zu Delphi. Die Priester des alten Gottes wussten wohl, wie unendlich schwer es ist, die verschiedenen in uns schlummernden Begehrungen und Triebe zu erkennen; sie hielten es schon für eine Art von Weisheit, wenn Jemand durch Einsicht in das Verhältnis zwischen Wille und Motiv und durch Vergleichung der Art und Stärkegrade der Gefühle, welche die Gegenstände in ihm hervorrufen, befähigt wird, seine Willensentscheidungen im Voraus zu berechnen und dadurch zur Herrschaft über seine Triebe zu gelangen. Wir wissen oft nicht, was wir wollen, und wenn wir eine bestimmte Entscheidung treffen, so wird uns zu unserem Erstaunen an den Gefühlen, die wir bei unserer That erfahren, offenbar, dass wir eigentlich etwas ganz Anderes wollten, als was uns als Ziel vor unserem Bewusstsein schwebte. Wie oft begeistert sich nicht Jemand für eine That und wünscht, dass auch ihm Gelegenheit gegeben werde, seine eigene Vortrefflichkeit an ihr zu bewähren; aber die Gelegenheit kommt, und er lässt sie unbenutzt vorübergehen, indem er einsieht, dass doch etwas mehr dazu gehört als bloss der abstrakte Vorsatz, sie auszuführen! Wie oft verwerfen wir nicht eine Handlungsweise, um, wenn wir in die Lage kommen, sie trotzdem zu wollen! Oder es erinnert sich Jemand einer Lust, die er früher bei irgend einer Gelegenheit empfunden, und sucht sich dieselbe nun von Neuem zu verschaffen; allein die erhoffte Lust bleibt aus und Unlust tritt vielleicht an ihre Stelle, nicht weil die äusseren Umstände sich geändert haben, sondern weil sein eigener Wille inzwischen ein anderer geworden ist, ohne dass sein Bewusstsein etwas davon gemerkt hatte. Hierher gehört auch die bekannte Erscheinung, dass Menschen, die nichts mehr vom Leben zu hoffen haben, sich den Tod herbeiwünschen und mitleidig die Achseln darüber zucken, wie Andere vor ihm in beständiger Angst und Sorge leben; aber packt sie selbst der Tod etwa in der Gefahr eines Schiffbruches, dann klammert sich auch bei ihnen der Wille zum Leben verzweiflungsvoll an die Planken an, und dieser stärktse aller Triebe, der nur in ihrer Seele verborgen geschlummert hatte, macht alle Erwägungen und Ziele ihrer bewussten Reflexion zu Schanden.

Wie soll man sich diese Thatsachen erklären, wenn der Wille ein unmittelbarer Gegenstand unseres Bewusstseins ist? Eine Täuschung ist überall nur möglich, wo das Bewusstsein und sein Gegenstand verschieden sind. Folglich kann auch der Wille als solcher überhaupt nicht im Bewusstsein sein, und sind wir für unser Wissen vom Willen nur auf ein indirektes Erschliessen desselben aus anderweitigem Bewusstseinsinhalt angewiesen.

In der That findet sich beim Willensakte im Bewusstsein unmittelbar nur eine Vorstellung dessen, was gewollt wird, an deren Stelle beim dunklen instinktiven Triebe ein unbestimmtes Gefühl der Lust und Unlust tritt, dazu eine mehr oder minder deutliche Vorstellung der zur Erreichung des Zweckes erforderlichen Mittel, Gefühle der Lust und Unlust in Beziehung auf das Erreichen oder Verfehlen jenes Zwecks, eine gewisse Unruhe aus erwachenden oder vorstellungsmässig antecipierten Bewegungsempfindungen, Innervationsempfindungen im Anspannen und Sammeln der Kräfte und endlich wirkliche Bewegungs- und Muskelempfindungen, gemischt mit reflektorisch hervorgerufenen körperlichen Gefühlen, wie solche z. B. aus dem Blutandrang zum Gehirn, aus dem Zusammenziehen der Stirnhaut oder dem Druck der Finger gegen die innere Handfläche entstehen, wenn es gilt, ein vorhandenes Hindernis zu überwinden. In alledem ist also nichts enthalten, was sich nicht als Vorstellung oder Gefühl nachweisen liesse. Ein besonderer Wille findet sich jedenfalls daneben im Bewusstsein ebenso wenig, wie wir bei unserer Wahrnehmung der Aussenwelt die Realität der letzteren unmittelbar empfinden. So begreift es sich, dass diejenigen, die alles Psychische nur als bewusstes gelten lassen, falls sie konsequent sind, die Existenz einer spezifischen Willensfunktion überhaupt leugnen und die letztere aus blossen Gefühlen und Vorstellungselementen glauben konstruieren zu können. Trotzdem sieht sich eine vorurteilsfreie Psychologie genötigt, dem Willen ebenso gut eine eigene Wirklichkeit zuzuschreiben, wie wir dies bei den äusseren Gegenständen thun müssen, auch abgesehen von der Vorstellung, die wir von ihnen im Bewusstsein haben. Denn so wenig aus den rein subjektiven Empfindungen und Intellektualfunktionen, wodurch die Vorstellung in uns zustande kommt, ihr Wirklichkeitscharakter sich erklären lässt, so wenig gelingt es, aus einer blossen Kombination von Vorstellungen, Empfindungen und Gefühlen die eigentümliche Natur des Willens abzuleiten.

Gefühle, Empfindungen u. s. w. sind passive Gebilde, ihrer ganzen Beschaffenheit nach abhängig von der Wirklichkeit, zu welcher sie sich gleichsam wie das Spiegelbild zu seinem Gegenstande verhalten, und bleiben auf die Sphäre des Bewusstseins beschränkt. Der Wille allein geht über das Bewusstsein hinaus, erprobt sich draussen an der Wirklichkeit, indem er den fremden Gegenständen seinen Stempel aufdrückt, und bildet neue Objekte für den Spiegel des Bewusstseins. Wie anders ist ein solches Hinausgehen über das Bewusstsein verständlich, als dadurch dass er garnicht erst in das Bewusstsein eingeht? Ins Bewusstsein eingehen heisst passiv sein, heisst unfähig werden zu eigenen spontanen Aeusserungen, denn das Wesen des Bewusstseins ist Reflexion. Bewusst-sein ist ideelles Sein; der Wille aber unterscheidet sich, wie wir sahen, gerade dadurch von den übrigen Funktionen unsrer Seele, dass er ihr realer Träger ist. Darum muss er auch hinter dem Bewusstsein bleiben, um auf dasjenige einwirken zu können, was immer nur ein Jenseits des Bewusstseins sein kann, und wovon wir in dem letzteren nur die Wirkungen erfahren.

Der Wille, wie er im Bewusstsein ist, ist mithin so wenig der wirkliche aktive Wille, wie die Vorstellung eines äusseren Gegenstandes selbst dieser äussere Gegenstand ist. Wir schliessen auf einen solchen Gegenstand als Ursache unserer Vorstellung, weil diese nicht willkürlich von uns verändert werden kann, sondern mit unwiderstehlicher Gewalt sich unserem Bewusstsein aufdrängt. In derselben Weise haben wir die Vorstellung einer Veränderung, die Wahrnehmung einer auf sie gerichteten Bewegung nebst den erwähnten Empfindungen und Gefühlen, die uns jene Bewegung als die unsrige erkennen lassen, und schliessen instinktiv, dass die Ursache jener Veränderung in uns selber liegen müsse. Diese Ursache, die wir also unmittelbar garnicht erkennen, die wir aus den angegebenen Daten eben nur erschlossen haben, diese Ursache nennen wir unseren Willen. Unser bewusster Wille ist sonach nur der subjektive Repräsentant, die abbildliche Vorstellung der eigentlichen Willensfunktion, die als solche immer hinter dem Bewusstsein bleibt. Weil dies Bewusstsein von unserem Willen später ist als jene Daten, woraus wir seine Existenz erschlossen haben, und weil dieser Schluss, als instinktiver, nicht selbst in unser Bewusstsein fällt, so entsteht daraus der subjektive Schein, als habe sich auch objektiv der Wille aus den Empfindungen und Gefühlen u. s. w. erst entwickelt. Weil unsere Vorstellung von unserem Willen natürlich eine bewusste ist, so liegt es ferner nahe, den Willen überhaupt nur als bewussten gelten zu lassen. In Wahrheit beruht diese Annahme nur auf einer Verwechselung des wirklichen mit dem vorgestellten Willen und hat daher nicht mehr Berechtigung als die Annahme des subjektiven Idealismus, dass alles Sein überhaupt nur ein subjektiv-ideelles sei, weil uns allerdings das Sein nur in der Form der bewussten Vorstellung gegeben ist.

Dass der Wille seiner Natur nach stets ein Jenseits des Bewusstseins bleibt, ist die psychologische Wahrheit der schopenhauerschen Lehre von der Blindheit des Willens. Seit v. Hartmann diese Lehre empirisch näher begründet hat, beginnt sie allmählich auch weitere Kreise zu erfassen und immer mehr das alte rationalistische Dogma von der selbstverständlichen Bewusstheit des Willens zu verdrängen. In der That kann eine Psychologie sich ihr garnicht entziehen, die den Willen für den Kern und die Wurzel alles Psychischen erklärt, und Höffding hat daher jedenfalls die höhere Wahrheit vor Wundt voraus, wenn jener die Gründe für die Unbewusstheit des

Willens anerkennt, während dieser den Widerspruch Schopenhauers teilt, den Willen für die Quelle des Bewusstseinslebens und trotzdem selbst für bewusst zu halten. Auch Ulrici vermag nur dadurch die Bewusstheit des Willens zu verteidigen, dass er in einer psychologisch ganz unzulässigen Weise zwischen Willen und Trieb als abgesonderten Funktionen unterscheidet. Vom letzteren aber muss doch auch er eingestehen: „Die Empfindung scheint das Streben, den Trieb erst hervorzurufen, weil er nur mit ihr und durch sie uns zum Bewusstsein kommt, weil er also für uns erst mit ihr und durch sie entsteht. Aber an sich ist der Trieb, das Streben, die Erregung und Bewegung der Seele das Prius, weil der Grund der Empfindung, des Gefühls[1]." So meint auch Lotze: „Hunger und Durst sind ursprünglich nicht identisch mit Nahrungstrieben; sie sind nichts als unangenehme Gefühle der Veränderung, die in den Nerven der Eingeweide durch den Mangel der Nahrung eingetreten ist und in fortwährendem Wachstum die Nerven in beständiger Aufregung erhält. Worauf aber diese Gefühle deuten, durch welches Heilmittel sie zu endigen, in welchen andern Zustand sie überzuführen sind, das offenbaren sie an sich garnicht, und ein Tier, das nur diese Gefühle besässe, würde ohne Zweifel verhungern, ohne Rath und Abhülfe zu wissen, ja, ohne nur auf solche zu denken." Daher verwirft Lotze mit Recht die Ansicht, die in den Trieben Erkenntnisquellen sieht. „Es existirt nichts der Art, und nirgends giebt die Natur ihren Geschöpfen Triebe mit, welche sie unmittelbar in Beziehung zu Objekten setzten, deren Bewusstsein sie nicht durch die gewöhnlichen Mittel der Erkenntnis erlangten[2]." Die angegebenen Gefühle sind hiernach Wirkungen des Nahrungstriebes, dessen Existenz erst auf den höheren Stufen der Erkenntnis aus ihnen nachträglich erschlossen wird. Daraus folgt, dass er an sich nicht bewusst sein kann, sondern dies erst im Laufe der Erfahrung wird. Diesen selbstverständlichen Schluss zieht aber Lotze nicht, sondern sucht ihm dadurch auszuweichen, dass er den Trieb erst aus den Gefühlen entstehen lässt, was ganz richtig ist für unser Bewusstsein des Triebes, die objektive Natur des letzteren jedoch garnicht berührt. Wohl aber hat Göring jene Konsequenz erkannt und darin mit Recht eine Bestätigung seiner Ansicht von der Unbewusstheit des Willens gefunden. Der entscheidende Beweis für die ursprüngliche Unbewusstheit des Willens besteht auch für ihn in der Thatsache, dass er nicht wahrgenommen wird, sondern durch einen Schluss von seinen Wirkungen aus mittelbar ins Bewusstsein kommt.

---

[1] Ulrici: Leib und Seele, S. 593.
[2] Lotze: Medizinische Psychologie, S. 298.

„Niemand wird imstande sein, mittelst der inneren Wahrnehmung eine konkrete Willensrichtung anders als durch das sie begleitende Gefühl und den vorgestellten Inhalt des Willens zu erfassen, daher der letztere nur Gegenstand eines sogenannten abstrakten Vorstellens werden, d. h. nur durch den Begriff „Willen" ausgedrückt werden kann, während die Merkmale dieses Begriffes andern Seelenthätigkeiten angehören[1]." Wenn man bedenkt, wie fern dem Positivisten Göring alles Metaphysische liegt und wie ängstlich er überall bemüht ist, die Grenzen der Erfahrung einzuhalten, so wird man nicht länger der Ansicht sein können, als handle es sich bei der Unbewusstheit des Willens um eine Theorie, die bloss von gewissen Metaphysikern im Interesse ihrer transcendenten Spekulationen erfunden sei.

4. Ergebnis.

Versuchen wir nunmehr die Frage zu beantworten, inwiefern den Objekten unserer inneren Wahrnehmung Wahrheit zukommt, so erkennen wir, wie gesagt, unsere Vorstellungen, Empfindungen und Gefühle unmittelbar und insofern mit absoluter Wahrheit, als ihr Sein nur unser Bewusstsein von ihnen ist. Allein in diesem Sinne erkennen wir auch die äusseren Gegenstände unmittelbar, nämlich als die subjektiven Inhalte unseres Bewusstseins. Vorstellungen, Empfindungen und Gefühle, als Objekte unseres Bewusstseins, sind aber nur die Endprodukte eines verwickelten Integrationsprozesses, dessen verschiedene passive Faktoren zwar ebenfalls Bewusstseinselemente sind, die jedoch von einer aktiven synthetischen Funktion in ihren Dienst genommen werden, und diese muss hinter dem ursprünglichen Inhalte des Bewusstseins liegen, kann folglich nur mittelbar erschlossen, aber nicht selbst unmittelbarer Inhalt des Bewusstseins werden. Mag diese nun mit dem Willen zusammenfallen, wie wir vermutet haben, oder nicht, in jedem Falle erkennen wir auch den letzteren nicht unmittelbar, sondern nur in einem Spiegelbilde. Wie wir sonach von den äusseren Gegenständen nur ihre Wirkung auf unser Bewusstsein unmittelbar erkennen, sie selbst aber ihrem Dasein nach hinter dessen Grenzen bleiben, so vermögen wir auch unsere psychischen Gebilde nur als Wirkungen, aber niemals zugleich als Ursachen wahrzunehmen. Der Akt des Bewusstseins von unsern psychischen Gebilden und der Akt ihres Zustandekommens sind zwei verschiedene Akte; eben deshalb können wir über den letzteren nur Vermutungen aufstellen.

---

[1] Göring: System der kritischen Philosophie (1874), I, S. 60 ff.

Unser Bewusstsein also erschöpft nicht das gesamte psychische Sein. Werfen wir das Senkblei der Reflexion auch noch so tief hinab, wir erreichen doch niemals den eigentlichen Boden unserer Seele. Wie die Bilder einer laterna magica, tauchen die psychischen Gebilde vor unserm inneren Auge auf. Aber wie jene nicht von selbst auf der weissen Fläche erscheinen oder sich gegenseitig hervorrufen, sondern aus dem Apparate hinter unserm Rücken dorthin projiziert werden, so dürfen wir auch nicht glauben, dass der Inhalt unserer Selbstwahrnehmung ein selbständiges und ursachloses Dasein habe. Der Unterschied ist nur, dass wir bei den Bildern der laterna magica uns nur umzuwenden brauchen, um ihre Quelle wahrzunehmen, wohingegen die Augen unseres Bewusstseins gleichsam nur nach vorn gerichtet sind und niemals erblicken können, was hinter ihnen vorgeht. Indem jeder Versuch, sich der psychischen Gebilde unmittelbar zu bemächtigen, ihr Sein zerstört oder doch ihre ursprüngliche Gestalt verändert, so gleicht unsere Selbstwahrnehmung jenem Orpheus, dem die Gattin, die er aus dem Hades heraufholt, vor seinen Blicken verschwindet, sobald er sich nach ihr umkehrt, um sich von ihrem Dasein zu überzeugen. Nur aus dem hinter ihm herhallenden Schritten vermag der Psychologe sich ein Urteil darüber zu bilden, welcher Art das Wesen ist, das er in das helle Licht des Wissens heraufführt. Aber er hüte sich, in ungestümem Drange die Hände nach ihm auszustrecken; er wird nur ein nebelhaftes Gespenst in seine Arme schliessen.

Unser Bewusstsein beleuchtet überall nur die Oberfläche der Gegenstände, aber es lässt uns über ihren inneren Kern im Dunkeln. Darum hatte Kant Recht, auch der Selbstwahrnehmung nur die Möglichkeit der Erkenntnis von Erscheinungen zuzugestehen. Es war nur ein schiefer Ausdruck, diesen Erscheinungscharakter des psychischen Seins einem „inneren Sinne" zuzuschreiben, als ob es zur Selbstwahrnehmung eines besonderen Organs bedürfe und dadurch, wie bei den äusseren Gegenständen, dem wirklichen psychischen Sein die Form der Erscheinung erst gleichsam übergezogen würde. Es war auch ein Irrtum, diese Form des inneren Sinnes in der Anschauungsform der Zeit zu suchen, ohne welche es doch überhaupt kein Geschehen geben und folglich das Psychische, als Ding an sich, den inneren Sinn auch nicht affizieren könnte. Ein solches spezifisches Organ der Selbstwahrnehmung hat Beneke mit Recht als „metaphysische Erdichtung" verworfen. Der Ercheinungscharakter kommt in das innere Sein nicht durch eine ihm fremde Form hinein, sondern dadurch dass es Wirkung und Zustand eines Realen ist, bis zu welchem das Licht des Bewusstseins nicht hinabdringt. Das innere Sein ist ein blosses ideelles Sein; insofern hat es nichts voraus vor unserer Erkenntnis der äusseren Gegenstände. Es wird uns nur so viel schwerer, die psychischen Gebilde als Erscheinungen zu erkennen, weil bei ihnen die produktive Funktion, wodurch sie Inhalt unseres Bewusstseins werden, mit ihrem realen Kern zusammenfällt und wir diesen im Willen unmittelbar zu erfassen glauben. Bei den äusseren Gegenständen dagegen ist ihr realer Kern, wodurch sie Ursachen unserer Vorstellungen von ihnen werden, von der produktiven Funktion dieser Vorstellungen in uns numerisch verschieden, und daher vermögen wir sie leichter von diesen Vorstellungen zu unterscheiden, zu welcher sie sich wie die Ursachen zu ihren Wirkungen verhalten.

Hiernach erscheint es ganz berechtigt, die Psychologie in Uebereinstimmung mit der Naturwissenschaft nur im empirischen Sinne gelten zu lassen. Sie ist nur nicht deshalb eine empirische Wissenschaft, weil die Empirie oder unser Bewusstsein die psychischen Erscheinungen erschöpft, sodass mit der psychologischen Untersuchung die Erkenntnis unseres seelischen Daseins schon vollendet wäre, sondern weil nur auf Grund der Selbstbeobachtung diejenigen Daten gewonnen werden können, vermittelst welcher eine solche Erkenntnis allein erst möglich ist. Die Psychologie untersucht, ebenso wie die Naturwissenschaft, die Bedingungen und Gesetze, unter denen eine bestimmte Erscheinung zustande kommt und giebt eine möglichst vollständige Aufzählung der in ihr enthaltenen Momente. Wie aber die letzteren es anfangen, jene Erscheinung zu konstituieren, welcher Art an sich der Vorgang und wie beschaffen das Wesen ist, von welchem die Erscheinungen hervorgebracht werden, darüber etwas auszumachen, liegt ausserhalb ihres beiderseitigen Gebietes. Psychologie und Naturwissenschaft, als koordinierte Wissenschaften, welche den beiden Seiten der inneren und äusseren Erfahrung entsprechen, drängen sonach nur von entgegengesetzten Punkten aus auf eine Untersuchung der ihnen beiden zu Grunde liegenden Voraussetzungen hin; die Wissenschaft von diesen aber ist die Metaphysik, worin sich erst der Umkreis unserer gesamten Erkenntnis vollendet.

Es kann fraglich erscheinen, ob es unter diesen Umständen noch berechtigt ist, die Psychologie zu den eigentlich philosophischen Disziplinen zu zählen, wofern man nämlich der Ansicht ist, dass die Philosophie es in allen ihren Teilen nicht sowohl mit den empirisch gegebenen Erscheinungen, als vielmehr mit der Beziehung derselben auf ihr reales Wesen zu thun hat. Auch die Logik kommt mehr und mehr davon zurück, als bloss formale Logik, nur die empirischen Gesetze unseres bewussten Denkens festzustellen und gewinnt ein um so philosophischeres Aussehen, je mehr sie danach strebt, die Beziehung dieser Gesetze zur gegebenen Wirklichkeit einerseits, zu ihrem höheren metaphysischen Grunde andererseits ausfindig zu machen. Es war nur eine Folge ihrer falschen Ansicht vom realen Sein, wenn sie glaubte, sich selbst an die Stelle der Metaphysik setzen zu können, und Hegel die formale Logik in der spekulativen Logik auf- und untergehen liess. Wenn die Einsicht in den blossen Erscheinungscharakter der seelischen Gebilde die Psychologie trotzdem nicht ihrer philosophischen Natur entkleidet und in dieser Beziehung ihr immer noch ein gewisser Vorzug vor den Wissenschaften der Natur verbleibt, so liegt dies daran, weil es leichter ist, von der Betrachtung der inneren Erscheinungen aus zum wesenhaft Realen vorzudringen, als durch die Vermittelung der äusseren Gegenstände. Denn die bewussten psychischen Gebilde sind auf jenem Grunde gleichsam unmittelbar erwachsen, wohingegen unsere Vorstellungen von äusseren Gegenständen nur mittelbar, nämlich durch die äussere Anregung derjenigen produktiven Funktionen, die hinter unserem Bewusstsein liegen, in diesem selbst hervorgerufen sind. Die inneren psychischen Objekte sind eine Wirkung aus erster Hand, die äusseren physischen Objekte dagegen sind eine solche nur aus zweiter Hand. Darum ist es ganz berechtigt, das Bewusstsein der eigenen Realität zum Erkenntnisgrunde der fremden Realitäten zu machen; man muss sich nur hüten, unser Bewusstsein von der Realität mit dieser selbst für identisch zu halten.

Der Positivismus begeht diese Verwechselung des Realen mit dem Psychologischen, wenn er glaubt, die gesamte bisherige Metaphysik durch die psychologische Erkenntnis entthronen zu können. Wie der subjektive Idealismus, mit dem er die Verachtung alles Metaphysischen teilt, ist er selbst nur eine verkappte Metaphysik, aber er ist, ebenso wie jener, eine unrichtige Metaphysik, weil er von vorneherein auf einer falschen Voraussetzung aufgebaut ist. Der subjektive Idealismus widerspricht sich selbst, wenn er die Existenz eines Realen leugnet, das Bewusstsein dagegen als solches für ein Reales ansieht. Der Positivismus widerspricht sich ebenso, wenn er die Erkenntnis des Realen für unmöglich erklärt, die eigenen psychischen Funktionen aber unmittelbar zu erkennen behauptet, obwohl sie doch eben damit zu Realitäten werden. Sind die psychischen Funktionen, soweit wir sie als Objekt in unserem Bewusstsein haben, nur ideelle Zustände, Erscheinungen und Spiegelbilder eines bewusstseinstranscendenten Seins, so haben wir also überhaupt kein Reales in unserem Bewusstsein und kann folglich das Ich, als Gegenstand unseres Bewusstseins, mit dem realen Träger jener Funktionen nicht identisch sein. Weit entfernt also, unsere frühere Behauptung umzustossen, bestätigt uns auch die Selbstwahrnehmung, dass wir im Ich nicht über das ideelle Sein hinausgelangen, und können wir um so eher dabei bleiben, das Ich für die blosse Form unseres Bewusstseins anzusehen, als es die gemeinschaftliche Form unserer psychischen Funktionen ist, nach Abzug ihres realen Grundes aber nur die Form des Bewusstseins ihnen noch gemeinsam bleibt.

In Wahrheit ist es, wie dies auch schon ausgesprochen wurde, nur selbstverständlich, dass, wenn es ein vom Inhalt unseres Bewusstseins, d. h. vom ideellen Sein, verschiedenes Reales giebt, dies eben nur ein Jenseits des Bewusstseins sein kann. Die ganze Erkenntnistheorie ist bloss der wissenschaftliche Nachweis dieser an sich tautologischen Wahrheit, der nur deshalb erforderlich ist, weil wir durch eine eigentümliche Notwendigkeit unseres Erkenntnisvermögens allen Inhalt unseres Bewusstseins unmittelbar für ein Reales ansehen oder weil wir, kantisch gesprochen, unsere Objekte, als blosse Erscheinungen, geneigt sind, für Dinge an sich zu nehmen. Es ist daher auch nur die gleiche Illusion, zu glauben, dass unser Ich hiervon eine Ausnahme mache. Unsere eigene Realität wird dadurch nicht aufgehoben und das Dasein zum blossen wesenlosen Schein verflüchtigt, dass wir auch uns selbst unmittelbar nur als Erscheinungen erkennen, vielmehr liegt gerade darin erst ihre Bestätigung. Nur weil die eigentliche Realität unseres bewussten Innenlebens als solche hinter dem Bewusstsein liegt und nur instinktiv aus dem Inhalte des letzteren erschlossen wird, nur darauf beruht es, dass wir überhaupt real sind. Wir sind nicht ein bloss ideelles Sein, weil wir uns unmittelbar nur als ein solches erkennen, sondern wir erkennen uns unmittelbar als ideelles Sein, weil wir an sich oder unserm Wesen nach ein reales sind. Alle Philosophen daher, die eine unmittelbare Erkenntnis des Realen in irgendwelchem Sinne lehren, besitzen überhaupt gar kein reales Sein, weil das, was wir als Inhalt unseres Bewusstseins besitzen, als solches immer und ewig nur ein Ideelles sein kann. In dieser Lage aber befindet sich die ganze moderne Philosophie, soweit sie bewusster oder unbewusster Weise das Cogito ergo sum ihren Untersuchungen zu Grunde legt. Von dem Augenblick an, wo die Philosophie, überzeugt von der trügerischen Beschaffenheit dieses Fundamentes, jede Gemeinschaft mit dem Kartesianismus aufgiebt und auf Grund ihrer veränderten Stellungnahme zum Realen neue, tiefere Prinzipien des Seins entdeckt, von diesem Augenblick an wird eine spätere Zeit eine neue Epoche in der Philosophie datieren. Dann wird man auch die Bedeutung des kantischen Lebenswerkes nicht mehr darin setzen, dass es die Unmöglichkeit einer Erkenntnis des Realen überhaupt bewiesen habe, sondern man wird Kant auch dann als Reformator feiern, weil er die Möglichkeit einer unmittelbaren Erkenntnis des Realen bestritten und hiervon auch das Ich nicht ausgenommen hat.

B. Das Sein des Ich.
I. Die Voraussetzungen des Ich.
1. Das reale Sein.

Es entsteht nun die Aufgabe, das Reale näher zu bestimmen, das wir als den metaphysischen Grund und das Substrat des bewussten Innenlebens erkannt haben.

Unsere Vorstellungen und Wahrnehmungen lösten sich durch die kritische Analyse letzten Endes in Gefühle von verschiedenen Intensitätsverhältnissen auf. Im Gefühle aber erkannten wir eine Affektion des Willens. Sonach ruht also der gesamte Inhalt unserer Selbstwahrnehmung auf dem Willen, der, als reales Prius und Produzent des bewussten Seelenlebens, ein unbewusster Wille ist. Dieser Wille enthüllte sich uns als das reale Substrat, woran die übrigen psychischen Gebilde als Zustände und Erscheinungen haften, und zwar muss den verschiedenen Affektionen auch eine Verschiedenheit in den tragenden Willensakten entsprechen. Was bedeutet sonach die Verschiedenheit des Willens?

Den Unterschieden der Gefühlsintensität korrespondiert eine verschiedene Intensität des Wollens, beruhend auf der Heftigkeit, womit der Wille etwas begehrt oder etwas verabscheut. Was aber die Qualität der seelischen Gebilde anbetrifft, so müssen wir uns diese durch einen Integrationsprozess entstanden denken, indem unter dem Hinzutritt immer neuer Willensakte, die den jeweiligen Stufen der Individualität entsprechen, die Gefühlsintensitäten der Individuen niederer Ordnung als Momente in die Empfindungen der höheren Individuen aufgehoben werden.

Hier tritt also der ursprünglichen Intensität des Willens eine weitere Bestimmung an die Seite: der höhere Wille nimmt die niederen Willensfunktionen gleichsam in seinen Dienst und verwertet sie zum Aufbau von neuen Gebilden, die in den einfachen Elementargefühlen als solchen nicht enthalten waren. Um dies zu können, muss nun aber der schöpferische Wille nicht bloss eine Kenntnis der höheren zu schaffenden Gebilde, er muss auch ein genaues Wissen der Mittel und Wege haben, wodurch er seinen Zweck erreicht, und demnach auch um die Elemente wissen, die das passive Material bei seiner Schöpfung bilden sollen.

Nun haben wir bereits oben gesehen, wie bei der Verschmelzung mehrer Einzelempfindungen zur sogenannten einfachen Empfindung, ebenso auch bei der Entstehung qualitativ gefärbter Sinnesempfindungen aus den Gefühlsintensitäten der beteiligten Individuen niederer Ordnung u. s. w. ein teleologischer und intellektueller Faktor mitwirkt, weshalb wir auch dort jene produktive synthetische Funktion der Seele als Intellektualfunktion bezeichnet haben. Wenn diese Funktion, von anderer Seite her betrachtet, als tragende Willensfunktion erscheint, was liegt näher, als die Intellektualität für jene Bestimmtheit des Willens zu erklären, woraus in Verein mit dessen Intensität der ganze Reichtum des Psychologischen hervorgeht? Die Intellektualfunktion, deren Wirksamkeit wir besonders in den bestimmten, objektiven und qualitativen Elementen unsrer Seele, den Empfindungen, Anschauungen, Vorstellungen u. s. w. anerkennen mussten, und die Willensfunktion, die sich in der Subjektivität des Gefühlslebens offenbart, sind folglich nicht zwei verschiedene Funktionen, sondern sie sind **eine und dieselbe Funktion**, indem sich die Intellektualität an ihr als die **logische Bestimmtheit des Willens** darstellt.

Wenn nun so der höhere Wille logisch bestimmt ist, so können auch die niederen Willensfunktionen, woran die Empfindungen der tieferen Individualitätsstufen haften, nicht gänzlich blind in dem Sinne sein, dass sie überhaupt aller logischen Bestimmtheit ermangelten. Es geht nicht an, dem Willen eines Moleküls die logische Bestimmtheit zuzusprechen, sie aber bei dem Willen jedes einzelnen Atoms zu leugnen und diesem etwa nur noch Unterschiede der Intensität zu lassen. Vielmehr wie nach der gewöhnlichen Anschauung das Atom als solches stofflich, d. h. im Raume ausgedehnt (stereometrisch) bleibt, in wie kleine Teile der Stoff auch zerlegt werden mag, so bleibt auch der Wille ein logisch bestimmter, auch wenn man in noch so tiefe Stufen der Individualität hinuntersteigt. Der Unterschied liegt nur in dem inhaltlichen Reichtum jener logischen Bestimmung. Denn während die letztere beim Atomwillen die denkbar einfachste und lediglich auf das Atom selbst gerichtet ist, enthält der Wille einer höheren Stufe der Individualität ausser der Bestimmung, die gerade dieses Individuum charakterisiert, als Momente auch noch die Bestimmungen der konstituierenden Individuen niederer Ordnung in sich, um diese zur Erreichung seines eignen Zweckes zu verwerten.

Bezeichnet man die logische Bestimmtheit des unbewussten Willens in Uebereinstimmung mit derjenigen des bewussten Willens als Vorstellung, so kann man demnach sagen: die Vorstellung der Individuen niederer Ordnung schliesst die Vorstellungen der höheren Individualitätsstufen aus, worin sie als konstituierende Glieder funktionieren; die Vorstellung der höheren Individualitätsstufen dagegen schliesst die Vorstellungen der niederen Stufen als Momente ein, und zwar nach Massgabe desjenigen herrschenden Momentes, wodurch eben das Wesen jener höheren Stufe bestimmt wird. Dem Organismus von Willensfunktionen auf den höheren Stufen der Individualität, worin der jeweilige höchste oder Individualwille gleichsam die Seele, die übrigen Willen der konstituierenden Individuen niederer Ordnung dagegen den Leib darstellen, entspricht ein organisches Ineinander von Vorstellungen, so zwar, dass die Vorstellungen der niederen Individualwillen als aufgehobene Momente in einer Gesamtvorstellung existieren, welche diejenige des höheren Individualwillens ist.

In der That ist die Annahme der logischen Bestimmtheit des realen Willens garnicht zu umgehen, wenn anders eine Erkenntnis dieses Realen möglich sein soll. Der vorkantische Dogmatismus stellte über das Reale Behauptungen auf, ohne sich darum zu kümmern, ob es auch so beschaffen sei, um Objekt unserer Erkenntnis sein zu können. Seitdem jedoch Kant die Frage nach der Möglichkeit des Erkennens an die Spitze der Philosophie gestellt hat, sind alle Philosophen darin einig, dass, wenn es ein erkennbares Reales giebt, die Uebertragung unserer Denkformen und Gesetze auf dasselbe durch dessen Natur auch gerechtfertigt sein muss. Dies heisst aber nichts Anderes, als dass in irgendwelchem Sinne eine Gleichartigkeit des Denkens und Seins vorhanden sein muss, denn sonst würde sich unser Bewusstsein ganz umsonst bemühen, einen Strahl des Realen in seinem Spiegel aufzufangen. Eine Beziehung zwischen dem Ideellen und Realen ist nur möglich, wenn beide in einem gewissen Punkt zusammenstimmen. Dies kann aber nur im Logischen sein, das als solches ebenso am Realen, wie am Ideellen teilnimmt.

Der Thelismus, der das Reale als reinen Willen auffasst und die Vorstellung für ein blosses Accidenz und Produkt des Willens hält, übersieht, dass er von einem solchen Realen gar keine Erkenntnis haben könnte. Der Wille soll nach ihm das Gegenteil des Logischen, und doch soll die Logik zugleich imstande sein, das Alogische und Antilogische in ihre Form zu giessen! Die Willensmetaphysik eines Schopenhauer rühmt sich ihrer Uebereinstimmung mit dem kantischen Kritizismus, sie umgiebt sich, wie bei Wundt, mit dem ganzen umständlichen Apparate der modernen Erkenntnistheorie und Logik, aber sie selbst wirft die erste und notwendigste Bedingung alles Erkennens über den Haufen und fällt in den vorkantischen Dogmatismus zurück, indem sie sich einbildet, auf der photographischen Platte des Logischen die Nacht des alogischen Willens fixieren zu können. Es ist Bahnsens Verdienst, den absoluten Skeptizismus als die selbstverständliche Konsequenz dieser Ansicht erwiesen zu haben. Nachdem aber einmal die „Realdialektik" ihr Urteil an der abstrakten Willensmetaphysik vollstreckt hat, sollte es nachgerade allgemein anerkannt sein, dass der Wille nur durch seine eigene logische Bestimmtheit, nur durch die Vorstellung, als inhaltliche Erfüllung des an sich bloss formalen Willens, ein Gegenstand unserer Erkenntnis sein kann. —

Wie nun? Oben erklärten wir die Vorstellung für ein Produkt aus Empfindungen und Gefühlen und bestimmten das Gefühl als Affektion des Willens. Und jetzt soll die Vorstellung auf einmal die Bestimmtheit des Willens und soll sie folglich das Prius des Gefühles sein? Oben leiteten wir den Inhalt der Vorstellung aus intensiven Gefühlsunterschieden ab. Und doch sollen nach unserer jetzigen Auseinandersetzung die erwähnten Unterschiede des Gefühles durch den Reichtum der Vorstellung an Momenten bedingt sein? Das kann offenbar nur dann kein Zirkel sein, wenn der Vorstellung in beiden Fällen eine verschiedene Bedeutung zukommt.

Nun ist, wie wir gesehen haben, der Wille nur insofern das Substrat und die schöpferische Ursache des bewussten Innenlebens, als er selbst ein unbewusster Wille ist. Er könnte aber nicht Ursache der bewussten Vorstellung sein, wenn die Vorstellung, die ihn selbst bestimmt, als solche schon ein Inhalt des Bewusstseins wäre. Der Wille ist an sich stets unbewusst. Das Prädikat der Bewusstheit bezieht sich folglich immer nur auf die bestimmende Vorstellung desselben. Wenn nun die bewusste Vorstellung durch Vermittelung der synthetischen Thätigkeit des Willens aus Empfindungen und Gefühlen entstanden ist, und wenn diese letzteren bestimmte Empfindungen und Gefühle nur als der Ausdruck eines bestimmten Willens sind, so kann folglich die Bestimmung dieses ursprünglichen produktiven Willens nur eine unbewusste Vorstellung sein.

Diese Folgerung ist so selbstverständlich, dass spätere Geschlechter den Widerstand der heutigen Philosophen gegen die Anerkennung der unbewussten Vorstellung schwer begreifen werden. Eine Zeit, die, wie die unsrige, unter dem Einfluss der positivistischen Denkweise ihren Blick, wie nie zuvor, geschärft hat für das, was den thatsächlichen Inhalt unseres Bewusstseins bildet und was zu diesem instinktiv hinzugedacht ist, eine solche Zeit vermag sich freilich der Einsicht nicht zu verschliessen, dass der Wille sich als solcher nicht im Bewusstsein findet. Dass aber ein unbewusster Wille einen bestimmten Bewusstseinsinhalt nur setzen kann, wenn er selbst ein bestimmter Wille ist, und dass die Bestimmtheit des an sich unbewussten Willens nur eine unbewusste Vorstellung sein kann, diese Folgerung weigert man sich entschieden, zu ziehen. Man macht dem Materialismus mit Recht zum Vorwurf, dass er sich einbildet, aus der blossen Bewegung rein stofflicher Atome den ganzen innerlichen Reichtum der Geisteswelt erklären zu können. Aber dass der „vorstellungslose blinde Drang", die Heftigkeit des plan- und ziellosen Vorwärtsstrebens imstande sein müsse, sein gerades Widerspiel, die stille, sanfte und bestimmte Vorstellung zu produzieren, das hält man für eine ganz natürliche Sache. Und doch, welche Veranlassung sollte der blosse unbestimmte Wille haben, überhaupt etwas Bestimmtes zu produzieren, und wie kann es eine Mehrheit von Willensfunktionen geben, ausser wenn jede einzelne von ihnen schon an sich selbst bestimmt ist? Solange daher die voluntaristische Philosophie nicht gezeigt hat, wie ein einziger Wille für sich selbst allein schon produktiv sein kann, und wie verschiedene Willensfunktionen sich anders als durch ihre verschiedenen Vorstellungen unterscheiden können, solange bewegt sie sich in dem fehlerhaften Zirkel, die Vorstellung aus Faktoren abzuleiten, die selbst nur erst durch ihre Vorstellungen wirklich sind.

Der Wille muss bestimmt sein, um produktiv sein zu können, und er muss ein unbewusster Wille sein, um Produzent der bewussten Vorstellung sein zu können. Die Bestimmung des unbewussten produktiven Willens aber kann nur die unbewusste Vorstellung sein.

Man kann dieser Folgerung dadurch nicht ausweichen, dass man die unbewusste Vorstellung für eine bloss relativ unbewusste, die nur für unser jeweiliges Grosshirnbewusstsein unbewusst ist, erklärt. Denn es handelt sich hier ja garnicht darum, wie die höheren aus niederen Bewusstseinselementen hervorgehen, sondern darum, wie überhaupt eine Vorstellung entstehen kann aus etwas, was selbst das gerade Gegenteil aller Vorstellung ist. Die voluntaristische Philosophie behauptet nur so einfach, dass die Vorstellung aus dem vorstellungslosen Willen hervorgehe. Sie gefällt sich in phantasievollen Erzählungen von jenem blinden Drange, der sich trotzdem auf ein bestimmtes Ziel hinbewegt, und welchem in der aufsteigenden Reihe der biologischen Entwickelung die Intelligenz „allmälich anwächst"[1]. Das wird man jedoch solange als ein reines Märchen betrachten dürfen, als die Möglichkeit einer solchen Entwickelung nicht näher aufgezeigt ist, und man wird annehmen dürfen, dass die voluntaristischen Philosophen nur deshalb über die Sache so unbefangen reden, weil sie im Geheimen beständig den produktiven unbewussten Willen mit unserer Vorstellung vom Willen verwechseln. Die Gegner der unbewussten Vorstellung nennen diese einen „widerspruchsvollen Begriff". Soweit sie jedoch Voluntaristen sind, lässt dieser Einwand sich ihnen mit dem gleichen Rechte zurückgeben: nicht jener Begriff enthält einen Widerspruch, wohl aber die Theorie eines ursächlichen Willens, der das Gegenteil seiner selbst aus sich hervorbringt.

Man hat gegen die unbewusste Vorstellung auch eingewendet, dass sie bloss ein Ergebnis unseres reflektierenden Denkens sei. Selbst Göring, der, wie wir früher gesehen haben, den Willen nur als unbewussten gelten lässt, glaubt die unbewusste Vorstellung aus jenem Grunde abweisen zu müssen. Als ob er nicht auch die Existenz des Willens nur erschlossen und durch ein „abstrakt logisches Räsonnement" erkannt hat! Als ob nicht überhaupt die Existenz eines von unserem Bewusstsein verschiedenen Realen nur durch logische Schlussfolgerungen zu beweisen sei! Es ist ja auch nur eine „Möglichkeit", dass ein Wille existiert, da wir im Bewusstsein einen solchen nicht entdecken können. Allein darum ist es doch keine „leere" Möglichkeit, weil wir ohne jene Annahme eines ursächlichen Willens auch den Inhalt unseres Bewusstseins nicht erklären können. Die unbewusste Vorstellung ist eine Hypothese, so gut wie der unbewusste Wille. Aber diese Hypothese ist durch die Erwägung gefordert, dass erst die konkrete Bestimmtheit des Willens den letzteren zur Ursache des konkreten Bewusstseinsinhalts macht[2].

Woran liegt es denn nun, dass unsere modernen Philosophen so wenig von der unbewussten Vorstellung wissen wollen? Sagen wir es kurz: der tiefste und vielleicht einzige Grund für diese Gegnerschaft ist lediglich in dem alten Glauben an die Wahrheit des Cogito ergo sum zu suchen. Es ist nur die Verwechselung des Ideellen mit dem Realen, das Vorurteil, als ob das Bewusstsein als solches ein Reales sei, welches jene Philosophen davon abhält, die Vorstellung als wirklich anzusehen, wenn sie ausser dem Bewusstsein ist, die sie

---

[1] Vgl. Paulsen: „Einleitung in die Philosophie", S. 118 ff.
[2] Vgl. Göring: a. a. O. S. 184 ff.

sonst nur gewohnt sind, als Inhalt des Bewusstseins zu betrachten. Sie meinen, es sei der Vorstellung wesentlich, ein Inhalt des Bewusstseins zu sein, weil sie im Stillen das Bewusstsein für den realen Träger halten, durch welchen die Vorstellung hervorgebracht wird. Sie bedenken nicht, dass das Bewusstsein nur eine blosse Form ohne Aktivität und Produktivität ist und dass, wenn es sich um ein Tragen und Produzieren handelt, die Vorstellung sich hierzu viel eher eignet als der blosse Schatten des Bewusstseins. Wir, die wir gerade in der Entthronung des Cogito ergo sum die Bedingung einer neuen und fruchtbaren Weltanschauung erblicken, wir fühlen uns damit auch der Hochachtung enthoben, welche die Philosophie seither der abstrakten Form des Bewusstseins gezollt hat. Wir erblicken gerade umgekehrt die Wahrheit darin, dass die Vorstellung aus ihrem bisherigen Dienstverhältnis zum Bewusstsein losgelöst und selbst auf dessen leer gewordenen Thron gesetzt wird: Die Vorstellung aber, als Produzent und Herrscher des Bewusstseins, ist eben die unbewusste Vorstellung.

Von allen Gegnern der unbewussten Vorstellung sind die Psychologen die weitaus zahlreichsten und heftigsten, zumal wenn sie sich empirische und exakte Psychologen nennen. Das scheint nicht gerade zu Gunsten jenes Begriffs zu sprechen, denn wenn es hierüber kompetente Richter giebt, so müssten es, sollte man denken, die Psychologen sein.

Es ist Aufgabe der Psychologie, die Gesetze der inneren Erscheinungswelt zu untersuchen, so wie die Aufgabe der Naturwissenschaft darin besteht, der äusseren Erscheinungswelt und ihren Gesetzen nachzuforschen. Nun hängt der Erscheinungscharakter der psychischen Gebilde, wie wir gesehen haben, an der Form des Bewusstseins, und also reicht das Gebiet des Psychologischen genau so weit, wie die Grenzen des Bewusstseins. Die unbewusste Vorstellung ist sonach gar kein psychologischer Begriff: über seine Berechtigung oder Nichtberechtigung kann folglich auch die Psychologie kein entscheidendes Urteil fällen.

Offenbar ist dies der Grund, warum vor allem die Psychologen jenen Begriff bekämpfen. Die Anerkennung der unbewussten Vorstellung enthält das Eingeständnis, dass die Psychologie den Umfang des Psychischen nicht erschöpft. Davon mögen indess die Psychologen ebensowenig etwas hören, wie die Naturforscher zugestehen mögen, dass die Natur noch etwas mehr sei als bloss diese Aeusserlichkeit von mechanisch durcheinander wirbelnden Stoffelementen. Die Naturwissenschaft zergliedert die äusserlichen Phänomene und findet als ihre letzten Bestandteile die Atome. Ebenso zergliedert die Psychologie die seelischen Gebilde und begreift sie als Produkte und Synthesen aus Elementargefühlen. Ob aber die Elementargefühle und Atome überhaupt ein Letztes sind, und was sie ihrem eigentlichen Wesen nach sind, das bleibt für beide Wissenschaften eine offene Frage.

Die unbewusste Vorstellung ist ein **metaphysischer Begriff**. Ihn ohne Weiteres abweisen kann folglich nur, wer in Atomen und Gefühlen die letzten Prinzipien des Seins schon zu besitzen glaubt. Das ist aber nur der Materialismus und Positivismus. Wer dagegen jene beiden Elementarbestandteile der äusseren und inneren Welt für blosse Erscheinungen eines Seins und demgemäss Naturwissenschaft und Psychologie für blosse empirische Wissenschaften hält, die über das metaphysische Wesen der Realität als solches nichts bestimmen, der darf auch die unbewusste Vorstellung nicht deshalb verwerfen, weil diese natürlich in der psychologischen Erfahrung unmittelbar nicht vorkommt. —

Wenn es nach unserer früheren Auseinandersetzung schon nicht möglich ist, was überhaupt eine Vorstellung ist, mit Worten auszudrücken, wie viel schwieriger muss es sein, einen Begriff von der unbewussten Vorstellung zu geben, wovon wir uns auch nicht, wie von der bewussten Vorstellung, durch den Akt des Vorstellens selbst eine Erkenntnis verschaffen können! Die unbewusste Vorstellung ist ein bestimmt-ideales Gebilde, wie die bewusste Vorstellung, und wir nennen sie „Vorstellung" wegen dieser Bestimmtheit. Wie aber jene an sich ist, und wodurch sie sich von der bewussten Vorstellung unterscheidet, das können wir nur indirekt durch Vergleichung mit der letzteren bestimmen und müssen es dem spekulativen Vermögen jedes Einzelnen überlassen, die verschiedenen Bestimmungen zu einem Gesamtbilde zusammenzufügen. Dass dies nicht jedem möglich ist, ist ohne Zweifel ein Grund mehr, warum man die unbewusste Vorstellung leugnet, und zwar um so entschiedener leugnet, je geringer das eigene spekulative Vermögen ist.

Es ist hier jedenfalls der Punkt, wo das philosophische Denken und die künstlerische Gestaltungskraft sich berühren. Um sich einen Begriff von der unbewussten Vorstellung zu verschaffen, bedarf es nicht weniger einer synthetischen Produktivität, wie dazu, die Idee eines Kunstwerks zu konzipieren. Insofern hatte Schelling ganz Recht, von einem besonderen „Organ" des Philosophierens zu sprechen. Das Wesen der Spekulation beruht eben nur in der Fähigkeit, die zerstreuten Momente in Eins gleichsam zusammenzuschauen. Man muss sich nur hüten, was Schelling nicht gethan hat, den Begriff der unbewussten Vorstellung, wie er in unserem Bewusstsein ist, mit dieser selbst für identisch zu halten, während er doch nur ihr **subjektives Abbild** oder Zeichen ist, dessen indirekte Beschaffenheit sich deutlich genug in seiner grösseren oder geringeren Abstraktheit äussert.

Die bewusste Vorstellung ist, wie gesagt, das Integral aus den Empfindungen und Gefühlen derjenigen Nerven- und Gehirnbestandteile, die bei ihrer Entstehung beteiligt sind. Daraus ergeben sich alle Merkmale, wodurch sich die unbewusste von der bewussten Vorstellung unterscheidet.

In dieser nämlich sind die konstituierenden Faktoren als einzelne ausgelöscht, und das Resultat ist ein einfacher Gesammteindruck, etwa wie in der grünen Farbe des Malers sich Gelb und Blau zu einem einfarbigen Gemisch vereinigt haben. Die unbewusste Vorstellung dagegen hält in der Einheit ihres Zweckes nicht allein die Vielheit und Mannigfaltigkeit der inneren Momente, und zwar in ihrer Eigentümlichkeit fest, sondern sie schliesst ausserdem noch den ganzen Reichtum von logischen und teleologischen Beziehungen in sich, wodurch jene Momente unter einander verbunden und sie selbst eben diese bestimmte Vorstellung ist. Die bewusste Vorstellung also ist trotz ihrer eigenen Bestimmtheit **abstrakt** im Vergleich mit der Vielheit ihrer inneren Momente; die unbewusste Vorstellung dagegen ist die **konkrete Totalität** derselben, worin jedes seine ihm zukommende Stellung bewahrt. Die bewusste Vorstellung ist hervorgegangen aus Faktoren, die den zeitlichen Schwingungen der nervösen Bestandteile im Gehirn entsprechen, sie ist mithin durch und durch **zeitlich bedingt**. Die unbewusste Vorstellung ist als solche ausser aller Zeit und wird erst durch den sie realisierenden Willen in den zeitlichen Prozess hineingerissen. Wenn folglich die inhaltlichen Momente der bewussten Vorstellung nur nach einander von der Reflexion durchlaufen werden können, so schaut das unbewusste Denken die Gesammtheit seiner Momente, wie in einem Augenblick, zusammen: es ist **intuitiv**, wohingegen das bewusste Denken seiner zeitlichen Gebundenheit wegen bloss **diskursiv** ist. Die Reflexion vermag aus der bewussten Vorstellung durch ihr analytisches Verfahren nicht mehr herauszuholen, als was die unbewusste Geistesthätigkeit vorher synthetisch in sie hineingelegt hat. Die unbewusste Vorstellung schliesst die ganze Fülle aller möglichen Bestimmungen und ihrer Verknüpfungen in sich, um diese am Leitfaden der logischen Notwendigkeit bei Gelegenheit ihrer Realisation durch den Willen zu entfalten. Jene gleicht daher nach Schopenhauers Ausspruch einem „toten Behältnis", das immer nur einer bestimmten Anzahl von Momenten Raum giebt; diese dagegen einem „lebendigen, sich entwickelnden, mit Zeugungskraft begabten Organismus", deren Produktivität nur zugleich mit ihrem Willen aufhört. Jene bedarf einer neuen Zufuhr von aussen (durch Empfindungen), um mit neuem Inhalt erfüllt zu werden, und eines neuen Aktes der unbewussten Geistesthätigkeit, um zu neuen Bestimmungen sich fortzuentwickeln. Diese trägt, wie gesagt, ihren ganzen Reichtum in sich, und alles, was sie an neuen Inhalten setzt, sind immer nur ihre eigenen Bestimmungen.

Die unbewusste Vorstellung also ist **universell**, wohingegen die bewusste Vorstellung stets **individuell** ist. Die letztere kann in ihrer Beimischung von subjektivem Gefühlsinhalte ihre Abstammung aus Elementargefühlen nicht verleugnen. Die erstere ist das Prius des Gefühls und ist daher auch durch und durch objektiv. Spiegelt die bewusste Vorstellung in Folge ihrer sinnlichen Vermittelung das Seiende nur als **Erscheinung** wieder, so spiegelt die unbewusste Vorstellung überhaupt nichts wieder, sondern sie **ist das Seiende selbst**, nur freilich nicht das ganze Seiende, sondern nur die eine ideale Seite desselben, deren andere reale Seite der Wille ist. Von der unbewussten Vorstellung kann man daher auch sagen, dass sie die Dinge an sich selbst erkenne. Die bewusste Vorstellung ist **sinnlich**, die unbewusste Vorstellung jedoch ist **übersinnlich**. Jene ist aus der Reaktion des Willens gegen die Gehirnschwingungen entstanden und also reflexiv. Diese geht aller Reaktion voran und bestimmt durch ihren Inhalt den Willen zur Produktion der bewussten Vorstellung, ist sonach produktiv. Jene ist **passiv**, als Produkt, diese ist **aktiv**, als bestimmendes Prinzip des Willens. Fassen wir alle diese Bestimmungen zusammen, so ist mithin die unbewusste Vorstellung die Einheit des Allgemeinen und Besonderen, der Vielheit und der Einzelheit, des Begriffs und der Anschauung, des Ideellen und Realen. Mit anderen Worten: die unbewusste Vorstellung ist **intellektuelle Anschauung**, die aber eben deshalb niemals **unsere** Anschauung sein kann, sie ist dasselbe, was Plato, Schelling und Hegel die „Idee" genannt haben.

Nunmehr wird es deutlich, was wir unter dem Realen zu verstehen haben. Der unbewusste Wille, sagten wir, ist das reale Substrat der psychischen Gebilde, jedoch nur, sofern er ein bestimmter Wille ist. Die Bestimmtheit des unbewussten Willens aber ist die unbewusste Vorstellung. Unbewusster Wille und unbewusste Vorstellung im Verein stellen mithin die Wurzel desjenigen dar, wovon das Bewusstsein und sein Inhalt gleichsam nur die Blüte bildet. Wenn wir bisher jene beiden Faktoren von einander unterschieden haben, so konnte dies nur in der analysierenden Reflexion geschehen. Der Wirklichkeit nach stellen beide eine unauflösliche Einheit dar und sind nur als Momente des konkreten inhaltlich bestimmten Willens, indem sie sich wechselseitig tragen und bedingen, das wurzelhafte Prinzip des bewusst-psychischen Seins. Das Reale ist also nicht etwas Stoffliches, wie der Materialismus meint, denn der Stoff ist bloss eine subjektive Vorstellung in unserem Bewusstsein. Es ist auch nicht, wie Descartes und im Anschluss an ihn Berkeley, Leibniz (und Kant) behauptet haben, das substantiell und produktiv gedachte Bewusstsein selbst, denn dieses ist bloss eine begriffliche Abstraktion ohne alle Aktivität und Substantialität. Das Reale ist ferner auch nicht die absolute Idee Schellings und Hegels, noch der absolute Wille Schopenhauers, noch endlich der individuelle Wille Wundts und Bahnsens, denn diese alle sind, sofern sie als bewusste gedacht sind, bloss ein Ideelles, sofern sie aber als unbewusste vorgestellt werden, doch höchstens nur eine Seite des Realen. Das Reale dagegen ist der durch die unbewusste Vorstellung bestimmte unbewusste Wille oder es ist die Einheit des unbewussten Willens und der unbewussten Vorstellung, in welcher diese nur die beiden Seiten desselben konkreten Ganzen bilden.

Es ist unmöglich, dies Verhältnis des unbewussten Willens zur unbewussten Vorstellung treffender zu charakterisieren, als es Eduard von Hartmann gethan hat. „Die Vorstellung", sagt er, „ist bestimmt, aber ohne eigene Realität und ohne die Fähigkeit, ihre ideelle Bestimmtheit von sich aus zu realisieren; das Wollen ist diese Fähigkeit, einen Inhalt zu realisieren, die aber ohne ideellen Inhalt nicht zur Bethätigung gelangen kann. Die unbewusste Vorstellung ist auch Thätigkeit, insofern sie den jeweiligen Willensinhalt den Umständen gemäss nach logischer Gesetzmässigkeit modifiziert; aber so ist sie bloss eine rein ideale Thätigkeit. Das Wollen ist realisierende Thätigkeit, vorausgesetzt, dass ihm die ideale Thätigkeit vorarbeitet und einen Inhalt zum Realisieren giebt. Erst die Einheit beider Thätigkeiten, der idealen und der realisierenden, ist reale Thätigkeit, aber nur weil und sofern sie ideale und reale in Einem ist[1]." —

Von hier aus fällt nun auch Licht auf die gewöhnliche sogenannte Theorie der menschlichen „Seelenvermögen".

Versteht man unter Vermögen diejenigen wurzelhaften Thätigkeiten

---

[1] v. Hartmann: Preussische Jahrbücher Bd. 66 Hft. 2.

unserer Seele, woraus alle übrigen psychischen Gebilde sich entwickeln, so giebt es nämlich nur zwei Vermögen: den unbewussten Willen und die unbewusste Vorstellung. Beide sind gleich ursprünglich und gleich einfach und lassen sich nicht auf eine dritte Thätigkeit oder aber auf einander zurückführen. Versteht man dagegen unter Vermögen die seelischen Gebilde, soweit sie sich durch ihre charakteristischen Verschiedenheiten dem Bewusstsein aufdrängen, so ist die übliche Dreiteilung in Vorstellungs-, Gefühls- und Willenselemente wohl annehmbar, man muss sich nur gegenwärtig halten, dass erstens diese Dreizahl eben nur für die bewussten Elemente gilt, dass zweitens der Wille in diesem Sinne nur der subjektive Repräsentant des eigentlichen unbewussten Willens ist und daher sich zu den beiden übrigen Elementen wie ein Ideelles zum Realen verhält, und drittens dass die bewusst-psychischen Gebilde überhaupt keine Vermögen und Elemente im realen Sinne, sondern blosse passive Produkte und Erscheinungen sind, die mit fliessenden Grenzen in einander übergehen.

Die ältere populäre Psychologie betrachtete jene verschiedenen Klassen als gleichberechtigt und sah in ihnen gleich ursprüngliche Gebilde. Die neuere Psychologie hat sich gewöhnt, eine Rangordnung unter ihnen anzunehmen und die einen aus den anderen abzuleiten. Auf dem Standpunkte der gewöhnlichen Psychologie, die alles Psychische nur als bewusstes kennt, eignet der Wille sich jedenfalls am wenigsten dazu, an den Anfang der psychischen Entwickelung gestellt und als Wurzel und Kern aller übrigen Gebilde angesehen zu werden. Denn der bewusste Wille ist, wie gesagt, bloss unser Begriff des Willens, gehört also, streng genommen, mit zu den Vorstellungselementen des bewussten Seelenlebens und kann nicht früher als die Vorstellungen und Gefühle sein, woraus er selbst erst abgezogen ist. Es ist daher nur ein Missverstehen ihrer eigenen Ansicht und ein offenbarer Widerspruch gegen ihr Prinzip, wenn voluntaristische Psychologen, wie Wundt und Paulsen, ihre Augen krampfhaft gegen den Begriff der unbewussten Geistesthätigkeit verschliessen und diese höchstens als unterbewusste gelten lassen.

Wohl aber ist auf dem Boden des bewussten Seelenlebens das Gefühl jenes Ur- und Grundelement, das den Baustein unserer Vorstellungen und bewussten Willensakte darstellt. „Im Gefühl dringen wir bis zu der tiefsten Tiefe des psychischen Lebens vor, soweit als überhaupt empirisch vor- und eingedrungen werden kann[1]." Wenn es sich also darum handelt, sich selbst im Centrum zu erfassen, so

---

[1] Th. Ziegler: Das Gefühl (1893) S. 320.

kann dies nur im Gefühle geschehen, denn dieses ist gleichsam das Knochengerüste unseres seelischen Daseins und verleiht allen übrigen Inhalten unseres Bewusstseins erst Wert und Bedeutung. Sahen wir doch, dass alle bewusst-psychischen Gebilde nur Umformungen und Integrationsprodukte aus Gefühlen auf Grund der synthetischen Thätigkeit unserer Seele waren! Darum war es von Seiten Jacobis und Schleiermachers ganz berechtigt, der intellektuellen Anschauung des absoluten Idealismus gegenüber auf die substantielle Beschaffenheit des Gefühls hinzuweisen. Ein Irrtum war es nur, wenn diese Philosophen glaubten, im Gefühl ein reales Sein erfasst zu haben, als die absolute Idee repräsentirt. Denn real im Sinne der Selbständigkeit und Ursächlichkeit ist das Gefühl so wenig, wie die Idee, sofern sie Inhalt unseres Bewusstseins ist. Wie die bewusste Idee das Abbild oder der subjektive Repräsentant der einen Seite am Realen, so ist das Gefühl nur der Ausdruck oder das Zeichen für die andere; es ist ein Anzeichen von Realität, aber nicht selbst etwas Reales. „Gefühl", sagt J. H. Fichte, „drückt überhaupt nur aus die subjektive Wertbestimmung, welche ein Bewusstseinszustand für den Geist besitzt; es entspringt aus der Förderung oder der Hemmung irgend eines im objektiven Wesen unseres Geistes liegenden Triebes und ist nichts Anderes als das unwillkürlich entstehende Bewusstsein dieses Doppelverhältnisses[1]." „Freilich haben wir im Bewusstsein als das Elementarste die Gefühle, aber dies darf nicht dazu verleiten, dieses Verhältnis auch auf die objektive Natur der Gefühle zu übertragen. Objektiv sind sie Wirkungen eines Willens, von dessen Vorhandensein wir überhaupt erst durch die Gefühle mittelbar unterrichtet werden[2]." Gefühl also ist bloss der Zustand eines realen Seins; dasjenige aber, was diesen Zustand hat, ist die Einheit des unbewussten Willens und der unbewussten Vorstellung, die ihrer Natur nach niemals Inhalt des Bewusstseins werden kann.

Hiernach ist es ganz richtig, wie die intellektualistische Psychologie dies thut, den (bewussten) Willen aus der (bewussten resp. unbewussten) Vorstellung abzuleiten (Hegel, Herbart). Allein es ist ebenso richtig, mit der voluntaristischen Psychologie die (bewusste) Vorstellung auf den (unbewussten) Willen zurückzuführen (Schopenhauer, Wundt). Es ist richtig, das Gefühl als Affektion des (unbewussten) Willens anzusehen. Allein der (bewusste) Wille ist nichts destoweniger das Posterius des Gefühls, als dessen Ursache er vorgestellt

---

[1] J. H. Fichte: Psychologie I S. 197.
[2] Göring: a. a. O. S. 103.

wird. Die Gefühlspsychologie hat ganz Recht, die (bewusste) Vorstellung in Elementargefühle aufzulösen. Allein auch die Vorstellungspsychologie hat Recht, die Unterschiede des Gefühles aus Unterschieden der (unbewussten) Vorstellungen herzuleiten. Man versteht so, wie die Psychologen zu so widerspruchsvollen Ansichten gelangen konnten. Alle entgegengesetzten Behauptungen, welche die Psychologie über das Verhältnis der seelischen Elementarbestandteile bisher aufgestellt hat, entspringen nur aus ihrer Unkenntnis und Nichtberücksichtigung des unbewussten Seelenlebens, stellen sich jedoch sofort als einstimmig heraus, sobald man, wie es hier geschehen ist, zwischen den unbewussten und bewussten Faktoren genauer unterscheidet. Grundfalsch ist es nur, Gefühl und bewusste Vorstellung für Erscheinungen des bewussten Willens auszugeben, grundfalsch auch, den Willen und die Vorstellung in abstrakter Isoliertheit für produktive Elemente der seelischen Erscheinungen zu halten.

Damit ist nun das metaphysische Fundament der Psychologie gelegt, metaphysisch aus dem Grunde, weil alle Aktivität (des unbewussten Willens und der unbewussten Vorstellung), wodurch die seelischen Gebilde in uns zustande kommen, als solche vor und jenseits der Erfahrung liegt. Es bleibt jener Wissenschaft selbst vorbehalten, zu untersuchen, wie aus der unbewussten Geistesthätigkeit der ganze Inhalt des bewussten Geistes emporwächst, in welchen Beziehungen die psychischen Gebilde zu einander und rückwärts wieder zu ihrer ernährenden Wurzel stehen, welche Gesetze sie in ihrem Ablauf befolgen, und durch welche Stufen das höhere Gebilde sich aus dem niederen entwickelt u. s. w. Freilich ist es für die Psychologie „nicht ohne Misslichkeit", ihre eigentliche Erklärung und ihre wesentliche Hülfe bei einer Voraussetzung holen zu müssen, die jenseits ihres eigenen Gebietes und noch dazu in einer Sphäre liegt, woran man wegen der in ihr herrschenden Dunkelheit und Unbequemlichkeit am liebsten scheu vorüberschleichen möchte. Es ist zumal für den „empirischen" Psychologen fatal, von seiner Wissenschaft eingestehen zu müssen, dass dieselbe an keinem Punkte bis zum wirklichen Geschehen vordringt, indem sie in den einfachsten Bewusstseinselementen doch höchstens nur das passive Material aufzuzeigen vermag, woraus erst die unbewusste Geistesthätigkeit die psychischen Gebilde herstellt. Sie findet im Gebiete des Bewusstseins überall nur gleichsam die toten Spuren auf, die der Schritt eines unbekannten Wesens darin zurückgelassen, das Schreiten selbst jedoch bleibt ihr gänzlich verborgen, und sie darf sich nicht verleiten lassen, eine unmittelbare Erkenntnis gerade dieses wesentlichen Prozesses zu behaupten. Kein Wunder, wie gesagt, dass die empirischen Psychologen gerade die eifrigsten Gegner des unbewussten Seelenlebens sind!

Trotzdem gereicht es ihrer Wissenschaft nicht zum Vorteil, wenn man, um jene „Misslichkeit" zu heben, wie Höffding, für eine Anzahl allgemeiner Bewusstseinserscheinungen ihre Entstehung aus unbewusster synthetischer Geistesthätigkeit zwar zugiebt, dagegen Bedenken trägt, die nämliche Erklärung auch bei den speziellen psychologischen Problemen heranzuziehen. Ist alle eigentliche Thätigkeit der Seele eine unbewusste, so weist auch schon die einfachste psychische Erscheinung über das Bewusstsein hinaus; die Psychologie aber kann, ebenso wie die Naturwissenschaft, dem Vorwurf des „deus ex machina" nicht dadurch entgehen, dass sie überhaupt die Beziehungen des Empirischen zum Transcendenten leugnet, sondern nur dadurch, dass sie durch die Ueberzeugung von solchen Beziehungen sich nicht abhalten lässt, die empirischen Faktoren einer Erscheinung in möglichster Vollständigkeit zu ergründen[1]. Aber freilich, je grösser die Vollständigkeit aller empirischen Daten wird, desto näher liegt es auch, den psychischen Prozess überhaupt für einen bloss empirischen zu halten — als ob die Annahme einer schreitenden Bewegung dadurch beseitigt würde, dass die Spuren möglichst dicht beisammen liegen!

2. Das ideelle Sein.

Das reale Sein, erkannten wir, ist das unbewusste Sein; die bewussten Vorstellungen und Willensakte sind, als Produkte aus Elementargefühlen, nur der blosse Zustand eines Seins. Jene psychischen Gebilde sind mithin, aber sie sind nicht real. Wir können ihnen die Existenz nicht in jedem Sinne absprechen, aber wir können sie ihnen doch auch nicht in dem Sinne zusprechen, worin wir sie von der unbewussten Geistesthätigkeit behauptet haben. Diese Art nun der psychischen Gebilde, zu sein, bezeichen wir als ideelles oder als Bewusst-Sein und glauben uns nach der vorangegangenen Untersuchung imstande, seine Entstehung und seine Beziehungen zum Realen zu bestimmen.

Das Bewusst-Sein ist eine Wirkung oder Erscheinung des unbewussten Seins. Das letztere aber könnte garnicht erscheinen, wenn es dazu nicht von aussen veranlasst würde. Denn der unbewusste Wille will unmittelbar nur den Inhalt seiner Vorstellung, die aber selbst wieder unbewusst ist. Bekäme also der unbewusste Wille seinen Willen, d. h. ginge das Setzen seines Inhalts ohne Störung vor

---

[1] Höffding: a. a. O. S. 255.

sich, so könnte immer nur ein Unbewusstes aus dem Unbewussten resultieren. Empirisch wird diese Erwägung dadurch bestätigt, dass die Lust, als Befriedigung des Willens, keineswegs unmittelbar ein Bewusstsein hervorruft, sondern erst durch die Reflexion auf die Unlustmomente, durch welche sie hindurchgeht, ein mittelbares Bewusstsein von sich konstituiert. Wohl aber kommt die Nichtbefriedigung des Willens stets zum Bewusstsein, und dies ist auch ganz natürlich, wenn man bedenkt, dass die Unlust vom Willen nicht gewollt sein, nicht von ihm selbst unmittelbar ausgehen kann und dennoch von ihm gesetzt sein muss, weil ohne ihn überhaupt keine Existenz gesetzt wird. Das Bewusstsein beruht sonach auf einer Störung des an sich unbewussten Willens, auf einem Widerstande, den er bei der Realisation seines unbewussten Vorstellungsinhalts findet: vorher ein freier und selbstherrlicher Wille, der nur realisiert, was die unbewusste Vorstellung ihm als Inhalt bietet, unterliegt er jetzt dem Zwange, zu wollen, was er nicht will, einen Inhalt zu setzen, der nicht der seine ist, ein Sein zu produzieren, das kein Unbewusst-Sein ist, und dies nicht reale, aber doch seiende Sein, dies ist das Ideelle oder das Bewusst-Sein.

Dass es sich bei der Entstehung des Bewusstseins um eine Hemmung der ursprünglichen seelischen Thätigkeit und die Reaktion gegen eine Störung von aussen handelt, dies hatte auch J. G. Fichte im Auge, wenn er mit Uebertragung des psychischen Vorgangs in ein vom Raume hergenommenes Bild eine aus sich herausgehende und eine in sich zurückkehrende Handlung annahm und das Bewusstsein als Produkt einer produktiven und reflexiven, einer centrifugalen und centripetalen Thätigkeit konstruierte. Sehr gut hat E. v. Hartmann, ohne das Gebiet des Psychischen zu verlassen, das Bewusstsein „die Stupefaktion des Willens über die von ihm nicht gewollte und doch empfindlich vorhandene Vorstellung" genannt[1].

Worauf es wesentlich ankommt, ist, dass der Wille den ihm aufgedrängten Inhalt nicht will und ihn doch wollen muss, dass er ihn negiert und trotzdem zugleich und in demselben Akt ponieren muss. Dieser Widerspruch zwischen Nein und Ja macht recht eigentlich das Wesen des Ideellen aus und spiegelt sich in seinem Schweben zwischen Sein und Nichtsein wieder. Darum erscheint uns der blosse Bewusstseinsinhalt als ein so Flüchtiges und Vergängliches, so geradezu Unwirkliches und Scheinhaftes gegenüber dem soliden Boden des Realen, dass wir niemals in ihm befriedigt ruhen können und

---

[1] v. Hartmann: Philosophie des Unbewussten, II, S. 33.

doch immer wieder darüber hinaus nach der „wahren Wirklichkeit" verlangen. Das Ideelle ist eben nur der blosse Schatten des Realen, weil es zwar vom Willen, als Prinzip der Realität, gesetzt, aber doch nicht als sein ursprünglicher und angestammter Inhalt gesetzt ist, im Verein womit er das Reale bildet.

Aus dem Widerspruche also wird das ideelle Sein geboren, aus der Not des Willens im Konflikte gegen einander prallender Potenzen, und die Unlust, die, einem Funken gleich, in der Nacht des Unbewussten aufblitzt, ist nur das äussere Zeichen dafür, dass ein Wille mit sich selbst in Widerspruch geraten ist. Wenn vorher und abgesehen vom Konflikt alle inhaltliche Bestimmtheit im Unbewussten durch die Vorstellung bedingt, der Wille aber nur die Thätigkeit des Setzens ist, so wird nun mit der Unlust ein Inhalt gesetzt, der nicht von einem Unterschied in der Vorstellung abhängt, der gleichsam im ursprünglichen Plan des Willens nicht vorgesehen war und daher wie ein ungehöriger „Eindringling in den Frieden des Unbewussten", wie eine Negation der Oekonomie im Reiche des Realen dasteht. Die Unlust erscheint nun selbst als Widerspruch: als Affektion des Willens, gehört sie der formalen Willensseite im Realen an und trotzdem ist sie ein inhaltliches Moment, obwohl sonst aller Inhalt durch die Vorstellung bestimmt wird. Die Unlust ist unlogisch und sollte logisch sein. Dies ist der Grund, warum, wie oben auseinandergesetzt wurde, das Logische die Affektionen des Willens mit seinem eigenen idealen Inhalt durchtränkt, aus den Gefühlen Empfindungen, aus den Empfindungen Anschauungen, aus den Anschauungen die objektiven Wahrnehmungen und Vorstellungen u. s. w. synthetisch aufbaut. Diese aufbauende Thätigkeit ist nur die Folge der logischen Seite am Realen. Unsere Seele ist logisch genötigt, den ganzen Reichtum der psychischen Gebilde zu entwickeln, weil sie nicht im Widerspruch beharren kann, in den sie durch die Affektion des Willens geraten ist, weil dies unlogische Moment am Willen sie veranlasst, ihre eigene logische Thätigkeit auf dasselbe anzuwenden. Die Objektivität unserer seelischen Gebilde ist somit der Protest des Logischen gegen das Unlogische der Unlust: das Logische pumpt gleichsam den subjektiven Gefühlsinhalt aus den Affektionen des Willen heraus und überwindet so fortschreitend den Widerspruch, indem es durch Verknüpfung ihrer einzelnen Momente die unlogische Gefühlswelt immer mehr zu einer Welt des logischen Denkens emporläutert, die innerhalb der Sphäre des Bewusstseins das abbildliche Gegenstück des unbewussten Denkens bildet.

Man begreift so, dass es unmöglich sein muss, den Inhalt des ideellen Seins ganz und restlos in logische Momente aufzulösen. Die sinnlichen Qualitäten z. B. sind logisch umgewandelte Affektionen des Willens und lassen sich nicht, wie der absolute Idealismus will, als blosse Modifikationen des Logischen verstehen. Das Wesen dieser bestimmten Farbe oder dieses Tones kann nicht auf eine rein logische Formel gebracht werden; es entzieht sich der Bestimmung des Begriffs und ist nur durch die sinnliche Anschauung als solche zu erkennen. Aber die ursprünglich unlogische Natur dieser Empfindungen tritt hier so weit hinter der Arbeit zurück, die das Logische an ihr vorgenommen hat, dass wir garnicht mehr auf ihre Entstehung aus Gefühlen reflektieren. Nur bei den untersten Klassen der Empfindungen, den Geschmacks-, Geruchs- und zum Teil auch bei den Tastempfindungen überwiegt vielfach der subjektive gefühlsmässige Charakter die objektive Bestimmtheit derselben und spiegelt sich somit der unlogische Grund jener Empfindungen im Bewusstsein wieder.

Man begreift aber so auch, wie das Logische durch Umwandlung und Erhebung jener Affektionen in das Gebiet der Vorstellung zur Freiheit vom Willen gelangen kann. Die unbewusste Vorstellung ist nur, wie gesagt, sofern sie mit dem unbewussten Willen verbunden ist: nur getragen, beseelt und bewegt von diesem, kann sie ihren Inhalt aus sich selbst entfalten. Die bewusste Vorstellung dagegen, die sich durch Vermittelung des unbewusst Logischen auf dem Boden der Willensaffektionen erhebt, gelangt eben dadurch zu einer relativen Selbständigkeit gegenüber dem Willen: sie besteht, auch ohne dass sie gerade Inhalt eines Willens ist, weil sie diesen gleichsam unter sich gelassen hat, weil zwischen ihr und dem unbewussten Willen die passiven Affektionen in der Mitte liegen, und dies ist es, was E. v. Hartmann treffend „die Emancipation der Vorstellung vom Willen, die Losreissung derselben von ihrem Mutterboden, dem Willen zu ihrer Verwirklichung", genannt hat[1].

Indessen ist doch jene Selbständigkeit eben nur eine relative, und das ideelle Sein bleibt ein abhängiges Sein, das ohne das reale nicht bestehen könnte. Denn der ganze Inhalt des Ideellen baut sich aus Elementargefühlen auf; die Gefühle aber bleiben dem Willen verhaftet, dessen blosse Affektionen sie sind, und bilden somit das unzerreissbare Band, das beide Seinsarten, das Ideelle und das Reale, an einander kettet.

Wie im Bereiche des Realen der unlogische Wille so zu sagen die feste Unterlage bildet, woran das Logische seine Arbeit des Idealisierens, d. h. des Erfüllens mit logischem Inhalt, vornimmt, so dienen

---

[1] v. Hartmann: a. a. O., vgl. auch die Anmerkung daselbst.

ihm hierzu im Ideellen jene Affektionen, die von ihm in ein Logisches verwandelt werden. Darum ist das reale ein aktives Sein, das ideelle dagegen ein bloss **passives** Sein, von jenem in dieser Hinsicht so verschieden, wie die passiven Affektionen des Willens verschieden von ihrem aktiven Träger sind. Im Ideellen, wie im Realen also ist der Grund ein dunkler (unlogischer), den das Logische bestrebt ist, in seinen Teilen zu durchleuchten, nur dass im Realen das Unlogische ein Selbständiges und gleichsam Substantielles, im Ideellen dagegen ein bloss Zuständliches ist. Dass mithin das Ideelle ein **Sein** ist, liegt, wie überall, an der Unterlage des unlogischen Willens, der hier sich nur mittelbar in der Gestalt des Gefühles äussert. Dass es **kein reales** Sein ist, liegt an der unselbständigen und passiven Form des Willens. Dass es aber ein **ideelles** Sein ist, dies ist in dem Uebergewichte des Logischen, der Idee oder des Idealen über jene Form begründet, und dieses wieder wird dadurch hervorgerufen, dass nur der Wille durch den Konflikt in den passiven Zustand versetzt wird, während die unbewusste Idee nach dem Konflikt ihre logische Aktivität zugleich auch auf die passiven Affektionen richtet und damit zur Herrschaft über den Willen emporsteigt.

Offenbart sich im scheinhaften Charakter des ideellen Seins der Widerspruch des Willens, woraus dies Sein hervorgeht, so spiegelt sich im Gefühle der Umstand wieder, dass die Aktion des Willens hierbei eine Reaktion, ein Zurückweichen des Willens von seinem ursprünglichen Ziele ist. Nur weil der ganze Inhalt des Ideellen sich aus Gefühlen aufbaut, in wie abgeblasster und verdünnter Gestalt sie auch (z. B. in den Vorstellungen) erscheinen mögen, nur darin liegt jenes nach innen Gekehrtsein, jener reflexive Charakter des Bewusstseins begründet, der auch dem abstraktesten Gedanken zukommt.

Dasjenige, worauf sich das Gefühl rückwärts bezieht, ist der Wille, das thätige Subjekt, das allen Inhalt trägt. Darum ist das Gefühl der ideelle Ausdruck für das Subjektsein, der Wille aber ist der Grund der Subjektivität im Ideellen. Indem nun die bestimmende Vorstellung des Willens ihre logische Aktivität auf die passiven Affektionen richtet und diese ihres unlogischen Charakters entkleidet, so hebt sie zugleich auch die Subjektivität derselben, ihre Rückbeziehung auf den Willen auf und ist das Prinzip der Objektivität im Ideellen.

Im Realen also ist die (unbewusste) Vorstellung rein gegenständlich und ruht sie gleichsam in sich selbst, ohne ihre Abhängigkeit vom tragenden Willen hervorzukehren. Hier sind Subjekt und Objekt völlig Eins, oder vielmehr dieser Gegensatz ist noch garnicht vorhanden, weil Vorstellung und Wille hier noch in absoluter Einheit sind. Erst im Ideellen treten sie als Verschiedene auseinander, weil Vorstellung und Wille sich hier als Gegensätze trennen, ohne dass doch Subjekt und Objekt etwas Anderes als bloss verschiedene Pole eines und desselben Ideellen wären. Das ursprüngliche Gefühl ist der Indifferenzpunkt, worin jener Gegensatz noch unvermittelt schlummert. Als Gefühl weist es auf den Willen hin und ist subjektiv. Als bestimmtes Gefühl trägt es zugleich den Keim des Objektiven in sich, weil alle Bestimmtheit des Gefühls in der objektiven unbewussten Vorstellung begründet ist. Damit dieser Keim ans Licht tritt und die Blüte sich entfaltet, dazu bedarf es der synthetischen Verknüpfung verschiedener Elementargefühle unter einander. Und zwar wird die Blüte um so vollkommener sein und der Gegensatz von Subjekt und Objekt um so schärfer hervortreten, je mehr solcher Elementargefühle in die Synthesis hineingezogen werden, je verwickelter sich folglich die Arbeit des Logischen gestaltet, je mehr Gelegenheit ihm gegeben ist, seine eigene Natur den unlogischen Affektionen gegenüber zur Geltung zu bringen. Dies ist der Grund, warum von einem Subjekt im eigentlichen Sinne, d. h. in klarer Gegenüberstellung gegen das Objekt, erst auf den höchsten Stufen der Individuation, und auch hier nur im Zustande der Reife gesprochen werden kann, weil nämlich erst die komplizierte materielle Konstitution der höchst organisierten Lebewesen im Reifezustande das geeignete Substrat für das Logische darstellt, um seine verwickeltsten Synthesen daran vorzunehmen.

Nach dem, was wir früher über die Entstehung der Empfindungen und Gefühle, als der primitiven Bewusstseinsinhalte, ausgemacht haben, versteht es sich ja nämlich, dass die materielle Konstitution beim Zustandekommen des Bewusstseins nicht bedeutungslos sein kann.

Die Empfindung, sagten wir, entsteht aus der Reaktion, womit die Seele den äusseren Reiz beantwortet. Wenn nun alle Thätigkeit der Seele Willensthätigkeit, die Wirkung des Reizes aber die Schwingung ist, worin er die Teile des Gehirns versetzt, so muss mit jedem Unterschiede in der Schwingung auch ein Unterschied in der reagierenden Willensthätigkeit gesetzt sein. Dieser Unterschied ist jedoch nicht ein freiwillig gewollter, sondern er wird dem Willen von aussen aufgedrängt, und darum ist die materielle Schwingung die Ursache der Nichtbefriedigung des Willens, die Ursache somit auch für die Entstehung des Bewusstseins. So giebt es kein Bewusstsein ohne Materie. Aber die Materie ist nicht, wie der Materialismus annimmt, die produktive Substanz des Bewusstseins, da dies vielmehr die Einheit des unbewussten Willens und der unbewussten Vorstellung ist, sondern sie ist nur **die notwendige Bedingung** desselben, woran sich das Licht des Bewusstseins **entzündet** und wovon es in allen Phasen seiner Existenz **begleitet ist**. Die Einheit des unbewussten Willens und der unbewussten Vorstellung ist das **Prius des Bewusstseins** und würde sein, auch wenn es gar keine Materie gäbe. Um aber **bewusster Wille und bewusste Vorstellung zu sein**, dazu bedarf sie des Konflikts mit der Materie.

Dass die Wirkung des Willens Gegenwirkung gegen die materielle Schwingung ist, darauf beruht, wie gesagt, die reine **Form** des Bewusstseins als solche. Die Gegenwirkung von Seiten des Willens ist der Stärke des Reizes und demnach auch der materiellen Schwingung proportional, und dieser entspricht der Grad oder die sogenannte **Helligkeit** des Bewusstseins. Was aber den **Inhalt** des Bewusstseins angeht, so wird er durch die Art der Schwingung bedingt, von der es abhängt, wie der Wille auf die Störung von aussen reagiert; er kann aber doch nur darum verschieden reagieren, weil er selbst ein verschiedenartig bestimmter Wille ist.

Demnach haben wir uns den jeweiligen Bewusstseinsinhalt vorzustellen als das **Resultat eines Kompromisses** zwischen der ursprünglich gewollten und der aufgedrungenen Aktion des Willens oder zwischen seinem eigenen (unbewussten) Vorstellungsinhalt und dem Inhalt, den er, nur von aussen gezwungen, setzen muss. Bei den niederen Lebewesen muss dieser Inhalt ärmer sein, weil, entsprechend ihrer einfacheren materiellen Konstitution, auch die Form der Schwingungen in ihnen nur einfach sein und folglich auch der Wille, der den materiellen Bestandteilen ihrer Konstitution entspricht, seinem Inhalte nach nur ein relativ abstrakter sein kann. Die Moneren, ebenso wie die Moleküle und Zellen im Gehirn, dürften an und für sich kaum etwas Anderes als dunkle, ganz unbestimmte Unlustgefühle haben. Denn die logische Bestimmtheit ihres Willens hat noch zu wenig Gelegenheit, ihren eigenen potentiellen Reichtum den unlogischen Affektionen des Willens gegenüber zu entfalten. Kompliziert sich dagegen mit fortschreitender Entwickelung die materielle Konstitution der Lebewesen, baut sich durch Einordnung der Elementarorganismen in höhere organische Formen ein abgestuftes Reich von Individuen auf, und wächst, entsprechend dieser Mannigfaltigkeit von materiellen Elementen, die Vielheit und Eigenartigkeit ihrer möglichen Schwingungsformen, so nimmt zugleich die Konkretheit der korrespondierenden Willensinhalte zu und gestaltet sich auch der Bewusstseinsinhalt der Lebewesen immer reicher, auf je höherer Stufe der Individualität sie stehen. —

Die gemeinsame materielle Unterlage aller Schwingungen, worin sie am Ende zusammenlaufen, ist das Gehirn. Die Nerven mit ihrer „spezifischen Energie", d. h. ihrer verschiedenartigen Empfänglichkeit für bestimmte Schwingungsformen, haben nur den Zweck, diese Schwingungsformen auseinanderzuhalten und sie abgesondert ins Gehirn zu leiten, um damit die Bestimmtheit und Unterschiedenheit des resultierenden Bewusstseinsinhalts zu ermöglichen. Indem nun verschiedene „Provinzen" des Gehirns verschiedenen Teilen des Körpers entsprechen, deren Nerven in jenen endigen, so ist das Gehirn ein verkleinertes Abbild des ganzen Körpers, worin, auf engen Raum zusammengedrängt, sich alle diejenigen Prozesse wiederfinden, die ursprünglich in den auseinanderliegenden Körperteilen vor sich gehen. Man wird annehmen dürfen, dass auch schon in den untergeordneten Teilen des Gehirns, im Kleinhirn, den Sehhügeln, sowie im Rückenmarke u. s. w., selbständige Bewusstseinscentra entstehen können. Dafür sprechen nicht bloss die relativ selbständige Struktur dieser Gebilde und ihre biologische Entwickelung, sondern auch experimentelle Thatsachen, wie die Erscheinungen des sogenannten „Unterbewusstseins", von denen wir später noch zu reden haben werden. Aber nur im Grosshirn, genauer, in der grauen Rindenschicht der Grosshirnhemisphären, als dem Aufnahmeorte für die Resultante aller möglichen Schwingungen im Körper, kommt dasjenige zustande, was wir das Gesamtbewusstsein eines Individuums oder das spezifische Individualbewusstsein nennen. Nur in ihm tritt jene vollständige Unterscheidung des Subjektiven vom Objektiven und Beherrschung des Willens durch die logische Idee zu Tage, die dem Individuum erst den Stempel der „Vernünftigkeit" aufdrückt und den Schein hervorruft, als ob das Bewusstsein des Individuums, von allem Zusammenhange mit seinem unbewussten Mutterboden losgerissen, selbständig im reinen Aether des Idealen schwebte.

Das Grosshirnbewusstsein erfährt im allgemeinen nichts von dem, was in den niederen Teilen des Gehirns vorgeht. Nur dunkel reflektieren sich besonders stark betonte Empfindungen jener niederen Bewusstseinscentra im sogenannten Gemeingefühl des höchsten Individualbewusstseins. Der Grund liegt an der Güte der Leitung, d. h. an der Art und Beschaffenheit der Widerstände, die eine materielle Schwingung zu überwinden hat, um sich durch die Nerven und die niederen Teile des Gehirns hindurch bis zur obersten Rindenschicht fortzupflanzen, wie ja auch die Kreise, die ein ins Wasser geworfener

Stein um sich zieht, nicht gerade bis zum Rand des Wassers zu gelangen brauchen. Mit der komplizierteren Zusammensetzung des Individuums wachsen jene Widerstände, müssen folglich am stärksten im Grosshirn sein, dessen reflexhemmende Thätigkeit den Ansturm der niederen Gehirnreize abhält und damit dem höchsten Centrum eine Menge von Erschütterungen erspart, worin es sonst beständig versetzt werden würde. Das ist aber bloss der physiologische Ausdruck für die psychologische Thatsache, dass mit der komplizierteren materiellen Beschaffenheit eines Individuums auch die Logicität seines Bewusstseinsinhalts zunimmt. Denn was das Grosshirnbewusstsein von den niederen Centren empfängt, sind nicht sowohl die rein subjektiven Gefühlsintensitäten derselben, als vielmehr ein synthetisch verarbeitetes Empfindungsmaterial, wobei die Unlogicität seiner Elementarbestandteile hinter der Arbeit des Logischen bereits soweit zurückgetreten ist, um als solche nicht mehr ins Bewusstsein zu fallen. Darum ist das Grosshirnbewusstsein zwar die Resultante der ihm zu Grunde liegenden Bewusstseine in den niederen Centren des Gehirns, jedoch nicht als ihre blosse Summe, sondern als **das Produkt einer synthetischen Zusammenfassung aller einzelnen Bewusstseine**, dessen besonderer Inhalt zugleich nach teleologischen Gesichtspunkten gestaltet ist.

Nun ist, wie wir aus dem ersten Kapitel wissen, das Ich nichts Anderes als die Form des Bewusstseins. Die Erklärung und Ableitung dieser Form aus ihren Elementen erklärt somit zugleich auch die Entstehung des Ich. Wenn wir früher behaupteten, in allen unseren Vorstellungen sei das Ich unmittelbar enthalten und es sei unmöglich, vom Bewusstsein anders als von einer Abstraktion zu sprechen, so erkennen wir jetzt den Grund dieser Thatsache darin, dass die Form des Bewusstseins mit dem Inhalt immer nur zugleich gesetzt wird. Wir sagten, das Ich vermöge sich selbst nicht zu erkennen. „Dies ist eine notwendige Folge davon, dass diese Vorstellung sich auf eine stets (d. h. solange das Bewusstsein dauert) fortgesetzte und wiederholte Thätigkeit gründet: auf die zusammenfassende Thätigkeit, welche jedes Bewusstsein voraussetzt[1]." Wir konstatierten, es gäbe nicht bloss keine unbewusste, sondern überhaupt keine Thätigkeit des Ich. Wohl aber giebt es eine (unbewusste) Thätigkeit, wodurch das Ich gesetzt wird, und die auch zugleich allen seinen Inhalt setzt. Wir folgerten, es sei aussichtslos, das reale Sein des Ich unmittelbar in unser Bewusstsein heben zu wollen. Das ist

---

[1] Höffding: a. a. O. S. 171.

nur natürlich, weil das reale Sein als solches das unbewusste Sein ist. Auch Höffding räumt ein, „dass wir uns nie unsrer selbst völlig bewusst werden können. Denn eben der Zustand, in welchem wir unser Ich denken, ist durch die Synthese bedingt; das Selbstbewusstsein sowohl als jede andere Art von Bewusstsein ist nur durch diese möglich. Die Synthese aber, die innere Einheit in uns, verbirgt sich uns stets, wie tief wir auch in unser Bewusstsein einzudringen suchen; sie ist die beständige Voraussetzung[1]." Allein sie ist dies nicht als eine bloss relativ unbewusste, die abgesehen von unserem Grosshirnbewusstsein und an sich eine bewusste ist, sondern sie ist in jeder Beziehung unbewusst und streng von dem relativ Unbewussten oder Unterbewussten zu unterscheiden.

So hat Volkmann Recht, „dass nicht das Bewusstsein dem Ich, sondern das Ich dem Bewusstsein angehört und zukommt[2]." Wir erkennen nicht erst uns selbst und auf Grund dieser Selbsterkenntnis andere Gegenstände, wie dies nach den Systemen des Cogito ergo sum der Fall sein müsste, sondern wir vermögen uns selbst nur zu erkennen, nachdem wir bereits eine Erkenntnis anderer Gegenstände gewonnen haben, weil schon Bewusstsein da sein muss, bevor wir uns der abstrakten Form des Bewusstseins bewusst sein können. Alles Bewusstsein ist als solches unmittelbar ein Bewusstsein von Objekten und wird erst dadurch Selbstbewusstsein, dass die Vorstellung des Subjekts, d. h. des thätigen Substrates unseres Bewusstseinsinhaltes, ihm Objekt wird[3].

Damit sind wir nun in den Stand gesetzt, jenen Widerspruch im Ich zu lösen, worauf, wie wir früher gesehen haben, die eigentliche Schwierigkeit des Ichproblems beruht. Das Ich ist die Identität des Subjekts und des Objekts; aber das Subjekt bedeutet hier nicht das reale Subjekt, welches das Objekt denkt, sondern bloss den ideellen Repräsentanten desselben. Jene Identität hat folglich nicht mehr Schwierigkeit als die Identität des Objekts, d. h. des Gegenstandes in der Vorstellung, und des Gegenstandes in der Wirklichkeit, d. h. sie ist nur scheinbar eine Identität von Gegenständen, die eine verschiedene Seinsart besitzen. Wie es bloss eine Illusion des naiven Realismus ist, dass wir die äusseren Gegenstände an sich selbst erkennen, während wir doch in Wahrheit nur unsere Vorstellungen von ihnen erkennen, so ist es auch eine ebenso naiv realistische Illusion, dass wir den Gegenstand der inneren Erkenntnis als realen im Bewusstsein hätten.

---

[1] Höffding: a. a. O. S. 171.
[2] Volkmann: Psychologie, II, S. 176.
[3] v. Hartmann: Phil. d. Unbew., II, S. 30.

Subjekt und Objekt im Ichbewusstsein sind beide bloss gedacht, bloss Gegenstände ideeller Art; das Subjekt dagegen, das beide denkt, das reale Subjekt, ist ein unbewusst denkendes Subjekt und folglich nur sein Substrat, aber nicht selbst das Ichbewusstsein.

Die viel erörterte Einheit des Ich beruht sonach, wie bereits Kant dies wusste, auf dem einheitlichen Akte des Zusammenfassens verschiedener Bewusstseinselemente; dieser Akt ist aber ein einheitlicher nur, weil er der Akt des stets mit sich einheitlichen Willens ist. Darum haben auch Wundt und Höffding Recht, die Existenz des Bewusstseins auf eine Thätigkeit des Willens zurückzuführen. „Soviel als ich in jedem Augenblick zu übersehen, zu beherrschen und geistig zu umspannen vermag, ist wirklich mein und konstituiert in diesem Moment mich und mein Ich; jene einheitliche Form ist kein fertiges Gefäss von unendlichem oder beliebig grossem Umfang für eine Mannigfaltigkeit des Inhalts, sondern ist der Akt des einheitlichen Zusammenfassens, der sich, als diskursiver, nicht gleichzeitig an beliebig vielen vollziehen lässt[1]." Das Bewusstsein gleicht dem Regenbogen über dem Wasser eines Springbrunnens, nicht diesem selbst: es ist ein Zustand, aber „nicht ein ruhender Zustand, sondern ein Prozess, ein stetiges Bewusstwerden[2]."

Hier bestätigt sich nun zugleich das Resultat unserer früheren Untersuchung, dass auch die Selbstwahrnehmung uns nur Erscheinungen darbietet. Wären die psychischen Objekte Dinge an sich, ginge folglich ihre Existenz in ihrer Erscheinung auf, so wäre die Einheit des Ich nicht zu erklären, weil die innere Wahrnehmung uns überall keine Einheit, sondern nur ein beständiges Kommen und Gehen von Gefühlen, Empfindungen und Vorstellungen zeigt, die nur zum allergeringsten Teile in näherem Zusammenhange mit einander stehen. Das Problem des Ich ist denn auch die Achillesferse des Positivismus, woran die Unhaltbarkeit dieses Standpunktes klar wird.

So versuchte Hume den ganzen Inhalt unseres Bewusstseins aus der Assoziation von Empfindungen abzuleiten. Nun ist aber das Ich nicht eine Empfindung neben anderen, sondern es ist ein Bewusstseinsinhalt, worauf alle unsere Empfindungen bezogen werden. Folglich müsste diejenige Empfindung, welche den Begriff des Ich erzeugt, im Verlaufe unseres Lebens eine und dieselbe bleiben. Eine solche stetige und unveränderliche Empfindung aber giebt es nicht. Hume sieht sich daher genötigt, die Seele für die blosse Summe oder für ein „Bündel" von Empfindungen zu erklären, ohne jedoch selbst mit

---

[1] Ziegler: a. a. O. S. 58.
[2] v. Hartmann: a. a. O., II, S. 29.

dieser Erklärung zufrieden sein zu können. Denn wenn die psychischen Gebilde Realitäten sind, so sind sie folglich selbständige, gleichsam substantielle Existenzen. Wie aber unter solchen eine Einheit möglich ist, und durch welches Band sie zusammengehalten werden, sodass sie in der That ein „Bündel" bilden, darauf muss der Positivist die Antwort schuldig bleiben. Es ist dem Positivismus hoch anzurechnen, dass wenigstens seine bedeutendsten Vertreter, ein Hume und John Stuart Mill, jene Unmöglichkeit selbst zugegeben, mit diesem Eingeständnis aber auch zugleich ihr eigenes Prinzip verurteilt haben.

Ebenso wenig, wie der Positivismus, vermag auch der herbartsche Pluralismus das Ich zu erklären. Das Problem des Ich gehört zu den frühesten, worüber Herbart nachgedacht hat, und das in gewisser Hinsicht bestimmend für seine ganze Metaphysik geworden ist. In einer Zeit, wo die Auffassung des Ich als intellektueller Anschauung beinahe als selbstverständlich galt und zur Grundlage der gewagtesten Spekulationen dienen musste, hat Herbart allein unter den hervorragenden Philosophen nach Kant den empirischen Ursprung des Ich behauptet und seine Ableitung aus psychologischen Faktoren unternommen; das soll ihm unvergessen bleiben. Es ist in der That ein für jene Zeit unerhörter Ausspruch, wenn Herbart betont: „Die innere Erfahrung hat nicht das allergeringste Vorrecht, wodurch sie mehr gelten könnte als die äussere, was auch die Schwärmerei für innere Anschauungen von besonderer Wahrheit und Würde ersonnen hat und noch ersinnen mag, die man denen, welche einmal daran glauben wollen, nicht entreissen kann[1]." Wenn der Herbartianismus sich irgend ein Verdienst um die Psychologie erworben hat, so ist es dies, auf die blosse Phänomenalität der inneren Objekte immer wieder hingewiesen und damit eine Reihe von Problemen aufgedeckt zu haben, die für die Systeme der intellektuellen Anschauung nicht bestanden. Nur hindert ihn leider die notorische Unfruchtbarkeit seiner eigenen Prinzipien daran, eine richtige Erklärung des Ich zu geben.

Für Herbart gehört bekanntlich das Ich zu jenen widerspruchsvollen Begriffen, deren Widersprüche aufzulösen, seine Metaphysik sich zur wesentlichen Aufgabe gestellt hat. Es ist noch der geringste seiner Widersprüche, dass unser Ich, als Träger und Urquell einer Mannigfaltigkeit von Vorstellungen, zu gleicher Zeit Vieles und Eins sein soll. Nach Fichte, gegen den sich Herbarts Ausführungen vor allem richten, soll es ausserdem die Identität des Subjekts

---

[1] Herbart: Lehrbuch zur Psychologie (3. Aufl.), S. 11.

und des Objekts, des Vorstellens und des Vorgestellten sein. Das Ich also stellt sich vor; wer ist dies „sich"? Die Antwort ist: es selbst, also das sich Vorstellende. Auf diese Weise aber kommen wir nie zum Ende, indem überall für das Sich das Ich und für dieses wiederum das Sich eingesetzt werden muss. Der Begriff des Ich, wie Fichte ihn aufstellt, ist mithin garnicht zu vollziehen. Daraus folgt, dass es nicht ein Reales sein und unmittelbar von uns erfasst werden kann, sondern dass wir auf einem ganz anderen Wege als durch intellektuelle Anschauung zu seinem Begriffe gelangt sein müssen[1].

Herbart sucht nun jene Widersprüche vermittelst des ihm eigentümlichen Seelenbegriffes aufzulösen. Nach ihm ist die Seele ein schlechthin einfaches, vorstellungs- und bewusstloses Wesen, ohne Vielheit qualitativer Bestimmungen, ohne Beziehung zu Raum und Zeit, ohne eigene Kräfte, Vermögen und Strebungen. Nur im Zusammen mit andern realen Wesen, die ihren Leib und weiterhin die Aussendinge bilden, entsteht infolge der wechselseitigen Störungen und Selbsterhaltungen der Realen ein metaphysisches Analogon des Geschehens und dieses macht den ganzen Inhalt des seelischen Lebens aus. Jene Selbsterhaltungen sind Vorstellungen. Die Vorstellungen sind mithin nicht Erzeugnisse der Seele von innen heraus, sondern lediglich ein Geschehen in ihr oder vielmehr ein Zustand an ihr, worin sie bloss zufällig und gleichsam äusserlich versetzt wird.

Indem nun gewisse Vorstellungen zu einheitlichen Gruppen oder Vorstellungsmassen verschmelzen, entsteht durch diese „Zusammenfassung in Ein Vorstellen" jener erste gemeinsame Mittelpunkt, der die Unterlage für das vorstellende Subjekt bildet. Das Objekt hingegen entsteht, indem die älteren, verdichteten und festgewurzelten Vorstellungsmassen, als handelnde Subjekte, immer neue Vorstellungen an ziehen, sich einordnen und mit sich verschmelzen, was Herbart als „Apperception" bezeichnet, und durch dieses „Auffangen der eigenen Vorstellungen und Vorstellungsreihen in einer höheren damit verschmolzenen Vorstellung", d. h. durch Denken, den Unterschied des Denkenden und des Gedachten setzen.

Hiernach nimmt das Ich an Stärke zu, je mehr Vorstellungen sich um den gemeinsamen Mittelpunkt herumgruppieren. Das Ich ist auch nicht ein Einmaliges und Substantielles, sondern es ist das Resultat der Komplexion von Vorstellungen, worin stets das Selbe mitgedacht wird, kein fester Punkt, sondern eine beständig wechselnde Stelle bald in dieser, bald in jener appercipierenden Vorstellungs-

---

[1] Herbart: Psychologie als Wissenschaft, I, §§ 24—27.

gruppe, denn es ist durchaus nichts Anderes als die Durchkreuzungsstelle unzähliger Vorstellungsreihen und überall vorhanden, wo eine ältere Vorstellungsmasse eine neue Vorstellung „appercipiert". Sieht man daher von den bestimmten Vorstellungsmassen und ihren Verschiedenheiten ab und behält man die Ichvorstellung rein für sich zurück, so entsteht der Schein, als sei das Ich eine Vorstellung, „die an sich selbst das Sein enthalte und alle Glieder jener Komplexion entbehren könne", das Ich sei mithin selbst die Seele und diese also die Einheit des Subjektiven und des Objektiven. In Wahrheit jedoch ist das Ich nicht die Quelle, nicht das handelnde Subjekt jener Akte der Apperception, das vor ihnen und ohne sie bestände, sondern das sogenannte „reine Ich" ist nur ein letztes Abstraktionsergebnis, dem jene Akte selbst zu Grunde liegen[1].

Der wesentliche Zweck dieser Konstruktion des Seelenlebens ist, das psychische Geschehen als ein mechanisches darzustellen, um es demgemäss auch mathematisch beschreiben zu können. Dabei ist leider nur gänzlich die Aktivität und Spontaneität der Seele übersehen, wie sie sich in der Bewegung und Beherrschung unserer Vorstellungen nach bestimmten Zwecken, in der willkürlichen Hervorrufung eines Gedankens, überhaupt in allen denjenigen Fällen äussert, die in das Gebiet der sogenannten „Freiheit" des Geistes gehören. Zwar besitzt Herbart im Unterschiede von Hume an seinen seelischen Realen scheinbar ein Einheitsband, wodurch die verschiedenen Vorstellungen zusammengehalten werden; allein es besteht doch kein Zusammenhang zwischen den Vorstellungen und dem Realen, kein Verhältnis des Uebergreifens und Herrschens der einen über die anderen: die Vorstellungen werden nicht von der Seele hervorgerufen, sondern sie blitzen nur, wie Lichter, vor dem dunklen Hintergrunde der Realen auf und bewegen sich vor ihnen auf und ab, ohne dass man begreift, wie das schlechthin einfache, vorstellungs- und bewusstlose Seelenwesen sich diese Lichter anzünden konnte. Herbart nennt die Vorstellungen einfach Selbsterhaltungen der Seele; aber er zeigt nicht, wie kraft- und qualitätslose Realen sich selbst gegen Störungen erhalten, ja, wie sie überhaupt die Störungen auch nur als solche empfinden können. Er besitzt aber auch in Wahrheit gar kein reales Substrat, dem das Ich, als subjektiver Repräsentant desselben, zugerechnet werden könnte, das Ich also schwebt bei ihm haltlos in der Luft, denn das einzige Subjekt, als dessen Repräsentant es betrachtet werden könnte, hat, als einfache und unveränderliche Seelensubstanz,

---

[1] Herbart: Psychologie, II, §§ 132—138.

gar keine Beziehung zu der Vielheit und dem Wechsel seiner Vorstellungen.

Von allen Gegnern der herbartschen Philosophie hat J. H. Fichte, der Sohn des grossen Johann Gottlieb Fichte, ihren Seelenbegriff wohl am energischsten und erfolgreichsten bekämpft. Jener hat aber ausserdem auch noch das Verdienst, mit einer Klarheit und Entschiedenheit, wie wenige, für den Begriff des unbewussten Geisteslebens eingetreten zu sein und ihn als das Fundament der ganzen künftigen Entwickelung der Philosophie erkannt zu haben. Wie keiner vor Johann Gottlieb Fichte ein helleres Bewusstsein von der spekulativen Bedeutung des Ich gehabt und tiefere Blicke in sein Wesen gethan hat, so hat daher auch keiner vor dessen Sohn Immanuel Hermann Fichte die wahre Natur des Ich und des Bewusstseins und ihre Stellung innerhalb des Psychologischen besser eingesehen. Ist jener der kühnste Vertreter der falschen Ansicht, wonach das Ich intellektuelle Anschauung sein soll, und hat er durch sein Vorgehen diese Ansicht zu ihrem höchsten Gipfelpunkt geführt, worauf sie sich schliesslich selbst aufheben musste, so hat dagegen dieser, als Anbahner und Verkündiger des Unbewussten, das wertvollste Erbe der abgestorbenen idealistischen Spekulation in eine neue Periode der Philosophie hinübergerettet. In seiner „Anthropologie" und „Psychologie" hat Fichte zum ersten Male das ganze Gebiet des Seelenlebens von dem neuen Gesichtspunkte aus durchzuarbeiten und die Grenzen des Bewussten und Unbewussten klar zu ziehen versucht. Das sichert diesen Werken für immer ihre Stellung nicht bloss in der psychologischen, sondern in der ganzen philosophischen Litteratur unseres Jahrhunderts überhaupt. Wir erfüllen darum nur eine Ehrenpflicht an dem selten genannten und fast schon vergessenen Philosophen, wenn wir die eigene Untersuchung über das Wesen des Ich und des Bewusstseins mit übereinstimmenden Aeusserungen J. H. Fichtes schliessen, die zugleich zur näheren Verdeutlichung, wie als Zusammenfassung des bisher Gesagten dienen können.

In ausgesprochenem Gegensatze zu derjenigen seines Vaters hat Fichte seine Ansicht über das Ich entwickelt. „Das Ich als solches", heisst es bereits in der Vorrede zu seiner „Psychologie", als „reines", „allgemeines", und mit welchen Prädikaten man es sonst noch auszustatten gedenkt, ist weder ein Reales, noch viel weniger Prinzip eines Realen, sondern lediglich das Produkt einer psychologischen Abstraktion, mit welcher die allen Geistern gemeinsame Vorstellung derselben von sich zu einem Allgemeinbegriff erhoben und als charakteristisches Produkt des Geistes als solchen bezeichnet wird.

Das Ich ist die für sich leere Form des Selbstbewusstseins, in welcher der Geist seine realen, aber ihm bewusst gewordenen Unterschiede vorstellend zusammenfasst: Zeichen eines Realen, aber selbst nichts Reales (Inhaltliches), aus welchem daher auch nichts Inhaltliches im Bewusstsein „abgeleitet", das überhaupt nicht in realem Sinne zum „Prinzipe" gemacht werden kann[1]."

Wie sehr daher auch Fichte überzeugt ist, dass auch jetzt noch alles darauf ankomme, „die synthetische Einheit der Apperception, welche Kant zum gestaltenden Prinzipe der theoretischen Vernunft, des blossen Erkennens machte, zum universalen Prinzip zu erheben, oder auch, um an J. G. Fichtes bestimmtere Fassung der Aufgabe zu erinnern, das „transcendentale Ich" (genauer „das transcendentale Wesen des Geistes") zum Fundamentalbegriffe der gesamten Geisteslehre zu machen", so gewiss weiss er auch: „ein transcendentales Ich in seiner Unmittelbarkeit und Ausdrücklichkeit wird im Bereiche der psychischen Thatsachen nirgends gefunden, kann nicht gefunden werden, weil im gegebenen wirklichen Bewusstsein oder „Ich" jenes Apriorische, Transcendentale, als innerster Grund und Prinzip dieses Bewusstseins oder Ich, eben darum notwendig ein ihm verdeckter Hintergrund, ein Un- oder Vorbewusstes bleiben muss[2]. — Denn wie die „Anthropologie" zu zeigen sucht, hat der Geist nicht bloss apriorische Bestandteile in seinem Bewusstsein, sondern er ist seinem eigentlichen Bestande nach ein apriorisches, vorempirisches Wesen, er geht seinem eigenen Bewusstwerden und seiner Erfahrungserkenntnis voraus, indem er aus seinen übersinnlichen Grundanlagen sich in Wechselwirkung mit den andern Realen herausgestaltet in die Sinnenwelt und daraus sich selbst ein Bewusstsein dieser Welt erzeugt. Darum ist es, wie Fichte wiederholt betont, ganz unzulänglich, Bewusstsein und Geist für identisch und für zwei sich völlig deckende Begriffe zu halten[3]. Wir sind nicht ursprünglich bewusst, sondern wir werden es. Wir werden aber nicht zuständlicher Weise oder ohne unser Zuthun bewusste Wesen, sondern Bewusstsein ist unser Werk, wir bringen es aus eigener Kraft hervor. Diese Fähigkeit aber, Bewusstsein zu erzeugen, beruht darauf, dass die Seele „ein instinktbehaftetes Triebwesen" ist und dass sie, durch äussere Reize veranlasst, ihren ursprünglich unbewussten Inhalt aus sich selbst entfaltet[4].

Bewusstsein, als ursprünglichstes Zeugnis einer in der Seele erregten Veränderung, ist eben damit zugleich der sicherste Beweis

---

[1] J. H. Fichte: a. a. O. XVIII f.
[2] Ebenda XVII, XIX.   [3] Ebenda S. 167 ff.   [4] Ebenda S. 84, 85 ff.

ihrer Wechselwirkung mit anderen Realen, deren gemeinsames Produkt das unmittelbarste Bewusstsein, die Empfindung, der Anfangs- und Ausgangspunkt des Bewusstseinslebens ist[1]. Bewusstsein ist auch garnichts Dauerndes, sondern nur ein vorübergehender Zustand, eine „Nebenerscheinung am Geiste, deren Grund in einer hinter dem Bewusstsein liegenden (vorbewussten) Eigenschaft desselben aufzusuchen wäre, welche, da uns unmittelbar allein seine bewussten Zustände zugänglich und durchsichtig sind, nur auf dem Wege der Vermittelung, des Rückschlusses zu entdecken gelingen kann[2]." „Bewusstsein ist nichts Ansichseiendes, sondern Eigenschaft oder Wirkung eines Ansichseienden. Ich ist nichts Substantielles, sondern Prädikat und Merkmal eines im Bewusstsein sich erfassenden realen Wesens, des Geistes[3]." Bewusstsein erscheint bei allen Geistesvermögen als Etwas, „was dabei hinzutreten kann mit einem höheren oder geringeren Grade der Erleuchtung, aber auch fehlen darf, ohne dass die eigentliche (objektive) Realität des Geistes dadurch beeinträchtigt würde[4]." Das Wesen des Bewusstseins aber lässt sich bestimmen als „innere Erleuchtung vorhandener Zustände, sodass sie nunmehr für das Wesen selber existieren, welches sie besitzt[5]." „Bewusstsein ist das Insich- und Fürsichsein eines realen Wesens (Geistes), und seine Wirkung besteht in der Klarheit, Durchleuchtung der inneren Zustände dieses Geistes für ihn selber. Wir können nach analogen Bildern es bezeichnen als inneren „Lichtzustand", als nach Innen gewandtes „Auge", als die auf sich selbst zurückkehrende „Sehe" des Geistes u. dgl.[6]." „Das Bewusstsein als solches ist daher auch nicht produktiv, bringt nichts Neues hervor, sondern es begleitet nur mit seinem Lichte gewisse reale Zustände und Veränderungen in der Seele, während zugleich gewisse andere, ebenso real in ihr vorhandene im Dunkel bleiben[7]." Dass es sich hierbei aber überall nicht um einen blossen Gradunterschied zwischen dem unbewussten und dem bewussten Vorstellungsinhalt in der Seele handelt, wie man dies gewöhnlich durch Verwechselung des absolut Unbewussten mit dem relativ Unbewussten oder Unterbewussten behauptet, darauf hat vor Fichte auch schon K. Fortlage hingewiesen, indem er das Bewusstsein „eine durch die Wahrnehmung hinzukommende ganz neue Eigenschaft" nennt, „welche der Vorstellungsinhalt zu seinen früheren Eigenschaften hinzubekommt

---

[1] Ebenda S. 6.
[2] Ebenda S. 167.
[3] Ebenda S. 81.
[7] Ebenda S. 82, 86.
[3] Ebenda S. 152.
[4] Ebenda S. 96.
[6] Ebenda S. 161.

und wovon er in seinem früheren Zustande noch schlechterdings nichts an sich hatte[1]."

II. Das empirische Ich.

1. Die Ichheit und Persönlichkeit.

Zwei Bedingungen wirken zum Zustandekommen des Ich zusammen: eine materiale oder inhaltliche, nämlich die Vielheit und Mannigfaltigkeit der materiellen Prozesse, woran das Bewusstsein als Begleiterscheinung haftet, und eine formale, die unbewusste synthetische Thätigkeit der Seele, wodurch die gegebenen Bewusstseinselemente zur inneren Einheit verschmolzen werden. Die formale Bedingung tritt nur in Wirksamkeit, sobald ihr durch die materiale der Stoff geboten wird, um ihre Synthesen daran zu vollziehen. Die materiale aber würde gar keine Veranlassung zu einer einheitlichen Synthese bieten, wofern nicht die materiellen Elemente auch selbst schon zu einer äusserlichen organischen Einheit verbunden wären.

Demnach hängt es von dem äusseren Zusammenhange ab, worin die materiellen Elemente durch die Schwingung versetzt werden, wie weit sich die innere Zusammenfassung erstreckt und welche Bewusstseinsmomente in sie hineinbezogen werden. Wo ein solcher äusserer Zusammenhang fehlt, d. h. wo die Leitung zwischen den verschiedenen Teilen des Organismus zu ungenügend ist, um die materielle Schwingung von einem zum andern fortzupflanzen, da kann auch kein einheitliches Individualbewusstsein und sonach auch kein Ich entstehen. Ein Korallenstock mag wohl der Träger verschiedener Bewusstseinscentren sein, ein übergreifendes Gesamtbewusstsein wird man ihm nicht zugestehen können. Ebenso wenig aber wird man ein solches dort annehmen dürfen, wo zwar ein Gehirn, als einheitlicher Aufnahmeort aller Schwingungen im Organismus vorhanden ist, die einzelnen Teile desselben sich jedoch noch nicht durch Ueber- und Unterordnung zu Repräsentanten des Stufenbaus von Individuen ausgebildet haben, aus denen der ganze Organismus besteht. Das Grosshirn eines Kindes z. B. besitzt in der ersten Lebenszeit noch keine innere Festigkeit und nimmt noch nicht diejenige herrschende Stellung über die andern niederen Gehirnteile ein, um Träger eines einheitlichen Bewusstseins sein zu können. Darum beginnt nach Vierordt das Seelenleben des Kindes mit abgesonderten, selbständigen Empfindungen, die erst nachträglich zusammengefasst und zur inneren Einheit ver-

---

[1] K. Fortlage: System der Psychologie als empirischer Wissenschaft (1858), I, S. 62.

schmolzen werden[1], darum hat es auch trotz Höffdings Einspruch einen guten Sinn, dem Kinde mit Preyer im Anfang eine Mehrheit von Ichen (ein Grosshirn-, Rückenmark- u. s. w.-Ich) beizulegen, die dann später, nachdem das Grosshirn die Herrschaft über die übrigen Teile des Gehirns erlangt hat, zum einheitlichen Grosshirnich zusammenfliessen[2].

Das Grosshirnich — und nur dieses meinen wir, wenn wir von „unserm" Ich sprechen — ist hiernach die Synthese aller derjenigen Empfindungen des Organismus, deren materielle Schwingungen sich bis in die Grosshirnrinde fortpflanzen. In ihm fliesst gleichsam in ein Centrum zusammen, was sich an den verschiedenen Punkten in der Peripherie unseres Leibes abspielt. Kein Wunder, dass der naive Mensch, der von der philosophischen Reflexion noch unberührt ist, unter dem Ich nicht bloss jenen imaginären Mittelpunkt seiner psychischen Gebilde, sondern ebensowohl seinen Leib begreift. Auch die Kirche redet bekanntlich nur von einer „Auferstehung des Fleisches" und findet keine Schwierigkeit darin, den Leib für die Sünden seines Ich im Fegefeuer schmoren zu lassen. Ich bin nach dieser Auffassung die Identität des Leibes und der Seele und schliesse in die Vorstellung meines Ich auch diejenigen Prozesse und Thätigkeiten ein, die lediglich meinen äusseren Organismus betreffen und der Herrschaft meines Willens ganz und gar entrückt sind. Wie aber das Ich infolge der Verbindung des Grosshirns mit den übrigen Teilen des Organismus die peripherischen Empfindungen im Centrum sammelt, so hat es infolge der nämlichen materiellen Vermittelung die Tendenz, seinen Umfang über die Grenzen des Leibes hinaus zu erweitern und auch dasjenige in sich hineinzuziehen, was in naher Beziehung zu jenem steht. So unterscheidet die Mutter das Kind noch nicht von ihr, solange es noch einen Teil ihres Organismus bildet, und empfindet sie dessen Schmerzen auch dann noch als ihre eigenen, wenn der materielle Zusammenhang beider aufgehört hat.

Diesen Zusammenhang des Ich mit seinem Leibe muss man sich gegenwärtig halten, um alle rein logischen Konstruktionen des Ich als eitel metaphysisches Geflunker zu durchschauen. Seitdem Descartes sein Cogito ergo sum gesprochen, noch mehr aber seitdem Kant das sogenannte transcendentale oder reine Ich zum metaphysischen Substrat des Erkenntnisprozesses gemacht hat, hat man die Vorstellung des Ich zu einer Bedeutung emporgeschroben, die zu ihrem

---

[1] Vierordt: Physiologie des Kindesalters, S. 157, 169.
[2] Preyer: Die Seele des Kindes, S. 368.

wahren Charakter in gar keinem Verhältnisse steht. Kant selbst findet es „merkwürdig, dass das Kind, was schon ziemlich fertig sprechen kann, doch ziemlich spät (vielleicht wohl ein Jahr nachher) erst anfängt, durch Ich zu reden, solange aber von sich in der dritten Person sprach (Karl will essen, gehen u. s. w.) und dass ihm gleichsam ein Licht aufgegangen zu sein scheint, wenn es den Anfang macht, durch Ich zu sprechen, von welchem Tage an es niemals mehr in jene Sprechart zurückkehrt. Vorher fühlte es bloss sich selbst, jetzt denkt es sich selbst[1]." Dagegen ist zu bemerken, dass Kant sich irrt; denn wenn sie auch schon angefangen haben, von sich in der ersten Person zu sprechen, so fahren die Kinder doch noch ruhig fort, daneben auch die dritte Person anzuwenden. Der verhältnismässig späte Gebrauch des persönlichen Fürworts erklärt sich aber einfach daraus, dass ein Kind von Anderen gewöhnlich nur bei seinem Namen angeredet wird (Will Karl essen? Karl soll gehen u. s. w.), sodass es also zunächst gar keine Veranlassung hat, diesen Namen mit dem abstrakten „Ich" zu vertauschen. „Es bedarf", wie auch Göring hervorhebt, „nur einer kurzen Ueberlegung, um einzusehen, dass die persönlichen Fürwörter lediglich zur Bequemlichkeit des sprachlichen Verkehrs dienen, inhaltlich jedoch durchaus keine andere Bedeutung haben können, als die durch sie vertretenen Nomina haben. Der von sich Sprechende bezeichnet daher mit „Ich" ganz dasselbe, was Andere mit seinem Namen ausdrücken, oder was „Du" hinsichtlich der zweiten, „Er" hinsichtlich der dritten Person bedeutet, wie schon von Jacobi und Schleiermacher bemerkt worden ist. Aus diesem Grunde ist das auf einer vorgeschrittenen Kulturstufe hervortretende „Ich" mit der Persönlichkeit und der Einheit des Bewusstseins in keinen näheren Zusammenhang zu bringen als der Eigenname der Person[2]."

Nicht die Thatsache selbst also, sondern nur der Umstand, dass man an dem späten Gebrauche des Wortes „Ich" etwas Besonderes hat finden können, verdient es, als „merkwürdig" bezeichnet zu werden, wenn damit ausgedrückt sein soll, dass das Kind noch nicht von Anfang an ein Selbstbewusstsein habe. Oder hat Ziegler etwa nicht Recht, das Kind, indem es alles auf sich bezieht, einen „grossen Egoisten" und „Ichmenschen" zu nennen? „Ihm fehlt somit schon längst nicht das Bewusstsein, das Gefühl und die Vorstellung seines Ich, sondern nur das Wort dafür[3]." In diesem Sinne wird man auch

---

[1] Kant: Anthropologie Ww., VII, S. 437.
[2] Göring: a. a. O., S. 161 ff.
[3] Ziegler: a. a. O., S. 58.

sagen können, dass Bewusstsein ohne Selbstbewusstsein ein Unding ist. „Der ziehende Ochse hat das Bewusstsein, das die Peitsche ihn, ihn selbst bedroht; wie könnte er denn dies Bewusstsein haben, wenn er nicht zuvor das Bewusstsein seiner selbst hätte? Die Fliege sucht deiner Hand, die sie fangen will, zu entwischen; sie hat ein Bewusstsein davon, dass sie gefangen werden kann und jetzt gefangen werden soll; wie könnte sie denn dies Bewusstsein haben, wenn sie nicht das Bewusstsein ihrer selbst, ihres Daseins im Unterschiede vom Dasein anderer Dinge hätte? Ein Bewusstsein ohne Selbstbewusstsein wäre mehr als das durchlöcherte Fass der Danaiden, es wäre ein Fass ganz und gar ohne Boden[1]."

Wäre wirklich der Gebrauch des persönlichen Fürworts der Massstab für die Existenz des Selbstbewusstseins und hätten sonach die Tiere noch kein Selbstbewusstsein, sondern bloss Bewusstsein, wie der spekulative Idealismus behauptet, müssten dann nicht ebenso gut auch alle diejenigen Menschen, deren Sprache noch nicht zur Ausbildung der Pronomina gelangt ist, mit den Tieren auf eine und dieselbe Stufe gestellt werden? Bekanntlich gehören die Pronomina zu den spätesten Ergebnissen der Spracherzeugung. Wenn ihnen eine metaphysische Bedeutung innewohnen, wenn durch die Vorstellung des Ich allein, wie Kant behauptet, der Mensch sich „unendlich" über alle anderen auf Erden lebenden Wesen erheben soll, wie konnte es eine Periode geben, wo die Menschen überhaupt noch kein Pronomen besassen? Man braucht diesem Gedanken nur weiter nachzugehen, um die Bedeutung, die Fichte demjenigen Tage im Leben seines Sohnes beilegte, wo er zum ersten Male von sich als Ich gesprochen, für eine wunderliche Grille anzusehen.

In Wahrheit ist auch schon das Tier ein Ich, wenn auch nur ein potentielles, indem es sich in Ermangelung einer artikulierten Sprache unmittelbar nur in der Form des Gefühls besitzt. Ein Ich nämlich in diesem erweiterten Sinne ist überall da vorhanden, wo eine Mehrheit von Empfindungen in die Einheit eines und des nämlichen Bewusstseins zusammengefasst wird. Darum ist zwar ein unorganisches Aggregat (ein Stein) oder ein Artefakt (ein Tisch) selbst dann kein Ich, wenn seine Atome und Moleküle, woraus es zusammengesetzt ist, an sich ein Bewusstsein haben sollten, weil diese im Anorganischen unverbunden bloss neben einander existieren. Wohl aber ist jedes einzelne Molekül ein potentielles Ich, so dunkel und

---

[1] G. Knauer: Seele und Geist und das Problem der Ichlichkeit, S. 32 ff. vgl. auch S. 65.

unbestimmt auch seine Selbstempfindung sein mag, weil seine Empfindungen demselben Bewusstsein angehören.

Die sogenannte „Ichheit" beruht hiernach auf der oben erwähnten formalen Bedingung des Ich, dem einheitlichen Akte des Zusammenfassens, der als solcher bei allen Wesen identisch ist. Von der inhaltlichen Bedingung aber, d. h. von der materiellen Beschaffenheit eines Wesens hängt es ab, wieviel und welcherlei Inhalt vom Bewusstsein umspannt und mit dem Begriff des Ich zum inhaltlich bestimmten oder empirischen Ich verschmolzen wird; und diese inhaltliche Bestimmtheit eines Wesens ist es, die man gewöhnlich als seine Individualität bezeichnet. Versteht man das Ich in jenem weiteren Sinne, worin es auch das potentielle Ich umschliesst, so kann man folglich sagen: nicht jedes materielle oder äussere Individuum ist ein Ich, sofern die mangelhafte Güte der Leitung zwischen seinen materiellen Teilen die Entstehung eines einheitlichen Bewusstseins verhindern kann. Wohl aber ist jedes (potentielle oder wirkliche) Ich eine Individualität, weil nur auf Grund seiner inhaltlichen Bestimmungen ein einheitliches Bewusstsein desselben möglich ist. Jedes Ich ist ein empirisches Ich, und ein anderes als ein solches kann es garnicht geben, weil alle inhaltliche Bestimmtheit, als Gegenstand der einheitlichen Zusammenfassung, infolge ihres Verknüpftseins mit dem materiellen Organismus durchaus in der Sphäre der Erscheinung wurzelt.

Nun umschliesst die formale Synthese nicht bloss die gegenwärtigen Bewusstseinselemente, die momentanen Gefühle, Empfindungen, Vorstellungen u. s. w., die auf der direkten Erregung der Gehirnbestandteile beruhen, sondern sie erstreckt sich auch auf die vergangenen Inhalte, die selbst einmal aus einer ebenso direkten Gehirnerregung hervorgingen. Jeder Bewusstseinsinhalt nämlich lässt bestimmte „Spuren" im Gehirn zurück, sei es, dass wir uns dieselben als eine Umlagerung seiner Moleküle oder als eine sonst irgendwie begründete Neigung seiner Elemente zu bestimmten Schwingungsformen vorzustellen haben; diese Spuren aber können unter Umständen auch wieder „aufgefrischt" werden. Der Vorgang ist ähnlich wie beim Telephon zu denken. Die Atome des Gehirns geraten in den Schwingungszustand, welcher demjenigen ihrer ersten direkten Erregung entspricht und veranlassen dadurch die Seele, auf diese in derselben Weise, wie beim ersten Mal zu reagieren, womit dann natürlich im Bewusstsein auch wiederum der gleiche Inhalt gesetzt wird.

Jenen Schatz im Gehirn aufgespeicherter Bewusstseinsspuren nennen wir Gedächtnis. Die Fähigkeit, auf Grund dieser Spuren vergangene Bewusstseinsinhalte von neuem wieder hervorzurufen, heisst Erinnerung. Vermöge der Erinnerung also erstreckt sich die Einheit unseres Bewusstsein auch in die Vergangenheit zurück und erscheinen unsere Bewusstseinszustände Perlen gleich, die auf dem gemeinsamen Faden unseres Ich aufgereiht sind. Freilich ist diese Reihe nicht lückenlos. Aus dem ganzen Verlaufe unseres Lebens bleiben nur die wichtigsten Ereignisse im Gedächtnis haften, oft genug reisst für unser Bewusstsein der Zusammenhang der Kette ab, und selten reicht diese über das dritte Lebensjahr zurück. Aber wir zweifeln trotzdem nicht an dem kontinuierlichen Zusammenhange der früheren mit den späteren Bewusstseinsinhalten, weil es eine und dieselbe Synthese ist, die auf Grund desselben Gehirnsubstrats oder doch der gleichen formalen Beschaffenheit seiner Elemente das Heute mit dem Gestern zusammenschliesst. Diese Einheit und Dieselbigkeit der Bewusstseinsform bei allem wechselnden Inhalt ist es, was als die „Identität der Person" eine so grosse Rolle besonders in der neueren Philosophie gespielt hat. —

Da wir oben den Tieren Selbstbewusstsein zugesprochen haben, so versteht es sich, dass wir ihnen auch den Keim oder die Anlage dessen, was beim Menschen die Identität der Person heisst, nicht vorenthalten können. Denn auch die Tiere besitzen die Fähigkeit der Erinnerung und sind imstande, ihre Erinnerungen auf ihr eigenes bewusstes Subjekt zu beziehen. Gewiss leben die Tiere, zumal auf den untersten Stufen, fast ausschliesslich in der Gegenwart; gewiss folgen auch die höher gearteten Tiere in der Regel mehr impulsiven Trieben als einer vernünftigen Ueberlegung, die sie veranlasste, auch die Vergangenheit bei ihren Handlungen in Betracht zu ziehen und die Zukunft den gemachten Erfahrungen anzupassen. Trotzdem hiesse es, seine Augen gewaltsam gegen die Thatsachen verschliessen, wenn man leugnen wollte, dass auch die Tiere vielfach infolge der Erinnerungen ihr gegenwärtiges Selbst mit dem vergangenen zusammenschliessen und danach ihre Handlungen einrichten. Die moderne Tierpsychologie gelangt denn auch mehr und mehr dahin, auch auf psychischem Gebiete die starre Scheidewand zwischen Tier und Mensch einzureissen, die in biologischer Hinsicht schon längst nicht mehr besteht.

Auch hier also liegt der Unterschied nur in der verschiedenen materiellen Konstitution der beiden, aber nicht in einer Verschiedenheit der formalen Synthese. Wo bleibt nun aber unter diesen Umständen die „Persönlichkeit", die allein den Menschen vor allen übrigen Wesen auszeichnen soll?

Es scheint, als ob auch hier metaphysische und theologische Vorurteile diesen Begriff zu einer Bedeutung aufgebauscht und mit einem Nimbus umkleidet haben, die für die Erkenntnis der bezüglichen Sache selbst nicht förderlich gewesen sind. Zerlegt man nämlich den Begriff in seine einzelnen Momente, so enthält er nichts, was die Grösse des Unterschiedes zwischen Thier und Mensch, wofür er ein Ausdruck sein soll, zu rechtfertigen vermöchte. Gewiss werden wir das Tier nicht Person nennen trotz seines Selbstbewusstseins und trotz des einheitlichen Fadens seiner Erinnerung, und ist es keine Persönlichkeit. Allein dies liegt nicht an einem gänzlichen Mangel aller Vorbedingungen zur Persönlichkeit, sondern daran, weil diese Bedingungen beim Tiere noch nicht denjenigen Grad von Ausbildung erlangt haben, von dem an wir erst von Persönlichkeit sprechen.

Erst im Menschen nämlich erreicht infolge seiner komplizierteren materiellen Beschaffenheit die Entfernung der Vorstellung vom Willen ihren höchsten Grad, aus deren Losreissung von ihrem ursprünglichen Mutterboden wir alles Bewusstsein hervorgehen sahen. Auf den niederen Stufen der Tierwelt und beim Kinde in den ersten Lebensjahren liegt die Vorstellung noch gleichsam im Gefühl, als dem ursprünglichen Resultat der Reaktion des Willens auf die äussere Einwirkung, eingeschlossen. Mit fortschreitender Entwickelung aber löst sie sich von diesem Grunde los und gewinnt ein scheinbar selbständiges Dasein zugleich mit den Empfindungen, Gefühlen und bewussten Willensakten. Ursprünglich nur ein Gebilde neben anderen, wird die Vorstellung dadurch zur Herrscherin über sie: sie überstrahlt gleichsam mit ihrem Lichte die Gefühle, löst sie immer mehr in die Klarheit des abstrakten Denkens auf und nimmt den Willen in ihren Dienst, indem sie ihm immer gerade diejenigen Motive vorhält, die ihrem jeweiligen Zweck entsprechen. Wenn auf diese Weise der Gegensatz zwischen Subjekt und Objekt den höchsten Grad der Spannung erreicht hat, sodass beide sich in vollster Klarheit gegenüberstehen, wenn das ganze Gebiet des Seelenlebens unter der Herrschaft bewusster Zwecke steht, die vom Verstande eingedämmten Gefühle nicht mehr die angebauten Felder der Erkenntnis überschwemmen und der Wille, der stets bereit ist, der Vernunft das Scepter zu entwinden, in den Fesseln wohl überlegter Grundsätze und Prinzipien gebändigt liegt, wenn insbesondere der Mensch diejenigen aktuellen Begehrungen, die, als sinnliche, unmittelbar mit den materiellen Bestandteilen seines Organismus verknüpft sind, von den höheren und allgemeinen Zwecken bestimmt sein lässt, woraus sich seine Stellung im Weltganzen herschreibt, dann pflegen wir ihn eine Person im höchsten und eigentlichen Sinne zu nennen und ist dasjenige gegeben, was man als Persönlichkeit bezeichnet.

Natürlich sind selbst innerhalb der menschlichen Gattung die Grenzen zwischen den angegebenen Momenten keine festen. Gewisse Momente, wie z. B. die ethischen, können fehlen, ohne dass man doch darum einem Menschen das Prädikat der Persönlichkeit vorenthalten könnte. Im Allgemeinen pflegt man schon da von Persönlichkeit zu sprechen, wo nur überhaupt der Zweck, wovon die Handlungen eines Subjekts bestimmt sind, ein einheitlicher und vom Lichte des Bewusstseins beleuchtet ist. Nur wer sich heute so und morgen anders entscheidet, wessen Handlungen jede Stetigkeit und jeden bestimmten Zweck vermissen lassen, oder wer sich ohne Bewusstsein eines Zweckes von dunklen Trieben leiten lässt, nur den wird man Bedenken tragen, eine Persönlichkeit in demjenigen begrenzten Sinne des Wortes zu nennen, worauf es in unserm Falle ankommt.

Eine derartige Unselbständigkeit und Unbestimmtheit seiner Handlungsweise kann bei einem Menschen die Folge von äusseren Einflüssen (mangelhafter Erziehung, übermässigen Alkoholgenusses) oder eines masslosen Ueberschwanges der Gefühle sein, wie dies nicht selten beim weiblichen Geschlecht der Fall ist. Sie kann aber auch bei einem Menschen entstehen, wenn ein Anderer ihm die Zügel seiner Selbstbeherrschung aus der Hand nimmt, wofür der Hypnotisierte das augenfälligste Beispiel liefert. Bei einem solchen scheint das eigene Ich ausser Funktion gesetzt und die Leitung zwischen der Peripherie und dem ursprünglichen Willenscentrum gleichsam ausgeschaltet und mit einem fremden Ich verbunden zu sein. Der Mensch gleicht einem unterjochten Staate, der ohne alle Selbstverwaltung und eigene Kraft der Willkür des Siegers preisgegeben ist. Unfähig, sich gegen die von draussen überkommenen Befehle aufzulehnen, sinkt er von der Stufe der Persönlichkeit zu einem kraftlosen Automaten, einem unselbständigen Werkzeug in der Hand des Magnetiseurs herab, je weniger er im Stande ist, seine Handlungen durch das hinschwindende Bewusstsein des normalen Ich zu kontrollieren.

Persönlichkeit schliesst also zwar Charakter ein, denn nur auf Grund bestimmter Anlagen und Willensrichtungen kann der Mensch sich einen bestimmten Zweck vorsetzen. Aber sie schliesst alle Passivität und alles Automatische der Handlung aus, weil diese immer ein Zeichen dafür sind, dass irgendwo die Leitung zwischen dem Ich und seinen normalen Funktionen unterbrochen ist. In diesem Sinne lässt sich dieselbe definieren als „bewusste Herrschaft des bewussten individuellen Zwecksystems durch bewusste Reflexion und Selbstdetermination des Willens[1]."

In der That setzt Persönlichkeit Bewusstsein voraus und kann sie nichts Anderes sein als die höchste Blüte des bewusst-geistigen Lebens. Denn darin sind alle einig, sie für den Triumph der Vorstellung über den Willen zu erklären; einen solchen aber kann es nur innerhalb des Bewusstseins geben, worin allein, wie wir gesehen haben, ein Widerstreit zwischen beiden möglich ist. Persönlichkeit bedeutet die Herrschaft des Ich über seine Funktionen, der vernünftigen Reflexion über die impulsiven Triebe, des Bewussten über das Unbewusste. Wo aber kein Bewusstsein ist, wie sollte da ein Verhältnis zwischen beiden stattfinden können? Allerdings ist die wirkliche Persönlichkeit von einer unbestrittenen Herrschaft des einen über das andere meist weit entfernt. Durch seine Verknüpfung mit dem materiellen Organismus, welche die Psychologie nie übersehen darf, ist zugleich auch das Bewusstsein den Stürmen und Wechselfällen des empirischen Daseins preisgegeben. Darum ist auch die Persönlichkeit etwas, was erworben, sich durchsetzen, was im Kampfe mit widerstrebenden Elementen gleichsam täglich von neuem wieder erobert werden muss. Dieses Moment des Sichdurchsetzens und Sichbehauptens ist dadurch so innig mit dem Begriffe der Persönlichkeit verschmolzen, dass wir es kaum mehr von ihm zu trennen vermögen. Persönlichkeit ist eben ein Ideal, das immer nur annähernd von uns realisiert werden kann; Ideale aber giebt es nur innerhalb der Sphäre des Bewusstseins, weil es hier allein eine Trennung zwischen Denken und Wollen und damit zwischen Sollen und Vollbringen giebt.

2. Die psychologische Entwickelung des Ich.

Es handelt sich nun zunächst darum, die allmäliche Herausbildung des Gegensatzes von Subjekt und Objekt darzulegen und diejenigen Momente anzugeben, durch welche hindurch sich die Vorstellung des Ich entwickelt.

Wir haben gesehen, wie das Erwachen des Bewusstseins sich zunächst bloss im Gefühl ankündigt. Schon im Mutterleibe hat das Kind Gefühle, zunächst wohl bloss seines vegetativen Wohl- oder Uebelbefindens. Alsbald aber gesellen sich zu ihnen Empfindungen von mehr oder weniger bestimmter Art, je mehr das Kind seine Gliedmassen und Organe zu gebrauchen anfängt. Ein dunkles instinkt-

---

[1] Vgl. mein Werk: Die deutsche Spekulation seit Kant mit besonderer Rücksicht auf das Wesen des Absoluten und der Persönlichkeit Gottes (1893), S. 57—59.

artiges Wollen, der allgemeine Drang nach Bethätigung seiner Organe, veranlasst es, gewisse Bewegungen zu vollziehen. Die hiermit gegebenen Bewegungs- und Muskelempfindungen verbinden sich mit den Tastempfindungen, die aus der Berührung des eigenen Körpers und der Wände der Gebärmutter entstehen, und tragen dadurch zur Differenzierung des ursprünglichen Gefühlszustandes bei, worin wir den Keim des ganzen späteren Bewusstseinslebens zu erblicken haben. Rechnet man hierzu noch die Geschmacksempfindungen hinzu, wie solche nach Kussmaul auf dem zeitweiligen Verschlucken des Fruchtwassers beruhen[1], so finden sich also schon in jenem ersten Gegensatze rein innerlicher und von aussen hervorgerufener Empfindungsunterschiede alle diejenigen Momente in gefühlsmässiger Gestaltung vor, die später zur Unterscheidung von Subjekt und Objekt führen. Das Kind kommt sonach schon mit einem ziemlich differenzierten Bewusstseinsinhalt zur Welt, und alle weitere Entwickelung seines geistigen Lebens beruht nur auf einer schärferen Herausbildung des erwähnten Gegensatzes.

Anfangs freilich weisen auch nach der Geburt die Empfindungen des Kindes noch schwerlich über den eigenen Organismus hinaus. Das Schreien des neugeborenen Menschen ist nicht, wie Hegel meint, eine Offenbarung seiner höheren Natur, keine „ideelle Thätigkeit", wodurch das Kind sich sogleich von der Gewissheit durchdrungen zeigt, dass es von der Aussenwelt die Befriedigung seiner Bedürfnisse zu fordern ein Recht habe, dass die Selbständigkeit der Aussenwelt gegen den Menschen eine nichtige sei[2], es bedeutet auch nicht nach Michelets Ausdruck das Entsetzen des Geistes über das Unterworfensein unter die Natur und was dergleichen Erdichtungen mehr sein mögen, sondern es hat wahrscheinlich seine Ursache einfach in dem ungewöhnlichen plötzlichen Eindruck der äusseren kalten Luft, sowie in dem „Gefühl des Lufthungers", das mit der Geburt und der Unterbrechung des Placentarkreislaufes eintritt[3].

Von nun an aber beginnt sich das Bewusstsein des Kindes mit solchen Eindrücken zu erfüllen, die von den bisherigen sehr verschieden sind. Wenn nämlich diese wegen ihrer starken Gefühlsbetonung mit der Subjektivität des Kindes eng verhaftet blieben, so kommen jetzt zu ihnen ausser den Geruchs- und Gehörsempfindungen vor allem die Lichtempfindungen hinzu, unter deren Einfluss nun auf einmal

---

[1] Kussmaul: Untersuchungen über das Seelenleben des neugeborenen Menschen (1859), S. 38.
[2] Hegel: Ww., VII, II S. 93.
[3] Kussmaul: a. a. O. S. 27 ff.

der Schwerpunkt der Empfindungen vom Centrum in die Peripherie hinaus verlegt wird. Schon am zweiten Tage nach der Geburt suchen Kinder wiederholt den Lichtreiz auf, vielleicht weil er ihnen im Gegensatze zu den meisten übrigen Empfindungen trotz seiner Stärke Lust verursacht. Jedenfalls wird es an der Häufigkeit und Gleichmässigkeit liegen, womit dieser Reiz ihr Bewusstsein umspielt, dass die Lichtempfindungen am frühesten ihren Gefühlston verlieren und den Charakter der reinen Gegenständlichkeit erhalten.

Nun sind es nicht mehr bloss unwillkürliche und instinktive Bewegungen, worin sich die vegetative Energie entlädt, sondern angelockt durch den Lichtreiz, greift das Kind mit Bewusstsein in die Welt hinein, um hier überall auf weit stärkere Widerstände zu stossen, als sich ihm in der weichen und flüssigen Umgebung des Mutterleibes darboten. Dazu kommt, dass infolge der grösseren Intensität seiner Funktionen, wie sie mit der Veränderung seiner Lebensbedingungen und dem Ersatze des kontinuierlichen Nahrungs- und Atmungszuflusses durch periodische Unterbrechungen desselben gegeben ist, auch die Gefühle und Empfindungen ein viel deutlicheres Bewusstsein konstituieren und eine bestimmtere Form annehmen, die zugleich mit der Unterscheidung auch ein Wiedererkennen und damit Erinnerung begründet[1]. Jetzt nimmt das Kind die Empfindungen nicht mehr einfach hin, sondern die Empfindung einer gehemmten Bewegung erweckt in ihm, besonders wenn sie eine schmerzhafte ist, das Bewusstsein eines Andern, das nicht es selbst ist, das ihm feindlich entgegenstrebt, und die Erinnerung, die ihm jene Widerstandsempfindung ins Bewusstsein zurückruft, hält den Gedanken des Andern selbst dann noch fest, wenn es nur ein Gegenstand seiner Vorstellung, aber nicht auch seiner unmittelbaren sinnlichen Empfindung ist. Hat das Kind einmal mit der Hand ins Licht gegriffen oder sich an der Tischkante gestossen, so empfindet es von jetzt an diesen Gegenständen gegenüber eine gewisse Scheu, die es nötigt, sich vor ihnen auf sich selbst zurückzuziehen, und erst wenn es die Gesichtswahrnehmungen beider öfter gehabt, ohne dass sich mit ihnen zugleich die Schmerzempfindung verknüpft hat, verblasst diese Empfindung in seinem Bewusstsein immer mehr zur blossen unbetonten Vorstellung eines von ihm verschiedenen Objektes. So verknüpft sich unter dem Einflusse vor allem der Tast- und Gesichtsempfindung mit einem Gegenstande nach dem andern der Gedanke des Nichtich, und die täglich sich mehr entwickelnde Erinnerung und Reflexion sorgen dafür, dass auch solche

---

[1] Höffding: a. a. O. S. 5.

Objekte zum Nichtich gestempelt werden, an denen der Widerstand durch Berührung nicht unmittelbar erprobt ist. Uebrigens ist auch schon, von aller Berührung abgesehen, ein Widerstand überall dort gegeben, wo ein Objekt sich unseren Sinnen von aussen aufdrängt, ohne durch den Willen unmittelbar beseitigt werden zu können. Die Gegenstände in der blossen Vorstellung unterliegen in der Regel der Willkür des vorstellenden Subjektes und lassen daher den Gedanken nicht aufkommen, ihrem Wesen nach ein Anderes als das Subjekt zu sein.

Zunächst wird auch der eigene Körper mit zum Nichtich gerechnet. Denn so gut, wie das Kind mit seinen Händen fremde Gegenstände berührt, berühren sich auch die verschiedenen Gliedmassen seines Leibes unter einander und erzeugen dadurch wechselseitig die Empfindung des Widerstandes. Das Kind, das seine Hand schlägt, weil sie sich an der Bettstelle gestossen und ihm dadurch Schmerz verursacht hat, beweist, dass es jenes Glied als ein fremdes Objekt betrachtet; und wenn es (nach Höffding) noch gegen Ende des zweiten Jahres dem eigenen Fuss einen Zwieback anbietet, so zeigt das, wie viele Erfahrungen nötig sind, um die innerliche Einheit des Ich mit den verschiedenen Teilen seines Körpers herzustellen.

Trotzdem wird man annehmen dürfen, dass von Anfang an eine viel engere Beziehung zwischen dem Ich und dem ihm zugehörigen Körper, als zwischen dem Ich und der Aussenwelt besteht. Und zwar sind es wohl zuerst die Hände, womit das Kind am frühesten bekannt wird, und die es als sein Eigentum begreift. Schon am ersten Tage nach der Geburt steckt das Kind die Finger in den Mund, um sie dann auch bei allen übrigen Bewegungen zu gebrauchen. Die Vorstellung der sich bewegenden Gliedmassen verschmilzt aber überall mit den begleitenden Muskel- und Innervationsempfindungen, und dieser enge Zusammenhang des Aeusseren mit dem Inneren hebt den Unterschied zwischen Ich und Nichtich auf. „Das grosse Interesse", meint Höffding, „womit das Kind seine Gliedmassen und deren Bewegungen betrachtet, lässt sich vielleicht aus dem sonderbaren Umstand herleiten, dass hier etwas Seh- und Greifbares und Widerstandleistendes ist, welches sich dennoch an der aktiven Bewegung beteiligt. Es ist ein Objekt, welches doch zum Subjekt mitgehört. Das Kind macht hier dieselbe Erfahrung, wie der Hund, der sich nach dem eignen Schwanz umdreht[1]." In solcher Weise sondert sich allmälich die Vorstellung des eigenen Körpers von den übrigen Vorstellungen des Nichtich ab

---

[1] Höffding: a. a. O. S. 7.

und tritt auf die Seite des Ich herüber. Der Körper bleibt Objekt, wie alles, was Widerstand leistet, aber er streift die Art des blossen Nichtich ab und verschmilzt mit der Vorstellung des Ich zu einer Art Mittelding zwischen Ich und Nichtich, wodurch nun die Beziehungen zwischen beiden vermittelt werden.

Haben sich einmal die beiden entgegengesetzten Vorstellungskreise der widerstandleistenden, selbständigen, nichtichlichen Aussenwelt und der rein innerlichen Gefühle, Empfindungen u. s. w. in ihrer Bezogenheit auf den Körper von einander abgesondert, dann ist es nur ein weiterer selbstverständlicher Schritt, dass beide auch unter bestimmte Begriffe zusammengefasst werden und die subjektive Einheit an dem Worte „Ich" ihren sprachlichen Ausdruck findet. Was dies Wort bezeichnet, ist eben nur die Einheit des Bewusstseinslebens, der Umstand, dass aller wechselnde Inhalt des Bewusstseins zu einer und der nämlichen Bewusstseinsform gehört oder dass es einer und derselbe formale Akt ist, wodurch die verschiedenen Bewusstseinsinhalte zur einheitlichen Innerlichkeit verschmolzen werden. Wir beziehen deshalb alle subjektiven Inhalte auf denselben Mittelpunkt, weil die Subjektivität überhaupt der unmittelbare Index des thätigen Substrates alles Bewusstseinsinhalts ist. Aber das Wort „Ich" bedeutet nicht dies thätige Substrat oder reale Subjekt selbst, sondern nur den identischen Akt seines beständigen Zusammenfassens. Weil es gar keinen Bewusstseinsinhalt giebt, der nicht in die Synthese unmittelbar mit eingeschlossen wäre, so müssen wir alle Vorstellungen, auch diejenigen der Aussenwelt, auf unser Ich beziehen, oder ist aller Inhalt, sofern er nur Bewusstseinsinhalt ist, mein Inhalt: „Die Welt ist meine Vorstellung." Aber alles Bewusstsein meiner selbst oder alles Selbstbewusstsein ist zugleich Bewusstsein eines Anderen, weil das Selbst eben nur die Form des Zusammenfassens ist, der von ihr verschiedene Inhalt ihr aber stets gegeben sein muss. So versteht man, dass es kein Selbstbewusstsein ohne Bewusstsein einer von ihm verschiedenen Aussenwelt giebt, indem auch die rein subjektiven Bewusstseinsinhalte (Gefühle, Empfindungen u. s. w.) nur erst durch den Widerstand der Aussenwelt veranlasst werden. So versteht man aber auch, dass die Aussenwelt das Interesse des Kindes früher in Anspruch nehmen muss als die eigene subjektive Innerlichkeit, weil diese zunächst nur als die Wirkung aufgefasst wird, zu welcher das Kind die Ursache unwillkürlich im Objektiven aufsucht.

Ursprünglich wird der Körper, wie gesagt, zum Ich gerechnet, und wenn er nicht als der substantielle Träger der seelischen Funktionen aufgefasst wird, so verschmelzen doch beide in der Vorstellung zur unmittelbaren Einheit. Diese Auffassung besteht jedoch nur auf den niederen Stufen des Bewusstseins und ist nur solange aufrecht zu erhalten, als die Reflexion eine bestimmte Grenze noch nicht überschritten hat. Je deutlicher indess der Gegensatz zwischen den inneren psychischen Gebilden und der äusseren Wahrnehmung vermittelst besonderer Organe sich dem Bewusstsein aufdrängt und je mehr dadurch die Aehnlichkeit des Körpers mit dem Nichtich zur Erscheinung kommt, desto mehr lockert sich auch sein Verhältnis zum Ich, und der Körper fängt an, sich aus der Einheit mit der Psyche loszulösen. Den Körper nehme ich sinnlich wahr, aber ich habe keine Sinne, um die Wahrnehmung als solche wahrzunehmen. Jener ist, wie die Dinge ausser mir, dem beständigen Wechsel unterworfen; die Einheit meines Ich dagegen erhält sich in der Vielheit ihrer Accidenzen. Wo dieser Unterschied zum Bewusstsein kommt, da ist es um die Identität von Körper und Ich geschehen. Das Ich stösst den Körper gleichsam von sich ab, und dieser gleitet wiederum auf die Seite des Nichtich hinüber, woher ihn das Subjekt früher zu sich angezogen hat. Von nun an erkennt sich das Ich als das Höhere gegenüber dem Körper. Es fängt an, den thatsächlichen Zusammenhang mit ihm als ein Verhängnis, den Leib als den „Kerker der Seele" zu empfinden und ihn, ebenso wie die übrige nichtichliche Welt, der Botmässigkeit des teleologisch bestimmten Bewusstseinsinhaltes zu unterwerfen.

Diese Stufe in der Entwickelung des Ich ist überall gegeben, wo nur überhaupt das Sinnliche (Körperliche) vom höheren Geistigen unterschieden und dieses als das Zwecksetzende anerkannt wird. Solange der Mensch noch Ich und Körper mit einander identifiziert, solange hat er gar keine Veranlassung, das Eine dem Anderen vorzuziehen und etwa die körperliche Lust der Verfolgung irgendwelcher geistigen Ziele hintanzusetzen. Thut er dies, so hat er die Trennung beider bereits unbewusst vollzogen und damit die Bahn für ein sittliches Handeln und die Entwickelung der Persönlichkeit im höheren ethischen Sinne frei gemacht. Offenbar liegt nun auch hier die Grenze zwischen Tier und Mensch. Alle übrigen Stufen des Bewusstseins können in mehr oder weniger vollkommener Weise auch vom Tier erstiegen werden. Die Trennung zwischen Körper und Ich, Natur und Geist, die Unterscheidung der eigenen sinnlichen Triebe und Bedürfnisse von Zwecken, die über die blosse Natürlichkeit hinausreichen, diese kann nur vom Menschen vollzogen werden, und daher ist der Mensch allein ein sittliches Wesen und ruht auf seinen Schultern der Kulturprozess, weil alle Kultur nichts Anderes ist als die fortschreitende Emanzipation des Geistes von der Natur, der Vorstellung von dem ihr widerstrebenden Willen. —

Eins geht aus dieser Entwickelung jedenfalls hervor, und das ist die **empirische Natur des Ich**. Denn Entwickelung kann es nur im Reiche der Erscheinung geben und setzt eine materielle Unterlage voraus. Auch diejenigen, die dem Ich eine über die Erscheinungssphäre hinausreichende Geltung zuschreiben und ein reines, transcendentales, metaphysisches Ich annehmen, können doch nicht leugnen, dass es in der Erscheinungswelt zunächst nur als „Keim" vorhanden sei. Nun kann aber vom Ich nur die Rede sein, wo Bewusstsein ist, und folglich lässt sich unter einer Keimgestalt desselben vernünftiger Weise nichts Anderes als jener ursprüngliche Gefühlszustand verstehen, der schon im Mutterleibe das ganze bewusste Seelenleben des Kindes ausmacht, und woraus sich die Ichvorstellung durch Differenzierung entwickelt. Gefühl aber ist etwas durchaus Empirisches, entsteht erst durch den Eindruck der Aussenwelt und ist ein ideelles Sein, ja, Anfang und Kern des Ideellen und folglich ein bloss Zuständliches, Accidentielles. Ein metaphysisches Ich dagegen müsste als solches ein Reales und somit auch schon als blosser Keim der substantielle Träger der psychischen Funktionen sein. Der sogenannte „Keim" des Ich also ist kein metaphysisches Substrat und folglich nicht Keim eines metaphysischen, sondern immer nur eines empirischen Ich. Das metaphysische Substrat aber des empirischen Ich ist wiederum nicht Keim des Ich, weil es nichts als die Einheit des unbewussten Willens und der unbewussten Vorstellung ist. Allerdings also ist das ursprüngliche Gefühl der Anfang und Ausgangspunkt aller Entwickelung des Bewusstseins. Aber es ist nur der Grund des bewussten Seelenlebens in empirischer Beziehung und darf nicht mit dem metaphysischen Grunde desselben verwechselt werden, als ob auch dieser letztere ein keimhaftes Ich sein könnte.

8. Die Schwankungen des Ich.

Gesetzt, das Ich wäre metaphysischer, realer Art, so müsste es vom Zufall unbeeinflusst bleiben. Nun ist aber unser Ich nichts weniger als ein Leuchtturm, dessen Licht in allem Unwetter der empirischen Ereignisse ruhig weiter brennte. Im Gegenteil ist auch das Ich, ebenso wie sein Körper, den mannigfachsten Schwankungen unterworfen, und diese beruhen überall auf Veränderungen des materiellen Organismus.

Jede Ohnmacht löscht die Flamme des Bewusstseins aus, jeder Schlaf unterbricht den Verlauf des wachen Lebens und reisst den kontinuierlichen Faden unseres Ich in eine Reihe unzusammenhängender Bestandteile auseinander. Zwar stellt nachher die Erinnerung den Zusammenhang zwischen den verschiedenen Phasen unseres Wachseins wieder her, sodass wir bei einer nachträglichen Rückschau auf die durchlaufenen Zustände kaum an die beständigen Unterbrechungen denken. Trotzdem führt diese Brücke über finstere Abgründe und giebt es Zeiten, wo wir weder von einem Objekt, noch von uns selbst, als Subjekt, etwas wissen.

Dies ist möglich, wenn unser Bewusstsein überhaupt nur die Synthese einer Mehrheit von physischen Momenten auf Grund eines einheitlichen Zusammenhanges unserer Gehirnteile ist. Dann kann durch irgendwelchen äusseren Einfluss dieser Zusammenhang so weit aufgehoben werden, dass eine Synthese der mit ihnen verbundenen physischen Inhalte nicht mehr stattfinden und folglich auch ein einheitliches Bewusstsein nicht entstehen kann, wie bei der Ohnmacht. Aber es ist nicht möglich, wenn das Wesen unseres Geistes ein unmittelbares Wissen von sich selbst, unser Ich die Identität des Subjekts und des Objekts ist. Dass Schlaf und Ohnmacht wirklich auf materiellen Vorgängen im Organismus beruhen, dass insbesondere der Schlaf nur den Ermüdungszustand unseres Gehirns, zumal seiner höheren Teile darstellt, wird von Niemandem bezweifelt. Wie könnte der bloss materielle Gehirnzustand eine Verdunkelung und zeitweilige Aufhebung unseres Ich bewirken, wenn dieses von metaphysischer Art und folglich das Substrat und Prinzip des materiellen Organismus wäre?

Dem äusseren Zusammenhange unserer Gehirnbestandteile und der Gleichheit ihrer Schwingungsarten, wie sie die materielle Bedingung der einheitlichen Bewusstseinsform darstellen, entspricht im Bewusstsein selbst eine gewisse Gleichartigkeit des Inhalts, ein konstantes Bewusstseinselement, das der Erinnerung die Verknüpfung der verschiedenen Phasen unseres Ich erleichtert. Wenn wir oben sagten, dass die inhaltliche Bestimmtheit eines Subjekts, seine Individualität, von der Beschaffenheit und Thätigkeit seines materiellen Organismus abhängt, so müssen wir nun hinzufügen, dass diese Individualität keine innere Festigkeit und gleichsam kein tragendes Rückgrat besitzen würde, wenn ihre konstituierenden Inhalte beständig wechselten und gar keine bleibenden Spuren hinterliessen. Zwar würde auch dann noch auf Grund des materiellen Zusammenhanges ein einheitliches Bewusstsein möglich sein. Allein bei dem beständig fliessenden und zerfliessenden Inhalt desselben würde es zu gar keiner innerlichen Konzentrierung kommen, das Subjekt würde kraft- und haltlos von den mannigfaltigen Eindrücken mit fortgerissen werden. Es muss daher einen konstanten Inhalt im Bewusstsein geben, um den sich, wie um einen festen Kern, die neu hinzukommenden Inhalte jederzeit herumgruppieren.

Dass die Vorstellungen hierbei eine weit geringere Rolle spielen werden als Triebe, Willensakte und Gefühle ist bei dem flüchtigen Charakter der ersteren vorauszusehen. Die Gefühle vor allem repräsentiren das konservative Element in unserem Bewusstsein. In allem Wechsel seines Inhalts dauern sie am längsten und machen sich in ihrer alten Beschaffenheit oft auch dann noch geltend, wenn die Vorstellungen längst über den früheren Standpunkt hinausgewachsen sind. Religiöse und wissenschaftliche Urteile und Vorurteile haben bekanntlich ihre Hauptstütze im Gefühle. Der Verstand schwingt sich auf den Flügeln der logischen Notwendigkeit unbedenklich und skrupellos von Inhalt zu Inhalt; aber schwerfällig und langsam, wie der Tross des Heeres, bewegen sich die Gefühle in der Entwickelung unseres Bewusstseins fort. Da sie aber selbst nur der unmittelbare Index für den Inhalt eines Willens sind, so liegt darin zugleich der Beweis für die relative Konstanz unserer konstituierenden Willensakte.

Die Vorstellungen enthüllen uns häufig nur gleich einem Blitz die Dinge, ohne dass sie für uns irgendwelche Bedeutung erlangten. Erst am Gefühl erkennen wir, welchen Eindruck ein Gegenstand auf uns gemacht hat, und werden wir uns unseres Verhältnisses zu den Gegenständen inne. Erst an unsern Wünschen und Interessen, die sich auf bestimmte Gegenstände richten, sie festzuhalten oder abzuwehren suchen, erfahren wir, wie und was wir sind und werden wir in den Stand gesetzt, unser Verhalten zu den Gegenständen im voraus zu bestimmen. Was man Charakter nennt, ist nichts Anderes als die Art und Weise, wie Jemand auf die verschiedenen Arten von Motiven mit seinem Gefühl und Willen reagirt. Dies ist aber wieder nur der psychologische Ausdruck für die Art und Form der Schwingungen, womit unser Gehirn die äusseren Reize beantwortet. Die Stetigkeit unseres Charakters setzt folglich auch eine Stetigkeit seiner materiellen Unterlage voraus und umgekehrt: die Konstanz der materiellen Unterlage bedingt auch den einheitlichen Inhalt der Bewusstseinsform und damit die Persönlichkeit im oben dargelegten Sinne. „Keine wahre Persönlichkeit entwickelt sich ohne Koncentration des Gefühls- und Willenslebens. Ein Mensch, der kein vorherrschendes Gefühl hat, sondern stets etwas Neues suchend, von einem zum andern eilt, bekommt nicht Zeit und Kraft genug, um sich zu sammeln oder er selbst zu sein: sich selbst kennen, ist sich selbst wieder erkennen, und dies setzt beständig wiederkehrende Bewusstseinselemente voraus[1].

Von allen Inhalten des Bewusstseins kommt dem Gemeingefühl hierbei die grösste Bedeutung zu, wovon das abhängt, was wir unsere Stimmung nennen. Das Gemeingefühl umfasst denjenigen Ueberschuss von Lust und Unlust, der aus dem Gefühlsgehalt der konstituierenden niederen Individuen unseres Organismus als solcher unmittelbar in das höhere Bewusstsein mit eingeht. So bildet es gleichsam den dunklen Hintergrund, der allem unserem Bewusstseinsinhalt eine bestimmte Färbung leiht, den Boden, worauf sich unsere jeweilige Bewusstseinswelt aufbaut, und dessen eigenthümliche Beschaffenheit durch allen ihren wechselnden Inhalt hindurchscheint. Von ihm aber ist es zweifellos, dass es rein in den körperlichen Veränderungen des Organismus wurzelt.

Die Veränderungen in unserm Ichbewusstsein gehen in der Regel von einer Aenderung im Gemeingefühl aus. Eines der bekanntesten Beispiele bietet in dieser Hinsicht das Erwachen (oder Erlöschen) der Geschlechtsfunktionen. Hier treten neue, ungewöhnliche Gefühle, Begierden und Vorstellungsverbindungen auf und versetzen das Individuum in einen Zustand, worin es sich selbst nicht wiedererkennt. Es ist, als spalteten unterirdische Explosionen auf einmal die ganze Welt des bisherigen Bewusstseinsinhalts auseinander, als brächen verborgene Quellen auf und förderten neuen Inhalt an die Oberfläche des Bewusstseins. Nur mühsam strebt das Individuum nach einem Halt und sucht die zusammenhangslosen Erfahrungen um einen festen Mittelpunkt zu sammeln. Aber mit dem veränderten Inhalt des Bewusstseins verändert sich auch der Charakter seines Ich, und oft genug hat das neu entstandene Ich kein Verständnis mehr für den Inhalt seiner früheren Entwickelungsphase.

Man hat oft beobachtet, dass Menschen nach einer überstandenen schweren Krankheit oder starken körperlichen Erschütterungen ganz neue Seiten ihres Charakters im guten oder schlechten Sinne, ja, einen ganz veränderten Charakter zeigen. Wir sehen Frauen von unliebenswürdiger und selbstsüchtiger Art nach der Geburt des ersten Kindes die zärtlichsten Mütter werden und einen Opfermut, eine Tapferkeit gegenüber den Stürmen des Lebens an den Tag legen, die wir ihnen vorher niemals zugetraut haben würden. Und umgekehrt sehen wir sanfte und liebevolle Charaktere im gleichen Falle sich in zänkische Xanthippen verwandeln. Aus den Schwankungen des Gemeingefühls,

---
[1] Höffding: a. a. O. S. 173.

die den Störungen im körperlichen Organismus entsprechen, taucht gleichsam ein neues Ich empor, das mit dem alten häufig nur noch durch die blosse Erinnerung verknüpft ist. Der Grundstock des Gefühls ist ein anderer geworden, und damit sind auch die Interessen, Vorstellungs- und Handlungsweisen verändert. Unter diesem Gesichtspunkte hat man auch die sogenannten „Bekehrungen" zu betrachten, von denen uns die Lebensbeschreibungen der katholischen Heiligen und Märtyrer erzählen. Auch bei ihnen gehen die geistigen Revolutionen Hand in Hand mit Veränderungen ihres materiellen Organismus, und immer pflegen sie mit einer tiefen seelischen Erregung oder Depression, mit einer Auflösung ihres bisherigen Gefühlszustandes zu beginnen.

Alle diese Erscheinungen nun beweisen, dass die formale Synthese des Bewusstseinsinhalts, von der wir sahen, dass sie den materiellen Prozessen korrespondiert, nur solange mit diesen gleichen Schritt hält und ein einheitliches, zusammenhängendes Ichbewusstsein konstituiert, als die materiellen Veränderungen in unserem Organismus keine allzu gewaltsamen und plötzlichen Schwankungen erleiden. Bildet sich der Inhalt des Bewusstseins bloss allmählich um, so unterliegt auch das Ich keinen wesentlichen Schwankungen und bleibt seine Einheit gewahrt, auch wenn der Organismus neue Formen annimmt und alle seine bisherigen Bestandteile sich verändern. So wächst oft der Mensch aus seinem früheren Zustande heraus, ohne selbst die Veränderung im Ichbewusstsein zu bemerken.

Ganz anders dagegen wenn die körperliche Veränderung sprungweise und plötzlich erfolgt oder Inhalte im Bewusstsein auftauchen, die mit den vorhandenen Vorstellungen nicht verschmelzen können. Dann findet mit dem Kampfe der alten und neuen Bewusstseinsinhalte eine Gährungs- und Uebergangsperiode im Leben eines Individuums statt, und kann sich die ursprüngliche formale Einheit nur behaupten, wenn der Inhalt des bisherigen Ich nicht gänzlich fortgeschwemmt wird und irgendwie ein Kompromiss zustande kommt. Gelingt es dagegen nicht, den neuen mit dem alten Bewusstseinsinhalt auszusöhnen oder an ihn an zu gliedern, bleibt jener allein als Sieger zurück, oder gehen die Spuren der bisherigen Ichheit verloren, so vermag die alte Form den neuen Inhalt nicht mehr zusammenzuhalten, die Grösse der Gegensätze sprengt die Einheit auseinander, und es entsteht entweder ein völlig neues Ich, oder jene Auflösung der geistigen Individualität, jene gänzliche Zersetzung des Ichbewusstseins tritt ein, wie wir sie bei den Geisteskranken beobachten können.

Diese Thatsachen sollten genügen, um die Annahme eines wurzelhaften und realen Ich zu zerstören, die das Ich über die Sphäre der Erscheinungswelt hinaushebt. Ist schon das Bewusstsein nicht ohne die materielle Unterlage des Gehirns zu denken, so gilt dies vom Selbstbewusstsein oder Ich erst recht. Denn dieses ist bloss ein besonderer Modus des Bewusstseins, insofern sich alles Bewusstsein auf ein Objekt richtet und es gleichgültig und zufällig ist, ob dieses Objekt gerade das Subjekt, d. h. das reale thätige Substrat des Bewusstseinsinhalts, ist. —

Wenn sonach das Subjekt uns niemals selbst als Subjekt, sondern immer nur als Objekt zum Bewusstsein kommt, wenn es folglich dem Geiste nicht wesentlich ist, sich selbst vor allem Andern zu wissen, so brauchen wir uns nicht zu wundern, wenn das Subjekt zeitweilig vor dem Objekt verschwinden und dieses allein auf der Bühne des Bewusstseins bleiben kann. Nicht das reale Subjekt ist in solchem Falle aufgehoben, sondern nur unsere Reflexion auf dasselbe, d. h. das ideelle, logische Subjekt. Einen solchen Fall aber können die Systeme des Cogito ergo sum so wenig erklären, wie die gänzliche zeitweilige Vernichtung des Bewusstseins.

Wer das Selbstbewusstsein für die Grundlage und den Kern alles sonstigen Bewusstseinsinhalts hält, für den muss es füglich das Rätsel aller Rätsel bleiben, wie jemand sich selbst über dem Objekt vergessen, sich gleichsam in dieses ganz und gar verlieren kann. Und doch ist dies oft genug während der Lektüre, beim Kunstgenuss, in der angestrengten Verfolgung eines Gedankens u. s. w., ganz besonders aber bei der künstlerischen und wissenschaftlichen Produktion der Fall, die geradezu dadurch bedingt ist, dass während derselben alle subjektiven Interessen schweigen. Die Aufmerksamkeit, die für gewöhnlich an der Kette der praktischen Lebenszwecke des Individuums gefesselt liegt, reisst sich hier von dieser los und jagt den freien Vorstellungen nach, die am entgegengesetzten Pole des Bewusstseins vorüberziehen. Da mag es denn vorkommen, dass jemand nicht bloss seine Umgebung, sondern über der Vertiefung in den Gegenstand sogar seinen eigenen Namen vergisst und sich erst darauf besinnen muss, wenn Einer ihn plötzlich während seiner Arbeit anruft. Drängen sich dann aber solche Inhalte auf, die, wie z. B. körperliche Schmerzen, in unmittelbarer Beziehung zum realen Subjekt stehen, dann taucht auch das ideelle Subjekt wieder aus der Versenkung empor, und die Aufmerksamkeit wendet sich alsbald wieder solchen Objekten zu, die den praktischen Zwecken des Individuums entsprechen.

Derjenige Teil des Organismus, woran die Funktionen der bewussten Willkür und zweckthätigen Besonnenheit, als Beziehung alles Bewusstseinsinhalts auf die leitenden Lebenszwecke des Individuums, haften, ist nach der allgemeinen Ansicht die graue Rindenschicht der Grosshirnhemisphären. Daher ist diese, wie wir gesehen haben, recht eigentlich das Organ der Persönlichkeit mit ihren wesentlich aufs Praktische gerichteten Bestimmungen. Folglich wird man, wo jene Beziehung fehlt, wie in den erwähnten Fällen, an eine Aufhebung oder doch Herabsetzung der Thätigkeit eben dieses Organes denken und demnach schliessen müssen, dass die Produktivität oder das Vermögen der Einbildungskraft, wie man es gewöhnlich nennt, nicht auf der grauen Rindenschicht der Hemisphären, sondern auf tiefer gelegenen, subkortikalen Teilen des Gehirns beruht.

Nun wissen wir, dass dem Hemisphären- oder Grosshirnbewusstsein sein wesentlichster Inhalt aus eben diesen niederen Gehirnteilen zugeführt wird. Zum mindesten erhält es von ihnen die sinnlichen Wahrnehmungen, indem die Reize der Sinnesnerven schon hier geordnet und zu fertigen Gebilden verarbeitet werden. Das Grosshirnbewusstsein ist mithin auf das ganze Gehirn und die Mitwirkung seiner verschiedenen Teile angewiesen. Allein die reflexhemmende Thätigkeit der grauen Rinde lässt unter normalen Verhältnissen die besonderen Funktionen der niederen Centren als solche nicht über die Schwelle gelangen, und daher weiss das Grosshirnbewusstsein unmittelbar nichts von ihnen und erkennt es nur solche neuen Vorstellungen als die seinigen an, die sich sinngemäss in den Zusammenhang seines jeweiligen Inhalts eingliedern. Daraus folgt, dass der Bewusstseinsinhalt um so konkreter sein muss und neue ungeahnte Schätze aus unterirdischer Tiefe ans Licht des Bewusstseins heraufbefördert werden müssen, sobald die hemmende Thätigkeit des Grosshirns herabgesetzt ist. Denn damit ist das Hindernis beseitigt, dessentwegen die subkortikalen Teile ausser Stande waren, die ganze Fülle ihres Reichtums auszubreiten.

Eine solche zeitweilige Herabsetzung der Hemisphärenthätigkeit findet auch im Schlafe statt. Ist doch von allen Teilen des Organismus die graue Rindenschicht bei ihrem beständigen Herrscheramte über die niederen Gehirnteile am stärksten angestrengt und infolge ihrer zarten und verwickelten Struktur am meisten der Ruhe bedürftig! Man hat oft das Einschlafen mit dem Uebergange des Tages in die Nacht verglichen, wo ein eintöniges Schwarz die bunten Farben der Gegenstände auslöscht und ihre Umrisse in einander verschwimmen. Allein wenn es hier die Thäler sind, die von der Dunkelheit zuerst ergriffen werden, die Gipfel jedoch noch längere Zeit von unbestimmtem Licht umflossen liegen, so bleiben beim Einschlafen gerade umgekehrt die tieferen Schichten des Gehirns noch hell, während die Gipfel schon mehr und mehr in der Finsternis verschwinden. Besonders wenn wir so überangestrengt sind, dass wir, wie man sagt, vor Müdigkeit nicht schlafen können, tauchen oft noch seltsam phantastische Gebilde, die sogenannten Schlafbilder, über die Schwelle des dämmernden Grosshirnbewusstseins empor und legen Zeugnis ab von der fortdauernden Thätigkeit in den Tiefen unseres Organismus; und nicht bloss am Ende, sondern auch am Beginne des Schlafes pflegen wir am lebhaftesten zu träumen, wenn die obersten Gehirnschichten schon im tiefsten Dunkel liegen.

Wir wissen nicht, wie tief der Schlaf von der Peripherie zum Centrum, von der Rindenschicht zu den subkortikalen Teilen, hinuntersteigt und welche Gehirnteile von ihm ergriffen werden. Es giebt Leute (Lessing gehörte bekanntlich zu ihnen), die niemals geträumt zu haben behaupten. Vielleicht lässt sich daraus auf einen ziemlich beträchtlichen Umfang des Schlafgebietes schliessen, wenngleich sich der Schlaf natürlich niemals auch auf solche Gehirnteile erstrecken kann, von deren Thätigkeit der Fortbestand des Lebens abhängt. Sicher ist, dass es auch die tieferen, mehr centralen Teile sind, die der kürzesten Ruhe bedürfen, sich daher am ersten wieder zu regen beginnen und durch ihre Thätigkeit ein einheitliches Bewusstsein konstituieren, worin sich alsdann die Vorgänge des Traumes abspielen.

Oft genug kommt es hierbei nicht zur Bildung eines Selbstbewusstseins. Der Mangel an spontaner Bewegung, an deren Widerständen sich Gefühle von der nötigen Intensität entzünden könnten, lässt die Spaltung in Subjekt und Objekt nicht zur Bestimmtheit kommen. Dadurch wird aber auch das Auftauchen der Ichvorstellung verhindert, und diese bleibt, ebenso wie die Vorstellung der Gegenstände, unklar und verschwommen. Dazu kommt, dass der schnellere Verlauf des Traumbewusstseins, der seinen Grund in einer Hyperästhesie des träumenden Centrums, als Ausgleichungserscheinung der sinkenden Innervationsenergie des Organismus, hat, die Krystallisation des Bewusstseinsinhalts um einen festen Mittelpunkt verhindert und die Traumvorstellungen haltlos durcheinander wirbeln. Da wird es denn begreiflich, wenn wir in einem solchen Falle an die Stelle des „ich träumte" lieber das „es träumte mir" setzen; denn wir haben das Bewusstsein, dass wir selbst die Vorgänge des Traumes nicht verursacht und dass wir höchstens als passive Zuschauer interesselos einem Schauspiel beigewohnt haben, über dessen Veranlassung wir uns weiter keine Rechenschaft geben können.

Die wesentlichste Eigentümlichkeit unseres Traumbewusstseins ist nun die, dass es allen Inhalt unmittelbar in sinnlich-anschauliche Formen giesst, ihn objektiviert oder vergegenständlicht und in einen imaginären Raum hinaus projiziert. Selbst Gefühlseindrücke rein subjektiver Art, die an sich gar keinen Hinweis auf ein Objekt enthalten, Gedächtnisvorstellungen und abstrakte Gedankenreihen werden von ihm verbildlicht, symbolisiert und zu Dingen und Personen umgewandelt oder in Beziehung gesetzt, um alsbald in den wunderlichsten Verkleidungen und Zusammenhängen ihre Rolle auf der Bühne des Bewusstseins zu spielen. Der Grund für diese Objektivationstendenz und Bildlichkeit des Traumbewusstseins ist wahrscheinlich in seiner Gebundenheit an diejenigen Centren des Gehirns zu suchen, die in näherer Verbindung mit den Sinnesnerven stehen, und deren gewöhnliche Thätigkeit darin beruht, die aus den Sinnesorganen empfangenen Eindrücke für das Grosshirnbewusstsein zu verarbeiten.

Eine weitere Eigentümlichkeit ist die unlogische Beschaffenheit des Traumbewusstseins, die Zügellosigkeit und phantastische Seltsamkeit seiner Vorstellungen. Hier werden wir den Grund in der Ausschaltung der Thätigkeit des Grosshirns suchen müssen; denn dieses ist, wie gesagt, der eigentliche „Sitz der Besonnenheit". Im wachen Zustande bewegen sich unsere Vorstellungen am Massstabe teleologischer Beziehungspunkte fort, und werden alle diejenigen Inhalte unseres Bewusstseins abgewiesen, die nicht in das System der jeweiligen Mittel und Zwecke passen. Im Traume dagegen giebt es entweder keine Zwecke oder sie tauchen zusammenhangslos auf, um alsbald wieder zu verschwinden. Daher fehlt es hier an einer Rangordnung der Vorstellungen, sie haben sämtlich nichts vor einander voraus und sind nur nach den Gesetzen der Assoziation mit einander verbunden. So kreuzen sich zusammenhängende Vorstellungsreihen nicht selten mit solchen Inhalten, die ganz andere Voraussetzungen hinter sich und gar keine innerliche Beziehung zu jenen haben. Während nun das wache Bewusstsein beide Reihen auseinanderhält, wird im Traum entweder die eine von der anderen verdrängt, und schiebt sich plötzlich ein ganz neuer Inhalt an die Stelle des alten, oder aber irgend ein zufälliges Merkmal in der einen Reihe führt unmittelbar zur Verbindung mit der anderen, und beide Reihen laufen alsdann in einander verschlungen weiter, ohne dass wir an dem Unlogischen und Unsinnigen dieser Verschlingung Anstoss nehmen. Im Traume mangelt uns eben die kritische Besonnenheit, wodurch wir mehre Inhalte von einander unterscheiden, sie annehmen oder verwerfen können. Daher steht hier das Bewusstsein allen Eindrücken von aussen offen, verbildlicht sie, einerlei, ob sie zu seinem jeweiligen Inhalt passen oder nicht, und lässt die verschiedenen Bilder sich gleichsam mechanisch mit einander vereinigen und fortbewegen, ohne selbst vorher das Ziel und die Richtung dieser Bewegung zu kennen.

Erhebt sich nun auf solcher Grundlage ein Selbstbewusstsein, so wird es natürlich auch eine entsprechende Beschaffenheit zeigen. Wie der Traumleib durch seine Verflechtung mit den übrigen Gegenständen des Traumes gleich diesen über die Schranken des Raums hinausgehoben wird, so fügt sich auch das Traumich in diesen Zusammenhang mit ein und lässt sich passiv die Aufhebung der Unterschiede in der Zeit gefallen. Eine der gewöhnlichsten Erscheinungen im Traume ist, dass Jemand sich auf eine frühere Stufe seiner Entwickelung zurückversetzt glaubt. Wie oft träumt sich nicht der Mann in die Jahre seiner Schulzeit, der Greis in seine Kindheit zurück, so zwar, dass mit der leiblichen Verjüngung zugleich auch eine Wiederauffrischung entschwundener Gedächtnisspuren Hand in Hand geht!

Mit dem Traumich verschmelzen Erinnerungen, worauf das wache Bewusstsein nie verfallen würde. Gedanken, die es längst begraben glaubte, tauchen hier mit einer Klarheit wieder auf, als würde die Vergangenheit selbst unmittelbar in der Gegenwart lebendig. Im Traum erscheinen einem Richard III. die Geister der von ihm Ermordeten und rütteln sein Gewissen auf, wie sehr sich auch sein waches Bewusstsein dagegen abgestumpft hatte. Darum fürchtet den Schlaf, wer Grund hat, sich gegen die Stimme seines Gewissens zu verschliessen, weil längst unterdrückte Gefühle moralischer und religiöser Art im Traum über ihn die Oberhand gewinnen und er hier nicht, wie im wachen Leben, imstande ist, die Furien durch bewusste Reflexion und willkürliche Ableitung seiner Gedanken in die Nacht der Vergessenheit zurückzudrängen. Aber nicht bloss kehrt der Traum die ursprüngliche bessere Natur des Menschen hervor, er spottet auch oft aller Erfolge unserer Erziehung und wirft uns in einen Zustand der Natürlichkeit zurück, den wir längst schon hinter uns zurückgelassen zu haben glaubten. Wir meinten, uns durch harte Selbstzucht, durch unerbittliche Unterdrückung unserer niedrigen Triebe und Begehrungen zur Höhe einer edlen Menschlichkeit emporgearbeitet zu haben, und müssen erleben, dass eben diese Triebe uns im Traume zum Spielball ihres schamlosen Gebahrens machen, dass längst vergessene Wünsche uns zu Thaten mit fortreissen, woran wir im wachen Zustande nicht einmal denken würden. Mit der Ausschaltung des

Organes der Besonnenheit ist gleichsam eine ganze Schicht in unserem Gehirn abgetragen und darunter eine Hölle aufgedeckt, wohinab wir alle diejenigen Elemente gestossen hatten, auf deren Ausmerzung und beständiger Unterdrückung der Fortschritt unserer geistigen Kultur beruht.

Man hat aus diesem Grunde nicht mit Unrecht die subkortikalen Teile des Gehirns als die materiellen Unterlagen für zurückgelegte Stufen unserer individuellen Bewusstseinsentwickelung und demgemäss den Traum als „atavistischen Rückfall" in diese Stufen angesehen, worüber uns unser Grosshirnbewusstsein hinausgeführt hat. Allein nicht immer weist der Traum auf frühere Entwickelungsphasen hin: er kann auch die Anzeichen einer neuen Phase enthalten, die sich in den Tiefen unseres Organismus vorbereitet, und dies verleiht ihm alsdann den prophetischen Charakter.

In jedem Falle kann auch hier ein Ich nur entstehen, wo die Bedingungen zu einem solchen zusammentreffen, die formale synthetische Thätigkeit, die überall im Hintergrunde lauert, und die Einheit und zusammenhängende Beschaffenheit der materiellen Unterlage. Indem „unser" Ich immer dasjenige ist, das jeweilig an dem höchsten in Funktion befindlichen Centrum unseres Organismus haftet, so steigt es zu tieferen Teilen des Gehirns hinab, wenn unser Grosshirn, wie im Schlafe, ausser Funktion gesetzt ist. Unser Ich ist sonach im Traum ein anderes, wie im Wachen, weil der Inhalt seines Bewusstseins ein anderer ist, und dieser ist ein anderer, weil das Bewusstsein auf anderen Centren des Gehirns beruht. Das Traumich ist das Selbstbewusstsein desjenigen Centrums, das nach Ausschaltung der Grosshirnthätigkeit als höchstes übrig bleibt. Es liegt also unter dem Grosshirnbewusstsein und entbehrt folglich der bewussten Willkür und zweckthätigen Besonnenheit, weil diese bloss an der grauen Rindenschicht der Hemisphären haften. Das Grosshirnbewusstsein erfährt daher auch im Allgemeinen nichts vom Inhalt des Traumbewusstseins oder empfängt von ihm doch nur zufällig und auch dann meist nur unvollständige und verworrene Kunde, weil es selbst an der Entstehung jenes Inhalts nicht beteiligt ist. Wohl aber erstreckt sich das Gedächtnis des Traumbewusstseins auch auf das wache Ich und seine Erlebnisse, weil der Wahrnehmungsinhalt durch die subkortikalen Centren hindurchgehen muss, um Inhalt des Grosshirnbewusstseins zu werden.

Nun sahen wir, dass unser Ichbewusstsein nicht bloss durch die jeweilig gegenwärtigen Momente, sondern auch durch die vergangenen individuell gefärbt wird. Jede Gedächtnisvorstellung, die als solche wiedererkannt, d. h. erinnert, wird, rechnet das Ich ohne Weiteres sich selber zu, und auch wenn es bei plötzlich auftauchenden Vorstellungen nicht zu bestimmen weiss, woher sie stammen und unter welchen Umständen es dieselben schon einmal gehabt hat, wie bei Reproduktionen von Traumvorstellungen, hat es doch über ihren Zusammenhang mit dem eigenen Bewusstsein keinen Zweifel. Das Traumbewusstsein jedoch projiziert auch diesen Inhalt nach aussen hinaus und überträgt ihn auf abgesonderte Traumfiguren, die zum Subjekt des Träumens in nähere Beziehung treten. So entstehen solche Träume, wie die, wo ich als Kandidat im Examen die Antwort schuldig bleibe, die ein Anderer mir vorwegnimmt, oder wo mir ein Fremder Ratschläge giebt, die ihre Quelle doch nur in der Tiefe des eigenen Bewusstseins haben. Das Traumich hat in solchem Falle verschiedene Personen von sich abgespalten und umfasst nur einen begrenzten Teil vom Gesamtinhalt des Traumbewusstseins, während der andere Teil zur Aufrechterhaltung von neuen Persönlichkeiten verwendet wird, wie wenn ein Dichter aus dem Schatze seiner Menschenkenntnis heraus die Charaktere seines Dramas gestaltet. Dass es sich hierbei in der That nur um Personifikationen der eigenen Gedächtnisvorstellungen handelt, ergiebt sich daraus, dass diese Vorstellungen jederzeit als geliehenes Eigentum erkannt und als solches vom Traumich wiederum sich zugerechnet werden können. Damit wird dann auch die geträumte Person ins Traumich wieder zurückgenommen, oder aber das letztere tritt selbst an deren Stelle und führt die Traumhandlung in der fremden Rolle weiter.

Nunmehr sind wir von der Betrachtung unserer Traumvorstellungen aus der schöpferischen Einbildungskraft des Künstlers so nahe gekommen, dass es begreiflich scheint, wie man von jeher einen inneren Zusammenhang zwischen beiden hat vermuten und den einen Faktor durch den anderen hat erklären können. Diese Vermutung gewinnt an Wahrscheinlichkeit, wenn wir von der Herstellung von Kunstwerken im Traumzustande hören (Walter Scott). Wie das Traumich mit seinen Traumgestalten, so lebt der Künstler mit den Geschöpfen seiner Einbildungskraft. Seine Gedanken werden ihm unmittelbar zu sinnlich anschaulichen Bildern, indem sein Traumbewusstsein sich selbständig gegenüber seinem wachen Ich entfaltet. Natürlich handelt es sich hier bloss um eine Herabsetzung des Grosshirnbewusstseins, nicht aber um eine gänzliche Aufhebung desselben. Das beweist die teleologische Verknüpfungsart der Phantasiegebilde, wodurch sich die schöpferische Einbildungskraft von der Zügellosigkeit und Launenhaftigkeit des Traumbewusstseins unterscheidet. Beim letzteren wird meist durch Organreize und zusammenhangslose Schwingungen einzelner Teile des betreffenden Centrums zufällig und auf kurze Strecken ein vernünftiger Ablauf und eine sinnvolle Verknüpfung der einzelnen Bilder hervorgebracht. Dagegen gehört es zum Wesen der Produktion, dem Bilderablauf ein bestimmtes Ziel zu setzen, mit kritischer Besonnenheit die Gestaltungen des Traumbewusstseins zu überwachen und überall nur das Gelungene festzuhalten. Diese Zügelung des Pegasus ist jedoch nur durch zweckthätige Einwirkung von Seiten des wachen Bewusstseins möglich, indem es den Vorstellungsablauf entweder durch ein einmaliges Inkrafttreten für eine gewisse Zeit oder aber fortlaufend so bestimmt, dass wenigstens die Marksteine des zu durchlaufenden Weges von ihm selbst gesetzt und abgemessen werden.

Seiner Natur nach pflegt das Grosshirnbewusstsein diese Anweisungen meist in abstrakter Form den tiefer gelegenen Centren des Gehirns zu übermitteln. Allein das Traumbewusstsein formt sie unter Zuhülfenahme seines reichen Gedächtnisschatzes alsbald zu anschaulichen und konkreten Gebilden um und hebt sie in dieser neuen Gestalt wieder über die Schwelle des wachen Bewusstseins, um sie dessen beständiger Kritik zu unterbreiten. Darum darf der Künstler die Ausbildung seines Grosshirnbewusstseins und seines leitenden und zügelnden Einflusses, den es auf die tieferen Gehirnteile ausübt, ebensowenig vernachlässigen, wie er gleichzeitig die bildererzeugende Thätigkeit des Traumbewusstseins als passiver Zuschauer in sich gewähren lassen muss. Wer beständig mit seiner Reflexion in die ideale Bilderwelt hineinfährt und den Blütenstaub von ihren zarten Gebilden abstreift, der verfällt damit nur in den entgegengesetzten Fehler, wie derjenige, der bei seinem Mangel an Kritik sich blindlings den Launen seines Traumbewusstseins hingiebt. Die wahre künstlerische Produktivität besteht nur in dem innigen Zusammen- und Ineinanderwirken, in der Einheit von Freiheit und Notwendigkeit, der Freiheit, wie sie der natürlichen Schöpferkraft des Traumbewusstseins zukommt, und der Notwendigkeit, die ihr durch die regelnde Thätigkeit des Grosshirnbewusstseins auferlegt wird, und nur wenn beide in dem richtigen Verhältnis zusammenwirken, können wahrhaft wertvolle Produkte entstehen.

Es ist Hartmanns Verdienst, die Einbildungskraft zuerst als „Hineinscheinen oder Hineinwirken des Traumbewusstseins ins wache Bewusstsein" gegenüber dem Hineinwirken des wachen Bewusstseins ins Traumbewusstsein oder der „Autosuggestion" gefasst und demgemäss die produktive Phantasie aus der Wechselwirkung der entsprechenden Gehirnteile erklärt zu haben[1]. Damit ist Licht in ein

---

[1] v. Hartmann: Aesthetik, II, S. 568—586.

Problem gebracht, das bisher zu den dunkelsten der Psychologie gehört hat. Auf diesem Wege weiter gehend, hat Dessoir alsdann auf Grund der Thatsache, dass in allen unseren Vorstellungen und Begriffen ein Bild oder eine Bildgruppe gegenwärtig ist, die ganze bewusste Denkthätigkeit überhaupt auf den halluzinatorischen Charakter der niederen Gehirnteile zurückzuführen und als eine „Reihe unvollständiger Halluzinationen" zu bestimmen versucht, die nur infolge der kritischen Reflexion des Grosshirnsbewusstseins nicht nach aussen projiziert und zu wirklichen Halluzinationen ausgestaltet werden. „Grade was gemeinhin als das Fundamentale gepriesen wird (das bewusste Denken) ist in Wirklichkeit die Unterdrückung unserer natürlichen Anlage, und die Halluzination, die man gewöhnlich für eine krankhafte Verirrung hält, bildet wenigstens in statu nascendi den Stamm unseres geistigen Lebens[1]."

So fällt Licht auch auf die scheinbar paradoxe Thatsache, dass sich beim Kinde früher ein Bewusstsein vom Objekt als vom Subjekt entwickelt, und erklärt es sich zugleich, wie psychische Zustände auf Gegenstände übertragen werden können, die sich ausserhalb des Subjekts befinden. Das ursprüngliche Bewusstsein der niederen Gehirnteile projiziert eben alle subjektiven Eindrücke nach aussen, überträgt sie auf fremde Gegenstände oder bildet sie zu ausserichlichen Gestalten um und nimmt sie erst dann wieder ins Subjekt zurück, wenn das Grosshirn die nötige Ausbildung erlangt hat, um der Produktion durch seine Reflexion das Gegengewicht zu halten. Darum beruht, ebenso wie die künstlerische Produktivität, auch die Möglichkeit des ästhetischen Genusses auf der zeitweiligen Unterdrückung oder Herabsetzung der Thätigkeit des Grosshirnbewusstseins, um den niederen Gehirnteilen Gelegenheit zu geben, ihre eigenen subjektiven Zustände zu objektivieren und die Gegenstände damit auszustatten, und ist eine stark entwickelte Reflexion so häufig ein Hindernis des ästhetischen Genusses. Darum ist, wie Ziegler es ausdrückt, das Nicht-Ich des Kindes noch ein Auch-Ich, schlägt das Kind den Tisch, an dem es sich stösst, und tröstet es die zerbrochene Puppe, weil es allen Dingen sein eigenes Empfinden zuschreibt. Darum findet eine gleiche Beseelung der Aussenwelt auch im Kindesalter der Völker, auf niedrigen Kulturstufen oder überall dort statt, wo ein naives Sichausleben und ein inniges Verwachsensein mit der Natur der Phantasie noch den weitesten Spielraum gestattet. Da werden Hain und Wiesen lebendig, Quellnymphen wandeln im Regenbogen über die Gewässer, in Bergen

---

[1] Dessoir: Das Doppel-Ich (1889), S. 37.

und Schluchten hausen wilde Geister, und leblose Gegenstände reden eine den Menschen vertraute Sprache.

Aus solchem primitiven Zustande des Bewusstseins ist ursprünglich auch die Religion mit ihrer Tendenz zur Personifikation und ihrer symbolisierenden Deutung oft zufällig aufgegriffener und an sich beziehungsloser Gegenstände hervorgegangen. Auf dem Standpunkte der Reflexion wird es dem Menschen um so viel schwerer, ein passendes Symbol für seine metaphysischen Vorstellungen zu finden, je mehr er sich daran gewöhnt hat, den kausalen Zusammenhängen der Dinge nachzugehen und jede seiner Vorstellungen unmittelbar durch ihren abstrakten Begriff auszudrücken. Daran liegt es, warum es der Gegenwart trotz aller Sehnsucht nach einem neuen Ausdruck ihrer religiösen Geisteswelt so schwer wird, über die bisherigen Symbole hinauszukommen, und scheint überhaupt die Zeit vorbei zu sein, wo neue Kulturreligionen auf sinnlich anschaulicher, symbolischer Grundlage entstehen können. Die moderne Reflexion zersetzt die anschaulichen Gebilde der Phantasie, so wie unser waches Bewusstsein unsern Traumvorstellungen ihre bildliche Hülle abstreift; sie verwandelt das Bild in den entsprechenden Begriff, das jenem zwar nicht an Objektivität, wohl aber an unmittelbarer gefühlsmässiger Verständlichkeit nachsteht, und nur durch die Kunst lassen wir uns zu Zeiten in jenen ursprünglichen Zustand des Bewusstseins zurückversetzen, dessen zügellose Ausschweifungen wir im Traume vor uns haben.

Welche Rolle das Traumbewusstsein in unserm Geistesleben spielt, das konnte erst richtig gewürdigt werden, nachdem durch die genauere Kenntnis der Hypnose und des Somnambulismus ein Mittel an die Hand gegeben war, um dasselbe zu isolieren und seine Aeusserungen auf experimentellem Wege zu studieren. In Deutschland hat wiederum v. Hartmann das umfangreiche Material des modernen Hypnotismus zuerst philosophisch verwertet und eine psycho-physiologische Theorie der abnormen Seelenvorgänge aufgestellt, die auch Dessoir im wesentlichen angenommen und auf Grund eigener Experimente bestätigt hat[1]. In seiner Schrift über „das Doppel-Ich" hat der Letztere eine Reihe charakteristischer Fälle zusammengestellt, welche die Existenz eines „Unterbewusstseins" neben dem „Oberbewusstsein" beweisen, und überzeugend dargelegt, wie vielfach auch schon in den gewöhnlichsten Verrichtungen unseres wachen Lebens ein inniges Zusammen- und Ineinanderwirken beider stattfindet.

---

[1] v. Hartmann: er Spiritismus (1885). Moderne Probleme (1886). Die Geisterhypothese des Spiritismus u. seine Phantome (1891), Phil. d. Unbew., 10. Aufl., S. 475—478.

Eine absichtliche Beeinflussung unseres Traumbewusstseins durch das wache Bewusstsein findet z. B. statt, wenn wir uns vornehmen, einen bestimmten Traum zu haben oder zu einer bestimmten Zeit aufzuwachen. Hier pflegen wir bei dämmerndem Grosshirnbewusstsein meist unruhig zu schlafen, und in unsere Träume weben sich Bilder ein, die zu jenem Vorsatz in irgendwelcher Beziehung stehen. Auch die automatische Ausführung von Handlungen, zu denen es einer intelligenten Leitung bedarf, während gleichzeitig unsere Gedanken sich mit ganz andern Dingen beschäftigen, ist nur durch Bezugnahme auf das Unterbewusstsein zu erklären. Denn wenn (nach Dessoirs Beispiel) der Korrektor bei der Durchsicht des Satzes sich mit seinem Nachbar unterhält, so muss er den Unterschied von Richtig und Falsch im Bewusstsein haben, um gleichzeitig die Fehler verbessern zu können. Es ist aber nicht denkbar, wie zwei so verschiedene Gedankenreihen gleichzeitig in einem und demselben Bewusstsein verlaufen sollten.

Dies zeigt sich noch deutlicher beim unbewussten Rechnen, sowie in den bekannten Fällen des automatischen Schreibens. Es kommt vor, dass Jemand, der in seine Arbeit vertieft ist, nichts hört von dem, worüber sich Andere in seiner Nähe unterhalten. Wohl aber ist ein solcher bisweilen imstande, gleichsam automatisch den Gegenstand der Unterhaltung niederzuschreiben, ohne dass er darüber besonders nachzudenken brauchte. Hier spielt also zugleich die Erinnerung in den Vorgang hinein, und indem selbst die unbedeutendsten Erlebnisse, wie z. B. die Anzahl der Schritte, die Jemand bei einem Gange gemacht, oder die Aufschriften von Strassenschildern, die er zufällig mit seinen Blicken gestreift hat, auf diese Weise reproduziert werden können, so erkennen wir darin jenes unterbewusste Gedächtnis wieder, das wir auch bereits im Traume funktionieren sahen. Trotzdem besteht hier ein Unterschied. Beim automatischen Schreiben nämlich hat das Traumbewusstsein zugleich die Herrschaft über den Organismus an sich gerissen und die Ausführung willkürlicher Bewegungen übernommen, ohne dass hiervon das wache Bewusstsein eine Ahnung hätte. Darum pflegt man hier auch nicht mehr einfach von Traumbewusstsein, sondern vielmehr von „somnambulem Bewusstsein" zu reden und ist mit dem gleichzeitigen Nebeneinanderbestehen von Handlungen des somnambulen und des wachen Bewusstseins jener Zustand gegeben, den Hartmann im Unterschiede vom offenen und reinen als „larvierten Somnambulismus" bezeichnet hat. In solchem Falle scheint in einem und demselben körperlichen Organismus sich eine zweite Persönlichkeit hinter dem normalen Ich zu verbergen, die mit diesem gleichsam um die Herrschaft ringt. Das normale Ich ist von einem fremden Ich „besessen" und damit diejenige Erscheinung eingeleitet, die den Gegenstand des „doppelten Bewusstseins" bildet.

Es ist bloss eine Gradverschiedenheit, wenn das Unterbewusstsein dem wachen oder Oberbewusstsein soviel von seiner normalen Energie entzieht, dass dieses unter die Schwelle sinkt und das Individuum in eine Art von hypnotischem Zustande (den sogenannten „Trance" der Spiritisten) verfällt. Dann befinden wir uns dem eigentlichen Somnambulismus gegenüber. In ihm ist die Bewegung der willkürlichen Muskeln ganz und gar der Zufälligkeit und Launenhaftigkeit des somnambulen Bewusstseins unterworfen, und während beim gewöhnlichen Schlafe das Bewusstsein sich um so fester gegen die Aussenwelt abschliesst, je tiefer er ist, so nähert gerade umgekehrt der Somnambulismus mit steigender Tiefe sich um so mehr dem Zustande des wachen Lebens.

Wie im Traum, bildet sich auch beim Somnambulismus ein Ichbewusstsein mit besonderem Inhalt heraus. Eine neue Persönlichkeit tritt an die Stelle des alten Ich, sei es, dass ihr Charakter durch eine spontane Laune des somnambulen Bewusstseins auf Grund von zufälligen Assoziationen und Organreizen, sei es, dass er durch willkürliche Autosuggestion, wie beim Mediumismus, sei es endlich, dass er durch die Fremdsuggestionen des Magnetiseurs bestimmt wird. Es ist bekannt, mit welcher Bereitwilligkeit Hypnotisierte die ihnen ansuggerierten Rollen übernehmen, wie lebhaft sie alle entsprechenden Vorstellungen in Geberden und Sprache zum Ausdruck bringen und mit wahrhaft schauspielerischer Virtuosität eine Rolle oft bis in alle Einzelheiten zu Ende führen, gerade wie wir im Traum uns ebenso leicht in die Würde und Gehobenheit eines Königs, wie in die Niedergeschlagenheit und Verzweiflung eines Bettlers hineinfinden. Diese Aehnlichkeit des somnambulen Bewusstseins mit dem Traumbewusstsein zeigt sich auch darin, dass beide, sich selbst überlassen, oft eine Herabminderung ins Kindliche, Unentwickelte, aber auch gesteigerte Fähigkeiten, abnorme Gedächtnis- und Sinnesschärfe, zeigen[1]. Wie das Traumbewusstsein, ist auch das somnambule Bewusstsein zwar orientiert über den Vorstellungsinhalt des normalen (wachen) Ich, hingegen hat das Ich des wachen Lebens entweder gar keine oder höchstens nur schwache Erinnerungen von den Vorgängen im somnambulen Bewusstsein. Das normale Ich fasst die Zustände des letzteren als blosse

---

[1] Dessoir: a. a. O. S. 28.

Schlafzustände mit unbestimmten Träumen auf. Das somnambule Ich aber unterscheidet sich vom normalen Ich wie von einer ganz fremden Persönlichkeit und betrachtet sich selbst als das eigentliche Ich des Organismus.

Demnach haben wir es hier überall nicht mit zwei verschiedenen Bewusstseinen, sondern nur mit verschiedenen Zuständen eines und desselben Bewusstseins zu thun, die ihren Grund in physiologischen Bedingungen haben, und deren Grenzen unter Umständen über einander übergreifen. Noch baut die Gemeinsamkeit des körperlichen Substrats eine Brücke vom einen zum andern Ich und gestattet einen Austausch der beiderseitigen Vorstellungen. Wird aber auch dieser Zusammenhang unterbrochen, dann bildet sich ein doppeltes Bewusstsein heraus, indem die beiden verschiedenen Bewusstseinszustände periodisch mit einander abwechseln, so zwar, dass keiner von beiden eine Kenntnis vom andern hat.

Auch beim Traume kommt es vor, dass Jemand in der folgenden Nacht dort fortfährt, zu träumen, wo er in der vorigen aufgehört hat. In derselben Weise schliessen sich beim Doppelbewusstsein nach stattgehabter Unterbrechung des einen durch den anderen Zustand die entsprechenden Perioden an einander an und bilden zusammenhängende Reihen mit verschiedenen Inhalten, denen ganz verschiedene Iche zu Grunde liegen. Am bekanntesten ist wohl der Fall des holländischen Arztes Schroeder van der Kolk aus seiner Schrift über Geisteskrankheiten vom Jahre 1863. Dieser behandelte ein junges Mädchen, das vier Jahre vorher eine schwere Krankheit überstanden hatte und seitdem an einem wunderbaren Wechsel der Persönlichkeit litt. Während sie an dem einen Tage nach krampfartigen Zuckungen in einen Zustand verfiel, worin sie sich läppisch, wie ein Kind, benahm, war sie am nächsten Tage ein ganz verständiges Mädchen, konnte verschiedene Sprachen verstehen und unterhielt sich ganz vernünftig mit ihrer Umgebung; von ihrem Zustand am Tage vorher aber hatte sie keine Ahnung. Dies ging so weit, dass sie am kindischen Tage wieder angefangen hatte, französisch zu lernen, ohne besondere Fortschritte zu machen, während sie es doch am folgenden Tage fliessend sprach. Als sie am kranken Tage an einen fremden Ort gebracht war, wusste sie am gesunden nicht, wie sie dorthin gekommen. Dementsprechend erkannte sie auch ihren Arzt, der sie vierzehn Tage hindurch nur an den kranken Tagen besucht hatte, nicht wieder, als er zum ersten Mal an einem gesunden Tage zu ihr kam. Aehnliche Beobachtungen sind auch an Gewohnheitssäufern und Epileptikern, bei anhaltendem Opiumgenuss, sowie nach

Fieberanfällen gemacht worden, und jedes Werk über Geisteskrankheiten weiss davon zu berichten.

Es ist nun aber nicht nötig, dass, wie im Falle Schroeders van der Kolk, die beiden Bewusstseinszustände mit einander abwechseln. Es kann auch vorkommen, dass sie ohne irgendwelche Vermittelung neben einander bestehen. So glaubt Jemand sich selbst in zwei Personen verwandelt und sieht er beständig einen Anderen neben sich, der ihm alles nachmacht und dessen er sich nicht erwehren kann, obwohl er mit seinem normalen Bewusstsein die Täuschung durchschaut. Bei einem solchen Kranken ist das Unterbewusstsein in abnormer Weise über die Schwelle gehoben. Da jedoch die Leitung zwischen den beiden verschiedenen Bewusstseinssphären unterbrochen ist, so ist sein normales Bewusstsein ausser Stande, des abnormen Herr zu werden und es gleichsam in seine ursprüngliche Tiefe zurückzuschleudern.

Es ist schon der Beginn der eigentlichen Geisteskrankheit, wenn das abnorme Bewusstsein sich, wie im Somnambulismus, der einzelnen Sinnesorgane bemächtigt, sie der willkürlichen Herrschaft des normalen Ich entwindet und ihre Aeusserungen in unnatürlicher Weise verfälscht. Dann erscheint dem Kranken seine eigene Stimme wie diejenige eines Fremden, die Welt um ihn nimmt ein verändertes Aussehen an, er findet sich in seiner Umgebung nicht mehr zurecht, und alle gewöhnlichen Bestimmungen von Raum und Zeit verschieben und verzerren sich in seinem Bewusstsein. Mit solchen Veränderungen der normalen Vorstellungswelt geht gewöhnlich auch eine Verfälschung der Vorstellung des eigenen Leibes Hand in Hand. Gemeinempfindungen und Muskelempfindungen, die auf bestimmte Stellen des Körpers bezogen werden, rufen Halluzinationen eigentümlicher Art hervor und setzen sich unter dem Einflusse der Assoziation zum sogenannten „Wahnleib" zusammen. Die erwähnte Einbildung einer zweiten Person neben dem eigenen Leibe ist in der Regel mit Lähmung der einen Körperhälfte, die Annahme, dass der eigene Leib aus Glas bestehe, mit Hyperästhesie der Tastorgane verbunden. Wo aber die Haut gänzlich unempfindlich wird, da sieht sich der Kranke selbst für einen Leichnam an, genau wie der Traum auf Grund bestimmter Gemeinempfindungen die Vorstellung des Fallens, des Fliegens u. s. w. vorspiegelt.

Wenn es nun wahr ist, wie wir oben gesehen haben, dass die Gemeinempfindungen die wichtigste Rolle bei der Bildung der Ichvorstellung spielen und von ihnen auch im normalen Leben alle Veränderungen des Ich ihren Ausgang nehmen, so muss natürlich die von ihnen herbeigeführte Verfälschung der Leibesvorstellung auch wiederum auf das normale Ich zurückwirken und dieses mit in den Verwandlungsprozess hineinziehen. Immer höher steigt gleichsam die fremde Persönlichkeit auf den Stufen der verwandelten Gemeinempfindung aus den Tiefen des Organismus empor und wirft ihren Schatten voraus in das normale Bewusstsein. Auf ein immer engeres Gebiet sieht das ursprüngliche Ich sich eingeschränkt, immer dünner wird der Faden der Erinnerung, der es noch mit seinen früheren Zuständen verbindet, bis er schliesslich an einem bestimmten Punkte reisst, bis das einstige Ich zusammenschwindet und zerplatzt, wie eine Seifenblase. Dann setzt sich ein fremder Dämon auf den Thron des normalen Bewusstseins — die Nacht des Wahnsinns ist über das Individuum hereingebrochen.

„Solange die dunklen Umgestaltungen der Gemeinempfindung samt den daran geknüpften Vorstellungs- und Gefühlskreisen der Alienierung des Leibes, die Sinnesvorspiegelungen aus der Aussenwelt samt den verfälschenden Auffassungen der eigenen Erlebnisse blosse Gedanken, Objekte der inneren Wahrnehmung, Vorgestelltes vor dem Vorstellenden bleiben, solange ich noch sagen kann: Mein Leib ist anders geworden, ich sehe und höre die Welt anders, ich mache mir über meine Lebensgeschichte und somit über mich selbst ganz eigene, neue Gedanken — solange halte ich noch an meinem alten normalen Ich fest, und solange ist auch noch die Abnormität des neuen Ich kein neues Ich, sondern nur ein neuer Gedanke des alten Ich über sich selbst. Seelenkrank bin ich aber von da ab, wo das Verhältnis sich umkehrt, d. h. das, was vor mir als Nichtich als Objekt dastand, zum Ich und Subjekt wird und das bisherige Ich zum Objekt, zum blossen Gedanken herabsinkt"[1]. Das abnorme Ich, das im normalen Zustande unter der Schwelle bleibt und nur unter besonderen Umständen (im Schlaf, während der Hypnose, im Fieber, in Rauschzuständen u. s. w.) zur Erscheinung kommt, dieses Ich ist in der Geisteskrankheit das Ich des gewöhnlichen Lebens, während das ursprüngliche normale Ich unter die Schwelle gesunken ist und höchstens nur im Traume, wie der Schatten eines Verstorbenen, darüber emportaucht oder künstlich durch Hypnose heraufgeholt werden kann. Diese Umkehrung der inneren Wahrnehmung, dieses Herausgerücktsein der beiden verschiedenen Iche aus ihrer normalen Stellung, wobei die Verbindung unter ihnen abgerissen und keine Kunde mehr von einem zum andern hinüberdringt, dies eben macht

---

[1] Volkmann: Psychologie II, S. 225.

das Wesen der „Verrücktheit" aus: der Kranke hält seine fingierte Traumwelt für die wirkliche Welt, das wirklich Erlebte dagegen für blosse Traumvorgänge, „er lenkt", wie Volkmann es ausdrückt, „aus der allgemeinen Heerstrasse der Wirklichkeit in einen Seitenpfad ein, der bloss von der farbigen Lampe seines kranken Organismus beleuchtet wird."

Offenbar nämlich handelt es sich ja auch hier nur um einen psychischen Reflex aus der jeweiligen Beschaffenheit des körperlichen Organismus. Forel hat die Hypnose als psychischen Zersetzungsprozess beschrieben und sie aus einer Decentralisation und Desorganisation der materiellen Gehirnbestandteile abgeleitet. Traum, Hypnotismus, Somnambulismus und Geisteskrankheit sind aber bloss verschiedene Stadien eines und des nämlichen Prozesses, wobei sich die niederen Individuen und Individuengruppen eines Organismus der Herrschaft der übergeordneten Centren entziehen und aufsichtslos ihren subjektiven Launen die Zügel schiessen lassen. Je höher wir uns in der Stufenreihe der Geschöpfe aufwärts bewegen, desto mehr ordnen sich die konstituierenden Individuen niederen Ranges den höheren Individuen unter, desto bestimmter strebt gleichsam der Organismus aus der Demokratie seiner einzelnen Bestandteile der monarchischen Staatsform zu, desto enger schiessen alle psychischen Strahlen aus den Einzelindividuen im Brennpunkt eines einzigen Ich zusammen, bis endlich im Menschen das Grosshirnich die Zügel der ihm untergeordneten Individuen in seiner Hand vereinigt. Jene abnormen Geisteszustände repräsentieren die Revolution, wo durch eine Erschütterung des körperlichen Aufbaus der angestammte Herrscher abgesetzt ist und neue Elemente sich zur Geltung emporringen, deren Egoismus im normalen Zustande dem allgemeinen Wohle dienstbar gemacht war.

Es lässt sich voraussehen, dass unter solchen Umständen auch das sieghafte abnorme Ich, wo es sich auf den Thron gesetzt hat, seine Herrschaft nicht lange wird behaupten können. Die fortschreitende Decentralisation des körperlichen Organismus führt notwendig auch zur völligen Anarchie im Gebiete des Seelenlebens. An die Stelle einer Beziehung des Bewusstseinsinhalts auf ein Ich tritt immer mehr ein zusammenhangsloses Durcheinander von Vorstellungen, Gefühlen und Empfindungen, die nirgends mehr um einen festen Mittelpunkt kreisen. Gedächtnisvorstellungen, die gelegentlich emportauchen, hören auf, als solche erkannt zu werden, der Faden der Erinnerung fällt in diskrete Bestandteile auseinander; endlich erlischt auch das Interesse: der Kranke will nichts mehr, er weiss von sich nichts mehr, sein Ich ist überhaupt nicht mehr, er ist dem Zustande des völligen Blödsinns verfallen. —

Und dieses armselige, gebrechliche Ich, das oft nicht einmal die Existenz des eigenen Körpers überdauert und überall nur die Beschaffenheit des letzteren widerspiegelt, dies Ich sollte metaphysischer Art, es sollte der Ausdruck einer geistigen Substanz sein, die in ihm sich unmittelbar in ihrem eigensten Wesen findet? Wer das behauptet, den braucht man nur auf die Teilbarkeit des Ich, auf die Möglichkeit verschiedener Iche in einem und demselben körperlichen Organismus zu verweisen, und der Glaube an das metaphysische Ich enthüllt sich als das, was er ist, als eine unhaltbare Fiktion, die ganz anderswo als auf dem Boden der Erfahrung erwachsen ist. Denn ein Geist, der in zwei, ja, wie man sogar beobachtet haben will, in drei oder vier verschiedenen Ichen sich äussern kann, die mit einander abwechseln oder neben einander bestehen, ein solcher Geist kann nicht selbst seinem Wesen nach Ich sein und folglich kann das Ich auch nicht wesenhaft sein. Es kann in das Wesen der Dinge nicht tiefer reichen als der Körper, oder mit andern Worten: es kann nur empirisches Ich sein und, wofern es nicht bloss ein Produkt des materiellen Organismus darstellt, mit seinen Wurzeln höchstens den Rand des Metaphysischen berühren. Gegenüber derartigen Hypostasierungen des Bewusstseins, wie sie in der Annahme der metaphysischen Natur des Ich enthalten liegen, hat der Materialismus immer gewonnen Spiel: ist der Geist nichts Anderes als das Bewusstsein, dann ist er in der That nur eine Funktion des Gehirns, denn das Bewusstsein vom Gehirn und überhaupt von der materiellen Unterlage emanzipieren wollen, kann nur, wer die offenkundigsten Thatsachen der Erfahrung missachtet.

III. Das metaphysische Ich.
1. Das Ich und die Materie.

Eine Frage ist uns schon längst bei unsern Untersuchungen aufgestossen, deren Beantwortung nicht ferner aufgeschoben werden kann. Wir haben das Bewusstsein aus der Nichtbefriedigung des Willens abgeleitet, die letztere aber darauf zurückgeführt, dass dem Willen ein ihm fremder Inhalt durch Schwingung der Materie von aussen aufgedrängt wird. Wir haben mithin das Bewusstsein aus dem Konflikte zwischen dem geistartigen Willen und der Materie, dem Psychischen und Physischen erklärt: wie ist eine solche Wirkung beider auf einander möglich?

Seit Descartes hat die Frage nach der Wechselwirkung des

Geistigen und Materiellen im Mittelpunkte der modernen Philosophie gestanden. Die antike und mittelalterliche Philosophie machten sich hierüber noch keine Gedanken, weil ihr naiver Naturalismus den Unterschied zwischen beiden noch nicht hervortreten liess. Descartes erkannte die Bedeutung des Problems zuerst und gründete darauf den Dualismus seiner Weltanschauung. Nach ihm besteht das reale Sein aus zwei wesensverschiedenen Elementen, die sich fremd und beziehungslos gegenüberstehen, die individualistisch zerstückelte Geisterwelt auf der einen und die ebenso vielheitlich gegliederte Körperwelt auf der andern Seite. Und zwar ist ein doppeltes Hindernis vorhanden, um jede Gemeinschaft der beiden verschiedenen Welten auszuschliessen. Das eine ist der Unterschied ihrer Attribute, indem den Geistern nur das Denken, den Körpern nur die Ausdehnung zukommt. Das andere ist die substantielle Natur der realen Elemente. Was im Raume ausgedehnt und dessen einzige Funktion die Bewegung, als Erscheinung rein passiver Faktoren, ist, findet keinen Berührungspunkt an einem Sein, das in sich ist, und dessen mannigfaltige Erscheinungsformen sich als Aeusserungen einer rein centralen Spontaneität darstellen. Aber die Geister können auch nicht einmal auf die Geister, die Körper nicht auf die Körper wirken, wenn beide substantiellen Wesens sind. Denn das Wesen der Substanz besteht in der Beziehungslosigkeit und Unabhängigkeit von andern Existenzen. Beide Hindernisse aber entspringen aus dem Cogito ergo sum; das erste, weil zwischen der denkenden Ichsubstanz und der ausgedehnten körperlichen Substanz eine Aehnlichkeit und ein Zusammenhang nicht vorhanden ist, das zweite, weil der Glaube an seine Realität das Ich zum substantiellen Träger seiner Funktionen stempelt. Die seiner Zeit viel verhandelte Frage, ob die Materie denken könne, konnte daher auch nur aufgeworfen werden, wo man über die Gründe im Unklaren war, woraus Descartes die strenge Unterscheidung zwischen Geist und Körper abgeleitet hatte. Ihre Bejahung ist, weit entfernt, eine Vermittlung des kartesianischen Dualismus zu sein, nur ein unbesonnener Rückfall in den ursprünglichen Naturalismus, der unvereinbare Bestandteile zusammenkoppelt.

Es versteht sich, dass unter diesen Umständen das Problem der Wechselwirkung zwischen Geist und Körper nicht gelöst ist, wenn man nur eines der angegebenen Hindernisse beseitigt und entweder mit Berkeley die Materie zur Vorstellung der vielen Geister macht, d. h. sie zum blossen ideellen Sein verflüchtigt, oder aber sie mit Leibniz als die unterste Stufe der einen organisch gegliederten Monadenwelt betrachtet. Eine Lösung ist dies deshalb nicht, weil

Berkeleys Geister und Leibnizens Monaden, als Substanzen, doch unter einander unverbunden bleiben. Daher muss denn auch bei beiden das Wunder eines deus ex machina herangezogen werden, um dort als occasionalistische Einwirkung von Fall zu Fall, hier dagegen als prästabilierte Harmonie die Stelle der gegenseitigen Einwirkung oder des influxus physicus zu vertreten.

Gelöst werden kann das Problem nur, wenn man auf die Voraussetzung zurückgeht, woraus die erwähnten Schwierigkeiten desselben entsprungen sind. Dann zeigt sich, dass der Abgrund zwischen den beiden verschiedenen Welten keineswegs unüberbrückbar ist und dass es im Grunde nur darauf ankommt, die Natur des Materiellen richtig zu bestimmen.

Der Kern unserer bisherigen Untersuchung war, dass das Cogito ergo sum auf der Verwechselung eines Ideellen mit einem Realen beruht und dass wir auch uns selbst nur als Erscheinungen, aber nicht nach dem, was wir an sich sind, erkennen. Danach besteht keine Veranlassung, dem äusseren Objekte der Körperwelt eine Realität beizulegen, die wir dem innern Objekte unseres eigenen Ich und seinen Funktionen nicht zugestehen können. Es giebt keine unmittelbare Anschauung eines realen Seins. Folglich ist auch die Materie, so wie sie angeschaut wird, kein reales, sondern bloss ein ideelles Sein, Erscheinung und Vorstellung in unserem Bewusstsein. Ob sie aber ausserdem noch etwas ist und was sie ist, das lässt sich nur erschliessen, aber niemals durch die blosse Anschauung unmittelbar erkennen.

Bezeichnet man die Materie, sofern sie Objekt unserer Anschauung ist, als Stoff, so hat mithin der Stoff bloss eine ideelle Existenz, genau wie unsere Vorstellungen, Gefühle und Willensakte, als Gegenstände der psychologischen Selbstwahrnehmung, nur die ideellen, subjektiven Repräsentanten und Erscheinungsformen des seelischen Realen sind. Dies seelische Reale erschloss sich uns als unbewusster Wille, dessen inhaltliche Bestimmung eine unbewusste Vorstellung ist. Zugegeben nun, dass auf das unräumlich Psychische nur wiederum ein Psychisches wirken, dass insbesondere, wie die psychologische Erfahrung lehrt, der Wille nur durch einen Willen überwunden werden kann, so haben wir schon deshalb keine Veranlassung, den realen Grund oder das transcendente Korrelat des Stoffes für etwas Anderes als einen Willen zu halten, weil die Prinzipien ohne zwingenden Grund nicht vermehrt werden dürfen. Haben wir das Reale vermittelst der Selbstwahrnehmung, wo es uns am nächsten zugänglich ist, als Willen erschlossen, so dürfen wir wenigstens solange an der

Willensnatur des Stoffs nicht zweifeln, als das Gegenteil nicht bewiesen ist. Dies könnte aber wiederum nur dadurch geschehen, dass die subjektive Erscheinung des Stoffes und der Körperwelt im Willen nicht ihre ausreichende Erklärung fände. Die Frage ist demnach, ob die Natur der stofflichen Welt durch das Prinzip des unbewussten Willens und seiner idealen Bestimmtheit begriffen werden kann.

Dass dies in der That möglich ist, hat E. v. Hartmann in einem der wichtigsten Kapitel seiner „Philosophie des Unbewussten" gezeigt [1] und habe ich selbst an anderer Stelle im Anschluss an die kantische Dynamik nachgewiesen [2].

Die beiden wesentlichsten Eigenschaften des Stoffes, wodurch sich derselbe von den psychischen Gebilden unterscheidet, die kontinuierliche Raumerfüllung (Ausdehnung) und die Undurchdringlichkeit (Solidität), sind bloss die subjektiven Erscheinungen einer Vielheit von konstanten individuell oder atomistisch gesonderten Kräften (Entelechien [Aristoteles] oder Monaden [Leibniz]), teils anziehender und teils abstossender Art. Kraft aber ist dasjenige, von aussen gesehen, was von innen betrachtet, sich als Wille darstellt. Wenn die Vorstellung das allein Inhalt gebende Moment des Willens ist und dieser nur realisiert, was jene ihm darbietet, so muss es für ihn selbst gleichgültig sein, ob er im Gehirn eines Philosophen neue Gedankenzusammenhänge vermittelt, oder ob er, als Atom- oder Monadenwille, die einfacheren Gebilde von räumlichen Beziehungen realisiert. Die Vorstellung andererseits kann ebenso gut Vorstellung solcher einfachen räumlichen Beziehungen sein, wie sie solche Momente in sich enthalten kann, die ganz in das Gebiet des rein Idealen fallen. Sie kann folglich ebenso gut den Grund dazu in sich enthalten, dass der Wille, als einfacher Monadenwille, sich bloss in der Sphäre des Räumlichen bethätigt, wie es Sache ihres Inhalts ist, ob die Monaden sich als dienende Glieder zum Organismus zusammenfügen, um Substrat eines neuen höheren Geisteslebens zu sein.

Fasst man die Gesamtheit der einfachen Monaden oder den realen Grund des Stoffes im Unterschiede von diesem selbst unter den Begriff der Materie zusammen, so besteht mithin zwischen ihr und dem realen Grunde unserer psychischen Erscheinungswelt insofern gar kein Unterschied, als beide metaphysische (reale) Einheiten von unbewusstem Willen und unbewusster Vorstellung sind. Wohl aber unterscheiden sie sich durch den Inhalt der Vorstellung, die den

---

[1] v. Hartmann: a. a. O. II, S. 96—123.
[2] Kants Naturphilosophie als Grundlage seines Systems, S. 369—383.

unbewussten Willen bestimmt. Denn während diese Vorstellung hier die ganze Mannigfaltigkeit des seelischen und körperlichen Organismus zum Momente hat, enthält sie dort bloss die einfachen Bestimmungen der Monade und ihrer Beziehungen zum Raume in sich. Der Unterschied zwischen dem Physischen und Psychischen ist folglich kein realer, sondern er ist nur ein idealer (begrifflicher) Unterschied, bedingt durch den grösseren oder geringeren Reichtum von Momenten, deren konkrete Totalität die unbewusste Vorstellung ausmacht. Darum hatte Leibniz Recht, an Stelle des kartesianischen Gegensatzes von Geist und Körper nur einen graduellen Unterschied zu setzen und die Materie nur als die niedrige Daseinsstufe desselben anzusehen, was auf höherer Stufe als (bewusster) Geist erscheint. Allein ebenso hatte auch Berkeley Recht, dem Stoffe bloss ein ideelles Sein in unserem Bewusstsein zuzusprechen. Geist und Materie können auf einander wirken, weil beide der Realität nach identisch sind. Der Stoff dagegen kann auf den Geist nicht wirken, nicht weil er von ihm verschieden ist, sondern weil er überhaupt nur ein vom Geist Gewirktes und ohne alles eigene reale Dasein ist.

Um es noch einmal hervorzuheben, so behaupten wir also nicht, wie der subjektive Idealismus, dass es ausserhalb des Bewusstseins keine Materie giebt, sondern nur, dass es ausserhalb desselben einen Stoff nicht giebt. Wir behaupten, dass der Stoff nur die bewusstseinsimmanente oder subjektiv ideelle Erscheinung desjenigen ist, was als bewusstseinstranscendent Reales oder als Ding an sich die Materie ist. Diese Materie aber ist dem Wesen nach dasselbe, was unsere eigene Psyche ist, nämlich Einheit von unbewusstem Willen und unbewusster Vorstellung. Es ist demnach eine falsche Gegenüberstellung, wenn man, wie üblich, das reale Sein in den Gegensatz des Stofflichen und Geistigen oder des Materiellen und Seelischen zerspaltet. Dass man dies so lange verkannt und in unlogischer Vermischung des Ideellen und Realen den Stoff mit dem Geiste auf eine und dieselbe Stufe gestellt hat, daran trägt nur die Verwechselung des Geistes mit dem Ich die Schuld. Denn diese Verwechselung hat das ideelle Sein auf den Thron des realen Seins gesetzt, sie hat den Gegensatz des Ich und des Stoffes, der in Wahrheit nur ein solcher innerhalb des Ideellen ist, zum Gegensatze im Realen selbst gestempelt und damit jenen Riss durch die gesamte Wirklichkeit verschuldet, mit dessen Heilung sich die Philosophie so lange abgemüht hat.

Der Gegensatz von Geist (Ich) und Stoff gehört einer Epoche des philosophischen Denkens an, die in erkenntnistheoretischer Beziehung dem naiven Realismus huldigt. Je mehr die erkenntnistheoretische Einsicht wachsen und man das Objekt der inneren Wahrnehmung ebenso vorurteilslos wie dasjenige der äusseren betrachten wird, desto mehr wird sich das Irrtümliche der gewöhnlichen Annahme offenbaren, als ob das eigene Bewusstsein ein unmittelbar gegenwärtiges Reales sei, desto bestimmter wird die fernere Entwickelung dahin gehen, auch unsere psychischen Funktionen als blosse Erscheinungen und Ideellitäten anzusehen. Will man aber dann nicht beim Ideellen stehen bleiben und entweder auf jegliche Erkenntnis des realen Seins verzichten oder aber der Absurdität des Illusionismus verfallen, dann muss sich der alte Gegensatz von Stoff und Geist ganz von selbst in den neuen Gegensatz des Ideellen und Realen verwandeln, der, wie wir dies oben gesehen haben, identisch mit dem Gegensatze des Bewussten und des Unbewussten ist, und die Philosophie, wie weit sie auch heute noch hiervon entfernt sein mag, muss Philosophie des Unbewussten werden, wofern sie Philosophie des Realen sein will.

Auf dem Standpunkte der Philosophie des Bewussten fällt das Unbewusste mit dem Stoff zusammen, weil der Geist hier seinem Wesen nach Bewusstsein ist. Nach der Philosophie des Unbewussten setzt jedes Element der Materie eo ipso Bewusstsein, sobald es mit einem anderen zusammentrifft. Nun besteht das Wesen der materiellen Monaden darin, bloss räumliche Beziehungen zu realisieren. Der Raum aber wird durch die Stellung einer jeden zu den übrigen bestimmt. Folglich müssen sie, da sie sich auf einander beziehen, auch sämtlich unter einander kollidieren und ist die Materie, als die Summe aller Monaden, ihrer Beschaffenheit nach eine bewusste Materie. Durchschaut man also den Irrtum des Cogito ergo sum und erkennt man, dass auch unsere bewussten seelischen Funktionen nur das subjektive Spiegelbild eines unbewussten Grundes sind, dann lautet das Problem nicht mehr: wie ist eine Wechselwirkung zwischen Geist und Körper möglich? sondern es lautet: wie muss das Reale, d. h. jener unbewusste Grund des Geistes und der Materie, beschaffen sein, um Grund des Ideellen, des Bewusstseins, sein zu können?

So erhellt, wie unberechtigt es ist, der Philosophie des Unbewussten vorzuhalten, dass sie mit ihrer Ableitung des Bewussten aus dem Unbewussten das Höhere aus dem Niederen zu begreifen suche. Dieser Einwand ist den Prinzipien der Philosophie des Bewussten und ihrer falschen Identifizierung des Unbewussten mit dem Stoff entnommen. Er ist jedoch ganz wirkungslos gegenüber einer Philosophie, für welche auch das Unbewusste ein Geistiges, nur eben nicht ein bewusstes oder ichliches Geistiges ist. Bedenkt man, wie bisher die ganze Sprache sich unter der Anschauungsweise und nach den Bedürfnissen der Philosophie des Bewussten gebildet hat, wie es ihr infolgedessen sogar an einem passenden Worte für den Gegensatz des Bewusstseins mangelt, sodass man zur Bezeichnung dieses Gegensatzes den negativen Begriff des Unbewussten hat wählen müssen, dann wird es freilich verständlich, wenn unwillkürlich bei den Meisten mit diesem Begriff derjenige des Stoffes verschmilzt. Um so nachdrücklicher muss daher auf das Missverständnis hingewiesen werden, als ob sich das sogenannte Unbewusste dem Range nach zum Bewussten, wie der Stoff, verhielte. Denn dasjenige, was die Philosophie des Unbewussten meint, ist ebenso der reale Grund des Bewusstseins, wie der (bewussten) Materie und des Stoffs, als der subjektiv-ideellen Erscheinung der Materie.

Fassen wir das Bisherige zusammen, so besteht also das reale Sein in einer Vielheit individuell bestimmter Willensfunktionen von verschiedenen Stufen der Individualität, auf deren untersten die einfachen (bloss räumlich bestimmten) Monaden der Materie, auf deren obersten die Geistmonaden stehen. Die materiellen Monaden konfligieren unter einander und wirken auf die Geistmonaden. Die Geistmonaden ihrerseits wirken auf die materiellen Monaden zurück und konfligieren durch Vermittelung der letzteren unter einander. Der ganze Prozess des realen Seins beruht auf den Konflikten der Monaden. Diese hängen aber wiederum davon ab, dass die Monaden sich wechselseitig auf einander beziehen. So hat Lotze Recht, das reale Sein ein „in Beziehung Stehen" zu nennen. Dächte man sich ein Reales, das zu keinem andern in Beziehung stände, so würde ein solches auch nicht sein, denn sein oder wirklich sein heisst wirkend sein; ein Wirken aber ist immer nur als Beziehung zwischen zwei Realen denkbar. Im Wirken also bethätigt sich die reale Natur des Seins. Das Ganze aber dieser sich auf einander beziehenden und folglich auch auf einander wirkenden Realen ist dasjenige, was man als die Wirklichkeit bezeichnet.

Alle Wirklichkeit ist sonach eine lebendige Wirklichkeit, und es giebt gar kein reales Sein, das als solches nicht ein aktives, funktionelles, lebendiges wäre. Das Passive ist gar keine wahre Wirklichkeit, denn der Stoff hat, wie gesagt, nur ein Sein in unserem Bewusstsein oder ist nur als Bewusst-Sein; und zwar beruht seine Starrheit und Leblosigkeit darauf, dass er bloss die nach aussen projizierte und angeschaute passive Empfindung ist. In der sinnlichen Anschauung des Stoffes hat die logische Idee in uns über den unlogischen Willen den Sieg davon getragen, der als solcher das Prinzip des Lebens ist. Aber darum eben ist der Stoff ein Passives und Inaktives, weil der Wille in ihm durch die logische Thätigkeit der Idee zur Ruhe gebracht, objektiviert und gleichsam getötet ist.

2. Das substantielle Wesen des Ich.

Wir sagten oben, eine Wechselwirkung der Realen sei nicht möglich, solange man diese als Substanzen auffasst, und wir machten für eine solche Auffassung das Cogito ergo sum verantwortlich. Wie nun? sollen wir dabei stehen bleiben, die Realen als blosse Funktionen anzusehen, und hat die Frage keinen Sinn, welchem Subjekt die unbewussten Willensakte angehören?

Die Philosophie eines Fichte, Schelling und Hegel beschränkte sich darauf, das Reale als blossen Prozess aufzufassen, und hielt einen substantiellen Träger der metaphysischen Funktion nicht für nötig, und auch nach Schopenhauer ist der Wille nur als wollender der Grund der Welt, aber er ist nicht der Wille eines wollenden Subjektes. Diese Ansicht hat neuerdings auch wiederum der moderne Heraklitismus, wie ihn Wundt in seinem „System der Philosophie" vertritt, sich angeeignet, und Paulsen hat sie in engstem Anschluss an Wundt als die notwendige Konsequenz der voluntaristischen Philosophie verteidigt. Nach der Meinung dieser Philosophen soll sich mit dem Substanzbegriffe ein vernünftiger Sinn nur auf physikalischem Gebiet verbinden lassen, seine Anwendung auf psychische Vorgänge dagegen nur eine falsche Uebertragung vom physikalischen Atomismus sein. Das kommt aber einer gänzlichen Verwerfung des Substanzbegriffes gleich, weil der physikalische Stoff auch nach Wundt und Paulsen die subjektiv-ideelle Erscheinung eines psychischen Realen sein soll.

Paulsen insbesondere findet garnicht genug an dem „hölzernen Seelenatom der gemeinen Meinung" auszusetzen. Er vermag nicht einzusehen, wie unsere psychischen Funktionen an einem derartigen „Wirklichkeitsklötzchen", einem unveränderlichen, starren, absolut beharrlichen „Realitätspünktchen" haften sollten, um allen Kräften und Vorgängen als Anhalt zu dienen. Vielmehr muss nach ihm die Seele als die im Bewusstsein auf nicht weiter angebbare Weise zur Einheit zusammengefasste Vielheit innerer Erlebnisse begriffen werden. „Das Dasein der Seele besteht in ihrem Leben, in der Einheit auf einander bezogener psychischer Vorgänge; nehmen wir diese weg, so bleibt kein Rückstand. Bewusstseinsvorgänge sind das an und für sich Wirkliche, sie bedürfen nicht eines Andern, eines Seelensubstantiale, das ihnen erst zur Wirklichkeit helfen oder sie in der

Wirklichkeit halten und tragen müsste; so etwas giebt's überhaupt nicht[1]."

Man sieht, warum diese Philosophen den Substanzbegriff aus der Metaphysik hinausweisen möchten. Sie halten ihn für unberechtigt, weil uns im Selbstbewusstsein nur wechselnde Zustände und Vorgänge gegeben sind, das Selbstbewusstsein aber nach ihrer Meinung derjenige Punkt ist, an welchem wir das Reale als solches unmittelbar erkennen. Wir können diesen Grund nicht gelten lassen, weil wir der inneren Wahrnehmung diese Fähigkeit der intellektuellen Anschauung nicht zugestehen können. Was jenen schon als die Seele selbst erscheint, die Bewusstseinsvorgänge in ihren mannigfaltigen Verknüpfungen, sind nach unserer Ansicht bloss erst die Erscheinungen der Seele. Sie verwechseln also das reale mit dem ideellen Sein und glauben den substantiellen Träger der Bewusstseinsvorgänge entbehren zu können, weil diese ihnen schon selbst für Realitäten gelten. Das ist aber nur das alte Cogito ergo sum in seiner Anwendung auf die besonderen Bestimmungen des Selbstbewusstseins, woraus Andere mit dem gleichen Recht geschlossen haben, dass die psychischen Funktionen an einem substantiellen Träger, einem „Seelensubstantiale" haften müssten.

Das unmittelbare Bewusstsein erweist sich sonach hier, wie überall, ganz unfähig, über die Natur des Realen etwas auszumachen. Ob es eine Substanz hinter den wechselnden Zuständen unseres Selbstbewusstseins giebt, das lässt sich durch den einfachen Hinweis auf den Inhalt unseres Selbstbewusstseins nicht beweisen. Das Denken jedoch oder die Reflexion, die hier allein Ausschlag gebend ist, verlangt, wie sehr dies auch am grünen Tisch bestritten werden möge, dass unsere Gedanken, Gefühle und Willensakte einem substantiellen Träger, einem denkenden, fühlenden und wollenden Subjekt angehören. Wir sind nun einmal geistig so organisiert, dass wir uns Funktionen, Vorgänge und Zustände als „frei in der Wirklichkeit schwebend" nicht vorzustellen vermögen. Wie wir auf die Wissenschaft verzichten müssten, wenn das Gesetz der Kausalität, das uns nötigt, alle Erscheinungen unter dem Zusammenhange von Ursache und Wirkung aufzufassen, bloss subjektive Geltung hätte, so müssten wir an aller Wahrheit irre werden, falls Zustände irgendwie in sich selbst Bestand haben, Funktionen ohne funktionierendes Subjekt existieren könnten. Und zwar ist dies nicht ein bloss scheinbar logischer Zwang infolge der sprachlichen Gewöhnung, sondern um-

---

[1] Paulsen: Einleitung in die Philosophie, S. 368. Vgl. S. 133 ff., 362 ff.

gekehrt ist auch das sprachliche Subjekt nur auf Grund des logischen Zwanges selbst entstanden.

Auch Paulsen muss einräumen, dass dem gesunden Menschenverstande der Verzicht auf ein solches haltendes und tragendes Etwas als eine harte, ja, als eine ganz unerfüllbare Forderung erscheinen müsse. Er giebt mithin den logischen Zwang, der dem Substanzbegriff anhaftet, zu. Nun sind aber die Kategorien, als die allgemeinsten Denkformen und Verhältnisse, unter denen wir alle Gegenstände betrachten müssen, nur dann keine Täuschungen und Blendwerke unseres Verstandes, wenn das reale Sein auch wirklich in ihnen beschlossen ist. Es ist reine Willkür, den übrigen Kategorien die reale Bedeutung zuzusprechen, das Verhältnis der Substanz und ihrer Accidenzen dagegen bloss auf das ideelle Sein zu beschränken. Entweder giebt es ein vom ideellen verschiedenes reales Sein; dann muss auch die Kategorie der Substanz für dieses gelten. Oder aber das reale ist selbst das ideelle Sein; dann beruhen nicht bloss alle Kategorien überhaupt nur auf Täuschung, sofern sie sich sämtlich auf ein vom ideellen verschiedenes Sein zu beziehen scheinen, sondern es hat dann auch gar keinen vernünftigen Sinn, der Substanz bloss eine ideelle Geltung zuzuschreiben. Vollends irreleitend aber ist es, auf das Ganze des Seelenlebens, wenn man darunter nur die begriffliche Einheit der allein realen seelischen Funktionen versteht, die alte Bezeichnung der Substanz anzuwenden. Denn damit beruhigt man allenfalls den gesunden Menschenverstand, solange er der wahren Meinung nicht weiter nachforscht, allein man erschwert die klare Einsicht in das Problem und verschleiert nur den Punkt, worauf es dabei eigentlich ankommt.

Es ist also falsch, die Substanz darum zu leugnen, weil die Selbstwahrnehmung uns nirgends einen substantiellen Träger zeigt. Wohl aber ist es richtig, die individuelle Substanz zu leugnen, weil die Reflexion uns das reale Sein als eine Vielheit auf einander wirkender Einheiten erkennen lässt, Substanzen aber, wie gesagt, nicht auf einander wirken können. Jene Einheiten sind funktioneller Art, aber nicht darum, weil Funktionen und ihre Zustände den einzigen unmittelbaren Inhalt unseres Selbstbewusstseins bilden, sondern darum weil die gedankliche Zergliederung unserer psychischen Gebilde uns zunächst nur auf Funktionen hinführt. Funktionen aber können nicht sein, ohne von einer substantiellen Unterlage getragen zu sein. Wenn es nun also nicht angeht, jede einzelne Funktion an eine besondere Substanz zu knüpfen, so bleibt folglich nur übrig, alle Funktionen zusammen an eine und die nämliche Substanz zu knüpfen. Diese Substanz ist eben deshalb die absolute Substanz, worin die sämtlichen Funktionen und Funktionengruppen, wie Radien in einen Mittelpunkt, zusammenlaufen.

Nur als Accidenz einer absoluten Substanz ist die Aktualität der reale Grund derjenigen Erscheinungen, deren Gesamtheit eben die Wirklichkeit ausmacht. Jeder Versuch, die Aktualität von ihrem substantiellen Grunde loszulösen, hebt den inneren Zusammenhang der Realen auf und macht es unerklärlich, wie die thatsächliche Einheit des Daseins und Geschehens aus einer blossen Summe von selbständigen Funktionen sollte hervorgehen können. Denn daran ist ja kein Zweifel, dass eine Vielheit von an und für sich bestehenden Funktionen sich garnicht anders verhalten kann, wie eine Vielheit von Substanzen, dass Funktionen, die durch kein inneres Band zusammengehalten werden, sich auch nicht auf einander beziehen und sich wechselseitig zu höheren realen Einheiten verbinden können. Ja, solche Funktionen, die selbständig sind, sind im Grunde garnichts Anderes als Substanzen, nur dass ihre Substanzialität mit ihrer Aktualität sich deckt, ihr Wesen rein in ihrem Wirken aufgeht. Jede Unterordnung der individuellen Funktionen unter einen Zweck, der über die Sphäre der einzelnen Funktion hinausgeht, setzt einen Träger jenes Zwecks voraus, zu dem sich die Funktionen als Mittel verhalten. Die Unterordnung aller aber unter den absoluten Zweck ist nur unter der Voraussetzung eines absoluten Trägers dieses Zweckes denkbar. Darum sehen sich auch Wundt und Paulsen, obschon sie eine objektive Teleologie nicht anerkennen, durch die Thatsache der universellen Wechselwirkung doch genötigt, ihre individuellen Willensentitäten an eine letzte gemeinschaftliche Einheit anzuknüpfen, ja, Paulsen trägt sogar kein Bedenken, sie als die „absolute Substanz" zu bestimmen, ohne freilich darunter etwas Anderes als den absoluten Willen im Sinne Schopenhauers zu verstehen. Dabei bleibt jedoch die Schwierigkeit ungelöst, dass Funktionen, auch absolut gedacht, des substantiellen Trägers nicht entbehren können und dass nicht einzusehen ist, wie der eine absolute Wille sich in eine Vielheit individueller Willensfunktionen besondern und gleichzeitig als deren inneres vereinigendes Band sollte fortbestehen können.

Auch der Voluntarismus oder die thelistische Metaphysik eines Wundt und Paulsen muss anerkennen, dass der blosse Wille nur Unterschiede der intensiven Quantität, nicht aber der Qualität zeigen kann. Der Wille rein als solcher kann verschieden stark oder schwach sein, aber diese Unterschiede des Stärkegrades sind nur als zeitlich verschiedene Momente eines und desselben Willens denkbar, bewirken jedoch für sich allein noch keine Besonderung des Willens in zwei gleichzeitig von einander verschiedene Willensakte. Die qualitative Verschiedenheit der Einzelwillen und damit die individualistische Beschaffenheit der Realität kann ihren Grund nur in den verschiedenen Vorstellungen haben, die den jeweiligen Inhalt der Willensfunktionen bilden. Nun kann aber der Voluntarismus, um konsequent zu sein, die Vorstellung nur erst aus der Wechselwirkung der individuellen Willensfunktionen resultieren lassen. Er begeht mithin den Zirkel, dasjenige als Wirkung aufzufassen, was notwendig schon in der Ursache enthalten sein muss, damit überhaupt irgend eine Wirkung zustande kommt, und dies nur, weil ihn sein irrtümlicher Glaube an die Unmittelbarkeit der Selbstwahrnehmung verbietet, die ursächliche und die bewirkte Vorstellung als unbewusste und bewusste Vorstellung von einander zu unterscheiden.

Wir, die wir die Aktualität als Einheit von unbewusstem Willen und unbewusster Vorstellung begriffen haben, sind dadurch auch vor jener Identifizierung von Substanz und Aktus geschützt. Denn den Willen an und für sich mag man sich immerhin ohne eine von ihm selbst verschiedene Substanz vorstellen: Wille und Vorstellung zusammen, als einander bedingende und ergänzende Faktoren, kann man sich nicht ohne einen Träger vorstellen, der hinter ihnen subsistiert und zu dem sie beide in dem nämlichen Verhältnis stehen. Denn weder haftet die Idee am Willen, noch haftet der Wille an der Idee, sondern beide können nur als Momente an einem und demselben Dritten haften, dessen Aeusserungsweise oder Attribute sie bilden. Giebt es überhaupt eine Substanz, so kann sie folglich nur von der Aktualität und damit von der Realität verschieden sein. Sind aber beide verschieden, dann müssen sie sich zu einander verhalten, wie das Wesen sich zu seiner Erscheinung verhält.

Der Voluntarismus hat ganz recht, zu betonen, dass die Realität nicht in der Substantialität, sondern nur in der Aktualität zu finden ist. Denn mag nun die Substanz eine individuelle oder mag sie eine absolute sein: wenn sie real ist, so haben ihre Accidenzen nur ein ideelles Sein, und die Welt, als Erscheinung ihrer Aktualität, ist eine bloss subjektive und unwirkliche Erscheinung. Allein das Nämliche ist der Fall, wenn die Aktualität, wie der Voluntarismus annimmt, eine unmittelbar erkannte und bewusste sein soll. Denn damit wird sie selbst zum ideellen Sein, und es ist eine rein vergebliche Mühe, ihr eine andere Realität als unseren Vorstellungen zuzusprechen. Keiner hat die Identität von Realität und Aktus so stark betont, wie Leibniz, der sich dadurch gerade ein Hauptverdienst um die Philosophie erworben, dass er die Monaden als reine Thätigkeiten oder Funktionen bestimmt hat. Allein wohin es führt, wenn man die Aktualität als unmittelbar bewusste auffasst, dafür liefert zugleich auch die leibnizsche Monadologie mit ihrer subjektivistischen Verflüchtigung der Realität das deutlichste Beispiel.

Derselbe falsche Glaube an das Cogito ergo sum, der den Voluntarismus veranlasst, die Aktualität als bewusste anzusehen, ist auch der Grund, weshalb er sich berechtigt glaubt, die Substantialität mit der Aktualität zu identifizieren. Damit verwickelt man sich aber nur in dasselbe Dilemma, wie wenn man sie mit der Realität identifiziert. Je nachdem nämlich ob der Nachdruck auf die Aktualität oder auf die Substantialität gelegt und der eine von beiden Begriffen festgehalten wird, verschwindet entweder die Substantialität in der Aktualität, oder umgekehrt die Aktualität geht in der Substantialität unter. Im ersten Falle wird die Welt auf ihre eigenen Füsse gestellt, und ihr substantieller Grund wird zum blossen Begriff im endlichen Bewusstsein. Im zweiten Falle wird alle Realität auf das substantielle Wesen übertragen, und die Welt verblasst zum blossen Traum im absoluten Bewusstsein. Entweder ist die Welt real, dann ist die Substanz eben deshalb bloss ideell. Oder aber die Substanz ist real; dann kann die Welt bloss eine ideelle Existenz besitzen. Hier ergiebt sich mithin als die notwendige Konsequenz der **Akosmismus**; dort ergiebt sich mit der gleichen Konsequenz der **Naturalismus**. Der Akosmismus ist **Monismus**, sofern er die Vielheit des Endlichen als Erscheinung des Einen absoluten Wesens auffasst; allein er ist ein **abstrakter** Monismus, weil er von der Realität des Endlichen abstrahiert und seine Erscheinung nur als ideelle (subjektive) auffasst. Der Naturalismus ist **Pluralismus**, weil er die Welt in eine Vielheit selbständiger Realen zersplittert; allein er ist ein **abstrakter** Pluralismus, weil er ebenso von ihrer gemeinschaftlichen substantiellen Einheit abstrahiert. Der abstrakte Monismus ist **Pantheismus** in dem Sinne, dass der absolute Grund der Welt zugleich ihr Wesen und folglich Alles in Allem ist. Der abstrakte Pluralismus ist **Atheismus** in dem Sinne, dass die Welt ihm Alles und dass die Vielheit der endlichen Realitäten als solche unmittelbar das Absolute ist.

Diese Thatsachen bestätigen sich am deutlichsten am Spinozismus. Auch Spinoza erklärt die Substanz für identisch mit ihrem Aktus und gelangt infolge hiervon dahin, die Welt als einen unwirklichen Schein am Absoluten aufzufassen. Denn wenn die Substanz eine ewige und absolute ist, so kann auch ihr Aktus, falls er mit ihr identisch ist, nur ein ewiger und absoluter sein. Eine solche aber ist die empirische Erscheinungswelt nicht und folglich kann diese nur eine blosse Scheinwelt sein, der Aktus mithin nur ein ideelles Sein besitzen. Auf der andern Seite führt jedoch gerade seine Identität mit der realen Substanz dahin, auch den Aktus als einen realen aufzufassen, und dann geht die ursprüngliche Realität der Substanz in der Vielheit der endlichen Erscheinungen unter. So kommt es, dass die Einen aus dem System des Spinoza mit dem gleichen Rechte den Naturalismus, die Andern den Akosmismus herauszulesen pflegen, und dass man seinen Urheber ebensowohl als Atheisten, wie als Pantheisten zu bezeichnen pflegt. So kommt es auch, dass sich bei dem Einfluss, den der Spinozismus auf die neuere Spekulation gewonnen hat, mit dem Begriffe des Pantheismus derjenige des Atheismus unmittelbar verschmolzen und dass man, weil beide sich beim Spinoza vereinigt finden, das Widerspruchsvolle dieser Verschmelzung nicht bemerkt hat.

Nun sind aber schon bei Spinoza beide Gegensätze nur aus einer verschiedenartigen Ausdeutung der Identität von Substantialität und Aktualität hervorgegangen, und ihre Nebeneinanderstellung und Ineinanderschiebung in Einem System lässt dieses in zwei unvereinbare Hälften auseinanderfallen. Es geht folglich nicht an, auch in der Folgezeit zu konservieren, was schon bei Spinoza ein Widerspruch ist, und den Pantheismus dadurch in Verruf zu bringen, dass man ihn einfach mit dem Atheismus für identisch ausgiebt. Es geht auch nicht an, dem Monismus vorzuwerfen, dass er über der Betonung der absoluten Substanz die Rechte ihrer Accidenzen missachte und dass es überhaupt in seinem Wesen liege, die Realität der endlichen Erscheinungswelt zu leugnen. Der Monismus des Spinoza mit seiner Weltverleugnung ist ein ebenso abstrakter Standpunkt, wie sein naturalistischer Pluralismus mit seiner Weltvergötterung. Der wahre Monismus ist konkreter Monismus, als Synthese von abstraktem Monismus und Pluralismus, und dieser besteht in der Anerkennung, dass es ebensowenig eine reale Vielheit ohne substantielle Einheit giebt, wie eine solche Einheit, die sich nicht in die Vielheit und Besonderheit einer realen Erscheinungswelt entfaltete.

Man pflegt dem Pantheismus das Schwankende in seinem Charakter vorzuwerfen und hat behauptet, es gäbe überhaupt keinen wirklich konsequenten Pantheismus. Daran ist soviel richtig, dass ein solcher Pantheismus das Ziel der ganzen bisherigen Metaphysik gewesen ist und dass es sich für sie im letzten Grunde überall nur darum gehandelt hat, jenen Standpunkt des konkreten Monismus zu gewinnen[1]. Wenn ihr dies nicht gelungen ist, wenn alle ihre Bemühungen, die Vielheit der Erscheinungswelt mit der Einheit des substantiellen Wesens in Uebereinstimmung zu bringen, an der Dialektik der Begriffe Realität resp. Aktualität und Substantialität gescheitert sind, indem jeder dieser Begriffe in den andern umschlägt, so hat das nur darin seinen Grund, weil die ganze Metaphysik bisher stillschweigend oder ausgesprochen das Cogito ergo sum zu ihrem Ausgangspunkt gehabt hat. Denn damit ist die Identität von Substantialität, Aktualität und Realität unmittelbar gegeben und wird es nur mehr zu einer Sache des persönlichen Beliebens, ob man diese oder jene konservieren will. Darum bewegte sich bisher der ganze Entwickelungsprozess der Metaphysik durch die Gegensätze des Pantheismus und Individualismus hindurch, weil keiner bei dem andern zu seinem Recht gekommen war. Die Pantheisten, die alle Aktualität in der Substantialität verschwinden liessen und die alleinige Realität der absoluten Substanz behaupteten, beriefen sich mit dem gleichen Rechte auf das Cogito ergo sum, wie die Individualisten, die alle Substantialität in die Aktualität versenkten und folglich die individuellen Thätigkeiten als ebenso viele Realen bestimmten. Ein Gleichgewichtszustand der beiden Gegensätze erscheint jedoch sofort als möglich, sowie man nur das Irrtümliche ihrer beiderseitigen Voraussetzung aufdeckt.

Früher sagten wir, die kantische Vernunftkritik verdanke ihren Reichtum an Gesichtspunkten und erhellenden Gedankenblitzen, wodurch sie fast jedem späteren System einen Anknüpfungspunkt gewährt, aber auch ihre Widersprüche und Wunderlichkeiten der zwiefachen Weise, wie sie das Cogito ergo sum verwendet. Jetzt können wir das Gleiche auch von Spinoza sagen, dessen widerspruchsvolle Verkoppelung von Pluralismus und Monismus ihn ebenso als den Vorläufer der leibnizschen Monadologie und des französischen Materialismus, wie des Pantheismus eines Fichte, Schelling und Hegel erscheinen lässt. Weil beide mit genialer Unbefangenheit die entgegengesetzten Möglichkeiten herausgesetzt haben, die im Cogito ergo sum verborgen schlummern, darum konnten sie neben einander entwickeln, was ihre Nachfolger und Anhänger, die den Widerspruch bemerkten, nur einzeln zur Darstellung bringen konnten, darum konnte aber auch die nachkantische Philosophie wieder an Spinoza anknüpfen, ohne deshalb den Boden des transcendentalen Idealismus

---

[1] Vgl. mein Werk: Die deutsche Spekulation seit Kant u. s. w. I. Einleitung.

zu verlassen. Wer sonach an jener Voraussetzung festhält, der mag wohl nach ihrem bisherigen Entwickelungsgange, wo ein System immer das andere ablöst und überbietet, das Ziel der Metaphysik überhaupt für unerreichbar halten. Einer vorsichtigeren Betrachtungsweise müssen gerade ihre beständigen Misserfolge als Beweis dafür dienen, dass die Metaphysik sich bisher nicht auf dem richtigen Wege befunden hat und sie muss sich daher vor allem die Frage vorlegen, ob nicht vielleicht der gemeinschaftliche Ausgangspunkt der bisherigen metaphysischen Systeme schon selbst den Keim des Widerspruches in sich trägt.

Besässen wir ein unmittelbares Bewusstsein der Realität, dann müsste allerdings die Aktualität mit der Substantialität zusammenfallen, weil die Annahme einer Substanz hinter ihrem Aktus alsdann keine Berechtigung mehr hätte. Nun ist aber, wie gesagt, die bewusste Aktualität überhaupt keine Realität. Damit fällt die Möglichkeit hinweg, ihr Zusammenfallen mit der Substantialität auf Grund der unmittelbaren Thatsache des Bewusstseins zu behaupten. Die Realität ist Aktualität; aber sie ist dies nur als unbewusste Aktualität. Die Aktualität ist Erscheinung der absoluten Substanz; diese selbst jedoch steht hinter der Erscheinung. Die Realität ist mithin nur in der Erscheinung oder ist nur als Erscheinung, aber nicht als subjektive Erscheinung von blosser Bewusstseinsrealität, sondern als objektive, bewusstseinstranscendente Erscheinung.

Man wendet gegen diese Behauptung ein, dass sie der psychologischen Erfahrung widerspreche. Zur Wirklichkeit, sagt man, gehört auch mein Ich. Wäre nun dies Ich ein Bruchstück oder eine Teilgrösse eines absoluten Ganzen, wie es nach jener Auffassung der Fall sein soll, eines Ganzen, das ebenso auch in allen übrigen realen Existenzen zur Erscheinung kommt, so müsste ich doch davon ein Bewusstsein haben. Nun erkenne ich aber mich selbst als ein „ganzheitliches" Prinzip, das keines Anderen zu seiner Existenz bedarf, weil es in sich selbst die notwendigen Bedingungen seiner Thätigkeit und Fortentwickelung findet. Sonach meint man, sei auch kein Grund vorhanden, mich selbst als blosses Fragment in ein höheres Ganzes eingereiht zu denken[1]. Dieser Einwand behauptet also mit andern Worten, das Ich sei eine „substantiale Monas". Das ist aber nur aus dem Cogito ergo sum gefolgert, über das wir nun kein Wort mehr zu verlieren brauchen. Gewiss, erschöpfte mein Bewusstsein

---

[1] Th. Weber: Metaphysik (1888—91), S. 80 f. E. Melzer: Der Beweis für das Dasein Gottes und seine Persönlichkeit mit Rücksicht auf die herkömmlichen Gottesbeweise (1895), S. 7 f.

das Sein, so müsste ich mich auch als Bruchteil des Absoluten wissen, falls mein Sein mit dem absoluten Sein identisch wäre. Nun wird aber das reale Sein als solches überhaupt nicht erfahren; folglich kann auch die metaphysische Einheit des Ich mit dem absoluten Sein durch den Hinweis auf den Mangel der Erfahrung nicht bestritten werden.

Wir erkannten oben die Schranken als unberechtigt, die das Cogito ergo sum zwischen den endlichen Existenzen aufgerichtet hat, und setzten an die Stelle des Dualismus von Geist und Körper die monistische Auffassung eines Stufenreiches von Monaden. Jetzt zeigt sich, dass auch der Dualismus von Endlichem und Absolutem aus derselben falschen Voraussetzung entspringt. Damit ist aber der Dualismus in jeder Hinsicht überwunden und der Monismus in seine unumschränkte Herrschaft eingesetzt, indem die endlichen Individuen nur als Teile, Glieder und Funktionen desselben allumfassenden Organismus erkannt sind.

Die Realität ist nur in der Erscheinung; die Substanz jedoch steht hinter der Erscheinung. Weit entfernt also, dass wir die Substanz unmittelbar erkennen, wie Descartes und im Anschluss an ihn Spinoza angenommen haben, vermöchten wir sie selbst dann nicht zu erkennen, wenn wir eine unmittelbare Erkenntnis des realen Seins besässen. Darum dachten sich die Gnostiker und der Neuplatonismus die höchste Gottheit in einem Zustande weltentrückter Erhabenheit, als jenen mystischen „Bythos" oder „Abgrund", jenes „uranfängliche Schweigen", das sie in Begriffen nicht auszudrücken wagten, weil es jenseits alles Seins und Denkens liegen sollte. Dasselbe meint auch die Kabbalah, wenn sie die alleine Gottheit, den Ensoph, als den Verborgenen der Verborgenen, als reine Nacht und Finsternis oder als das Nichts bezeichnet, weil alle seine Bestimmungen bloss die Erscheinung der Substanz betreffen. Die absolute Substanz ist das Nichts aller Bestimmtheit, das „unwesentliche Wesen", der „einfache Grund", die „stille Wüste", die „unbewegliche Ruhe" oder die „Gottheit" Meister Eckharts. Sie ist das Nämliche, was Jakob Boehme die „Stille ohne Wesen", eine „unfassliche Weite ohne Stätte", den „Ungrund", sofern er weder selbst begründet ist, noch begründet, genannt hat. Nur durch den übersinnlichen Akt der Auslöschung aller geistigen Funktionen soll es nach allen diesen Lehren möglich sein, sich Gott zu nähern. Wenn sie freilich jenen Akt als einen bloss vorübergehenden verstanden und meinten, die „Flucht des einzig Einen zum einzig Einen" sei gleichsam nur eine Episode innerhalb des irdischen individuellen Lebens, dann war das auch nur wieder eine Spur jenes alten Glaubens an die Möglichkeit der unmittelbaren Erkenntnis des Realen. Aber Recht hatten sie darin, die letzte centrale Tiefe des Seins, den substantiellen Kern aller realen Existenzen über Denken und Sein hinauszurücken und ihn gänzlich aller Erkenntnis durch Begriffe zu entziehen. Denn unsere Begriffe beziehen sich auf das Sein und sind von diesem abgezogen; die Substanz jedoch liegt jenseits alles Seins und ist die Voraussetzung des Seins und des Begreifens. Es ist daher ein uneigentlicher Ausdruck, wozu uns nur der Mangel an einem passenden Begriffe zwingt, wenn man der Substanz ein Sein beilegt. Die Substanz „ist" nicht, sondern sie „weset" nur, d. h. sie ist das Wesen der Erscheinungen, worin wir allein die Realität zu suchen haben. Nur ihre Accidenzen „sind"; sie selbst aber ist das „unvordenkliche" Sein, was Schelling das „Uebersein" genannt hat.

Ist so die absolute Substanz erwiesen, so müssen wir auch die einzelnen realen Existenzen in eine nähere Beziehung zu einander rücken, als bisher geschehen konnte. Bisher betrachteten wir jede einzelne Realität als Einheit von Wille und Idee und stellten es so dar, als ob die Attribute der individuellen Existenzen selbständige und gegen einander abgeschlossene Wesenheiten seien. Indem nun aber mit der Annahme der absoluten Substanz die Monaden ihre Selbständigkeit und Substantialität verlieren, indem sie zu unselbständigen Momenten oder Accidenzen (Modi) an der einen ihnen allen gemeinschaftlichen Substanz herabsinken und nach rückwärts sich gleichsam alle in demselben Punkte schneiden, so fliessen auch die vielen individuell gedachten Attribute zu absoluten Attributen der absoluten Substanz zusammen. Es giebt also nicht viele Willen und viele Ideen, die beschränkt wären auf die Sphären vieler Individuen, sondern es giebt nur Einen Willen und nur Eine Idee, zu denen sich die vielen Individualideen und Individualwillensfunktionen verhalten, wie sich innerhalb des höheren Individuums der Wille resp. die (unbewusste) Vorstellung dieses Individuums zu den ihnen immanenten und untergeordneten Willen resp. Vorstellungen der konstituierenden Elementarindividuen verhält. Mit andern Worten: der Individualwille und die Individualidee sind dies nicht als Attribute individueller Wesen, sondern sie sind es als Attribute des absoluten Wesens, das in ihnen sich bloss in individueller Weise eingeschränkt hat. Darum sind die vielen Individuen ihrem Inhalte und ihrer Existenz nach auf einander bezogen und bilden sie in ihrer Gesamtheit ein einheitliches System oder einen Makroorganismus, in dessen Vielheit von Gliedern und Funktionen wir überall nur das eine identische Wesen zu erkennen haben. Wie im individuellen Organismus oder Mikroorganismus die niederen Funktionen nur die Momente sind, die eben diesen Organismus konstituieren, so machen auch im Makroorganismus oder im absoluten Organismus die verschiedenen realen Wesen die Momente aus, worauf sich das Ganze jenes Organismus gründet. Bezeichnet man den einheitlich zusammengefassten Stufenbau von konstituierenden Funktionen des Mikroorganismus als Seele, so besteht mithin kein Grund, diesen Namen auf die Gesamtheit von Funktionen beim Makroorganismus nicht anzuwenden. Der Makroorganismus ist die absolute Seele, die Weltseele im Sinne von Plotin und Giordano Bruno. Indem sie, als das Subjekt aller Thätigkeit, sich in allen verschiedenen Funktionen auswirkt, so ist die absolute Substanz zugleich das absolute Subjekt und als solches das absolute Individuum, das sich in allen seinen einzelnen Gliedern und Erscheinungen gleichzeitig sowohl als Wille, wie als Idee bethätigt.

So haben wir also im Centrum das Uebersein, in den Radien, die von diesem nach den verschiedenen Richtungen ausstrahlen, das reale Sein, oder wie man es in seiner Beziehung auf die einzelnen realen Existenzen auch zu nennen pflegt, das Dasein, in der Peripherie, wo die sämtlichen Radien, gleichsam geknickt und umgebogen, wieder zusammentreffen, das ideelle oder das Bewusst-Sein. Dem Uebersein entspricht das substantielle Wesen, dem Dasein und Bewusstsein die Erscheinung desselben, und zwar entspricht dem ersteren die objektive oder unmittelbar gesetzte, dem letzteren die subjektive oder mittelbar gesetzte Erscheinung. Das Wesen ist die Einheit der Substanz und ihrer Attribute, des absoluten Willens und der absoluten Idee. Die Erscheinung ist die Einheit der Substanz und ihrer Accidenzen, worin die beiden Attribute sich entfaltet haben. Die subjektive Erscheinung, als die Gesamtheit des Ideellen, hat unmittelbar nur Teil am Attribute der Idee. Die objektive Erscheinung, als die Gesamtheit des Realen, hat Teil an beiden Attributen. Realität ist die unbewusste Einheit des Willens und der Idee. Ideellität ist die aus dieser Einheit herausgesetzte und in die Form des Bewusstseins gekleidete Idee. Die subjektive Erscheinung wird unmittelbar erkannt; die objektive Erscheinung wird nur mittelbar durch das Medium der subjektiven Erscheinung erkannt; die Substanz aber wird weder mittelbar, noch unmittelbar erkannt, sondern überall nur vorausgesetzt als der Träger ihrer Attribute. Die bewusste (endliche) Erkenntnis ist die im Konflikte der individuellen Willensfunktionen erzeugte und dadurch in den Gegensatz von Subjekt und Objekt gespaltene unbewusste Erkenntnis. Die unbewusste Erkenntnis ist die jeweilige aktuelle Einheit der idealen Bestimmungen jener Willensfunktionen, wie sie vor- und abgesehen von ihren wechselseitigen Konflikten ist, und daher eine gegensatzlose, absolute Erkenntnis. Die bewusste Erkenntnis hat ausser sich den Gegensatz des realen Seins. Die unbewusste Erkenntnis hat ausser sich den Gegensatz des absoluten Willens. Das Wesen aber hat garnichts ausser sich, sondern nur den Gegensatz der Attribute in sich. Darum ist es, wie Nicolaus v. Cusa sagt, die coincidentia oppositorum, woraus sich alle realen Gegensätze durch den logischen Gegensatz der Attribute entwickeln.

Weil der Gegensatz der Attribute ein logischer, oder vielmehr, da das Logische ja selbst das eine Glied des Gegensatzes bildet, ein metalogischer und insofern bloss ein ideeller, nicht aber ein realer ist, so ist die Besorgnis unbegründet, dass die Annahme einer Zweiheit von Attributen die Einheit der Substanz gefährden und dieselbe in zwei entgegengesetzte Hälften auseinandersprengen könnte. Wer glaubt, die Attribute als solche in unmittelbarer (intellektueller) Anschauung erfassen zu können, der muss natürlich in jedem einzelnen schon ein Reales sehen und folglich ihre Vereinigung in der absoluten Substanz für einen phantastischen Gnostizismus halten, der das Gegenteil alles wirklichen Monismus ist. Es ist daher nur selbstverständlich, dass die Anhänger Hegels und Schopenhauers für die hier vertretene Ansicht kein Verständnis zeigen, denn dasjenige, was Wille und Idee nur vereint leisten können, die Erklärung der gesamten Wirklichkeit, das leistet nach ihrer Meinung schon eines der beiden Attribute für sich allein, und zwar weil unser Selbstbewusstsein uns unmittelbar seine absolute Realität bestätigt. Die Hegelianer vermögen nicht einzusehen, dass die Idee zwar den ganzen Inhalt des Seins, aber nicht seine Realität erklären kann. Die Schopenhauerianer wollen nicht zugeben, dass der Wille nur die blosse Form des realen Seins, aber nicht seinen Inhalt erzeugen kann. Sie sind aber nur deshalb ausser Stande, in der gegnerischen Ansicht die Ergänzung ihres eigenen Standpunktes zu erkennen, weil beide ihrer Voraussetzung gemäss bestrebt sein müssen, das richtige Sowohl-als-auch durch ein einseitiges und abstraktes Entweder-oder zu verdrängen. Gewiss ist es, jene Voraussetzung angenommen, bloss eine Sache des Charakters, ob man den Willen oder die Idee für das Weltprinzip ansieht — Hegel und Schopenhauer in ihrer charakterologischen Verschiedenheit sind selbst nur der sprechende Beweis hierfür — denn die intellektuelle Anschauung lässt beide Möglichkeiten offen. Erklärt man jedoch das Reale für das Jenseits des Bewusstseins und hält man demgemäss eine Erkenntnis des Realen nur vermittelst der Reflexion für möglich, dann ist es keine Sache des subjektiven Charakters mehr, sondern die Frage, auf welche Seite man sich stellen solle, kann alsdann nur aus reinen Verstandesgründen entschieden werden, und diese sprechen deutlich genug für eine gleichmässige Vereinigung der beiden Seiten. Wenn der absolute Geist im hegelschen Panlogismus bei dem Mangel eines Realprinzips unfähig ist, die Fülle seiner idealen Gebilde ins reale Sein hinüberzuführen, wenn der absolute Wille im schopenhauerschen Panthelismus bei dem Mangel eines Idealprinzips ebenso unfähig ist, seine Realisierungskraft in abgesonderten Gebilden zu bethätigen, so können nur Wille und Idee zusammen die Vielheit der realen Erscheinungswelt erzeugen. Dann ist aber nicht schon die Idee als solche der absolute Geist, wie Hegel meinte, sondern erst die Idee in ihrer Einheit mit dem Willen d. h. die absolute Substanz, als Träger ihrer Attribute, die identisch mit dem absoluten Wesen ist. Der Standpunkt, den wir dann erhalten, ist folglich nicht ein einseitiger abstrakt-monistischer Panlogismus, er ist auch kein ebenso einseitiger abstrakt-monistischer Panthelismus, sondern er ist, als die Vereinigung dieser beiden Einseitigkeiten, ein konkreter Monismus, den wir im Unterschied von jenen, als Panpneumatismus bezeichnen können.

8. Die absolute Persönlichkeit.

Hier erhebt sich nun die Frage, ob der absolute Geist als persönlich oder als unpersönlich aufzufassen sei.

Der Begriff der Persönlichkeit gehört, wie derjenige des Bewusstseins, erst dem modernen Geiste an. Bei dem naiv naturalistischen Grundzug seines Wesens erscheint es dem Griechen selbstverständlich, dass der Geist nur in unauflöslicher Einheit mit seiner Naturgrundlage ist. Zwar unterscheidet er beide begrifflich von einander, zwar erkennt er auch den Geist als das Höhere der Natur an, aber dieser Unterschied hat sich hier noch nicht zu einem Gegensatz entwickelt, und daher hat der Grieche, wennschon er die Natur oder die stofflich-materielle Gestaltung als blossen Träger oder Substrat des Geistes betrachtet, kein Bewusstsein von der wesentlichen Verschiedenheit dieser beiden Elemente. Der Geist erhebt sich über die Natur, aber nur um aus der Unnatur herauszukommen und dafür um so sicherer seine angestrebte Einheit mit der ersteren zu gewinnen.

Die hellenische Sittlichkeit spiegelt dies Verhältnis nicht minder deutlich wieder als die hellenische Religion. Jene wird nur in Uebereinstimmung mit der Natur gefunden und ist nicht abhängig von der Religion, sondern, wie diese, auf demselben Boden der natürlichen Betrachtungsart erwachsen. Darum schimmert auch bei den Göttern der Hellenen, so liebenswürdig und abgeklärt sie in ihrer Idealität erscheinen mögen, doch überall das Chaos und die ungebändigte Naturkraft hindurch, woraus sie durch Vermenschlichung hervorgegangen. Dieses sinnenfrohe Geschlecht konnte freilich nicht besser geehrt werden als durch freudige Hingabe an die Güter dieser Erde, durch festliches Schaugepränge und jene ideale Versöhnung von Sinnlichkeit und Geistigkeit, deren Ausdruck wir in der antiken Kunst bewundern. Allein es ist klar, dass auf diesem Boden eine tiefere Betrachtung des geistigen Grundes keine Wurzeln schlagen konnte. Wie in seiner Kunst der geistige Gehalt zwar die sinnliche Erscheinung adelt, indem er mit ihr zur Einheit verschmilzt, aber dafür auch die Sinnlichkeit den Geist daran hindert, seine höchste und innerlichste Form der Individualität hervorzukehren, so erhebt sich der Grieche zwar zur abstrakten Würdigung des Geistes, aber die sinnliche Erscheinungsform, worin er sich ihr darstellt, nimmt ihn zu sehr in Anspruch, um die Tiefe des Geistes selber auszuschöpfen. So hat die antike Welt zwar ein Bewusstsein vom Geiste, aber sie hat kein Bewusstsein vom Bewusstsein des Geistes, ihr fehlt der eigentümliche Begriff der Persönlichkeit und darum kann sie ihn auch in ethischer Beziehung sich nicht als Ideal vorsetzen.

Es ist daher ein verkehrter Schluss, als ob mit der Personifizierung von rohen Naturkräften, wie sie allen Religionen eigen ist, unmittelbar schon ein Bewusstsein der Persönlichkeit gegeben sei. Gewiss enthält dieser instinktive Hang des Menschen, seine natürliche Umgebung sich dadurch näher zu bringen und verständlich zu machen, dass er ihr menschliche, persönliche Züge leiht, schon etwas wie eine Ahnung des lebendigen geistigen Wesens der Naturerscheinung. In dieser Hinsicht ist selbst die roheste Anschauung natürlicher Dinge unter dem Bilde von menschlichen Persönlichkeiten ein Schritt auf dem Wege zur Erkenntnis des Geistes. Denn jene Anschauung macht das Objekt selbst zum Subjekt und lässt die natürliche Erscheinung als solche in den Hintergrund treten, indem sie den Geist an ihre Stelle einsetzt. Allein der Begriff der Persönlichkeit im eigentlichen Sinne, wo er, wie wir dies früher gesehen haben, die innerlichste Konzentration des Geistes selbst bedeutet, kann solange nicht gewonnen werden, als der Geist noch als wirkliche, reale Person in der Aeusserlichkeit seiner natürlichen Erscheinung angeschaut wird. Das lateinische Wort persona bedeutet daher auch nicht Person im eigentlichen Sinne dieses Wortes, sondern es ist nur der Ausdruck für das Antlitz oder die Maske, wie sie ein antiker Schauspieler zu tragen pflegte, und dient sonach weiterhin auch zur Bezeichnung des Charakters oder der Rolle eines solchen.

In dieser Bedeutung nun ist das Wort persona als Uebersetzung des griechischen ὑπόστασις in die christliche Trinitätsformel übergegangen. Es weist auch hier lediglich auf die Rollen hin, welche der an sich unbekannten und unpersönlichen Gottheit in der Oekonomie des christlichen Heilsdramas zugedacht sind. Darum konnte die mittelalterliche Scholastik das Dogma der Trinität zum Gegenstande ihrer Spekulationen machen, ohne an diesem Begriffe selbst Anstoss zu nehmen. Es war kein Widerspruch, dass eine an sich unpersönliche Wesenheit sich in drei verschiedenen Weisen, als Vater, Sohn und heiliger Geist, bethätigen sollte. Wenn die kirchliche Philosophie, die doch so ängstlich auf die spekulative Ausbildung des Gottesbegriffes im orthodoxen Sinne bedacht war, an der Unpersönlichkeit des absoluten Grundes festhielt, so ist das nur ein Beweis, dass der Begriff der Persönlichkeit noch keineswegs in seiner tiefsten Bedeutung erkannt war. Denn sonst hätte man Bedenken tragen müssen, der Gottheit, als der lebendigen Geistigkeit, dieses wichtigste Prädikat des Geistes vorzuenthalten.

Persönlichkeit ist ohne Individualität nicht denkbar. Aber gerade dieser Begriff der Individualität fehlte dem Mittelalter. Die christliche Philosophie hat wenigstens in ihrer Blütezeit ihren Zusammenhang mit dem Platonismus nie verleugnet. Sie hat in der Gestalt des sogenannten Realismus die Allgemeinbegriffe selbst für reale Wesenheiten, das Abstrakte für das eigentliche Wesen der konkreten Erscheinungen erklärt und die letzteren nur für getrübte Abbilder von logischen Allgemeinheiten angesehen. Als Duns Scotus das Recht der Individualität und die Freiheit des menschlichen Willens gegenüber dem absoluten Willen Gottes vertrat und der Nominalismus das Interesse auf die konkreten Dinge lenkte, war der Höhepunkt der Scholastik bereits überschritten, und eine neue Zeit wandte sich überall gegen die abstrakte Ideenwelt des Mittelalters.

Diese Zeit hat dasjenige zuerst in die Wirklichkeit eingeführt, was die scholastische Philosophie in ihrem Ausgang als Begriff verkündigt hatte, die lebensvolle, konkrete, individuelle Form des Geistes. Man hat nicht mit Unrecht darauf hingewiesen, dass das Mittelalter an seinen hervorragenden Gestalten eigentlich keine individuellen Persönlichkeiten besessen habe[1]). Wie die mittelalterliche Kunst einen

---

[1]) Schnaase: Kunstgeschichte Bd. VIII.

typischen, konventionellen und abstrakten Charakter zeigt, so erscheinen auch die Menschen dieser Zeit mehr als Vertreter ihres Geschlechts, ihres Standes, Berufes u. s. w., als dass sie besondere persönliche und individuelle Züge offenbarten. Auf künstlerischem Gebiete hat bekanntlich erst die Erfindung der Oelmalerei die Augen für die Erkenntnis der konkreten Erscheinungsform geöffnet und die Pforten für das psychologische Verständnis aufgeschlossen. Gleichzeitig aber sehen wir in Italien jene stolzen, ihres eigentümlichen Wertes sich bewussten Charaktere erstehen, welche die Idee der Individualität bis zum Extrem entwickeln. Während die altersschwache Scholastik sich vergeblich abmüht, ihre abstrakte Gedankenwelt mit der Wirklichkeit in Einklang zu bringen, beginnen sich bereits die Keime einer neuen Wissenschaft zu regen, welche das reale Leben an die Stelle der blossen Gedanken, die Natur an die Stelle einer selbst ersonnenen Welt des Geistes einsetzt. Und schliesslich vollendet die Reformation, was Wissenschaft Kunst und Leben begonnen: sie stellt das Individuum auch in religiöser Hinsicht auf seine eigenen Füsse und setzt einer verstiegenen Schwärmerei für transcendente Gegenstände das Diesseits als Schauplatz seiner Thätigkeit, einer äusserlichen Werkheiligkeit die strenge Forderung der Einkehr in das eigene Selbst entgegen. Damit sind aber die notwendigen Bedingungen zur Vertiefung des Persönlichkeitsbegriffs gegeben, wie sie der ganzen vorangegangenen Zeit unerreichbar war.

Der christlichen Philosophie hatte die Bezeichnung persona nur dazu gedient, den Gegensatz der als geistig vorgestellten Gottheit zu allem Natürlichen und Materiellen auszudrücken. Denn der Begriff des Geistes war in jener Zeit noch viel zu sehr mit der anschaulichen Vorstellung einer stofflichen Beschaffenheit verknüpft, als dass er für sich allein schon genügt hätte, jenen Gegensatz hervorzuheben. Das Christentum sah in der Natur nur eine minderwertige Existenz, deren Berührung die lautere Erhabenheit der Gottheit nur verunreinigt haben würde. Es hatte daher das grösste Interesse daran, die innergöttlichen Modifikationen oder die realen Unterschiede in der Gottheit auch äusserlich durch die blosse Bezeichnung als solche hervorzuheben, die ausser und über allem natürlichen Dasein ständen, und hierzu schien das Wort persona um so mehr geeignet, als dasselbe ursprünglich überhaupt nicht eine reale (natürliche) Wesenheit, sondern nur die willkürlich angenommene Maske oder Erscheinungsweise eines geistigen Subjekts bedeutet hatte. Wie fern ihm aber der Gedanke lag, jene innergöttlichen Modifikationen als wirkliche Persönlichkeiten im heutigen Sinne des Wortes aufzufassen, das zeigen deutlich die sogenannten spekulativen Konstruktionen der Trinität, wie solche sich bei fast allen hervorragenden Grössen der mittelalterlichen Scholastik finden. Denn überall handelt es sich hier bloss um das Aufzeigen von Unterschieden (Hypostasen) in der Gottheit, die erst in ihrer Gesamtheit das konkrete, lebendige Absolute bilden, aber nirgends ist auch nur der kleinste Versuch gemacht, ein eigentliches Bewusstsein dieser Unterschiede oder gar des substantiellen göttlichen Wesens nachzuweisen.

Dies änderte sich, als Descartes dem bisherigen Naturalismus, d. h. der Identifizierung und Vermengung des Natürlichen und Geistigen oder des Stofflichen und Intellektuellen, seinen extremen Dualismus von Geist und Körper gegenüberstellte und das Wesen des letzteren in die Ausdehnung, dasjenige des ersteren dagegen in das Bewusstsein setzte. Von nun an galt es als selbstverständlich, dass alles geistige Sein auf den Mittelpunkt eines Ich bezogen sei und dass es sich nur durch diese Beziehungen von allem bloss stofflichen und natürlichen Dasein unterscheide. Von nun an wurde daher das Wort Person, wie es vorher zur Bezeichnung der absoluten Geistigkeit Gottes gedient hatte, auch für die relative, mit der Körperlichkeit behaftete individuelle und menschliche Geistigkeit üblich, und die Persönlichkeit, die das göttliche Ideal besessen hatte, wurde nun zugleich menschliches Ideal, indem sie als Ziel des sittlichen Handelns betrachtet wurde. Denn die Sittlichkeit bestand ja eben in der Freiheit des Geistes von der Knechtschaft der Natur, die Grade der Sittlichkeit waren sonach nichts Anderes als Grade der Loslösung und Erhebung des individuellen Geistes über seine natürliche Gebundenheit. Bestand nun das Wesen des Geistes, wie Descartes behauptet hatte, und wie es diese ganze Zeit als selbstverständlich annahm, in der substantiellen Natur des Bewusstseins, dann war mithin die Entwickelung des Geistes zur Persönlichkeit ein Aufsteigen desselben zu immer höheren Graden des Bewusstseins und zugleich ein immer innigeres sich Beziehen des Geistes auf sich selbst, und die Begriffe des substantiellen Selbstbewusstseins, der Erkenntnis und der Sittlichkeit flossen sonach im gemeinschaftlichen Begriffe der Persönlichkeit zusammen.

Es mag unerörtert bleiben, wie viel zur Vertiefung dieser Idee die erkenntnistheoretischen und psychologischen Untersuchungen jener Zeit, vor allem aber die rousseauschen Gedanken beigetragen haben, die das Recht der persönlichen Individualität und seine Freiheit mit einer Entschiedenheit, wie nie zuvor, betonten und damit den Glauben an den unendlichen Wert der Persönlichkeit für alle Folgezeit begründet haben. Soviel ist sicher, dass nach solcher Zuspitzung jener Idee zur Bedeutung eines Ideals auch der höchste, absolute Geist, zu dem sich die übrigen Geister nur wie Abbilder zu ihrem idealen Urbild verhielten, als Persönlichkeit in diesem tieferen Sinne begriffen werden musste. Die endlichen, beschränkten, menschlichen Geister konnten hiernach bloss relative oder endliche Persönlichkeiten, nur der absolute göttliche Geist konnte Persönlichkeit im eigentlichen eminenten Sinne, d. h. absolute Persönlichkeit, heissen. Dass diese Behauptung einer absoluten Persönlichkeit nur rückwärts dasjenige Prädikat wiederum der Gottheit beilegte, woher es ursprünglich selbst genommen war, ist augenscheinlich. Die Uebertragung des vertieften Persönlichkeitsbegriffs auf Gott hat ein entschieden wertvolles Gegengewicht gegenüber dem abstrakten Deismus des vorigen Jahrhunderts abgegeben, sie hat die von allen konkreten Bestimmungen entleerte Gottesvorstellung der Aufklärungsperiode vor dem gänzlichen Verblassen bewahrt. Nur darf über dieser Thatsache nicht übersehen werden, dass gerade sie zugleich als ein Ferment zur Auflösung aller derjenigen Bestimmungen gedient hat, worin bisher die Eigentümlichkeit der christlichen Gottesvorstellung bestanden hatte.

Solange man die drei Personen in der Gottheit nur als drei verschiedene Erscheinungsweisen des absoluten Grundes, als innergöttliche Modifikationen der unpersönlichen Substanz verstanden hatte, war dagegen aus logischen Gründen nichts einzuwenden gewesen. Als jedoch mit der Vertiefung des Persönlichkeitsbegriffes und seiner Verschmelzung mit dem Begriff des substantiellen Selbstbewusstseins der ganze Gott, also auch die göttliche Substanz die Bestimmung der Persönlichkeit annahm, da entstand der Widerspruch, dass Eine Persönlichkeit zugleich drei Persönlichkeiten, Eine Substanz zugleich drei Substanzen sei. Es ist kein Widerspruch, dass ein an sich unbewusstes Wesen sich in drei verschiedenen Selbstbewusstseinen zur Erscheinung bringt; aber es ist mit den Gesetzen der Logik nicht vereinbar, dass Ein selbstbewusstes Wesen zugleich als drei Selbstbewusstseine erscheint. Es lässt sich denken, dass drei persönliche Erscheinungsweisen, und zwar jede in einer besonderen Weise Ein Wesen spiegeln und eben durch diese Spiegelung selbst identisch sind; aber es ist ein offenbarer Hohn auf das Denken, dass drei verschiedene Personen mit abgeschlossener Bewusstseinssphäre und besonderer Individualität nicht bloss mit einander unmittelbar, sondern auch mit einer Persönlichkeit identisch sein sollen, die den Inhalt aller drei in sich vereinigt. Es ist logisch unanfechtbar, dass Eine Substanz sich in drei verschiedenen Hypostasen (Erscheinungsweisen) auswirkt; aber es ist unmöglich, dass Eine Substanz sich in drei von ihr selbst verschiedenen Substanzen auswirkt. Dahin führte aber notwendig der Individualismus jener Zeit, die auf Grund des Cogito ergo sum die substantielle Natur des Selbstbewusstseins behauptete. Darum musste sich naturgemäss aus diesem Zwiespalt ein Kampf um den bisherigen Gottesbegriff entwickeln, wie er gegen Ende des vorigen Jahrhunderts im fichteschen Atheismusstreit zum Ausbruch gekommen ist, sich durch die ganze Philosophie unseres Jahrhunderts hindurchzieht und auch heute hinter andere Fragen nur zurückgedrängt ist, aber trotzdem unter der Asche weiterglimmt und auf seine endgültige Entscheidung wartet. —

Man muss sich die hier skizzierte Entwickelung des Persönlichkeitsbegriffes gegenwärtig halten, um die obige Frage nach der Persönlichkeit des absoluten Geistes ohne Vorurteil beantworten zu können. Wenn etwas, so beweist nämlich jene Entwickelung, dass der Begriff der Persönlichkeit im modernen Sinne keineswegs immer für ein notwendiges Prädikat der Gottheit gehalten ist und dass es sehr lange gedauert hat, ehe selbst der christliche Gottesbegriff ihn unter seine Bestimmungen aufgenommen hat. Es besteht daher gar kein Grund, sich gegen diejenigen zu ereifern, die jene Bestimmung mit dem Begriffe der Gottheit für unvereinbar halten. Wer die Dinge unbefangen betrachtet, wird finden, dass bisher die Auffassung der Gottheit als Persönlichkeit überall nur dazu gedient hat, der ersteren den Charakter einer blossen Naturkraft abzustreifen und sie aus der naiven Einheit mit der sinnlichen Materialität heraus zu immer höherer und reinerer Gestalt emporzuläutern.

Seiner instinktiven Personifizierung der äusseren Erscheinungen verdankt der Mensch die Ueberwindung seines ursprünglichen Naturzustandes, das Bewusstsein seines eigenen Wertes gegenüber der Natur und die Freiheit von den Fesseln der unmittelbaren sinnlichen Naturerscheinung. Denn der Widerspruch zwischen dieser und ihrem vorausgesetzten geistigen Wesen erweckte in ihm zuerst den Gedanken einer unsinnlichen Wirklichkeit, wie sie dem Geiste zukommt, und lehrte ihn, das geistige Sein vom natürlichen unterscheiden. Daher geht die Entwickelung der Religionen mit der Ausbildung des Persönlichkeitsbegriffes ihrer Götter Hand in Hand und nehmen sie eine um so höhere Stufe ein, je weiter die Vergeistigung der ursprünglichen Naturpotenzen in der Richtung des persönlichen Ideales fortgeschritten. Es wäre jedoch ganz verkehrt, hieraus zu schliessen, dass die Persönlichkeit als solche einen absoluten Wert besitze. Denn überall handelt es sich hier wesentlich nur um die Hervorkehrung des Geistes gegenüber der Natur; die Persönlichkeit vertritt nur deshalb die Stelle des Geistes, weil sie überall die einzige Form ist, unter welcher der Mensch imstande ist, das Geistige sich vorzustellen.

Die Auffassung der Gottheit als Persönlichkeit in ihrem ursprünglichen naiven Sinne gestattet es, sie als den Träger und Hüter der sittlichen Gebote anzusehen, erleichtert dem Menschen die Befolgung dieser Gebote und schützt ihn vor dem Rückfall in den Naturalismus, indem sie ihm als Ersatz für die sinnliche Anschaulichkeit der Natur das Vorstellungsbild eines mit ihm selbst verwandten Wesens liefert. Dem naturalistischen Pantheismus der hellenischen Philosophie gegenüber hatten sonach die christlichen Apologeten und Kirchenväter ganz Recht, die persönliche Natur der göttlichen Hypostasen zu betonen, auch wenn ihnen bei diesem Begriff naiver Weise der Gedanke einer Art menschlicher Erscheinung vorgeschwebt haben sollte. Denn sie besassen eben noch kein anderes Mittel, um den spiritualistischen Gegensatz zur sinnlich-stofflichen Natur auszudrücken. Darum war es auch begreiflich, wenn die naturalistischen Gedankengänge bei Spinoza einen Jacobi alsbald das Gegengewicht in der Idee des persönlichen Gottes finden liessen und wenn die Identitätsphilosophie in unserem Jahrhundert, sofern man ihr irrtümlicher Weise naturalistische Tendenzen unterlegte, die Reaktion einer theistischen Philosophie gegen sich hervorrief. In allen diesen Fällen handelt es sich wesentlich um die Geistigkeit des Absoluten, deren Reinheit man durch jene philosophischen Richtungen für gefährdet ansah. Allein eine andere als diese bloss erzieherische und prophylaktische Bedeutung hat der Begriff der Persönlichkeit nirgends und zu keiner Zeit gehabt, sondern immer haben tiefere Denker, die dem jeweiligen Geisteszustande ihrer Zeit vorausgeeilt und durch ihren Begriff des Geistes vor dem Rückfall in den Naturalismus gesichert waren, die göttliche Persönlichkeit für eine uneigentliche und unzulängliche Bezeichnung gehalten; ich erinnere nur an Schleiermacher, der trotz seiner Stellung als christlicher Theologe sich ausdrücklich gegen jenen Begriff erklärt hat. Von dem Augenblicke an daher, wo ein Begriff vom Geiste gewonnen ist, der jede Vermischung mit naturalistischem Gehalte ausschliesst, der imstande ist, die natürliche Wirklichkeit zu erklären, ohne selbst mit ihr zusammenzufallen, von dem Augenblicke an hat die Idee der Persönlichkeit ihre Rolle in der Geschichte des Geistes ausgespielt, und mag sie aus anderen Rücksichten sich noch eine Zeit lang halten, so sind es doch jedenfalls keine philosophischen

Gründe, welche die fernere Konservierung jener Idee bedingen. —

Soviel geht ja nämlich aus dem Vorangegangenen klar hervor, dass auch die hohe Bedeutung, zu welcher es die Persönlichkeit in der neueren Philosophie gebracht hat, nur eine Folge des kartesianischen Grunddogmas ist. Wenn man den Geist seinem Wesen nach für einen ichlichen hält, so versteht es sich, dass der absolute Geist ein Ich in absolutem Sinne sein muss. Wenn man das Bewusstsein von seinem natürlichen Grunde lospräpariert und ihm selbst eine reale Existenz beilegt, so ist es die einfachste Folgerung, das absolute Reale als absolutes Bewusstsein aufzufassen. Alle Beweise, die man sonst für die Persönlichkeit des Absoluten anführt, sind bedeutungslos gegenüber diesem einen Hauptbeweise, ja, es sind im Grunde nur scheinbar neue Beweise, die sich alle auf jenen zurückführen lassen.

Oder ist es etwa ein „Beweis", wenn man sagt, das Absolute müsse deshalb als Persönlichkeit betrachtet werden, weil diese den höchsten Vorzug des endlichen Geistes ausmacht? Aber es ist ja gar nicht einmal wahr, dass Persönlichkeit und Selbstbewusstsein in jedem Falle als Vorzüge angesehen werden müssen. Zwar für die endlichen Geister sind sie dies zweifellos; denn nur die Unterscheidung des eigenen Selbst von der Umgebung, die Fähigkeit, in souveräner Hoheit sich über die Dinge zu erheben, sie von der Warte einer zweckvollen Idealität zu überschauen und stets seiner eigenen Funktionen Herr zu sein, ermöglichen es den endlichen Geistern, sich im Kampfe gegen die Aussenwelt, zu behaupten und die letztere ihren Zwecken dienstbar zu machen. Für den absoluten Geist dagegen giebt es keine Aussenwelt im Gegensatz wozu er seine Zwecke durchzusetzen hätte, und daher ist für ihn jenes Prädikat bedeutungslos, wie sehr auch der Wert und die Bedeutung der endlichen Geister sich gerade auf ihre Persönlichkeit gründen möge.

Mehr Gewicht scheint das Bedenken zu haben, das Absolute müsste seine Einheit an die Vielheit der endlichen Existenzen verlieren, es müsste aufhören, ihr gemeinschaftliches Wesen zu sein, wenn es nicht die Vielheit der hinausgesetzten Bestimmungen beständig wieder in die Einheit seines Bewusstseins zurücknähme. Dies Bedenken ist jedoch schon deshalb unbegründet, weil die Vielheit der realen Existenzen ja gar nicht zur Substanz des Absoluten, sondern bloss zu seiner Erscheinung gehört. Nur wenn das räumliche Sichausbreiten des Inhalts der göttlichen Idee ein räumliches oder stoffliches Sichausbreiten der Substanz wäre, nur dann könnte dabei die Einheit des Absoluten in die Brüche gehen. In diesem Falle würde jedoch die

Funktion des Absoluten, welche die Realität setzt, im Sinne eines stofflichen Emanatismus aufgefasst, d. h. der Einwand wäre berechtigt auf dem Boden eines naturalistischen Pantheismus, aber er ist es nicht, wenn man, wie es hier geschehen, die absolute Aktualität als eine psychische betrachtet. Wohl aber begreift man, wie so viele Denker von der Annahme des Cogito ergo sum aus zu ihm gelangen konnten. Denn wenn man das Wesen des Geistes ins Bewusstsein setzt, dann erscheint einem natürlich das Unbewusste als das Stoffliche und Materielle, und der Gedanke ist nicht abzuweisen, dass es damit der Zerstreuung in die Unendlichkeit preisgegeben wäre.

Keiner Behauptung pflegt indess ein grösseres Gewicht beigelegt zu werden als der, dass die absolut teleologische Bethätigung des absoluten Wesens ein absolutes Bewusstsein voraussetze, weil Zwecke nur in einem Bewusstsein möglich seien. Davon ist nun aber, wie wir wissen, das gerade Gegenteil die Wahrheit. Schon bei der Ableitung der sinnlichen Empfindungen aus Elementarempfindungen und Gefühlen fanden wir, dass der Integrationsprozess der Quantitätseinheiten zu Unterschieden der Qualität unter dem Einflusse eines synthetischen Faktors vor sich geht, den wir nach seiner einen Seite hin als logische Intellektualfunktion bestimmten, und dessen Bethätigung sich nach teleologischen Gesichtspunkten richtet. Das gleiche Resultat ergab sich auch bei der Zusammensetzung unserer Empfindungen zu Anschauungen, bei der Umbildung der Anschauungen zu Vorstellungen u. s. w., insbesondere aber stellte sich uns der Inhalt unseres Grosshirnbewusstseins als Integral der es konstituierenden Elementarbewusstseine dar, für dessen jeweilige Besonderheit wir den Grund in teleologischen Beziehungen suchen mussten. Nun ist aber diese ganze Teleologie eine unbewusste oder vorbewusste, weil sie nicht bloss dem letzten und einfachsten Elemente unseres Bewusstseins, der einfachen Elementarempfindung, vorangeht, sondern Inhalt eines Willens ist, aus dessen Konflikt mit anderen ihm entgegengesetzten Willensakten das Bewusstsein erst als Resultat hervorgeht.

Es ist daher ein blosser Schein, das Ergebnis einer oberflächlichen Psychologie, dass überhaupt irgend ein teleologischer Prozess als solcher sich in unserem Bewusstsein abspielt. Unser Bewusstsein erfasst bloss die bedeutsameren Momente, die Mittel und die Zwecke, es beleuchtet gleichsam nur die Knotenpunkte des Netzes, worin sich die teleologischen Beziehungsfäden kreuzen. Warum sich aber die letzteren gerade an dieser Stelle kreuzen und wie sie von Punkt zu Punkt hinüberschiessen, das bleibt ewig hinter dem Vorhang des Bewusstseins verborgen. Weit entfernt also, dass das Unbewusste ausser

Stande wäre, die auseinander liegenden Kräfte im Weltall zu ordnen und die Vielheit der Sonderideen in den Individuen einer höheren Gesamtidee dienstbar zu machen, ist gerade die Synthesis des Einzelnen zum Allgemeinen eine unbewusste, und folglich, wenn die absolute Idee die Gesamtheit aller Individualideen nach ihrer Möglichkeit und Wirklichkeit umspannt, so ist auch die teleologische Verknüpfung dieser Individualideen eine unbewusste absolute Synthesis.

Wenn man freilich den Geist und die Vernunft mit dem Bewusstsein gleichsetzt, dann erscheint einem natürlich das Unbewusste als das Ungeistige und Unvernünftige, und man hat es leicht, zu sagen, dass ein solches nicht in teleologischer Weise funktionieren könne. Aber dieser Begriff vom Unbewussten entspringt aus einer Voraussetzung, die wir gerade auf das Aeusserste bekämpfen. Die Gegner sagen, sie verständen nicht, wie man eine unbewusste Teleologie im Ernst behaupten könne. Sie verstehen es aber nur deshalb nicht, weil sie sich daran gewöhnt haben, das Bewusstsein selbst für das reale Subjekt der psychischen Funktionen anzusehen. Begriffen sie nur erst, dass das Bewusstsein gar kein Reales, sondern nur die reine Form des Ideellen ist, zerschnitten sie mit anderen Worten das Band, das ihr Denken mit dem Kartesianismus verknüpft, sie würden sicherlich Bedenken tragen, die absolute Persönlichkeit immer wieder durch das Pochen auf die Teleologie beweisen zu wollen. —

Bei der hohen Bedeutung, welche dem Problem nun einmal zukommt, dürfen hier auch die Versuche nicht unerwähnt bleiben, die absolute Persönlichkeit in spekulativer Art aus der Dialektik ihrer konstituierenden Momente zu erweisen. Auch die christliche Philosophie des Mittelalters hatte, wie gesagt, sich mit spekulativen Konstruktionen der Trinität abgegeben, aber nicht, um ein göttliches Bewusstsein nachzuweisen, sondern vielmehr um den Gottesbegriff der Philosophie mit demjenigen des kirchlichen Dogmas in Uebereinstimmung zu bringen. Mit der Auffassung des Selbstbewusstseins als eines realen Wesens war nun auch in der Neuzeit der Gedanke nahe gelegt, die Bestimmungen des absoluten Selbstbewusstseins aus denjenigen des endlichen abzuleiten und die Dreiheit von Momenten, die sich hier ergab, mit der Lehre von der Trinität in Beziehung zu setzen. In diesem Sinne hatte bereits Augustin, der auch zuerst die reale Bedeutung des Selbstbewusstseins vor Descartes hervorgehoben hatte, das Verhältnis des Subjekts (memoria) zum Objekt (notitia rei) und die Identität derselben (amor), worin das Ich besteht, zur Erklärung des Verhältnisses von Vater, Sohn und heiliger Geist verwendet. An diesen geistreichen Einfall nun des Augustin hat Lessing in seiner

„Erziehung des Menschengeschlechts" wiederum erinnert und dadurch zugleich mit den verwandten Philosophemen eines Jakob Boehme den Anstoss zu jenen spekulativen Konstruktionen der Trinität gegeben, die in der Philosophie im zweiten Drittel unseres Jahrhunderts eine so hervorragende Rolle gespielt haben.

Man sucht hierbei das Moment der Konkretheit und Lebendigkeit in den Gottesbegriff hineinzutragen und zugleich den oben erwähnten Widerspruch in der Trinität zu überwinden, indem man die Eine allumfassende Persönlichkeit der Gottheit aus den ihr immanenten Personen des Vaters, Sohns und Geistes oder umgekehrt hervorgehen lässt. Dabei wird mithin vorausgesetzt, dass dieses Resultat, wo nicht zeitlich, so doch logisch später sei als die bedingenden Faktoren. Nun ist aber, die Realität des Ich selbst zugegeben, das Objekt nicht später als das Subjekt, ihre Identität nicht später als das Subjekt oder Objekt und folglich auch das Ich, als die Einheit beider, nicht später als irgend eines seiner konstituierenden Momente. Ich bin zwar, wenn ich das Ich zergliedere, aus logischen Gründen genötigt, das Subjekt vor dem Objekt und dieses wiederum vor dem Gedanken ihrer Identität zu denken; allein seit wann ist es erlaubt, diese Notwendigkeit des Denkens für den adäquaten Ausdruck des Wirklichen selbst zu halten? Das ist nur die Methode einer Philosophie, die, wie der Panlogismus, in prinzipieller Verwechselung des Logischen mit dem Realen die ideellen Wesenheiten der Begriffe zu selbständigen Realitäten hypostasiert und die diskursive Fortbewegung unseres subjektiven Denkens als einen realen Prozess betrachtet. Wenn die spekulativen Theisten in unserem Jahrhundert mit solcher Konstruktion eines „theogonischen" Prozesses, wodurch sich das absolute Sein zur absoluten Persönlichkeit verwirklicht, den Hegelianismus glaubten überwinden zu können, so haben sie nicht bemerkt, dass sie damit nur in den Gottesbegriff dieselbe erwähnte Verwechselung hineingetragen haben, weswegen sie das hegelsche System als Naturalismus glaubten bekämpfen zu müssen. Der Unterschied ist nur, dass die Selbstbewegung der Begriffe Hegels, sofern sich diese auf die Wirklichkeit beziehen, als zeitliche zu denken, dass hier mithin von einem wirklichen Prozess die Rede ist, wohingegen der von jenen angenommene theogonische Prozess im Absoluten kein zeitlicher, sondern bloss ein logischer und folglich kein wirklicher Prozess, sondern nur ein ewiges Ineinandersein und Ineinanderscheinen der trinitarischen Momente darstellt. Ist aber dies der Fall, dann bleibt nicht bloss die Hoffnung unerfüllt, auf solche Weise dem toten und abstrakten Gottesbegriffe des Deismus gegenüber einen konkreten, lebendigen Gott zu gewinnen, sondern es bleibt auch der Widerspruch ungehoben, dass drei verschiedene Persönlichkeiten zugleich eine und dieselbe übergreifende Person sein sollen.

Man kann, wie gesagt, auf zweifache Art versuchen, das Verhältnis der drei persönlichen Momente zur absoluten Persönlichkeit der ganzen Gottheit zu bestimmen: entweder man geht von den drei Personen aus und zeigt, wie sie zusammen die übergreifende Persönlichkeit bedingen, oder aber man setzt die übergreifende Persönlichkeit voraus und zeigt, wie sie aus den drei Personen, als ihren konstituierenden Momenten, hervorgeht. Im ersten Falle fasst man, wie Günther, den Sohn als den verwirklichten Selbstgedanken des Vaters, den heiligen Geist als das gemeinschaftliche Resultat des beiderseitigen Gedankens ihrer Identität und lässt aus den Bewusstseinen des Vaters, Sohns und Geistes das Wissen der ganzen Gottheit um sich selbst entstehen. Im zweiten Falle identifiziert man entweder, wie Schelling, das Attribut des Willens mit dem Vater, dasjenige der Idee mit dem Sohne, die gemeinschaftliche Substanz beider mit dem heiligen Geiste, oder man setzt, wie Baader und der jüngere Fichte, die drei Personen in drei verschiedene Zustände (Konkretionsstufen) sowohl der Idee, wie auch des Willens, oder man verteilt, wie Chr. H. Weisse die Personen des Vaters und des Sohnes auf verschiedene Zustände der Idee und bringt den heiligen Geist mit dem Willen zusammen u. s. w. Dabei lassen sich dann in beiden Fällen mehr oder weniger geistreiche Beziehungen herausfinden, die den Schein verstärken, als habe man sein Ziel erreicht und zugleich eine Uebereinstimmung mit dem Dogma nachgewiesen. Aber das ist eben nur ein trügerischer Schein und das Ganze bloss eine dialektische Spielerei, wobei man sich nur wundern muss, wie ernsthafte Denker sich mit ihr befassen konnten.

Im ersten Falle nämlich, wenn man von den drei Personen ausgeht, gelangt man am Ende zu einer vierten Person, aber nicht zu einer übergreifenden Persönlichkeit, wozu sich die drei als Momente verhalten, und zwar weil die Reflexion der drei Personen zusammen kein anderes Resultat haben kann als die Reflexion der beiden ersten Personen für sich allein, nämlich die nochmalige Setzung eines mit ihnen selbst identischen Wesens. Im zweiten Falle dagegen, wenn man von der einheitlichen übergreifenden Persönlichkeit ausgeht, gelangt man allenfalls zu drei von ihr umschlossenen Momenten, aber nicht zu drei Personen, weil die blossen Attribute der absoluten Substanz an und für sich selbst nicht persönlich sein können. Hier gelangt man folglich zu einer Auffassung der Trinität, nach welcher die drei Momente in der Gottheit nur als unpersönliche Bethätigungsweisen oder als Modalitäten erscheinen, d. h. zum Modalismus. Dort dagegen zu einer solchen, wo die drei Personen als selbständige, von keiner höheren Einheit umschlossene Existenzen sich darstellen, d. h. zum Tritheismus. Modalismus und Tritheismus sind aber gerade diejenigen Auffassungen der Trinität, welche die Kirche mit gutem Grunde verwirft, und daher sind alle trinitarischen Theisten in Hinsicht auf das Dogma heterodox, wie viele Mühe sie sich auch geben mögen, es gerade der Theologie recht zu machen.

Ich habe an anderer Stelle versucht, das künstlich verschlungene Gewebe von Trugschlüssen, Erschleichungen und vagen Analogien aufzudröseln, woraus alle sogenannten Konstruktionen der Trinität bestehen, und welches von zahlreichen Denkern in unserem Jahrhundert für Philosophie ausgegeben worden ist[1]. Das Ergebnis war, dass es ebenso unmöglich ist, das christliche Dogma der Trinität aus den einzelnen Momenten der absoluten Persönlichkeit zu entwickeln, wie umgekehrt die absolute Persönlichkeit aus der spekulativen Deutung jenes Dogmas abzuleiten. Bei den spekulativen Theisten pflegen beide Bemühungen meist zusammen aufzutreten, sodass oft schwer zu sagen ist, worauf eigentlich ihre Beweisführung abzielt, beiden liegt aber die gleiche Voraussetzung zu Grunde, nämlich die stillschweigend behauptete Annahme des absoluten Selbstbewusstseins. Nur weil ihm dies Selbstbewusstsein ohnehin feststeht, kann der trinitarische Theismus auf der einen Seite die inneren Momente desselben zu Personen aufbauschen und kann er auf der andern Seite aus dem Ichgedanken der drei Personen die Einheit der absoluten Persönlichkeit beweisen wollen. Steht aber das Selbstbewusstsein so wie so ausser Frage, dann ist es ein sinnloses Unterfangen, es hinterher aus dem Zusammenwirken der Personen erst entstehen zu lassen, dann enthüllt sich diese ganze Konstruktion als ein reines Taschenspielerkunststück, wobei man nur dasjenige triumphierend aus dem Hut hervorholt, was man vorher schon selbst in ihn hineingelegt hat. —

Läge nicht das Cogito ergo sum allen Beweisen einer göttlichen Persönlichkeit zu Grunde und würde die Realität des absoluten Selbstbewusstseins nicht stillschweigend schon vorausgesetzt, so würde es ganz unmöglich sein, auf spekulativem Wege ein solches abzuleiten.

Alles Bewusstsein entspringt, wie früher dargelegt wurde, aus dem Konflikt entgegengesetzter Faktoren, es ist das Resultat, womit

---

[1] Vgl. mein Werk: Die deutsche Spekulation seit Kant u. s. w., Bd. I, S. 285—531.

der an sich unbewusste Wille die Störung durch einen anderen seine Absicht kreuzenden Willen beantwortet. Das Selbstbewusstsein aber ist nur eine besondere Art des Bewusstseins, eine Stufe der Entwickelung desselben, indem das Bewusstsein, das sich wesentlich nur auf das Objekt richtet, das eigene Subjekt zum Objekt macht. Alles Selbstbewusstsein entzündet sich mithin nur am Weltbewusstsein; alles Ich ist nur im Gegensatz zum Nichtich. Nun giebt es aber keinen Gegensatz ausserhalb des absoluten Geistes, weil dieser, als der Alles umfassende, alle Gegensätze nur als Momente in sich hat. Daraus folgt, dass der absolute Geist kein Bewusstsein, geschweige denn ein Selbstbewusstsein haben kann und dass es seine Absolutheit negieren heisst, wenn man trotzdem ihm ein solches glaubt zuschreiben zu müssen.

Soviel wird auch von den Theisten selbst eingeräumt, dass diese sich alle Mühe geben, einen Gegensatz zur Ermöglichung des absoluten Selbstbewusstseins aufzufinden. Dass hierzu der Gegensatz der Attribute nicht ausreicht, folgt schon daraus, weil dieser Gegensatz ja gar kein realer, sondern bloss ein logischer, genauer: metalogischer oder ideeller ist. Die Idee giebt sich dem Willen hin und wird von ihm in die Vielheit ihrer Momente zersplittert, ohne dass es dabei zu einem andern Konflikte käme als dem endlichen zwischen gewollter Idee und ideeerfülltem Wollen. Nicht Idee und Wille also konfligieren mit einander, sondern immer bloss entgegengesetzte Willensakte, insofern den Inhalt des Willens die Idee, die Kraft der Idee dagegen der Wille ausmacht. Wo hingegen, wie im Absoluten, nur auf der einen Seite Wille, auf der andern sein gerades Gegenteil ist, da kann man auch nicht von einem Konflikt, sondern höchstens von einem gegensätzlichen Verhältnis der beiden Seinsfaktoren reden, aber dies auch nur aus dem Gesichtspunkte des endlichen Bewusstseins, während dagegen im absoluten Geiste Wille und Idee nur in untrennbarer Einheit sind.

Nicht näher kommt man dem Ziele des göttlichen Selbstbewusstseins, wenn man den Gegensatz zur absoluten Thätigkeit in der Realität der endlichen Existenzen annimmt. Denn die Welt, als „Gegenwurf" des göttlichen Centrums, ist entweder die Erscheinung dieser Centralität im monistischen Sinne: dann ist sie durch und durch nur von Gott gewollt und weit entfernt, einen Gegensatz gegen die absolute Thätigkeit zu bilden. Oder aber sie ist das von Gott gleichsam hinausgesetzte und von ihm abgelöste Produkt seiner Schöpferthätigkeit im kreatinistischen oder dualistischen Sinne: dann mögen an ihr immerhin die Strahlen der absoluten Thätigkeit ins Centrum reflektiert werden und mag sich Gott dadurch selbst, wie in einem Spiegel, erkennen, dies Selbstbewusstsein Gottes ist doch jedenfalls kein absolutes und folglich auch kein göttliches Selbstbewusstsein.

Soll die Annahme eines absoluten Selbstbewusstseins mehr sein als bloss eine Konzession der Philosophie an den zufälligen religiösen Glauben, so muss sie auch zur Erklärung der Wirklichkeit etwas beitragen können. Nun ist aber das göttliche Selbstbewusstsein in beiden erwähnten Fällen später als die Welt, diese letztere muss also schon da sein, bevor es sich entzündet. Dann brauchte also Gott kein Bewusstsein, um die Welt zu schaffen, und es ist damit zugegeben, dass die absolute Teleologie recht wohl auch eine unbewusste sein kann. Darum hilft es auch nichts, zwischen die beiden Pole des Absoluten und des Endlichen eine sogenannte „Natur in Gott" zu schieben, wenn man darunter etwa mit J. H. Fichte das explizierte System der ewigen Ideen, als Reich realer Möglichkeiten und ideales Urbild der endlichen Erscheinungswelt, versteht. Denn immer ist die Explikation als solche eine unbewusste, und das absolute Selbstbewusstsein ein nachträgliches Resultat des göttlichen Schöpfungsaktes, zu dessen Erklärung es doch hätte dienen sollen.

Aus diesen Schwierigkeiten giebt es nur Einen Ausweg: man muss leugnen, dass zur Entstehung des Bewusstseins ein realer Gegensatz notwendig sei. So hat Lotze gemeint, das Ich sei allerdings nur denkbar in Beziehung auf ein Nichtich, aber es sei vorher und ausser einer jeden solchen Beziehung erlebbar, und er hat darin die Möglichkeit gesehen, dass es später in eben jener Form auch denkbar werde. Nicht der Anstoss nämlich, den ein Wesen von einem andern Wesen ausser ihm empfängt, ist nach Lotze Bedingung und Grund der Persönlichkeit, sondern dieser soll im „Fürsichsein", d. h. in jenem unmittelbaren Selbstgefühle liegen, das, als Grund seiner Realität, dem Denken sowohl, wie dem Selbstbewusstsein eines individuellen Wesens vorhergeht. Wie sehr es daher auch bei dem endlichen, beschränkten Wesen zutreffen mag, dass es den Anreiz zur Entfaltung seiner inneren Eigentümlichkeiten von aussen her empfangen muss: das absolute Wesen bedarf einer solchen äusseren Bedingung zur Erweckung seiner potentiellen Persönlichkeit nicht, vielmehr besteht sein Wesen gerade darin, aus sich selbst den ganzen Reichtum seiner inneren Momente zu entfalten. Weit entfernt, dass Absolutheit und Persönlichkeit sich widersprächen, ist somit nach Lotze vollkommene Persönlichkeit gerade erst im Absoluten möglich[2].

---

[1] Lotze: Mikrokosmus III, S. 571 ff.

Hier zeigt es sich deutlich, dass alle Beweise für die absolute Persönlichkeit letzten Endes nur im Glauben an die Realität des Ichbewusstseins wurzeln. Denn das Fürsichsein, als Grund und Prinzip der Realität — was ist es Anderes als die Annahme der Unmittelbarkeit des Selbstbewusstseins, die alte Verwechselung des ideellen mit einem realen Sein, des Gefühls, als des letzten subjektiven Elementes, worauf wir bei der Zergliederung des Bewusstseinsinhalts stossen, mit dem realen Substrat unserer psychischen Funktionen? —

Ueberblickt man die zahlreichen Versuche, den Widersinn der absoluten Persönlichkeit auf logischem Wege abzuleiten, die ungeheuren Anstrengungen, den Aufwand von Tiefsinn und Geist, den selbst hervorragende Denker an dies Problem verschwendet haben, so kann man sich eines gewissen bitteren Gefühles nicht erwehren. Man kann sich desselben erst recht nicht erwehren, wenn man bedenkt, dass die Philosophie an sich gar kein Interesse daran hat, Persönlichkeit und Bewusstsein des absoluten Geistes zu deduzieren, dass vielmehr die Theologie und vermeintlich religiöse Gründe ihr jenes Problem gewaltsam aufgedrängt und sie damit in eine schiefe Stellung gebracht haben, worin sie den Vertretern der exakten Wissenschaften in einem mehr als bedenklichen Lichte erscheinen musste. In der That hat ihre scholastische Rücksichtnahme auf theologische Lehrmeinungen der Philosophie in unserem Jahrhundert mehr geschadet als alle ihre Bemühungen um die Theologie die letztere je gefördert haben. Sie hat ihr durch das Sinken ihres Ansehens im allgemeinen Zeitbewusstsein eine Wunde geschlagen, von deren verhängnisvoller Wirkung unser ganzes wissenschaftliches und öffentliches Leben sich auch heute noch nicht wieder vollkommen erholt hat. Wenn es dagegen einen Trost giebt, so ist es der, dass auch die spekulativen Bemühungen um die Persönlichkeit Gottes nur im Cogito ergo sum, als der Grundvoraussetzung des modernen wissenschaftlichen Denkens, wurzeln und dass erst diese kühnste Folgerung aus jener Voraussetzung entwickelt werden musste, bevor sich der Geist in seiner Reinheit als unbewusster und überbewusster fassen konnte.

Die absolute Persönlichkeit ist kein philosophisches, sondern durchaus nur ein theologisches und religiöses Problem. Die Philosophie aber hat sich noch immer kompromittiert, wenn sie die Kastanien für die Theologie hat aus dem Feuer holen wollen. Sie wird gut thun, sich fernerhin um diese einfach nicht zu kümmern, sondern auszusprechen, was sie selbst als Wahrheit gefunden hat, auch wenn es allen bisherigen Anschauungen widersprechen sollte. Nur wenn die Theisten, nachdem der Kampf um die moderne Gottesanschauung scheinbar ausgetobt hat und zeitweilig wenigstens das Interesse an ihm erloschen ist, sich gebärden, als ob die absolute Persönlichkeit siegreich aus ihm hervorgegangen, als ob sie „bewiesen" und die Einwände ihrer Gegner nicht ernst zu nehmen seien, nur dann muss die Philosophie gegen eine solche angemasste Sicherheit entschieden Protest erheben; dann wird es ihr aber auch jedes Mal ein Leichtes sein, die Unstichhaltigkeit der theistischen Beweise aufzudecken. Man kann die absolute Persönlichkeit als Postulat aufstellen, ohne welche einem wenigstens für seine Person in ethischer und religiöser Hinsicht der Boden schwinde, man kann sie auf Grund subjektiver Erfahrungen behaupten, ja, man kann sich dieselbe sogar „offenbaren" lassen — nur beweisen, mit objektiven Gründen darthun, sie auf logischem Wege ableiten kann man nicht, und darin allein besteht das philosophische Verfahren. Mag Gott daher für die Theologie immerhin persönlich sein: für die Philosophie ist er unpersönlich, wenigstens für so lange, bis das Gegenteil mit schlagenden Gründen dargethan ist.

Seitdem der Begriff der göttlichen Persönlichkeit durch die moderne Philosophie ins Wanken gebracht ist, greift in Kreisen liberaler Theologen die Gewohnheit um sich, jenen Begriff durch denjenigen der Lebendigkeit zu ersetzen. Man geniert sich, Gott persönlich zu nennen, aber man glaubt, etwas Rechtes zu sagen, wenn man von einem „lebendigen Gott" spricht. Allein wennschon man sich dafür auf Schleiermacher berufen kann, so kommt man damit doch nur vom Regen in die Traufe. Oder was will man eigentlich mit jenem Begriffe sagen? Lebendigkeit heisst Regsamkeit aus eigener Kraft, Bethätigung und Beweglichkeit von innen heraus im Unterschiede von einer äusserlich übertragenen und aufgenommenen, d. h. mechanischen, Bewegung. Lebendig kann also Gott höchstens genannt werden im Gegensatze zur toten Stofflichkeit des Materialismus oder zur starren Substanz des abstrakten Monismus, der kein zeitliches Geschehen kennt, sondern nur ein ewiges Verhältnis idealer Momente. In Wahrheit ist alles reale Sein lebendig und alle tote Starrheit bloss ein falscher Schein, denn auch das unorganische Atom beruht auf einer Aeusserung des Willens und ist nach der dynamischen Auffassung der Materie reine Aktualität. Die Hervorkehrung der Lebendigkeit des absoluten Wesens ist sonach bloss eine triviale Tautologie, die garnicht einmal einen Vorzug des Absoluten vor dem Relativen ausdrückt. Lebendig ist auch das Tier und die gemeinste Pflanze; es heisst also, Gott auf das Niveau der Tierheit und Pflanzlichkeit herunterschrauben, wenn man weiter nichts von ihm auszusagen weiss als seine Lebendigkeit. Der Begriff der Persönlichkeit hat, wie gezeigt wurde, das religiöse Bewusstsein erzogen, die Gottheit als eine naturfreie, rein geistige Wesenheit zu denken. Der Begriff der Lebendigkeit führt den ursprünglichen Naturalismus zurück: er soll den Begriff der Persönlichkeit nach oben hin überwinden, aber er zieht die Auffassung Gottes wieder in den Zoomorphismus früherer Religionsstufen herab, über den schon der roheste Anthropomorphismus hinausgelangt ist. Kann man sich Gott nicht mehr persönlich denken, so bleibt nur übrig, den Begriff des unpersönlichen und unbewussten Geistes anzuerkennen. Ist man hierzu nicht imstande, so ist es eine reine Gedankenlosigkeit, die Persönlichkeit gegen die Lebendigkeit der Gottheit einzutauschen.

Persönlichkeit und Bewusstsein sind Eigenschaften nicht des absoluten Geistes selbst, sondern nur seiner Modifikationen, die abhängig sind von der Wirksamkeit seiner beiden Attribute. Stellen wir uns, wie wir oben gethan haben, das Absolute mit Einschluss seiner Modi bildlich vor als einen Kreis, so hat es also zwar Bewusstsein, aber nicht als Centrum, sondern als Peripherie, nicht als Absolutes, sondern als Endliches, nicht ein unmittelbares, einheitliches absolutes Bewusstsein, sondern ein vielheitlich zersplittertes, gleichsam mosaikartiges, vermitteltes Bewusstsein, das unmittelbar nur ein Bewusstsein der individuellen Existenzen ist. Am wenigsten aber ist das Absolute selbst Bewusstsein, weil Bewusstsein, als die blosse Form des Ideellen, überhaupt nicht ist, nicht selbständig, kein reales Wesen ist. **Es giebt mithin kein absolutes Ich, sondern alles Ich ist als solches bloss ein endliches und individuelles.** Es giebt wohl einen absoluten Geist, aber dieser ist ein unpersönlicher, nichtichlicher Geist.

Damit ist nun die Bestimmung gewonnen, die allein erst eine strenge Unterscheidung zwischen Pantheismus und Theismus ermöglicht. Gewöhnlich wird der Begriff des Pantheismus als gleichbedeutend mit Monismus gebraucht, d. h. man versteht darunter diejenige Auffassung des Verhältnisses zwischen Gott und Welt, wonach sich beide als Wesen und Erscheinung von einander unterscheiden, Gott die tragende und einigende Substanz der endlichen Modifikationen, die Welt dagegen die Entfaltung und Ausgestaltung der göttlichen Potenzen darstellt. Nun sind aber selbst bei den theistischen Systemen die Uebergänge von offenbarem Dualismus, d. h. von der reinen Transcendenz des göttlichen Wesens, durch teilweise Immanenz zur vollen Immanenz so fliessend, dass sich hieraus keine scharfe Grenze zwischen

Pantheismus und Theismus ziehen lässt. Der Semipantheismus, Bewusstseins- oder Persönlichkeitspantheismus steht in Rücksicht auf das Verhältnis zwischen Gott und Welt entschieden auf dem Boden des Monismus und ist doch weit entfernt, für Pantheismus gelten zu wollen. Der Grund liegt darin, weil er das Bewusstsein und damit in der Regel auch die Persönlichkeit des Absoluten festhält, und darum kann nur in diesen Bestimmungen das wahre Unterscheidungsmerkmal des Pantheismus gefunden werden. Pantheismus ist demnach nur vorhanden, wo das Absolute, das immanente Wesen der endlichen Erscheinungswelt, als unbewusst und unpersönlich aufgefasst wird, Theismus nur, wo dasselbe die Prädikate der Bewusstheit und Persönlichkeit besitzt; Monismus aber kann sowohl Pantheismus, wie Theismus sein, wenngleich ein wirklicher, konsequenter Monismus seiner Natur nach notwendig Pantheismus sein muss.

Solange nämlich das Absolute als bewusst gedacht wird, solange sind sein Bewusstsein und mein Bewusstsein zwei verschiedene Bewusstseine, ist das endliche Ich, wie tief es auch immer im Wesen der Dinge wurzeln möge, ein anderes als das absolute Ich, solange besteht folglich keine wahre Einheit zwischen Gott und mir und sonach auch nicht zwischen ihm und den übrigen endlichen Existenzen. Aller Theismus, wie monistisch er sich gebärden möge, ist und bleibt daher immer nur ein Dualismus, und darin allein liegt die Berechtigung, Monismus und Pantheismus als Wechselbegriffe zu gebrauchen.

Wir müssen also nunmehr entschieden dagegen protestieren, dass man den Pantheismus ohne Weiteres als Atheismus verdächtigt, bloss weil derselbe nicht Theismus ist. Dies Verfahren, wie es besonders von theologischer Seite gegen den Pantheismus angewandt zu werden pflegt, ist ebenso thöricht, wie unredlich, denn es setzt voraus, dass nur der Gott, wie ihn der Theismus auffasst, diesen Namen wirklich verdiene und sucht dem Nicht-Theismus des Pantheismus den übel beleumundeten Sinn des Atheismus unterzuschieben. Nun leugnet aber der Pantheismus garnicht die göttliche Natur des Absoluten, sondern einzig und allein die Wahrheit der theistischen Auffassung desselben. Ob man ein Recht hat, das Absolute „Gott" zu nennen, hängt davon ab, ob es geeignet ist, als Objekt eines religiösen Verhältnisses dienen zu können. Diese Frage aber gehört unmittelbar garnicht in die Metaphysik, sondern in die Religionsphilosophie, und keinesfalls kann sie dadurch entschieden werden, dass man das unpersönliche Absolute der philosophischen Reflexion bei Seite schiebt, um an seine Stelle einfach den persönlichen Gott der „geoffenbarten" Religion zu setzen.

Wenn es war ist, wie der Pantheismus behauptet, dass sein unpersönliches Absolutes sich ebenso gut und besser zur Anknüpfung eines religiösen Verhältnisses eignet, als jeder nur denkbare theistische Gottesbegriff, und wenn ein bewusstes Absolutes ein eingeschränktes und somit überhaupt kein Absolutes ist, dann kehrt sich das Verhältnis gerade um: der Theismus nämlich erscheint alsdann als Atheismus; der eigentliche wahre Theismus aber ist der Pantheismus, weil er allein ein wirklich Absolutes Gott nennt.

4. Die Dauer des Ich.

Mit der Frage nach der Persönlichkeit des Absoluten in engem Zusammenhange steht die Frage, ob dem Ich eine absolute Bedeutung nicht wenigstens in dem Sinne zukommt, dass es die Existenz des empirischen Organismus überdauert.

Nun ist es das wesentliche Resultat unserer ganzen Untersuchung, dass das Ich eine bloss empirische Existenz besitzt. Das Ich ist die innerlichste Konzentration, das letzte und höchste Produkt, worin sich die Zusammenfassung und Integration der uns immanenten Bewusstseinsinhalte nach der subjektiven Seite hin vollendet; es setzt, da diese Inhalte den verschiedenen Stufen von Individuen angehören, die unsern Organismus konstituieren, die Einheit dieses Organismus voraus: folglich muss auch das Ich aufhören, zu existieren, wenn, wie im Tode, jene Einheit sich in ihre letzten Elemente auflöst. Unser Ich haftet, wie wir wissen, am Gehirn, und zwar immer an demjenigen Teile des Gehirns, der sich gerade als der höchste in Thätigkeit befindet. Es entwickelt sich mit der organischen Ausgestaltung des Gehirns, verändert sich mit den Wandlungen seiner materiellen Elemente und hört, wenn ihr Zusammenhang sich derartig lockert, dass die wechselseitigen Beziehungen der Elemente unterbrochen werden, schon während dieses körperlichen Lebens auf, zu existieren — wie sollte es da eine Existenz noch über das Dasein des ihm zugehörigen Körpers hinaus besitzen können?

Unser Ich ist als solches also jedenfalls nicht unsterblich. Es gleicht nur dem leuchtenden Pünktchen, worin sich die Strahlen der Sonne durch ein Brennglas sammeln, oder besser, es gleicht dem Bilde der Kerze im Brennpunkt des Hohlspiegels, das mit der Zertrümmerung des Spiegels zugleich verschwindet.

Eine ganz andere Frage aber ist es, ob dem metaphysischen Substrate unseres Ich, der Seele, unsterbliche Dauer zukommt.

Gewöhnlich pflegt man beide Fragen als eine einzige anzusehen und, wenn man die Unsterblichkeit der Seele behauptet, darunter zugleich auch diejenige des Ich zu meinen, ja, eigentlich ist es überhaupt nur diese letztere allein, worauf es bei allen Beweisen für die Unsterblichkeit ankommt. Der Grund liegt auch hier nur wieder in der bekannten Gleichsetzung der Seele mit dem Ich, infolge wovon man sich berechtigt glaubt, beide Worte als Wechselbegriffe zu gebrauchen. Plato weiss überhaupt noch von keinem Unterschiede zwischen beiden. Er hat den Begriff des Bewusstseins noch nicht und meint darum schon genug gethan zu haben, wenn er lediglich das Beharren des seelischen Substrates nachweist. Umgekehrt gehen alle Neueren vom Bewusstsein aus und suchen die Seelenunsterblichkeit aus dem Gleichbleiben des Ich im Wechsel seiner Modi abzuleiten. Man setzt überall die Realität des Ich voraus, folgert aus ihr die ichliche substantielle Natur des Realen und hat es dann leicht, die Unsterblichkeit der Seele auf Grund ihrer substantiellen Beschaffenheit auszusprechen. So erklärt sich, warum es Schelling so leicht wurde, trotz seines Monismus für die Unsterblichkeit der Seele einzutreten, und wie selbst ein Schopenhauer im Alter eine entschiedene Hinneigung zu dieser Lehre haben konnte. Die Wurzel ihres beiderseitigen Monismus war eben nur die intellektuelle Anschauung, das Cogito ergo sum, worauf sich auch die Annahme der Unsterblichkeit berufen konnte. Es bedurfte nur eines persönlichen und zufälligen Anstosses, um bald diese, bald jene Lehre daraus abzuleiten.

Wir vermögen einer Voraussetzung keinen Wert beizumessen, die zwei einander widersprechende Folgerungen offen lässt, und sind daher auch nicht in der Lage, die unmögliche Verquickung von substantiellem Individualismus und Monismus mitzumachen, wie diese sich bei Schelling und Schopenhauer findet. Da für uns das Ich kein Reales ist, so können wir es auch nicht mit der Seele identifizieren und die Unsterblichkeit der letzteren behaupten, weil das ichliche Reale als solches substantieller Art sein müsse. Wohl ist auch für uns die Seele im letzten Grunde Substanz, aber diese Substanz ist keine individuelle, der Seele besonders zukommende Substanz, sondern es ist die alleine absolute Substanz, woran alle Existenzen in der gleichen Weise als Modi, Funktionen und Erscheinungen haften. Die Seele ist ein reales Wesen. Darum ist sie das metaphysische Erklärungsprinzip aller derjenigen Erscheinungen, die den Gegenstand der Psychologie ausmachen. Alle Realität aber ist, wie wir wissen, nur in der Aktualität. Behaupten, dass die Seele zugleich Substanz sein müsse, bloss deshalb weil sie ein Reales ist, das heisst folglich die Substantialität mit der Aktualität verwechseln, eine Verwechselung, die doch nur aus der Voraussetzung entspringt, dass unsere psychischen Funktionen, als wahrgenommene, unmittelbare Realitäten seien. —

Sollen wir nun sagen, was die reale Seele ihrem Wesen nach ist, so brauchen wir nur früher Gesagtes zusammenzufassen.

Die Seele ist nicht der Leib, wie der Materialismus in richtiger Erkenntnis, aber falscher Deutung der Abhängigkeit unseres bewusstgeistigen Seins vom materiellen Organismus annimmt. Denn der Stoff ist, wie gezeigt wurde, selbst garnichts Reales, sondern nur die sinnenfällige Erscheinung eines geistigen Seins. Die Seele ist aber auch nicht das Bewusstsein, wie der Spiritualismus meint. Denn das Bewusstsein ist gleichfalls kein reales Sein, sondern nur die abstrakte leere Form des Ideellen und als solche nur die Erscheinung eines unbewusst geistigen Seins. Die Seele ist endlich drittens nicht ein Inhalt des Bewusstseins, also etwa die Gesamtheit des bewussten Seelenlebens, wie der Voluntarismus eines Wundt und Paulsen behauptet. Denn diese ist wieder kein Reales, sondern nur der ideelle Widerschein von unbewussten Funktionen eines substantiellen Seins. Vielmehr ist die Seele **das lebendige System von unbewussten (mit unbewusstem Vorstellungsinhalt erfüllten und dadurch individualisierten) Willensakten der absoluten Substanz, deren äussere Erscheinung unser Leib, und deren innere Erscheinung die Gesamtheit unserer bewussten psychischen Funktionen bildet.** Unser Leib und unsere bewusste Psyche stehen also nicht in irgendwelchem Abhängigkeitsverhältnisse zu einander, wie Spiritualismus und Materialismus gleichmässig behaupten, sondern beide sind nur die parallelen Erscheinungsweisen, worin sich nach aussen, wie nach innen die einheitliche Funktion eines unbewussten absoluten Grundes gabelt.

Damit fallen die thörichten Theorien fort, die einen besonderen „Sitz" der Seele im Leibe behaupten, und die nur entstehen konnten, wo Seele und Bewusstsein für identisch galten. Nicht irgend ein besonderer Teil des Leibes, sondern der ganze Leib ist der Sitz der Seele; denn die einzelnen Glieder und Bestandteile des körperlichen Organismus stellen nur das äussere Gegenstück der inneren Gliederung der Seele dar, und nur so viel kann zugegeben werden, dass unser Nervensystem und besonders das Gehirn hierbei eine um so höhere Bedeutung haben, je mehr sie als Träger und Vermittler der höchsten Leistungen unserer Seele betrachtet werden müssen.

Entsprechend nun ihrem körperlichen Organismus bildet die Seele ein einheitliches System konstanter Willensakte (Monaden) von verschiedenen Stufen der Individualität, so zwar, dass auf der untersten

Stufe die absolut konstanten Atomwillen, als Unterlage aller weiteren Verbindungen, stehen, jede höhere Stufe aber mit relativer Konstanz sich gegen die übrigen Glieder des Systems behauptet. Die höhere Stufe schliesst die niederen als Momente ein und ist ihre übergreifende und beherrschende Einheit. Indem sie aber über jene genau so hinausragt, wie die chemische Verbindung mehr ist als die blosse Summe ihrer Elemente, so wächst auch die relative Beschaffenheit ihrer Dauer mit der Stufe ihrer Individualität, d. h. die Konstanz eines Individuums ist im Allgemeinen um so mehr gefährdet, je grösser die Zahl der von ihm umspannten Individuen niederer Ordnung und je wichtiger deren Verrichtung für sein eigenes Bestehen ist. Es ist, wie bei einem sozialen und politischen Organismus. Je geringer die Zahl seiner Mitglieder ist und je weniger Beziehungen dieselben mit der übrigen Welt verknüpfen, desto leichter ist es, sie zur Einheit zusammenzuhalten und sich innerhalb eines grössern Ganzen zu behaupten; desto geringer ist aber zugleich auch die Bedeutung, die einer solchen Verbindung innerhalb des Ganzen zukommt. Je grösser dagegen ein Staat, je einflussreicher seine ihm unterstehenden Organe, je ausgebildeter das Selbstbewusstsein und je höher die Intelligenz seiner Bürger ist, eine desto bedeutsamere Stellung nimmt er nach aussen ein, desto höhere Leistungen vermag er im Interesse der Gesamtkultur hervorzubringen; allein desto mehr ist er zugleich auch der Gefahr ausgesetzt, dass durch die Weite seines Umfangs, die Kompliziertheit seiner Verwaltung, die Schwierigkeit, allen Forderungen von innen und von aussen her gerecht zu werden, der Zusammenhang seiner Glieder sich lockert, Revolutionen heraufbeschworen werden und er selbst durch unglückliche Unternehmungen nach aussen vollkommen aus den Fugen geht.

Unsere Seele ist ein solcher Staat mit unzähligen Provinzen, Statthaltern, Ministern u. s. w. und einem Könige an der Spitze, ein Staat von so komplizierter Beschaffenheit, dass wir uns keinen auch nur annähernd erschöpfenden Begriff davon machen können. Ist es zu verwundern, wenn die konstituierenden Elemente unserer Seele, die normaler Weise zur Beförderung der höheren Zwecke in einander arbeiten, sich öfter gegen die Herrschaft der übergeordneten Individuen empören, wenn die Seele häufiger als irgend ein anderes organisches Gebilde Revolutionen im Innern zu bestehen hat und leichter dem Ansturm fremder Einflüsse unterliegt, gegen die sie genötigt ist, sich in beständigem Kampfe zu behaupten? Alle inneren Beziehungen zwischen den verschiedenen Elementen unserer Seele hängen ja, wie wir wissen, von der äusseren Einheit unseres körperlichen Organismus ab, oder stehen doch jedenfalls mit ihr im innigsten Zusammenhange. Wenn sonach das, was das einigende und beherrschende Seelenwesen der höheren Individualitätsstufe ausmacht, nicht ist ohne die äusserliche Einheit der materiellen Elemente der betreffenden Stufe, wenn es nur in Funktion tritt, indem es die psychische Innenseite ihrer Elemente zu seinen eigenen inneren Momenten herabsetzt, auf diesen, gleichsam als den Stufen, zu seinem Herrscherthron emporsteigt und sich nur durch ihre Vermittelung behauptet, dann stürzt folglich der ganze organische Stufenbau der seelischen Funktionen zusammen, sobald ihm jene materielle Unterlage entzogen wird. Wie der Staat aufhört, zu existieren, wenn der äussere Zusammenhang seiner Organe unterbrochen ist, wie nach der Zerlegung des Wassers in seine Elemente, nur Wasserstoff und Sauerstoff vorhanden, aber keine Spur des Wassers mehr zu finden ist, so ist auch die individuelle Seele als solche vernichtet, wenn der körperliche Organismus sich, wie im Tode, in seine chemischen Bestandteile aufgelöst hat. Was dann übrig bleibt, sind nur die einzelnen Elementarfunktionen, letzten Endes die Konstanten des Weltprozesses, die Atomfunktionen oder Monaden der Materie, die als Unterlage neuer seelischer Prozesse dienen können. Die wesentliche, organisierende Funktion jedoch, durch deren teleologisch bestimmte Synthesis die höheren seelischen Gebilde erst zustande kamen, diese hat selbst keine Individualität und sinkt daher in den Mutterschooss der absoluten Substanz zurück, genau so wie die Welle im Ozean, deren individuelle Beschaffenheit ganz und gar nur von dem äusseren Zusammenhange ihrer Wassermoleküle abhängt. —

Gesetzt, die Seele dauerte auch nach der Vernichtung des empirischen Organismus noch als individuelle fort, so müsste sie in diesem Falle auch eine irgendwie geartete Materialität besitzen. Denn Sein heisst, wie wir sahen, wirkend-sein, eine Wirkung aber ist ohne materielle Vermittelung nicht möglich. Darin stimmen denn auch alle Individualisten überein, dass sie der Seele, auch abgelöst vom Körper, eine eigentümliche Materialität zuschreiben, die natürlich von einer weit höher gearteten Beschaffenheit als unsere empirische Materie sein muss. Kein Geringerer als Aristoteles hat dies schon angedeutet, indem er die Stofflichkeit der Seele, vermöge welcher sie befähigt sein soll, auf den empirischen Leib zu wirken, als verwandt mit dem ätherischen Leibe der Gestirne bestimmt hat, und die nachfolgende Spekulation, insbesondere der Neuplatonismus und die Kabbalah, sowie die mittelalterlichen Mystiker und Naturphilosophen des 16. Jahrhunderts haben die Theorie des sogenannten „pneumatischen"

Leibes (Paulus) oder des „Aether- oder Astralleibes" (Paracelsus) weiter ausgebildet. In der Neuzeit hat dann besonders der Okkultismus diese Ansicht wiederum hervorgezogen. Trotz Hegels entschiedener Abweisung fand dieselbe zunächst in der schellingschen Naturphilosophie einen günstigen Boden. J. H. Fichte trat in seiner „Anthropologie" und „Psychologie" für die Lehre vom „inneren Leib" ein, und heute sind der „Metaorganismus" Hellenbachs und du Prels „Astralleib" so geläufige Begriffe für alle, die den Spiritismus kennen, dass die Philosophie sie nicht mehr ignorieren kann.

Soviel wird man den Individualisten wohl zugeben können: wenn die Seele einen eigenen Leib besitzt, so muss sie sich auch ein eigenes „transcendentales" (übersinnliches) Bewusstsein heranbilden und sich selbst in diesem als Ich erfassen können. Die Seele wäre alsdann das „transcendentale Subjekt", das in seiner Einheit von transcendentalem Bewusstsein und transcendental-materiellem Organismus das organisierende und belebende Prinzip des empirischen Subjektes bildet. Allein jeder Versuch, diese Annahme weiter auszudenken, verwickelt uns in unlösbare Schwierigkeiten und Widersprüche.

Diese Schwierigkeiten beginnen schon gleich bei der Frage, wie die Seele es anfängt, den empirischen Leib zu „organisieren". Zwar darüber braucht man sich weiter keine Gedanken zu machen, wie überhaupt die Seele auf den Stoff des Leibes wirken kann, da sie ja selbst ein zusammengesetztes und materielles, genauer stoffliches Gebilde sein soll. Wohl aber muss man fragen, wie sie auf die empirischen Atome, Moleküle, Zellen u. s. w. eine solche Wirkung üben kann, dass diese sich zu dem kunstvollen Bau des empirischen Organismus ordnen.

Die naheliegendste Annahme scheint zu sein, sich dieses Gebilde durch eine Anziehung, beruhend auf der Wahlverwandschaft der materiellen Teile, entstanden zu denken, indem sich der sinnliche, empirische Leib, gleichsam wie ein Gewand, um den festen Kern des transcendentalen Organismus herumlegt. In der That scheint etwas Aehnliches dem Paracelsus vorgeschwebt zu haben, wenn er den Astralleib den „Magneten des Mikrokosmus" nennt, und ist dies auch Hellenbachs und J. H. Fichtes Ansicht, von denen jener den empirischen Leib den „Zellenfrack" des Metaorganismus, dieser ihn das „Nachbild" der inneren Leiblichkeit nennt, „welche ihn in die wechselnde Stoffwelt hineinwirft, gleichwie etwa die magnetische Kraft aus den Teilen des Eisenfeilstaubes sich einen scheinbar dichten Körper bereitet, der aber nach allen Seiten zerstäubt, wenn die bindende Gewalt ihm entzogen ist[1]." Offenbar ist nun aber dies ein rein mechanischer Vorgang, wobei von einem wirklichen „Organisieren", einer teleologischen Beziehung zwischen der Seele und dem empirischen Leibe nicht die Rede sein kann. Sollte wirklich etwas Derartiges stattfinden, so müsste die Seele aus ihrer eigenen inneren Geistigkeit heraus und also durch Vermittelung des Metaorganismus den empirischen Leib erbauen können. In diesem Falle jedoch kehrt das eben glücklich beseitigte Problem der Wechselwirkung zwischen Leib und Seele von neuem, nur innerhalb des Seelischen zurück, und die Frage kann nicht umgangen werden, wie das geistige Wesen der Seele auf den stofflichen Metaorganismus wirken kann.

Nun soll aber die Seele zugleich auch Produzent und Träger des empirischen Bewusstseins sein. Wie kann sie ein solches Bewusstsein produzieren? Ihr eigenes transcendentales Bewusstsein ist hierzu ebenso wenig im stande, wie wir vermittelst unseres Bewusstseins ein anderes Bewusstsein setzen können, denn jenes ist an den transcendentalen Leib gebunden und vermag nur zu erkennen, aber nicht zu schaffen. Ihr Astralleib aber ist hierzu erst recht nicht imstande, denn dass die Materie für sich allein auch nur den Schatten eines Geistes produzieren könne, ist die Ansicht des Materialismus, gegen den sich gerade der transcendentale Individualismus am entschiedensten richtet. Vermöchte sie aber auch wirklich das Unmögliche, so bliebe doch immer das empirische Bewusstsein, als Bewusstsein des empirischen Organismus, ein von ihr verschiedenes Bewusstsein: empirisches Bewusstsein und empirischer Leib auf der einen und transcendentales Bewusstsein und transcendentaler Leib auf der andern Seite ständen sich folglich als zwei getrennte Welten gegenüber, und nie und nimmer könnte es bei einem solchen doppelten Dualismus zu einer wirklichen Einheit zwischen dem transcendentalen und dem empirischen Subjekt, der Seele und ihrem Leibe, kommen.

Diese Einheit scheint nun dadurch gewonnen zu werden, dass man bei der Seele die Unterscheidung zwischen ihrer geistigen (innerlichen) und ihrer materiellen (äusserlichen) Seite aufhebt und die unmittelbare Identität von transcendentalem Bewusstsein und Astralleib behauptet. Alsdann erscheint die Seele wirklich als die einfache Innerlichkeit des empirischen Leibes, sofern sie ja nämlich Bewusstsein ist. Gleichzeitig erscheint sie aber doch als mit dem Leib identisch, sofern sie, wie dieser, ein stoffliches Wesen ist. Die unmittel-

---

[1] J. H. Fichte: Anthropologie. 2. Aufl. (1860), S. 273.

bare Identität der seelischen Bestandteile auf der Seite des Transcendentalen erweitert sich also damit zur mittelbaren Identität von Seele und Leib überhaupt, von Transcendentalem und Empirischem, und der ursprüngliche qualitative Unterschied zwischen beiden geht unmerklich in einen bloss graduellen über.

Thatsächlich bestätigt sich dies auch bei allen transcendentalen Individualisten. Man achte nur z. B. auf den Doppelsinn, den diese mit dem Worte „transcendental" verbinden. Bedeutet ihnen dasselbe einerseits bloss das (empirische, psychologische) Jenseits der Empfindungsschwelle, das latente Bewusstsein oder relativ Unbewusste, d. h. das Bewusstsein der niederen Gehirn- und Nerventeile, sofern es dem unmittelbaren (wachen) Bewusstsein des Grosshirns als solchem unbewusst ist, so benutzen sie es andererseits dazu, um das (metaphysische) Jenseits des empirischen Subjektes auszudrücken. Keiner pflegt von dieser geheimen Vertauschung der beiden verschiedenartigen Begriffe einen weitergehenden Gebrauch zu machen als du Prel, der gegenwärtige Hauptvertreter des transcendentalen Individualismus. Aus der empirischen Thatsache eines besonderen Traumbewusstseins und somnambulen Bewusstseins, das transcendental in Beziehung auf das wache und normale Bewusstsein ist, und dessen Existenz kein Mensch bezweifelt, wird ihm unter der Hand ein Bewusstsein, das transcendental auch abgelöst von einer jeden derartigen Beziehung ist, ein übersinnliches, metaphysisches Bewusstsein, dessen Existenz nicht bloss höchst zweifelhaft, sondern aus metaphysischen Gründen, wie wir sahen, unannehmbar ist. Aus dem empirischen Bewusstsein, dessen bloss zuständliche Beschaffenheit und Unrealität auch für du Prel keinen Zweifel leidet, und worauf, wie wir wissen, erst das Ich beruht, wird ihm plötzlich ein Beleuchtungsmittel der realen Gegenstände, das nach innen ebenso sehr hinter dem Ich zurückbleibt, wie es ihm nach aussen nicht gelingt, die Welt der vom Ich verschiedenen Realitäten zu erschöpfen. Du Prel versteht mithin unter dem Ich ein der Welt korrespondierendes Reales, woran er einen empirischen und einen transcendentalen Teil in der Weise unterscheidet, dass jener das transcendentale Ich bedeutet, soweit es vom Selbstbewusstsein erleuchtet ist, während dieser die „wurzelhafte Verlängerung des empirischen Ich", d. h. den noch unerleuchteten Teil des Ich darstellt, dessen Beschaffenheit wir nur unklar im trüben Dämmerlichte des Somnambulismus und Spiritismus erkennen. Damit ist aber garnichts Anderes behauptet, als dass das eigentliche reale Ich das transcendentale Ich sein müsse, zu welchem sich unser empirisches Ich nur als ideelles Abbild verhält. Es ist mithin der Schwerpunkt des Ich ins transcendentale (metaphysische) Gebiet verlegt, obwohl sich uns dies transcendentale Ich doch nur in der empirischen Form des somnambulen und mediumistischen Bewusstseins darstellt.

Das Unstatthafte und Taschenspielerische dieser Begriffsvertauschung liegt auf der Hand. Es ist doch ein grosser Unterschied, ob ich Seele und Leib für identisch ansehe, weil beide ihrer Natur nach materiell sind, oder ob ich diese Identität als eine unmittelbare des transcendentalen Bewusstseins und des Astralleibes verstehe. Nur im letztern Falle ist das Ich ein reales, weil der Astralleib ein Reales ist. Diese Identität des transcendentalen Ich mit dem Astralleib aber kann garnichts für die Realität des empirischen Ich beweisen, das einem ganz andern Organismus angehört. Mag immerhin der Astralleib, als materieller, mit dem empirischen Leib identisch sein: das Bewusstsein dieses Leibes, das empirische Ich ist ein anderes als das transcendentale Ich, aus anderen Bedingungen hervorgegangen und durch andere Einflüsse und Erfahrungen inhaltlich bestimmt. Daher kann es keinen grösseren Irrtum geben, als dass es durch seinen Zusammenhang mit dem transcendentalen Ich die Schicksale und Bestimmungen des letzteren teilen könne. Mag immerhin das transcendentale Ich real und demnach auch unsterblich sein, sofern es an einem konstanten metaphysischen Organismus, dem Astralleib, haftet: das empirische Ich hat doch davon nichts, weil der empirische Organismus, worauf es im Verlaufe des empirischen Lebens erst erwachsen ist, im Tode sich nachweisbar in seine materiellen Elemente auflöst. Dasjenige Ich, an dessen Fortdauer mir allein gelegen sein kann, ist immer nur das empirische Ich; wenn dieses nicht unsterblich ist, dann ist mir das fernere Schicksal des transcendentalen Ich so gleichgültig, wie dasjenige der Atome meines Organismus.

Nun baut sich aber dieser ganze Beweis des transcendentalen Individualismus auf einer unhaltbaren Voraussetzung auf, nämlich darauf, dass das transcendentale Ich mit dem Astralleib unmittelbar identisch sein soll. Das ist jedoch ein so naiver Naturalismus, als ob die transcendentalen Individualisten von der ganzen Entwickelung der philosophischen Gedanken keine Ahnung hätten, denn diese strebt eben darauf hin, den Unterschied des Seelischen und Materiellen festzustellen. Von Seiten eines Paracelsus und der italienischen Naturphilosophen (Cardanus, Telesius, Giordano Bruno u. s. w.) finden wir es begreiflich, wenn sie beides für identisch halten, denn sie stehen erst am Anfang der modernen philosophischen Entwickelung, und es ist gerade der Fortschritt der Heroen dieser Philosophie, dass sie immer entschiedener mit jener Identität gebrochen und immer klarer die Gegensätze auseinander gehalten haben. Wenn aber heute die transcendentalen Individualisten beide wieder durcheinander wirren, dann stehen sie in wissenschaftlicher Hinsicht noch unter dem von ihnen bekämpften Materialismus. Denn dieser ist doch wenigstens konsequent in seiner Einseitigkeit, die ganze körperliche und geistige Wirklichkeit aus blossen stofflichen Atomen konstruieren zu wollen; jene dagegen stehen mit ihrer konfusen Vermischung des Geistigen und Natürlichen auf einer Stufe des Denkens, wie sie höchstens dem Kindheitsalter der Philosophie erlaubt ist.

Es ist in der That ganz ungehörig, wie die Hauptführer dieser Richtung den guten Klang, den das Wort „Monismus" in der Wissenschaft besitzt, auch für sich ausnützen und von einem „monistischen Aufgehobensein" der Kraft und des Stoffes innerhalb der Seele, von einer „monistischen Seelenlehre" sprechen (du Prel). Dies Verfahren hat in unserer Zeit nur noch Ein Seitenstück in der naiven Art und Weise, wie Haeckel für seinen Pluralismus geistbegabter Stoffsubstanzen die Bezeichnung des Monismus in Anspruch nimmt. Wäre das erlaubt, dann hätte sich mit ganz dem gleichen Rechte sogar auch Descartes einen Monisten nennen können, nachdem er Geist und Körper vermittelst der sogenannten Lebensgeister glaubte vereinigt zu haben. Die nachfolgende Spekulation hat jedoch dafür gesorgt, dass eine solche bloss äusserliche Verkoppelung der beiden Gegensätze nicht für eine Lösung des Problems gehalten ist, und sie hat erst Spinoza einen Monisten genannt, weil er diese Gegensätze aus einem und demselben Grunde abgeleitet hat.

In Wahrheit beruht die ganze Metaphysik des transcendentalen Individualismus nur auf einer missverstandenen Identitätsphilosophie. Statt ihre Verbindung in einem Dritten zu suchen, das als solches hinter und über beiden steht, behauptet sie einfach die Einheit von Leib und Seele, die, weil sie transcendent ist, unserer unmittelbaren Erkenntnis entzogen ist, und beruft sich dann hinterher auf die Phänomene des Somnambulismus und Spiritismus, denen zu Liebe jene ganze Theorie doch nur erfunden worden. Ein solcher Naturalismus aber führt notwendig zum Materialismus, weil der Stoff, einmal als Realität gesetzt, zur eigentlichen Substanz der Seele wird und das Psychische an ihr zu seiner blossen zufälligen Funktion herabsinkt. Darum ist auch der sogenannte transcendentale Individualismus im Grunde nur ein verkappter, metaphysischer Materialismus, und es ist eine reine Naivität, den Materialismus durch den Spiritismus bekämpfen zu wollen[1]. —

Fassen wir das Gesagte noch einmal zusammen, so ist also das Ich als solches nicht unsterblich, denn es ist nur eine Form des ideellen Seins und beruht auf bloss empirischen Bedingungen. Das metaphysische („transcendentale") Subjekt, der Träger oder reale Grund des Ich und unseres Leibes dagegen ist unsterblich, sofern er das absolute Subjekt selber ist. Allein die Funktion dieses Subjektes, wodurch es das Ich setzt, die Seele, ist, sofern sie eine individuelle ist, an die Konstanz des empirischen Organismus gebunden und büsst daher mit dem Zerfall des Organismus ihre individuelle, persönliche Bestimmtheit ein. Der Glaube an die Unsterblichkeit ist also insofern zwar „bene fundatum", als unserer empirischen Erscheinung thatsächlich etwas Unsterbliches zu Grunde liegt. Dass aber dies Unsterbliche ein Individuelles sein soll, diese Annahme entspringt theoretisch nur aus der Verwechselung des Ich mit einem Realen, der empirischen Form des Bewusstseins mit ihrem unbewussten metaphysischen Grunde und wird praktisch nur beständig genährt und gehalten von den Wünschen, die im natürlichen Selbsterhaltungstriebe unserer Psyche wurzeln. Darum sträuben sich die Menschen im allgemeinen noch heftiger gegen die Leugnung ihrer persönlichen Unsterblichkeit als gegen die Widerlegung der Persönlichkeit Gottes. Denn in diesem Falle ist das Interesse doch nur mittelbar, in jenem dagegen ist es unmittelbar mit den tiefsten Bestrebungen und Wünschen des eigenen Selbst verwachsen.

5. Die Freiheit und Verantwortlichkeit des Ich.

Wer die persönliche Unsterblichkeit und die Persönlichkeit Gottes leugnet, muss darauf gefasst sein, von den Anhängern jener Lehren, die heute in Europa wenigstens noch die Mehrzahl bilden, zugleich auch für einen Gegner der Moral angesehen zu werden. Dieser Vorwurf hat für uns eine um so stärkere Bedeutung, weil unsere ganze Weltanschauung auf dem Nachweis der unrealen Natur des Ich beruht, denn damit scheint in der That der Grund hinweg geräumt, worauf allein von irgendwelcher Moral die Rede sein kann.

Wenn Ich nicht als reales Wesen existire, mein Ich vielmehr nur die subjektive Vorstellung ist, worin sich die auf ein bestimmtes Individuum gerichteten Aktionen des Absoluten spiegeln, so ist es ja offenbar nur ein trügerischer Schein, dass irgend eine Handlung von

---

[1] Vgl. mein Werk: Die deutsche Spekulation seit Kant u. s. w. II, S. 409—478.

mir ausgeht. Ich bin dann nur das passive Werkzeug oder Medium, vermittelst dessen und durch welches hindurch das absolute Subjekt handelt. Folglich habe ich auch keine Freiheit meines Handelns und bin für mein Thun so wenig verantwortlich, wie wenn ich von einem fremden Geist besessen wäre.

Es ist der alte Einwand gegen den Pantheismus, dass er die Menschen zu blossen Marionetten erniedrige, die Freiheit und Verantwortlichkeit zerstöre und damit an die Stelle des ethischen Verhaltens das subjektive Belieben einer zuchtlosen Libertinage setze. Wäre dieser Einwand berechtigt, so enthielte er allerdings das Todesurteil des Pantheismus. Denn das ist die selbstverständliche Voraussetzung alles Denkens und Handelns, dass der tiefste Sinn der Welt ein praktischer ist und das Wahre und Gute im letzten Grunde zusammenstimmen. Den Glauben hieran können wir uns nicht rauben lassen, weil er eins mit dem Glauben an die Herrschaft des Vernünftigen selbst zu sein scheint. Eine Weltanschauung, die in ihren Konsequenzen ein zweckloses Spiel der individuellen Willkür entfesselt, die ausser Stande ist, das Chaos ungezügelter Willensäusserungen der Forderung eines sinnvollen Kosmos zu unterwerfen, eine solche Weltanschauung ist daher vor dem Forum der Vernunft gerichtet und trägt den Stempel der Verkehrtheit an der Stirn, auch wenn sie in rein theoretischer Hinsicht ein noch so bestechendes Aussehen haben sollte. Es ist somit gewissermassen die Rechnungsprobe auf unsern ganzen Ansatz, dass derselbe den unveräusserlichen Forderungen des ethischen Bewusstseins nicht widerspricht. Wir halten gleichsam Musterung über die bisher gesammelten Streitkräfte und können erst dann auf einen künftigen Sieg unserer Ideen hoffen, wenn diese auch in ethischer Beziehung die nötige Kraft besitzen, um den Angriffen der Gegner Stand zu halten.

Wird Freiheit im Sinne des vulgären Theismus als Unabhängigkeit des Willens von der gesetzmässigen Bestimmung durch Charakteranlagen und Motive, als „liberum arbitrium indifferentiae" verstanden und davon die Sittlichkeit abhängig gemacht, so müssen wir allerdings die ethische Unzulänglichkeit unserer metaphysischen Prinzipien eingestehen. Wer die Wirklichkeit als Wirken der Realen auf einander, die Realität als die Aktualität des Willens auffasst, der muss auch die inhaltliche Bestimmtheit des Willens als logische Bestimmtheit anerkennen. Daraus folgt, dass überall, wo überhaupt gewollt wird, eine Vorstellung den Willen motiviert, und zwar eine solche, die sich in gesetzmässigem, logischem Zusammenhange mit der Gesamtheit aller übrigen Vorstellungen befindet. Wer in diesem Sinne dem psychologischen Determinismus huldigt, für den ist die Möglichkeit einer „grundlosen" Willensentscheidung schlechthin ausgeschlossen, denn jede mögliche Entscheidung beruht für ihn auf der Beschaffenheit des Charakters und der jeweiligen Stimmung einerseits, der Art und Stärke der Motive andrerseits und ist durch diese Faktoren notwendig bestimmt. Ein solcher ist ebenso wenig imstande, eine grundlose Willensentscheidung in einem einzelnen besonderen Falle zuzugeben, wie der Naturforscher einräumen kann, dass der kausale Verlauf der Naturvorgänge unter gewissen Umständen durch göttliche Eingriffe von aussen unterbrochen werden könne. Denn das liberum arbitrium ist auf psychologischem Gebiete dasselbe, was auf dem Gebiete der Naturwissenschaft das Wunder ist.

Die Anerkennung des liberum arbitrium ist der Tod der Psychologie. Denn diese kann nur dann eine Wissenschaft sein, wenn die inneren Aktionen unseres Willens genau so bestimmten Gesetzen unterworfen sind, denen sie sich nicht entziehen können, wie die äusseren Naturvorgänge. Jene Anerkennung ist aber auch zugleich der Tod der Ethik. Denn wenn sich unser Wille von den normalen Bedingungen seines gesetzmässigen Verhaltens zeitweilig emanzipieren, ja, sich gegen dieselben entscheiden kann, so hilft uns alle sittliche Erziehung nichts und können wir bei der strengsten Selbstzucht niemals sicher sein, dass wir uns nicht doch irgend einmal gegen alle unsere Vorsätze und Prinzipien entscheiden. Wenn alle Gesetzmässigkeit, so zu sagen, bloss zufällig ist und jederzeit grundlos durchbrochen werden kann, dann hat es auch keinen Sinn, Jemanden zur Verantwortung zu ziehen, denn Niemand kann verpflichtet sein, Vorschriften inne zu halten, deren behauptete Unbedingtheit nur auf einen täuschenden Schein hinausläuft. Dies alles ist so selbstverständlich, dass man fragen muss, wie Jemand auf den Gedanken des liberum arbitrium nicht bloss verfallen, sondern ihn obendrein auch noch mit Gründen verteidigen kann.

Frei im Sinne der Unabhängigkeit von Gründen kann jedenfalls nur sein, was seiner Natur nach grundlos ist. Das wäre aber das Ich nur, wenn es ein substantielles Wesen und in dieser Hinsicht selbst ein Absolutes wäre. So erklärt sich, wie das Problem der Willensfreiheit in der von Descartes beeinflussten neueren Philosophie eine so grosse Rolle hat spielen können, und wie immer wieder der aussichtslose Versuch auftauchen kann, das liberium arbitrium unter irgend einer Form in die Weltanschauung einzuschmuggeln. Ein solcher Versuch liegt ja nämlich überall dort nahe, wo das Gespenst des Cogito ergo sum im Innern eines philosophischen Gebäudes umgeht, und er kann sich um so dreister an das Tageslicht hervorwagen, je offener das kartesianische Grunddogma als Fundament der betreffenden Weltanschauung anerkannt wird. Darum pflegt denn auch der sicherste Beweis für die Willensfreiheit in der Aussage der inneren Erfahrung gefunden zu werden, als ob uns der Inhalt der Selbstwahrnehmung als solcher zugleich ein Bürge für seine Wahrheit sein könne.

Nun sagt uns aber das stärkste Gefühl, innerlich frei zu sein, nur, dass wir uns einer solchen Freiheit bewusst sind, oder dass wir sie in ideeller Form besitzen, aber es schliesst doch den Zweifel hinsichtlich ihrer realen Existenz nicht aus. Wir besitzen auch von unserem Willen nur eine indirekte Erkenntnis vermittelst der Vorstellung desselben, weil er selbst durchaus ein Jenseits des Bewusstseins ist. Darum besitzen wir auch keinen unmittelbaren Einblick in den Motivationsprozess. Bleibt es folglich schon mehr oder minder ungewiss, welche Vorstellungen unsern Willen in einem bestimmten Falle motivieren, so können wir erst recht nicht seine gänzliche Unabhängigkeit vom Zwange der Motive behaupten. Auf der anderen Seite erklärt sich mein Bewusstsein der Freiheit aus dem unmittelbaren Zusammenhange von Wille und Bewusstsein. Jede Willensaktion setzt, wie wir früher gesehen haben, notwendig ein Bewusstsein im Konflikt mit ihres Gleichen. Mein Ich aber ist, so zu sagen, nur die Resultante aller Bewusstseine, die mein Wille auf diese Weise produziert hat. Wie sollte ich da nicht zu dem instinktiven Glauben kommen, mein Ich, das ich immer nur zugleich mit meinem Willen im Bewusstsein habe, sei mit ihm identisch und folglich die unerkannte (weil unbewusste) Gesetzmässigkeit meines Willens eine unmittelbare Freiheit meines Ich?[1] —

Wenn nun also der psychologische Determinismus die einzige Bedingung darstellt, unter welcher ein sittliches Verhalten möglich ist, so liegt in seiner Betonung jenes Determinismus kein Grund, den Pantheismus der ethischen Unzulänglichkeit zu zeihen. Aber, sagt man, nicht darin liegt der Mangel dieser Weltanschauung, dass sie ein gesetzmässiges Bestimmtsein des Willens behauptet, sondern darin, dass nach ihm der ganze Prozess der psychischen Funktionen, soweit er ein realer ist, in einem andern Wesen als in mir verläuft. Mein Ich reicht nur soweit, wie mein Bewusstsein; alle Willensentscheidungen aber vollziehen sich unbewusst — mit welchem Recht also können sie mir zugeschrieben werden?

---

[1] Vgl. v. Hartmann: Phänomenologie des sittlichen Bewusstseins S. 454—458.

Dieser Einwand trifft zu, wenn der Pantheismus im Sinne des abstrakten Monismus, d. h. wenn das Individuum nur als ein zufälliger Schein am allein realen Absoluten aufgefasst wird. Denn alsdann sind alle Funktionen durchweg nur Funktionen des Absoluten, oder vielmehr es giebt im Grunde nur eine einzige Funktion, und das ist die Traumfunktion des Absoluten. Da ist es denn allerdings gleichgültig, ob ich mich in moralischer Hinsicht so oder anders benehme, weil alle Beziehungen der Individuen unter einander, ebenso wie die Individuen selbst, nur das ideelle Sein von bloss geträumten Vorgängen besitzen. Jener Einwand trifft ebenfalls zu, wenn der Pantheismus im Sinne des Persönlichkeitspantheismus verstanden wird. Denn wenn das Absolute ein persönliches Sein (Bewusstsein), auch abgesehen von der menschlichen Persönlichkeit besitzt, so ist es eben damit gegen die letztere abgeschlossen, und der Mensch hat ganz recht, die realen Funktionen eines solchen Absoluten, sofern sie zu Bestimmungen seines eigenen Handelns werden, einem andern, ihm fremden Wesen zuzuschreiben. Dann nämlich befindet er sich in jenem marionettenhaften Zustande der dämonischen Besessenheit, der ihn auch vor dem irdischen Strafrichter von der Verantwortlichkeit für seine Handlungen entlastet, und in welchem eine Moral nicht aufkommen kann, weil alle seine Handlungen von aussen beeinflusst werden. Nun sind aber beide, der abstrakte Monismus sowohl, wie der Persönlichkeitspantheismus, unechte Formen des Monismus, deren Folgerungen wir schon deshalb nicht auf uns beziehen können, weil beide auf dem Boden des Cogito ergo sum erwachsen sind.

Das Individium muss real sein, um überhaupt handeln zu können, und seine Handlungen müssen ganz und gar nur ihm selbst zugehören, damit es für seine Handlungen verantwortlich sein kann. Diese beiden Bedingungen treffen nur im konkreten Monismus zu. Hier sind die Funktionen des Absoluten nur insofern real, als sie unmittelbar zugleich Funktionen des Individuums sind, d. h. das Absolute handelt nur in den endlichen Individuen, und ebenso ist auch das Individuum nur ein reales Wesen, sofern es eine einheitliche und in sich zusammenhängende Gruppe von eingeschränkten Funktionen des Absoluten ist. Diejenigen unbewussten Funktionen des absoluten Geistes, worauf das Handeln des Individuums beruht, sind integrierende und wesentliche Bestandteile des individuellen Geistes; mein Ich aber ist nur der zusammenfassende Ausdruck für diesen einheitlichen Komplex von unbewussten, realen und individuellen Funktionen und kann sich daher der Verantwortlichkeit für seine Handlungen nicht entziehen, weil es selbst ja gar kein reales Wesen, sondern lediglich den ideellen Brennpunkt darstellt, worin sich gewissermassen jene sämtlichen Funktionen schneiden. Wenn ich sage: „Ich habe dies gethan", so meine ich damit, genau genommen, jene individuelle Realität, die als solche hinter meinem Bewusstsein steht, und deren Handlungen sich jenseits des Bewusstseins vollziehen. Aber das ist doch etwas ganz Anderes, als wenn ich sage: „Peter oder Hans hat dies gethan." Denn hier steht das reale Subjekt der Thätigkeit nicht bloss jenseits meines Bewusstseins, sondern ebenso auch jenseits derjenigen realen Funktionen, worauf sich mein Bewusstsein gründet. „Meine" individuelle Realität ist das reale Sein, das mein Ich mir fürs Bewusstsein repräsentiert, und daher sind alle sogenannten Funktionen meines Ich in Wahrheit nur Funktionen jenes unbewussten absoluten Wesens. Wollte man daraus schliessen, dass die Handlungen dieses Wesens mir eigentlich nicht zugerechnet werden dürfen, so würde man vergessen, dass ja das Ich als solches überhaupt nicht handeln und folglich von einer besonderen Zurechnung bei ihm auch nicht die Rede sein kann, so würde man mit anderen Worten die abstrakte leere Form des Bewusstseins doch wieder zu einer selbständigen Realität hypostatieren und in zwei verschiedene reale Wesen auseinanderreissen, was nur in ungeteilter Einheit das reale seelisch-körperliche Individuum ausmacht.

Worauf beruht nun die Verantwortlichkeit, und wie ist auf dem Boden des konkreten Monismus ein sittliches Verhalten möglich?

Der innerste Kern eines jeden Wesens ist der Wille. Er ist das Prinzip, womit das Wesen in die umgebende Wirklichkeit eingreift, wodurch es sich im Kampfe gegen diese Wirklichkeit behauptet, und worauf zugleich für seine Umgebung die Erkenntnis seiner individuellen Eigentümlichkeit beruht. Insofern ist der Wille das Prinzip der Individualität, unbeschadet des Umstandes, dass, metaphysisch genommen, aller konkrete Inhalt und alle Besonderheit des Willens durch die Idee bestimmt wird. Denn der Wille ist es, wodurch die Idee erst Realität erhält und mithin das reale Individuum in die Erscheinungswelt hinaustritt. Da nun aller Wille ein Streben nach Befriedigung ist, die, wenn sie als solche zum Bewusstsein kommt, Lust genannt wird, so ist das Handeln eines jeden Individuums unmittelbar nur auf Befriedigung des eigenen Willens, auf Lust, oder sofern dieselbe als eine dauernde aufgefasst wird, auf Glückseligkeit gerichtet. Der natürliche Mensch also ist selbstverständlich egoistisch. Natürlich aber ist der Mensch, solange er über seine Bestimmung im Weltganzen noch nicht weiter reflektiert hat und die Dinge nur vom Standpunkte seines eigenen Willens aus betrachtet. Darum kann auf dieser Stufe des praktischen Verhaltens von Sittlichkeit noch nicht gesprochen werden. Denn diese setzt die Ueberwindung des Egoismus voraus und verlangt die Beförderung von Zwecken, die jenseits der Sphäre des individuellen Wesens liegen. Zu einer solchen aber hat das Individuum um so weniger Veranlassung, je fester in ihm der Glaube an die Unmittelbarkeit und Selbständigkeit des eigenen Ego wurzelt; denn solange muss es ihm nicht bloss natürlich, sondern auch vernünftig scheinen, überall nur das Interesse des individuellen Willens zu verfolgen.

Der Individualismus, wie er aus dem Cogito ergo sum hervorgeht, mag er nun ein monadologischer Pluralismus oder transcendentaler Individualismus sein, kommt daher auch über den pseudomoralischen Standpunkt eines mehr oder minder verhüllten Egoismus nicht hinaus. Das Individuum, auf sich selbst gestellt, wird damit zum Mittelpunkt der Welt und muss naturgemäss seine Umgebung bloss auf sich beziehen und alles nur aus dem Gesichtspunkte seines eigenen Nutzens betrachten. Wenn unter diesen Umständen überhaupt ein friedliches Zusammenleben der Individuen möglich ist und nicht vielmehr der Krieg Aller gegen Alle herrscht, so kann doch diese Uebereinstimmung nur eine zufällige sein und höchstens in dem stillschweigenden Bewusstsein wurzeln, dass es für meine eigene Glückseligkeit vorteilhafter ist, mit meiner Umgebung Frieden zu halten, als rücksichtslos das eigene subjektive Interesse durchzusetzen. Wer die Souveränität des Individuums behauptet, vermag daher am Ende den Schein der Sittlichkeit aus dieser Voraussetzung abzuleiten; allein eine haltbare Begründung der Ethik wird dadurch so wenig erreicht, wie es möglich ist, auf diesem Boden den mannigfachen Erscheinungen des sittlichen Lebens gerecht zu werden.

Will der Individualismus die Ethik nicht unmittelbar auf den subjektiven Vorteil gründen, so bleibt ihm nichts Anderes übrig als die willenlose Unterwerfung unter die Autorität als das wahre Prinzip des sittlichen Verhaltens hinzustellen. Dies thut der Katholizismus, und er ist darin ganz konsequent, sofern er die substantielle Natur des Individuums behauptet. Der Protestantismus dagegen möchte sich auch hier, wie so oft, zwischen zwei Stühle setzen, die substantielle Natur der Individuen nicht missen und trotzdem die Autorität verwerfen. Und doch ist klar, dass auf dem Boden des Individualismus nur die letztere eine Uebereinstimmung der verschiedenen Individuen unter einander, ja, selbst eine Unterordnung derselben unter einen höheren, überindividuellen Zweck verbürgen kann. Allein so wird ebenfalls keine Moralität erreicht, sondern nur eine blosse äusserliche Legalität erzwungen, deren sittlicher Wert doch höchstens nur ein propädeutischer sein kann. Denn so wichtig auch im Leben eines Individuums seine äussere Erziehung ist, so wertvoll es für dasselbe ist, dass sein Eigenwille unter dem Zwange der autoritativen Gebote und Strafandrohungen gebrochen, seine egoistischen Triebe in eine bestimmte Richtung gelenkt und durch Gewöhnung an den überindividuellen Zweck gefesselt werden, so gewiss kann man doch von einem sittlich reifen Individuum nur sprechen, wo der Mensch jene Zwecke nicht verfolgt, weil sie geboten, von Anderen ihm aufgezwungen sind, sondern weil er sie als den Ausdruck seines eigenen Wesens ansieht, weil ihr Inhalt mit den Forderungen seines eigenen Bewusstseins übereinstimmt und daher seine Rechtfertigung erhält. Die echte Sittlichkeit ist mithin autonom; denn nur die Autonomie in sittlicher Beziehung ist imstande, dasjenige Spiel der Triebe und Begehrungen zu entfesseln, durch welches der sittliche Entschluss hindurchgegangen sein muss, um als bleibendes Moment dem Subjekt einverleibt zu werden. Nur die Autonomie befreit den Menschen zugleich von der unwürdigen Rücksichtnahme auf Lohn und Strafe und damit aus der Knechtschaft des Egoismus, dessen Ueberwindung, wie gesagt, die notwendige Voraussetzung des sittlichen Verhaltens bildet. Eine solche Autonomie aber wäre auf individualistischem Boden die Aufhebung aller Sittlichkeit. Denn es ist nicht einzusehen, wie selbständige und von einander unabhängige Subjekte, falls jedes nur der Stimme seines eigenen Bewusstseins folgt, trotzdem zu einer objektiven Uebereinstimmung gelangen sollten. Wäre daher der Individualismus das letzte Wort der Metaphysik, so gäbe es keine echte Sittlichkeit, oder wäre eine solche doch theoretisch nicht zu begründen und müsste man sich mit dem kümmerlichen Surrogate der heteronomen Pseudomoral begnügen.

Nun ist aber, wie wir wissen, das Individuum zwar real, aber diese seine Realität ist keine Substantialität. Der Kern des Individuums ist der Wille, aber dieser ist ebenso gut zugleich auch Wille eines absoluten Wesens. Das Individuum ist Erscheinung, aber das Wesen dieser Erscheinung ist in allen Individuen identisch. Daraus folgt, dass es ein falsches und einseitiges Verhalten ist, wenn das Individuum sich auf seine eigenen Füsse stellen und den subjektiven, besonderen Willen zur Richtschnur aller Wirklichkeit erheben will. Denn damit versucht es, sich von jenem Boden loszureissen, worin es thatsächlich mit allen Fasern seines Daseins wurzelt, und bläht es sich selbst zu einer Bedeutung auf, die der objektive Zusammenhang der Dinge nicht rechtfertigt.

Es ist, wie wenn im psychischen Organismus von Willensfunktionen ein einzelner Wille sich in abnormer Weise auf Kosten aller übrigen hervordrängt. Dieser Wille mag an sich noch so berechtigt sein: er vernichtet doch die natürliche Harmonie der Funktionen, reisst das Individuum in ungestümem Drange fort und verwickelt es in jene schmerzlichen Kollisionen und Konflikte mit der Aussenwelt, in denen es entweder früher oder später zur Vernunft gebracht oder von stärkeren, gleichberechtigten Strebungen überwunden wird. Der Mensch, der sich frei von aller moralischer Verpflichtung dünkt, der die zufälligen Wünsche seines Ich aller Welt zum Trotz glaubt durchsetzen zu können, vergisst, dass die andern Individuen genau so viel Realität besitzen, wie er selbst, und folglich auch für ihre eigenen Begehrungen das gleiche Recht beanspruchen können. In der Gesamtheit aller realen Wesen stellt er selbst nur einen verschwindenden Faktor dar; diese Gesamtheit aber ist keine blosse Summe von Willensfunktionen, sondern die Erscheinung eines absoluten Wesens, zu welchem sich die einzelnen Individuen wie die verschiedenen psychischen Funktionen zu unserer Seele verhalten. Sähe der Mensch dies ein, so würde er die Thorheit erkennen, die darin liegt, den Teil zum Ganzen, die Funktion zur Substanz, die Erscheinung zum Wesen, sich selbst zum Gesetzgeber einer Wirklichkeit zu machen, deren Gesetzmässigkeit gleichmässig von allen Einzelnen getragen wird und daher auch über alle individuelle Willkür übergreift.

Diese Gesetzmässigkeit ist es, die unter dem Namen der sittlichen Weltordnung die allgemeine Richtschnur des praktischen Verhaltens ausmacht. Als objektive sittliche Weltordnung tritt sie dem Menschen in der Form von äusseren Institutionen, als Staat, Kirche, Gesellschaft u. s. w., entgegen und bildet einen festen Damm gegen alle Uebergriffe seines Egoismus. Als subjektive sittliche Weltordnung äussert sie sich in allen moralischen Instinkten und Prinzipien, die der Mensch teils als Erbteil seiner Vorfahren schon mit auf die Welt bringt, teils im Verlaufe seines Lebens selbst hinzugewinnt, und veranlasst ihn, am Zustande der objektiven sittlichen Weltordnung mitzuwirken und dieselbe immer vollkommener auszugestalten[1]. Wäre die sittliche Weltordnung nur ein empirisches Produkt, im Zusammenleben der Menschen durch blosse Reflexion entstanden, so würde sie keine allgemeine Verbindlichkeit besitzen und die Unterordnung des Einzelnen unter ihr Gesetz nur ein Akt berechnender Klugheit ohne alle moralische Bedeutung sein. Beruhte

---

[1] Vgl. v. Hartmann, Die Phänomenologie des sittlichen Bewusstseins 726 ff.

sie auf dem Gebote eines transcendenten Gottes, der sie den Individuen von aussen auferlegt, so würde ihr Handeln im Sinne jener Weltordnung entweder nur ein bloss zufälliges Zusammentreffen mit dem göttlichen Willen oder aber die Aufhebung der sittlichen Freiheit sein, die wir oben unter dem Namen der Autonomie als die notwendige Bedingung aller echten Sittlichkeit erkannten. Soll die sittliche Weltordnung allgemeine Verbindlichkeit besitzen, zugleich jedoch ein Ausfluss der individuellen Freiheit sein, soll sie wirklich sittliche Weltordnung sein, dann muss sie zugleich ein Produkt des individuellen Willens, zugleich aber auch des Willens Gottes sein. Das ist sie aber nur im konkreten Monismus, wo göttlicher und menschlicher Wille zusammenfallen, und darum ist allein auf diesem Standpunkt eine haltbare Begründung des sittlichen Handelns möglich.

Der Theismus, der Gott und Mensch als zwei verschiedene Wesen, und der transcendentale Individualismus, der das empirische Ich als Wirkung oder Erscheinung eines transcendentalen Ich auffasst, suchen beide die Sittlichkeit durch den Hinweis auf eine jenseitige Vergeltung zu befördern. Dass dies jedenfalls das schlechteste Mittel ist, um den Egoismus zu überwinden, indem man dabei ja gerade an diesen letzteren apelliert, das sollte sich für ein vorurteilsloses Denken eigentlich von selbst verstehen. **Die Annahme der persönlichen Unsterblichkeit ist so wenig eine Bedingung der Sittlichkeit, dass sie vielmehr alle Sittlichkeit in ihrem Grunde aufhebt.** Denn wie sehr auch die jenseitige Belohnung nicht als Zweck der Sittlichkeit, sondern nur als ihr beiläufiger Erfolg hingestellt werden mag, der dem sittlichen Menschen am Ende gleichsam von selbst zufällt: solange zwischen empirischer Sittlichkeit und transcendenter Vergeltung ein kausaler Zusammenhang besteht, solange ist es ein reiner Widersinn, von Jemandem zu verlangen, dass er dasjenige nicht auch zum Motive seiner Handlungen machen soll, was doch schliesslich als Gewinn für ihn dabei herauskommt. Man muss den Menschen einfach nicht kennen, um das Gegenteil überhaupt für möglich zu halten, und hat dann jedenfalls kein Recht, über die sündhafte Natur der Kinder Adams zu klagen.

Der transcendentale Individualismus sucht dem Vorwurf einer derartigen eudämonistischen Begründung der Ethik, d. h. des Egoismus, dadurch zu entgehen, dass er das transcendentale Ich, dem die Handlungen des empirischen Ich zu Gute kommen, als ein von diesem letzteren verschiedenes Ich betrachtet. Allein damit zerschneidet er, ohne es zu wollen, den Faden, der die psychische Funktion des empirischen Ich mit der metaphysischen Bewusstseinswelt verbindet.

Denn entweder ist wirklich das empirische Ich vom transcendentalen Ich verschieden: dann besteht für das erstere keine Verbindlichkeit, die Interessen eines Wesens wahrzunehmen, das ebenso endlich und ebenso relativer Art ist, wie es selbst. Oder aber die beiden Iche sind dem Wesen nach identisch: dann kann für das empirische Ich die Veranlassung zum sittlichen Verhalten nur darin liegen, dass alles, was dabei an Vorteil für das transcendentale Ich herauskommt, zugleich auch ihm selbst irgendwie zu Gute kommt, d. h. aber das Prinzip der Sittlichkeit ist wieder nur der Egoismus.

Existierte der transcendentale Individualismus nur als Spiritismus, so würde jedes Wort über diesen Standpunkt verloren sein, denn dem Spiritismus ist bekanntlich mit Vernunftgründen überhaupt nicht beizukommen[1]. Nun erfreut sich aber derselbe gerade in unserer Zeit unter dem Namen der „Theosophie" als schwärmerischer Mystizismus und europäisch zugestutzter Buddhismus eines so grossen Ansehens, besonders auch in den Kreisen philosophisch ungeschulter Laien und entfaltet er in zahlreichen Broschüren, Zeitschriften, Vorträgen u. s. w. eine so emsige Propaganda, dass die Philosophie sich einer Prüfung seiner Prinzipien nicht wohl entziehen kann; beansprucht er doch auch allein einen haltbaren Ersatz für die durchlöcherte Moral des Theismus zu besitzen. Nun vermag aber dieser Standpunkt nur dadurch den Schein einer Begründung seiner ethischen Prinzipien vorzuspiegeln, dass er beide Seiten der erwähnten Alternative zugleich festhält und je nach Bedürfnis entweder die eine oder die andere ausspielt. Fragt man ihn nämlich nach dem Motiv des sittlichen Verhaltens, so beruft er sich auf die Identität des empirischen und des transcendentalen Ich. Macht man ihn aber darauf aufmerksam, dass dies eine egoistische Begründung der Ethik sei, die niemals echte Sittlichkeit erzeugen könne, so behauptet er die Verschiedenheit der beiden Iche, ohne zu bedenken, dass die Schicksale des transcendentalen Ich mich garnicht motivieren können, weil die höhere Berechtigung desselben meinem unmittelbaren empirischen Ich gegenüber nicht einzusehen ist. Wenn es hierfür eine Entschuldigung giebt, so kann sie nur in der prinzipiellen Unklarheit gefunden werden, die für diesen ganzen Standpunkt typisch ist, und deren letzten Grund wir auch nur wieder im Cogito ergo sum zu suchen haben. Die transcendentalen Individualisten unterscheiden ganz richtig mit Kant das empirische Ich von seinem transcendentalen Grunde. Aber, wie bei Kant, gründet sich auch ihre

---

[1] Vgl. mein Werk: „Die deutsche Spekulation seit Kant" u. s. w. II, S. 430 Anm.

Ansicht auf die Realität des Ich, und daher identifizieren sie das Ich mit jenem transcendentalen Grunde und wird ihnen der letztere zu einem „transcendentalen Ich".

Auf dem Standpunkte des konkreten Monismus ist der Zweck des praktischen Verhaltens kein individueller, einzelner, sondern ein allgemeiner, über die Sphäre der Individuen übergreifender, und zwar weil das Wesen, welches diesen Zweck gesetzt hat, ein überindividuelles, absolutes ist. Trotzdem sind die Individuen die alleinigen reellen Träger der absoluten Teleologie, und zwar sind sie als solche ohne Selbständigkeit, blosse Mittel und dienende Glieder zur Verwirklichung des absoluten Zweckes. Folglich können sie vernünftiger Weise sich ihm garnicht entziehen, weil alle individuellen Funktionen zugleich göttliche Funktionen sind, mithin jeder Versuch, den Kreis der absoluten Zwecksetzung durch willkürliche und individuell gesetzte Zwecke zu durchbrechen, doch indirekt dem absoluten Zweck zu Gute kommt und schliesslich nur in den alten Kreis zurückführt. Wer trotzdem in thörichter Ueberhebung aus diesem Zusammenhang herauszutreten sucht, der sägt nur den Ast ab, worauf er sitzt, und darf sich nicht wundern, wenn er mit zerschmetterten Gliedern herabstürzt. Wer indessen jenen Zusammenhang sich einmal klar gemacht hat, wie sollte der es nicht vorziehen, sich lieber willig in den Dienst der sittlichen Weltordnung zu stellen und diejenigen Zwecke sich mit Bewusstsein anzueignen, die er unbewusster Weise doch erfüllen muss? Die wahre Bestimmung des individuellen Wesens ist ja nicht auf den subjektiven, individuellen, sondern eben auf den absoluten Zweck gerichtet, indem das Individuum identisch mit dem absoluten Wesen ist. Wie daher der Einzelne seinen Zweck nur erfüllt, sofern er den Zweck des Absoluten erfüllt, so erfüllen alle Individuen zusammen ihre wahre Bestimmung nur, sofern sie unter Verzichtleistung auf alles selbstsüchtige Interesse gemeinsam den Ausbau der sittlichen Weltordnung vollenden. Wollte darin Jemand noch eine Spur von Egoismus finden, so würde er nur beweisen, dass er den eigentlichen Sinn des konkreten Monismus nicht begriffen hat. Gewiss bricht das gefühlsmässige Bewusstsein, dass alle realen Wesen mit mir selbst identisch sind, meinen Eingriffen und Uebergriffen in fremde Willenssphären gleichsam die Spitze ab, weil ich in allen nur mich selbst erblicke. Allein das ist für mich doch nur der Anstoss, der mich daran erinnert, dass wir alle gleich unselbständige Glieder und Momente am absoluten Organismus sind und dass es folglich thöricht ist, sich durch gegenseitige Störung und Schädigung in der Mitarbeit am überindividuellen Zweck zu hindern. Keinesfalls aber handle ich sittlich bloss deshalb, um mich selbst nicht in der Schädigung des Andern zu treffen, denn was mir aus ihnen entgegenblickt, ist ja nicht mein Ich, sondern es ist nur das Wesen, das sich auch in meinem Bewusstsein spiegelt.

Wer nun so die Täuschung des Ich durchschaut und sich selbst als Funktion des Absoluten erkannt hat, für den ergiebt sich die Sittlichkeit als selbstverständliche Konsequenz, und zwar eine Sittlichkeit, die nicht „das Ihre sucht", wie diejenige des Theismus und transcendentalen Individualismus, sondern ohne Nebenabsichten und ohne auf den Sirenengesang des entthronten Ich zu hören, ihr Fahrzeug im Strome des göttlichen Willens dahinsteuert. In diesem Strome fühlt der Mensch sich wahrhaft frei, weil die Lockungen der Endlichkeit keine Gewalt über ihn besitzen und sein Wille auch teleologisch, nicht mehr bloss ontologisch mit dem absoluten Willen zusammenfällt, oder weil er seinen eigenen Willen mit Bewusstsein als identisch mit dem freien Willen Gottes begreift. In diesem Strome aber fühlt er sich auch zugleich verantwortlich für sein Thun, weil jede Unachtsamkeit und jede falsche Bewegung dem Fahrzeug seiner Sittlichkeit mit Strandung auf den überall verborgenen Klippen droht. Gewiss ist ein bestimmtes Mass von Freiheit die notwendige Voraussetzung der Verantwortlichkeit. Diese Freiheit ist jedoch nicht mit dem unlogischen Zufall des liberum arbitrium identisch, sondern sie beruht eben in jener Fähigkeit des Menschen, den objektiven absoluten Zweck mit Bewusstsein zum subjektiven individuellen Zweck zu machen. Nur weil der Mensch es mit Recht als seine Pflicht erachtet, an diesem einmal erkannten höchsten Ziel des Willens mit allen Kräften festzuhalten und es gegen jeden Angriff des immer wieder herandrängenden Egoismus zu verteidigen nur darum fühlt er sich verantwortlich. Verteidigen aber und verfolgen kann er jenes Ziel nur, indem er beständig die Zügel der Herrschaft über alle seine Triebe in der Hand behält. Insofern ist die Persönlichkeit der höchste Ausdruck für die Freiheit und versteht man, wie die tiefste Bedeutung dieses Wortes eine ethische und religiöse sein kann.

Diese Selbstbefreiung von der trügerischen Illusion des Ich, dieses opferwillige Sicheinstellen in den Dienst der sittlichen Weltordnung, dies ist es, was die Schrift als das „Bad der Wiedergeburt" bezeichnet. Der Mensch zieht den „alten Adam" aus und beginnt auf erhöhter Stufe ein neues gottinniges Leben. Mit ihr hat er aufgehört, ein bloss „natürlicher" Mensch zu sein, und ist er selbst zum „Gottmenschen" geworden, zum „Knechte Gottes", der mit seinem

Dienstverhältnis gegenüber der göttlichen Idee zugleich auch die Leiden dieses Dienstes übernommen, auf dessen Schultern die Verantwortlichkeit für den Bestand des Ganzen lastet, und von dem auch die Erlösung des letzteren mit abhängt. Wohl ist er auch jetzt noch nicht allen Versuchungen enthoben, und der Gegensatz des absoluten und individuellen Willens spiegelt sich in seinem Bewusstsein als Kampf der sittlichen und egoistischen Triebe wieder. Allein der beständig neu zu weckende Gedanke, mit Gott in unlöslicher Einheit zu stehen, giebt ihm immer wieder frischen Mut und Kraft, den Kampf mit den entgegenstehenden Mächten aufzunehmen, und lässt ein Nachlassen jener Kraft, wodurch er dem erwählten Ziele ferner gerückt wird, in einem ganz anderen, bedeutungsvolleren Licht erscheinen, als es jeder bloss endliche Standpunkt zu thun vermag.

Wenn man das Ich für ein reales, substantielles Wesen ausgiebt, wie ist es da nicht widersinnig, zu verlangen, dass der Mensch auf sein Ich verzichten und etwas Anderes als das Seinige erstreben solle? Wenn man die empirische Bedeutung des Individuums für den Weltprozess zu einer metaphysischen Bedeutung seines Ich aufbauscht und dem letzteren ein unsterbliches Leben in Aussicht stellt, wie lässt sich vom Menschen alsdann verlangen, dass er eben diese Unsterblichkeit nicht als Lohn seiner Handlungen beständig vor Augen haben solle? Wenn man dem Ich einen absoluten Wert zuschreibt und das Centrum alles Seins und Denkens als absolute Persönlichkeit auffasst, wie kann man bei dieser Zweiheit von Mensch und Gott dem Ersteren die Vereinigung mit Gott als ideales Ziel vorsetzen?

Welche Kurzsichtigkeit daher, einer Zeit, die den Egoismus zum Weltprinzip erklärt und aus der „Umwertung aller Werte" den „Uebermenschen" als erstrebenswertes Ideal hervorgehen lässt, den Theismus als Rettung anzupreisen! Wenn es gegen derartige Zeitkrankheiten, wie den modernen Nietzschekultus und verwandte Abnormitäten, ein Heilmittel giebt, so kann es nur im Pantheismus gefunden werden, und zwar in jener Form des Pantheismus, die wir oben als konkreten Monismus bezeichnet haben.

Die Annahme der Realität des Ich begründet einen unlösbaren Widerspruch zwischen der metaphysischen Beschaffenheit des Individuums und den unerlässlichen Bedingungen seines sittlichen Verhaltens. Darum ist es auch für die Ethik eine Lebensfrage, dass die Realität des Ich als Illusion enthüllt wird und giebt es nur dann eine mit den Anforderungen des sittlichen Bewusstseins übereinstimmende Metaphysik, wenn Sein und Bewusstsein an keinem Punkte zusammenfallen.